Faithfull

Faithfull

EINE AUTOBIOGRAPHIE

MARIANNE FAITHFULL
MIT DAVID DALTON

AUS DEM ENGLISCHEN
VON SIGRID RUSCHMEIER

ZWEITAUSENDEINS

Deutsche Erstausgabe.
1. Auflage, August 1995.
2. Auflage, September 1995.

Lektorat Gabriele Dietze, Berlin.
Herstellung Eberhard Delius, Berlin.
Satz Offizin Götz Gorissen, Berlin.
Druck Wagner GmbH, Nördlingen.
Einband G. Lachenmaier, Reutlingen.
Das Umschlagfoto machte Bruce Weber.

Printed in Germany.

Dieses Buch gibt es nur bei Zweitausendeins im Versand
(Postfach, D-60381 Frankfurt am Main) oder in den
Zweitausendeins-Läden in Berlin, Essen, Frankfurt, Freiburg,
Hamburg, Köln, München, Nürnberg, Saarbrücken, Stuttgart.

In der Schweiz über buch 2000,
Postfach 89, CH-8910 Affoltern a. A.

ISBN 3-86150-116-3

Für Nicholas

Inhalt

Kindheit

Meine früheste Erinnerung ist ein Traum. Er handelt von meiner Mutter. Sie trägt eine Rüstung und auf ihrem Kopf winden sich Schlangen, die eine Krone bilden. Ich bin drei Jahre alt. Ich liege in dem kleinen Zimmer mit den blauen Gardinen im Bett. In dem Traum ist Tag, und durch die Gardinen strömt Sonnenlicht. Alles ist blau, blau wie Ahmeds Haschisch- und Juwelierladen in Tanger. Blaue Gardinen wehen im Wind. Dahinter ist ein Garten. Das grüne Grün eines englischen Rasens. Ich höre eine Stimme. Sie ruft mir zu: »Komm, Marianne, komm.« Ich bin hilflos. Ich habe keine Wahl.

»Marianne! Marianne!« ruft die Stimme wieder, diesmal so eindringlich, daß ich aufstehe. Ich schwebe zum Fenstersims wie Alice, die Füße knapp über dem Boden. Ich ziehe die Vorhänge auf und fliege zum Ende des Gartens, wo meine Mutter ein Spargelbeet angelegt hat. Drohend baut sich eine phantastische Gestalt vor mir auf. Es ist meine Mutter als Göttin, sie trägt Armreifen, Brustpanzer und Beinschienen wie die uralte Kriegerkönigin Boadicea. Sie kocht und stochert mit einer Zange in den Kohlen herum. Sie hebt mich mit beiden Armen hoch und setzt mich auf das Feuer. Ich lege mich hin und erlaube ihr, mich auf dem Rost zu braten. Da endet der Traum.

Es geschieht Nacht für Nacht; immer wieder legt sie mich sorgfältig auf die heißen Kohlen. Und jedesmal hört der Traum an dieser Stelle auf.

Ich empfinde keine Schmerzen; es ist im Grunde auch kein Alptraum, sondern ein Ritual, das ich vage wiedererkenne. Ein sehr mitteleuropäisches Phänomen – der Traum des kollektiven Bewußtseins von der Mutter, der Göttin. Ein erstes Training vielleicht. Ganz gewiß hat es mich auf mein späteres Leben vorbereitet!

Meine Mutter Eva war eine Baroneß Erisso. Sie stammte aus einem uralten österreichisch-ungarischen Adelsgeschlecht, den Sacher-Masochs. Ihr Großonkel war Leopold Ritter von Sacher-Masoch, nach dessen Roman *Venus im Pelz* der Begriff Masochismus entstand. Während des Krieges lebten Eva und meine Großeltern Flora und Artur im Collegium Hungaricum in Wien, wo sie von den Nazis mehr oder weniger unbehelligt blieben. Meine Großmutter war Jüdin, folglich war die Familie während des gesamten Krieges in großer Gefahr (und in noch größerer, als die Russen 1945 Österreich besetzten).

Eva war von russischen Besatzungssoldaten vergewaltigt worden, hatte, als sie schwanger wurde, abgetrieben und natürlich ohnehin sehr unter den Kriegsentbehrungen gelitten. Da tauchte mein Vater auf, Major Glynn Faithfull. Er arbeitete hinter den feindlichen Linien als Spion beim Britischen Geheimdienst und brachte eine Nachricht von Evas Bruder Alexander, der mit Titos Partisanen in Jugoslawien kämpfte. Alexander hatte Glynn einen Brief und genaue Anweisungen gegeben, wie er seine Schwester und seine Eltern finden konnte. Er sollte ihnen ausrichten, daß er lebte und gesund war. Glynn verliebte sich auf den ersten Blick in Eva, die Schwester. Sie war kühl, stolz und ein wenig seltsam. Außerdem bildschön. Sie war Tänzerin und Schauspielerin gewesen und hatte gerade Probeaufnahmen für Hollywood gemacht, als der Krieg ausbrach, aber am Ende des Krieges war sie eine andere Frau.

Als Eva meinen Vater heiratete, hegte sie die Illusion, einen englischen Gentleman zu ehelichen, wie man sie damals in den Filmen sah. Die grausame Ironie der Geschichte war, daß sie meinen Vater heiratete, weil er so normal schien. Er war höflich und charmant und brachte sie zum Lachen. Und er war so wohlgenährt. Ruhe und Normalität, genau das brauchte sie nach den Kriegswirren und mit ihrer ziemlich neurotischen Familie. Glynn strahlt auch etwas Sanftes, Behagliches und Vernünftiges aus, aber er hat auch eine total verrückte Seite – wirklich sehr verrückt … Meine arme Mutter heiratete einen wahrhaft monomanischen Exzentriker, der den Kopf voll utopischer Pläne für die Menschheit und avantgardistischer Reformtheorien hatte. Die beiden waren einander so unähnlich, daß sie wahrscheinlich keinen Tag zusammengeblieben wären, wenn sie gesehen hätten, wie sie wirklich waren.

Natürlich dauerte es nicht lange, bis meine Mutter das alles begriff. Zu dem Zeitpunkt war der Krieg zwar zu Ende, aber Glynn arbeitete immer noch für den britischen Geheimdienst und wurde kurzfristig nach Kairo entsandt. Sie bat ihn, ihr unterwegs in Mailand ein Paar Schuhe und Strümpfe zu besorgen. Nun wissen wir ja alle, was für hübsche Schuhe es in Italien gibt, aber statt der schicken Pumps, die sie sich vorgestellt hatte, bekam Eva von Glynn ein Paar billiger Treter. Er hat wahrscheinlich gedacht – und recht hatte er –, daß sie froh sein konnte, überhaupt Schuhe und Strümpfe zu besitzen. Aber Eva war keine Realistin; sie war tief enttäuscht.

Am Anfang, als mein Vater noch an seiner Doktorarbeit an der Universität in Liverpool arbeitete, wohnten wir in Ormskirk in Lancashire. Wir hatten ein richtiges Haus und führten ein ganz normales Leben. Was meine Mutter ja auch wollte. Aber bald zeigten sich die eher bizarren Aspekte der Projekte meines Vaters. Auch er kam aus einer sehr seltsamen Familie. Mein Großvater, Theodore Faithfull, war Sexualwissenschaftler. Er hatte meine Großmutter Frances verlassen, war mit einer Zirkustänzerin durchgebrannt und hatte eine Apparatur erfunden, die er »Frigiditätsmaschine« nannte und für das Allheilmittel gegen alle Übel dieser Welt hielt. Sie sollte die primäre libidinöse Energie freisetzen und ein neues goldenes Zeitalter einläuten. Einmal versuchte er, meine Mutter dazu zu überreden, sie zu benutzen. Vergebens natürlich. Außer diesen Proto-Orgon-Kisten-Theorien hatte er alle möglichen anderen hirnverbrannten Ideen. Er badete zum Beispiel nie. Wenn er meine Eltern besuchte, bat Eva ihn verzweifelt, sich zu waschen, aber da hatte sie nun keine Chance. Er sagte, er glaube nicht daran. Sie behauptete, er sei der schrecklichste, schmutzigste alte Mann auf Gottes Erdboden.

Sie, die aus Wien, der Wiege der Freudschen Psychoanalyse stammte, wurde außerdem halb wahnsinnig, weil sich Glynn und sein Vater den ganzen psychosexuellen Kram so blindgläubig zu eigen machten. Sie verabscheute ihn zutiefst und lehrte auch mich diese Abscheu. (Ausgerechnet, ich Arme!) Sie hielt die psychoanalytischen Methoden für unausgegorene, vorsintflutliche Mätzchen. Mit Vorliebe zitierte sie den Aphorismus von Karl Krauss: »Die Psychoanalyse ist die Krankheit, für deren Heilung sie sich hält.«

Glynn und seine Leute dagegen waren überzeugt, daß guter Sex alle Probleme lösen würde. Das fand meine Mutter ganz und gar nicht. Mein armer Vater war sexuell von ihr besessen. Auch das beruhte nicht auf Gegenseitigkeit; sie hatte ihn nur geheiratet, um aus Wien herauszukommen! Und um mich zu kriegen, glaube ich. Eigentlich mochte sie keinen Sex. Nachdem sie ihr Kind hatte, wollte sie so wenig wie möglich damit zu tun haben. Ich weiß nicht, was Eva für Vorstellungen von Männern hatte, aber mit der Realität hatten sie herzlich wenig zu tun.

In England war Eva überhaupt nicht in ihrem Element. Ihre Familie war der Mittelpunkt ihres Lebens gewesen, für sie bedeutete es eine riesige Veränderung, einen Ausländer zu heiraten, nach England zu gehen und dort zu leben, weit weg von allem, was sie kannte und liebte. Sie war eine hinreißende Schönheit und erwartete, daß man sie wie eine Prinzessin behandelte (unseligerweise hat sie mich auch so erzogen). Sie ging von der irrigen Annahme aus, sie werde verwöhnt und angebetet – was wiederum das letzte war, was mein Vater im Sinn hatte. Er wollte eine Mitverschwörerin, die seine Visionen teilte.

Glynns Macken erblühten, als er sich mit einem gewissen Dr. Glaister zusammentat, der nun allerdings seine Hingabe zu utopischen Zielen teilte. Mit Dr. Glaisters Geld kauften sie Brazier's Park in Oxfordshire, ein Herrenhaus aus dem achtzehnten Jahrhundert mit den angrenzenden Ländereien, um dort ihr Institut für Intensive Sozialforschung aufzubauen. Als ich vier war, zogen wir also gen Süden, und ich ging in die kleine Dorfschule in Ipscomb. Brazier's Park war ein großes, weitläufiges Haus mit allerlei Ecken und Winkeln und Zinnen zum Draufkrabbeln. In dem wunderschönen Park und den endlosen Kornfeldern konnte man herumstromern, und dann gab es die vielen alten knorrigen Arthur-Rackham-Bäume zum Klettern. Ich fühlte mich pudelwohl dort. Meine Mutter haßte es.

Brazier's Park war eine Arbeits- und Lebensgemeinschaft, ist es heute noch. Jeder packte mit an. Mutter kochte für alle Mann hoch, die Rolle der Gutsherrin war da nicht drin. Sie fühlte sich immer deplazierter; sie war anders, sie war schwierig, sie war Ausländerin, sie trank gern Wein zum Lunch, und sie war sehr verwöhnt. Erst jetzt begreife ich langsam, wie verwöhnt sie war. Mein Vater war überaus vorsichtig mit Geld, was auch Probleme verursachte. Eva war großzügig und verschwenderisch, sie liebte die große Geste, das Theatralische. Glynn war das genaue Gegenteil. Sie hatten nichts gemeinsam.

Sie stritten sich in einem fort, meist wegen mir. Ein Hauptstreitpunkt war, ob man mir nachts das Flurlicht anlassen sollte. Mein Vater wollte das Geld dafür nicht ausgeben, meine Mutter wollte nicht, daß ich Angst hatte. Heute ist mir klar, daß das Gerangel um das Licht nur ein Symptom für ihre eigenen Probleme war, aber damals dachte ich natürlich, es sei alles meine Schuld. Kinder brauchen nachts oft Licht. Ich weiß, ich brauchte es wegen meiner Alpträume. Schreckliche seltsame Träume von furchterregenden Wesen, die ich Daddy-Hüte nannte. Sie kamen in Massen und waren alle wie mein Vater. Komische kleine Männchen mit Schnurrbärten. Sie hatten lange Fingernägel und kitzelten mich und gossen heißen Tee über mich.

Jedes Jahr fuhren wir mit bedürftigen Kindern zu einem Campingurlaub in den New Forest. Eines Morgens wanderte meine Mutter auf eine Waldlichtung und stieß auf ein pseudomythisches Ritual. Die Teilnehmer trugen leuchtend bunte Kostüme und sangen im Chor: »Heil dem Nordwind! Heil dem Südwind! Heil dem Westwind! Heil dem Ostwind! Sagt eure Schwüre, Weidmannsvolk! Heil dir, erhabenes Wesen!«

Sie traute ihren Augen nicht! Und dann machten sie alle auf ein Stichwort hin ein Zeichen, den »Blauen Himmelsgruß«: Sie streckten einen Arm gen Himmel. Meine Mutter sprach Englisch, aber nicht so gut, doch angesichts dessen, was sie da beobachtete und für druidische Riten hielt, war sie entsetzt. Das ganze Brimborium und die Sprechchöre waren ihr von den Zurück-zur-Natur-Kulten aus der Weimarer Zeit und den Dreißigern nur allzu vertraut. Mein Vater tendierte eher in Richtung Iris Murdoch als Drittes Reich, aber sie fand die Episode doch sehr beunruhigend.

Was die Sache dann endgültig zum Knallen brachte, weiß ich nicht, aber Eva erzählte immer eine sehr lustige Episode (in ihrer Welt wurde alles, was passierte, zu einer guten Geschichte). Also: Es wurde immer schlimmer. Glynn fing Affären an, und Eva ging es hundeelend. Eines Tages riß ihr der Geduldsfaden. In Wien war mein Großvater gestorben, und meine Großmutter war allein. Eva wollte sie nach England holen. Aus welchem Grunde auch immer, mein Vater war heftig gegen diese Idee. Das war für meine Mutter der Tropfen, der das Faß zum Überlaufen brachte. Aber statt heimlich, still und leise ihre Sachen zu packen und zu gehen, wie es frustrierte englische Ehefrauen immer brav getan hatten, schritt Eva in die große Halle in Brazier's Park und schlug den Gong. Von überallher kamen die Leute angelaufen. Und dann schrie Eva lauthals los und legte eine ausgewachsene Szene hin. Die Engländer waren schockiert. Mein Vater war entsetzt.

Aber Eva war nicht zu stoppen. Da rannte Bonnie, Dr. Glaisters Geliebte, zu ihr und sagte: »Eva, Eva, hör sofort mit diesem Theater auf! So benimmt sich eine Dame in England nicht.«

Da richtete Eva sich zu voller Größe auf und sagte mit ihrem ulkigen Akzent: »Meine liebe Bonnie, meine Vorfahren waren Damen, als eure noch an den Schwänzen von den Bäumen hingen.« Und mit dieser Bemerkung rauschte sie davon.

Das liebte ich. Sie besaß das genuine Bedürfnis, die Leute zu schockieren. Selbst als alte Dame verschmähte sie selten die Gelegenheit zu einem dramatischen Auftritt. Darauf verstand sie sich. Sie veränderte auch alles – Familienchroniken, private Anekdoten, selbst historische Fakten – und bog sich das Leben nach ihren Wünschen zurecht. Mir war das immer peinlich. So wunderbar ihre Geschichten waren, für mich wäre es oft hilfreicher gewesen, zu wissen, was wirklich geschehen war. Aber das erzählte sie mir nie. Als ich das erstemal einen Entzug gemacht hatte und meine Mutter besuchte, wollte ich mit ihr über ihre Kindheit reden, genauer wissen, wie sie gewesen war. Angeblich hatte Eva zum Beispiel eine inzestuöse Beziehung mit ihrem Bruder gehabt, und da interessierte es mich natürlich, wie sich das auf sie ausgewirkt hatte. Ohne eine Miene zu verziehen, schaute sie mir in die Augen und sagte: »Meine Kindheit war perfekt.«

»Das ist unmöglich«, sagte ich, »niemand hat eine perfekte Kindheit.«

»Meine war perfekt.«

»Also, meine jedenfalls nicht«, sagte ich.

Aber sie wich keinen Millimeter breit. »Das ist ja dann wohl dein Problem, meinst du nicht?«

Als ich etwa sechs war, trennten sich meine Eltern. Forthin wohnte ich mit Mutter und Großmutter in einem Reihenhaus in der Milman Road Nummer 12 in dem armen Teil Readings. Meine Beziehung zu meinem Vater verschlechterte sich rapide. Wir waren bettelarm. Um uns über Wasser zu halten, nahm Eva so manchen miesen Job an, bis sie sich fing und eine sehr gute Lehrerin wurde. Sie arbeitete in einem Schuhgeschäft, in einem Café und eine Weile sogar als Autobusschaffnerin. Aber sie machte immer einen auf vornehm, was mir das Leben nicht gerade erleichterte. In meiner Kindheit jagte ein peinlicher Vorfall den anderen, weil meine Mutter ihre Illusionen von Noblesse nicht aufgab.

In einem Sommer lud Glynn mich ein, eine Woche in Brazier's Park zu verbringen. Ein italienischer Kollege von ihm besuchte ihn mit seiner Tochter, die im selben Alter war wie ich, und Glynn glaubte, das würde mir Spaß machen. Verrückt, wie sie war, staffierte Eva mich aus, als verbrächte ich einen Tag am Hofe Kaiser Franz Josefs. In einem langen, bildschön bestickten Kleid mit Spitzenkragen und -manschetten setzte sie mich in den Bus. Wie die kleine Prinzessin, als die sie mich gern sah, schickte sie mich aufs Land. Das Mädchen, mit dem ich die Woche verbringen sollte, trug Jeans und T-Shirt. Als ich – ich sah aus wie Little Bo Peep – aus dem Bus stieg, kicherte sie und fragte: »Gehen wir zu einem Kostümfest?«

Es war klar, daß Eva Glynn auf meine Kosten eine Botschaft übermitteln wollte. Er wiederum gab mir einen Brief für sie mit. »Bist du völlig von Sinnen? Wie kannst du deinem eigenen Kind so etwas antun! Marianne in diesem lächerlichen Aufzug hierher zu schicken. Wie kannst du ein kleines Mädchen nur so vor ihren Freunden blamieren?«

Meine Mutter zeigte mir den Brief. Das war unnötig gemein, aber ich war ihre einzige Gefährtin und Vertraute – sie zwang mich, Partei zu ergreifen. Für Mama war alles schwarz-weiß. Danach hatte ich nie wieder die alten Gefühle für meinen Vater. Im Rückblick sehe ich natürlich, daß er recht hatte. Er begriff, wie albern und überheblich ihre Versuche waren, in einem ärmlichen Reihenhaus in Reading eine Prinzessin aufzuziehen!

Eva war mit dem Gefühl aufgewachsen, etwas Besonderes zu sein. Sie war hochnäsig und skrupellos. Im Grunde waren wir Wesen von einem anderen Stern. Sie zog mich groß wie eine von ihren Katzen. Mein Vater beschreibt heute ihr despotisches Verhalten beinahe als krankhaft. Diese Krankheit hat sie mir vererbt. Aber bei mir waren solche Dünkel ein noch schrägerer Zug, denn sie entbehrten mittlerweile jeglicher Grundlage.

Eine weitere heftige Schlacht tobte um den Katholizismus, und im nachhinein gesehen, hatte mein Vater auch hier recht. Als ich sieben war, beschloß meine Mutter, mich zur örtlichen Klosterschule St. Joseph's zu schicken, weil ich dort eine Freistelle bekommen konnte. Wir waren arm, und meine Großmutter lag zu Hause im Sterben.

Glynn bat sie inständig, davon abzusehen. Ich war ja nicht einmal katholisch! Ich erinnere mich, wie er sagte: »Da wird sie ihr Leben lang Probleme mit der Sexualität haben.«

Dabei war meine Mutter selbst keine fromme Katholikin. Es wäre sogar absurd gewesen, sie als gläubig zu bezeichnen. Ab und zu ging sie zur Messe und besuchte einen alten Priester namens Pater Murphy (in Wirklichkeit waren sie Trinkkumpane).

Auf der Klosterschule konvertierte ich schließlich zum Katholizismus, aber diese Entscheidung traf ich ganz und gar aus sozialen Beweggründen. Ich wollte hineinpassen und schwindelte den Nonnen vor, ich hätte eine Offenbarung gehabt.

Erst als ich dreizehn oder vierzehn war, gefielen mir allmählich die Rituale, und auch das nur wegen der Musik. Ich ging in den Chor, weil ich eine gute Stimme hatte und gern sang. Eine katholische Messe ist sehr schön und in sich sehr bühnenwirksam mit den Weihrauchschwenkern, Meßgewändern und der Liturgie in Latein. Meine Bekehrung entsprang mehr einem Ästhetizismus à la Walter Pater als einer Verehrung für den Papst.

Trotz meines Übertritts gehörte ich nie ganz dazu. Man erinnerte mich ständig daran, daß ich ein Sozialfall war. Sehr demütigend. Die Ironie ist, daß ich genau so endete, als ich schwer drogenabhängig war. Während langer Jahre meines frühen Erwachsenenlebens war ich Wohlfahrtsempfängerin! In der Schule verbrachte ich meine ganze Zeit mit Lesen, die anderen spielten und quatschten. Hockey und dergleichen Spiele waren mir dagegen ein Greuel. Alle hielten mich für arrogant.

Ich hatte eine gute Freudin: Sally Oldfield (die Schwester von Mike Oldfield). Mit ihr verstand ich mich gut, weil ihre Eltern genauso komisch drauf waren wie meine. Sally und ich drückten uns mit Lügen vor dem Sportunterricht. Ich sagte Schwester Dolores, ich hätte schreckliches Asthma und könne nicht Hockey spielen, und dann verbrachten Sally und ich die Stunde damit, immer um den Platz herumzuspazieren und über Leben und Tod zu reden, besonders über den Tod. Ich muß tief in meiner tragisch romantischen Periode gewesen sein. Die Außenseiterin!

So seltsam wir Faithfulls auch sein mochten, wir waren durchaus nicht die einzige angeknackste Familie in diesem Teil Readings! Gott sei Dank gab es noch die Oldfields. Dort mußte Sally den Laden schmeißen. Wenn sie von der Schule nach Hause kam, mußte sie das Abendbrot für ihren Vater und die jüngeren Brüder machen.

Als ich in die Klosterschule ging, hatte meine Mutter mehr freie Zeit, und sie fing an, in Bylands zu unterrichten, einer Schule für verhaltensgestörte Kinder. Bylands wurde von einer Miss Garrard geleitet, einer reichen Philantropin. Weil Gerry die Schule gehörte, konnte sie Eva einstellen, obwohl diese keinerlei Qualifikationen hatte. Eva unterrichtete Tanz, Kunst und, groteskerweise, Politik.

Die Kinder in der Schule kamen aus unterprivilegierten und kaputten Familien. Die meisten waren geschlagen und mißbraucht worden. Meine Mutter war dagegen, diese Kinder, die ohnehin schon soviel mitgemacht hatten, endlosen psychologischen Tests zu unterwerfen; Rorschachtests, Verhören über ihre Kindheit und ihre Angehörigen. Eva hielt diese Tests und Erhebungen für irrelevant und destruktiv, sie bestätigten ihr nur, daß die Psychiatrie komplette Spinnerei war. Sie fand praktisches Handeln, Mitgefühl und Liebe am wichtigsten, wenn man Kindern helfen wollte.

Wenn ich meine Mutter an meinen schulfreien Tagen besuchte, wurde ich unweigerlich als Musterbeispiel an Normalität, Stabilität und Perfektion präsentiert. Und das gefiel mir mitnichten. Selbst mit acht Jahren wußte ich, daß daran etwas nicht stimmte.

Wenn Eva sich einmal etwas in den Kopf gesetzt hatte, konnten sie keine zehn Pferde davon abhalten. Ihre spektakulärste Aktion war, mir einen älteren Bruder zu bescheren, als ich dreizehn war. Schon ein Jahr zuvor muß ihr aufgefallen sein, daß in meinem Leben etwas fehlte, nämlich soziale Beziehungen. Sie sah, wie isoliert ich war, wie unfähig, an normalen Unternehmungen von Kindern teilzunehmen, Clubs zu gründen oder Sport zu treiben. Immer wenn ich zu so etwas aufgefordert wurde, fand ich einen Weg, mich zu entziehen. Da fing Eva an, irgendwo Leute aufzugabeln und sie mit nach Hause zu bringen. Kinder, Eltern – jedweden, den sie für hilfreich hielt, mir Familien- und Zusammengehörigkeitsgefühle zu vermitteln. Außerdem machte sie sich Sorgen, daß es in meinem Leben keine Männer gab.

Meine beste Freundin und ich brachten immer einen Freund mit nach Hause, der Chris O'Dell hieß. Seine Mutter war schwerkrank, sie hatte multiple Sklerose, und sein Vater war gelähmt und wurde sehr gewalttätig, wenn er trank. Kurz nachdem wir Chris kennengelernt hatten, starb seine Mutter, und seine Tante mußte helfen, den Vater zu pflegen. Es war zwar sonnenklar, daß Chris todunglücklich war, aber Eva fühlte sich natürlich berufen, höchstpersönlich zu intervenieren. *Noblesse oblige!*

Sie rief seine Tante Eyepie an, die ihn sehr liebte, und sagte zu ihr: »Sein Vater schlägt ihn. So kann es nicht weitergehen, meinen Sie nicht auch, meine liebe Eyepie?«

»Ja, Eva, es ist hanebüchen, was der arme Junge –«

»Das sage ich ja! Und Sie werden sich freuen zu hören, daß ich die Lösung habe. Chris muß bei uns wohnen.«

Unter normalen Umständen hätte die arme Frau Einspruch erhoben: »Hm, das ist schrecklich nett von Ihnen, Eva, aber er ist schließlich unser Neffe, er ist der Sohn meiner Schwester, und von Rechts wegen sollten wir ihn nehmen.«

Aber Eva ließ der Tante keine Chance. Niemand konnte Eva widerstehen, wenn sie sich etwas in den Kopf gesetzt hatte, sie war eine Naturgewalt. Man tat, was sie sagte. Also kam Chris in der folgenden Woche und wohnte fortan bei uns. Es wurde einfach als *Fait accompli* präsentiert. Nun waren wir Bruder und Schwester, und damit basta. Chris war sechzehn, ich dreizehn. Ich erinnere mich, daß wir kurz, nachdem er eingezogen war, in Ferien fuhren. Wir wußten beide nicht, was man von uns erwartete, aber wir zogen uns mit Anstand und Humor aus der Affäre und wurden schließlich Freunde.

Chris kam auch nicht aus einer normalen Familie, die ich natürlich auch allenthalben sah und beneidete. Wie ich war er ein Einzelgänger, deshalb fand ich es nicht so schwer, mich mit ihm zu identifizieren. Ich hätte mich nie mit jemandem aus einer dieser scheinbar idealen Familien anfreunden können, nach denen ich mich aber trotzdem immer gesehnt habe. Familien mit Geld und Sicherheit und einer normalen Mutter und einem normalen Vater. Ich habe bis heute gebraucht, um zu akzeptieren, daß mir das nicht beschieden ist.

Chris paßte sehr gut zu uns, aber es war unvermeidlich, daß ein solch unkonventionelles Arrangement nicht von jedermann gutgeheißen wurde. Als ich sechzehn war, hatte ich einen Freund, dessen Vater der Direktor von Leighton Park war, der Quäkerjungenschule in der Nähe von St. Joseph's. Er muß meine Mutter und mich wirklich für sehr abartig gehalten haben, was wir vermutlich auch waren. Und diesem armen Mann bereitete Chris' Anwesenheit in der Familie Kopfschmerzen. Einmal beging er den Fehler, meine Mutter in dieser unerträglich arroganten Art, wie sie Engländer so oft an sich haben, ins Verhör zu nehmen: »Ich finde ja auch, Mrs. Faithfull, daß Marianne und Chris einander sehr mögen, aber glauben Sie tatsächlich, es ist vom sexuellen Standpunkt aus ratsam?«

Woraufhin Eva, absichtlich unbedarft, erwiderte: »Und was für ein Standpunkt ist das, bitte?«

»Nun ja, ich würde meinen, daß es, ähm, womöglich ein wenig ungesund ist, daß Marianne und ein Jugendlicher, mit dem sie nicht verwandt ist, unter einem Dach leben. Es könnte eventuell zu gefährlichen Situationen führen.«

»Unfug«, entgegnete Eva, »mein Onkel war ein von Sacher-Masoch. Ich komme aus Wien, der Heimat Sigmund Freuds. Meinen Sie nicht, daß ich über diese Dinge besser Bescheid weiß als Sie?«

Damit war das Gespräch beendet. Und meine Beziehung.

Wie dreist meine Mutter Chris auch entführt hatte, ein paar Jahre lang funktionierte es gut. Ich profitierte davon, daß er bei uns wohnte, denn es war meine erste Freundschaft mit einem Mann, die nicht sexuell war. Meine besten Beziehungen mit Männern waren das sowieso selten, und daß das möglich ist, habe ich gelernt, als ich mit Chris aufgewachsen bin.

Eva war sehr gut zu Chris, selbst wenn er in der Angelegenheit gar nichts zu vermelden hatte. Sie gab ihm ein Zuhause und eine wie auch immer beschaffene Familie. Sie half ihm durch die Universität, und es ist ja auch alles gut geworden, insoweit, als Chris es wirklich zu etwas gebracht hat. Aber von ihrer Seite her war es ein Akt von überwältigender Anmaßung. Ich weiß nicht, ob Chris das jemals richtig klar geworden ist. Ich habe oft überlegt, wie er sich wohl dabei gefühlt hat, denn, Happyend hin oder her, er wurde benutzt. Wir alle. Er muß auch ein paar tiefsitzende Zweifel gehegt haben, denn als ich in den zwanzigern war, brach er die Beziehung zu uns ab, und wir haben ihn zwanzig Jahre lang nicht wiedergesehen.

Bevor Chris zu uns zog, hatte meine Mutter nur mich zum Reden, und meine Mutter redete viel mit mir. Sie erzählte mir Geschichten. Sie war eine kolossale Geschichtenerzählerin. Viele müssen sogar wahr gewesen sein, wenn sie sich auch selten eine gute Geschichte von der Wahrheit verderben ließ! Sie erschuf die Realität nach ihrem Gusto.

Eine meiner Lieblingsgeschichten war die über meinen Vorfahren, den spanischen Mauren. Meine Mutter bekam glänzende Augen, wenn sie mir die Familiengeschichte derer von Sacher-Masoch erzählte:

»Der erste Sacher trat auf zur Zeit Karls des Großen, des Kaisers des Heiligen Römischen Reiches. Er war ein Maure aus Spanien, der Christ geworden war und mit Karl dem Großen in den Krieg zog. Er hieß Secher oder Sachre oder so ähnlich. Das war die Familie meines Großvaters. Wenn du willst, kannst du das in den Kaiserlichen Archiven in Wien nachlesen, dort liegt alles, mein Liebling. Eines Tages fahren wir mal zusammen dorthin. Einerlei, der arabische Name wurde in einen österreichischen verwandelt – Sacher. Dieser Sacher bekam also Land in Ungarn, als es noch Teil des Habsburgerreiches war. Er war ein Ritter, der Diener Karls des Großen, und weil er dem Kaiser des Heiligen Römischen Reiches gedient hatte, bekam er riesige Ländereien und heiratete eine weiße Österreicherin, ein blondes Mädchen wahrscheinlich, und ließ sich nieder und bekam Kinder. Damit fing alles an. Und dann war ein paar hundert Jahre später eine andere Familie, die Familie Masoch, vom Aussterben bedroht. Damit der Name nicht unterging, erklärte der Kaiser: ›Der Name kommt nun zu diesem hinzu.‹ Und so wurde Sacher-Masoch daraus. Weißt du, bei Hofe durften nur die vor dem Kaiser tanzen, die ihre Ahnen über zwölf Generationen zurückverfolgen konnten. Aber die Sacher-Masochs hatten mit dem Hof nicht viel zu tun, sie lebten auf ihren Gütern und leiteten viele Reformen ein.

Die Engländer mit ihren Gladstones und Disraelis bilden sich ein, sie hätte das Reformieren erfunden! Die haben doch keine Ahnung! Warum besteht unser Wappen aus Salzpickel und Salzhammer über Kreuz? Weil die Sacher-Masochs Salzbergwerke im Ural besaßen, mein Liebes, deshalb. In diesen Bergwerken hatten seit Jahrhunderten Sklaven gearbeitet, und als die Sachers sie bekamen, hat der erste Ritter von Sacher sie gleich freigelassen. Vor tausend Jahren! Er hat sie freigelassen! Da malten sich die Engländer noch blau an und tanzten um Steine herum!«

Und weiter plätscherten die Sätze, während ich am Kamin einschlummerte. Eine andere phantastische Geschichte: »...Männer in goldener Rüstung, sie versammeln sich mit großen wehenden Bannern, um das Schiff zu begrüßen, das von weit her aus der Ägäis kommt, beladen mit einem einzigen Pferd und ein paar Orangen und Gewürzen für den Kaiser. Sie ziehen den wunderschönen weißen Hengst den Landungssteg hinunter. O, mein Liebling, du hättest sie sehen sollen! Solch ein prächtiges Pferd, ganz mit Muscheln geschmückt... und Blümchen. Ach, wie schön!«

Die Geschichte habe ich tausendmal gehört, ich kannte sie in- und auswendig. Sie handelt davon, woher der Titel meiner Mutter stammt: Baroneß Apollonia und Erisso. Von zwei Inseln dieses Namens in Griechenland. Vor langer, langer Zeit mußten diese Inseln meinen Vorfahren alle sieben Jahre ein weißes Pferd schicken. Allabendlich lauschte ich diesen Erzählungen in unserem kleinen Haus in Reading. Wir hatten kein Geld, kein Auto, keinen Plattenspieler, kein gar nichts – und ganz gewiß kein Schloß. In der Schule sahen sie auf mich herab, weil wir nicht einmal ein Telefon hatten. Und keinen Vater! Aber ich hatte diese phantastische geheime Geschichte mit Karl dem Großen, weißen Tributpferden aus der Ägäis und maurischen Ahnen auf riesigen Gütern, die die Sklaven in den Salzbergwerken befreiten.

Ich weiß, daß Eva auf diese Weise versuchte, mir ein Gefühl dafür zu vermitteln, wer ich war und wo ich herkam; um mich mit Stolz auf meine Herkunft zu erfüllen, mich für all die Dinge zu entschädigen, die wir entbehrten. Ihre Schilderung der barocken Pracht ihrer Vergangenheit war wie ein Märchen, in dem man der Holzfällertochter erzählt, daß ein böser Prinz das Königreich gestohlen hat, das rechtmäßigerweise ihrer Mutter gehört. Ich erinnere mich, daß ich in einem solchen Moment beschloß: »Wenn ich groß bin, ziehe ich aus und bringe das in Ordnung. Ich hole ihr ihre glanzvolle Welt zurück.«

Leute, die mich später im Leben kennenlernten, nahmen immer an, daß ich durch und durch englisch und aus wohlhabenden, gesicherten Verhältnissen sei. Ich bin überzeugt, daß aus diesem Mißverständnis heraus – ich als der Inbegriff alles Englischen! – in den späten Sechzigern ein Teil der Aggressivität gegen mich erwuchs. Dabei war meine Mutter

Österreicherin, mein Vater wallisischer Abstammung und ich zum Teil jüdisch, mit einem Mauren, der Christ geworden war, als Vorfahr. Meine innere Stärke, die die Leute als herrschsüchtig, also typisch englisch, mißinterpretierten, speiste sich in Wirklichkeit aus der Bindung zwischen meiner Mutter und mir.

Als ich etwa dreizehn war, wurde ich Mitglied des Progress Theatre, einer festen Amateurtheatergruppe in Reading. Ich wollte dazu gehören, weil man dort schauspielern und Jungen treffen konnte. Einmal hielt Vanessa Redgrave dort einen Vortrag. Sie hatte gerade die Rosalind in *Wie es euch gefällt* gespielt. Sie redete über das Theater, ihre Eltern und ihr Leben. Sie wirkte sehr erwachsen – dabei war sie bestimmt nicht älter als zweiundzwanzig! Wir führten *Unsere kleine Stadt* auf, ich spielte eine mittelalterliche verklatschte Dame. Meine Freundin Mary Allen spielte die Rolle der Naiven. Die Eltern kamen, um sich das Stück anzusehen. Aber während für die meisten Kinder Theaterspielen eine vorübergehende Leidenschaft war wie Reiten oder Ballettstunden, wußte ich, daß das mein Leben werden würde. Eva ging ohnehin immer davon aus, daß ich in irgendeiner Weise Künstlerin werden würde.

Ich fing an, in Cafés und Folkclubs Folksongs zu singen. In Reading war eine Beatnikspelunke, die Shades Coffee Bar hieß, eine andere hieß Café au Lait. Ich sang a cappella. »House of the Rising Sun«, »Blowing in the Wind« und Joan-Baez-Lieder, »Babe, I'm Gonna Leave You« und dergleich alberne Liedchen. Allein in Reading gab es etliche Joan Baezes!

Ich hatte einen kleinen Plattenspieler und kaufte mir Sachen wie »Venus in Blue Jeans« und »Brown-Eyed Handsome Man«. Buddy Holly, die Everly Brothers, Chuck Berry. Ich weiß noch, daß ich im Café »Not Fade Away« hörte und mich fragte, was für ein Mensch das wohl geschrieben habe. Als ich ungefähr fünfzehn war, kaufte ich mir Miles Davis' *Sketches of Spain,* eine Platte, die mich wahnsinnig beeindruckte. Was ich von einer Rolling-Stones-Platte nicht behaupten konnte. In den frühen Sechzigern war Rock 'n' Roll noch nicht hip. Jazz war hip und Blues, aber Rock 'n' Roll hielt man für glatt und kommerziell. Zu der Zeit bedeutete Rock 'n' Roll Billy Fury und Typen mit wasserstoffblonden Haaren.

Ich erinnere mich, daß mir mein Vater eine Postkarte mit Bill Haley and the Comets in die Klosterschule schickte, die Nonnen flippten aus. Es war genau zu der Zeit, als *Rock Around the Clock* herauskam. Er schickte mir auch die eine oder andere Elvis-Presley-Karte, um die Schwestern zu ärgern, denn die ganze katholische Kirche war ihm ein Greuel.

Ab zehn fuhr ich oft mit Deborah, der Freundin meiner Mutter, und ihrem Sohn Anthony nach London. Anthony war Tänzer. Wir gingen ins Ballett oder in die Oper. Ich weiß noch, daß ich Maria Callas in *Tosca* gesehen habe. Einmal fuhr ich mit ein paar Freunden aus der Leighton-Park-Schule in einem Lieferwagen zu einem Traditional-Jazz-Festival in Beaulieu. Wir hatten viel Spaß, waren sehr unbekümmert. Die Musik war affig, englischer Dixieland. In den Staaten hatte die Bebop-Ära ihren Höhepunkt erreicht, und die Engländer fuhren auf dieses dämliche Zeugs ab. Sartre und Simone de Beauvoir, Céline, Camus und Kafka, diese Namen hingen in der Luft. Ich betete ihre ehrfurchtgebietenden Namen herunter wie einen Katechismus. Ich verschlang die Zeitung nach jedem Fetzchen Hipness und Skandalträchtigem. Artikel über Brigitte Bardot und Juliette Greco – die große Ikone des Existentialismus. Ich gab mir alle Mühe, um wie sie auszusehen, und malte mir die Lippen weiß an. Aber das wirkte nicht richtig, wenn man blond war. Ich wollte Gauloises rauchen, schwarzen Kaffee trinken und mit verruchten Frauen und tragischen jungen Männern über das Absurde und Make-up reden. Sartre und Camus und Kafka fand ich schwierig, aber ich mochte Céline und Simone de Beauvoir. (*Das andere Geschlecht* hatte ich tatsächlich gelesen.)

Vermutlich war ich ein typisches Kind meiner Zeit – für alles offen. Ein neugieriger rebellischer Teenager auf der Suche nach dem Verbotenen. Man hörte von irren Clubs in London von einem Freund, der es von einem anderen Freund gehört hatte, der sogar in einem gewesen war. Schon allein die Namen klangen magisch und glückverheißend: Marquee, Ronnie Scott's. Als ich sechzehn war, fuhr ich nach der Schule in die Clubs, in den Marquee, den Flamingo-Jazzclub. Da traten Leute wie Zoot Money, John Mayall und Nina Simone auf. Das Publikum war ziemlich abgerissen. Studenten, Beatniks und vereinzelt ein paar ältere Jazzfreunde. Ich mochte Jazz, und die Szene, so wenig entwickelt sie auch noch war, beeindruckte mich zutiefst. Ich war das Provinzmädchen, das in die große Stadt fuhr, um zu sehen, was abgeht. Ich kannte niemanden, ich war allein und unnahbar; ich sprach auch nie mit jemandem. Aus meiner Kleinmädchenperspektive war das eben hip. Aus vielen verschiedenen Elementen bastelte ich mir einen Charakter zusammen. Alles total unkoordiniert. Die Sixties standen ja noch bevor, es gab nur vage Andeutungen dessen, was kommen sollte. Die Kleidung war auch immer noch sehr langweilig, aber meine Mutter nähte mir ein paar Klamotten, die erstaunlich ausgeflippt und bildschön waren. Später trug ich alte Kleider, Sachen aus zweiter Hand von einem Antiquitätenmarkt – Lumpen habe ich immer geliebt. Ich dachte, vielleicht gibt es ja noch Aufregenderes, als von einem verrauchten Jazzclub zum anderen zu latschen, und ich war wild entschlossen, da zu sein, wenn es passierte, einerlei, was!

Die Unterschiede zwischen Ober- und Unterschicht, männlich und weiblich, Arbeit und Freizeit, Politik und Leben verwischten allmählich. Die Uniformen verschwanden zusammen mit der Vorstellung, daß man gefälligst auch dementsprechend, was oder wer man war, auszusehen hatte – Ärzte sollten wie Ärzte aussehen, Callgirls wie Callgirls. In den Sixties wurden all diese Dinge verwischt.

Die ganze Sache kam in England sicher auch deshalb ins Rollen, weil die Erinnerung an den Krieg langsam schwand. Ich war von Anfang an im Schatten des Zweiten Weltkriegs aufgewachsen. Ich hatte mehr davon mitgekriegt als meine Freunde, denn in England war es ja nicht ganz so zugegangen wie in Wien mit dem »Anschluß« und dem Einmarsch Hitlers. Nichts davon hatte ich selbst erlebt, es aber sozusagen mit der Muttermilch aufgesogen. Als sei ich selbst aus den Trümmern gekrochen, und wolle nun, da ich das Schlimmste überstanden hatte, mein Leben genießen.

Irgendwo im Hinterkopf hatte ich die Entscheidung getroffen, aus Reading wegzugehen, auszubrechen. Eva ahnte nichts davon. Ich habe meine Pläne immer sehr geheim gefaßt und nie jemanden eingeweiht, was sich häufig als Fehler erwies. Ich wußte nicht, daß es möglich ist, die Dinge mit anderen zu besprechen, ohne alles zu verlieren – ich dachte ja, das passiere unweigerlich, wenn man sich jemandem anvertraute, oder daß der andere versuchen würde, einen davon abzuhalten. Diese Erfahrung hatte ich mit meiner Mutter gemacht, also lernte ich schon von Kind auf, meine geheimsten Gedanken vor ihr zu verbergen.

Damals waren Männer für mich Wesen von einem anderen Stern. Wie sie sich verhielten und warum sie handelten, wie sie handelten, war mir ein komplettes Mysterium. Aber ich ahnte dunkel, daß in der einen oder anderen Weise Männer das Mittel für mich sein würden, zu entkommen. Und so war es dann ja auch. Als ich siebzehn war, fuhr ich mit einem Jungen von der Leighton-Park-Schule zu einem Ball in Cambridge und traf dort meine erste Liebe, John Dunbar. Er sollte mein Leben entscheidend verändern, mein Vergil werden. Als ich John traf, öffneten sich für mich Welten.

John war anders als alle Jungs, die ich bis dahin kennengelernt hatte. Zu dem Ball ging er auch gar nicht, für so etwas war er zu cool. Er wäre ums Verrecken nicht zu einer so bourgeoisen Angelegenheit wie einem Ball gegangen. Aber im Treppenflur des Churchill College war eine Party, und als ich nach oben in die Küche ging, kam ich an der Tür eines Studenten vorbei, auf der ein Poster der berühmten Da-Vinci-Zeichnung, »Der Goldene Schnitt«, klebte. Ich war perplex und erinnere mich, wie ich mich zu meinem Begleiter umdrehte und fragte: »Wer wohnt denn hier?« In dem Augenblick kam John aus der Tür. Als ich ihn sah, passierte es: Alles um ihn herum verblaßte, nur er existierte.

John hatte ein wunderschönes, sensibles Gesicht und war damals, 1963, die Hipness in Person. Er trug Jeans mit Bügelfalte, ein Jackett und eine schmale Hornbrille. Er war noch keine einundzwanzig, als ich ihn kennenlernte, und in seinem ersten Jahr in Cambridge. Ich war siebzehn. Wir fühlten uns sofort zueinander hingezogen. Ich seilte mich von dem Jungen, mit dem ich gekommen war, ab und verbrachte den Abend mit John. Er war ernsthaft und ungewöhnlich, und seine Herkunft war meiner nicht unähnlich. Seine Mutter Tatiana, genannt Tania, ist Russin. Die Dunbars waren Filmemacher und – in meinen Augen ebenso unwiderstehlich –, sie waren eine Familie. Damals begann meine lang andauernde Sucht nach Familien. Wo immer ich eine Familie finde, versuche ich hineinzugelangen.

Wenn ich eingeladen wurde, bei Johns Eltern Bob und Tania und den Zwillingsschwestern zu übernachten, fuhr ich immer mit dem Zug nach London. Jenny und Margaret waren in meinem Alter und hinreißend schön. Wir verstanden uns alle sehr gut. John und ich hatten jeder unser Zimmer, und mitten in der Nacht kam John in meins, und wir schliefen zusammen. Es war alles sehr aufregend, wenn auch nicht so weltbewegend, wie ich es mir vorgestellt hatte. Ich fand es viel Getue um nichts. John und ich waren wie junge Hunde, es war nicht sehr sexuell. Ich hatte von nichts eine Ahnung.

Seine Eltern waren sehr kosmopolitisch und intellektuell. Sie hatten den *New Yorker* abonniert, was mich wahnsinnig beeindruckte. Sie bekamen ihn jede Woche aus New York. John hatte ein tolles Leben. Er war in Mexiko geboren und hatte als Kind in Rußland gelebt, wo sein Vater während des Krieges stationiert war. Mir kam es alles schrecklich exotisch vor.

John war der Inbegriff des selbstquälerischen Jünglings aus romantischen Geschichten. Er war Nihilist und redete wie ein Dostojewskischer Held über Selbstmord, daß es einem den Atem verschlug. Das fand ich unglaublich attraktiv, aber auch ein wenig angsterregend. Ich wollte seine Muse sein und dachte, wenn er mich hat, kann er sich ja wohl nicht umbringen. John liebte Bebop Jazz, Coltrane, Charlie Parker, Beethovens späte Streichquartette, Mozart, schwarze Musik, lauter solch tolles Zeug. Er war mein Pygmalion, und ich war mehr als reif für ihn, wie ein Schwamm saugte ich alles auf.

John stellte mich all seinen Freunden vor, anscheinend kannte er jeden in London, den man kennen mußte. Schließlich war er dicke mit Peter Asher befreundet! (Der eine Teil der Popgruppe Peter and Gordon). Sie hatten gerade mit »A World Without Love« einen Hit gehabt. Kurz, nachdem ich John kennenlernte, stellte Peter Asher das Geld für Indica zur Verfügung, den Buchladen und die Galerie, die John zusammen mit Barry Miles betrieb. Zu der Zeit wohnte Paul McCartney bei Peters Eltern – in Dr. und Mrs. Ashers großem, elegantem Haus in der Wimpole Street. In so einem wunderschönen alten Haus in der Wimpole Street hatte Elizabeth Barrett Browning gelebt. Mrs. Asher hatte an allen Türen Schilder »Janes Zimmer«, »Peters Zimmer«, »Pauls Zimmer«. Ich fand die Ashers ganz schön schräg, so was wie sie hatte ich noch nie erlebt. Familienleben eben ...

Paul wohnte lange bei ihnen. Damals war er blutjung, freundlich, offen und gutaussehend, sehr selbstsicher, hip. Die Fäden tausender kleiner Szenen verwoben sich unsichtbar miteinander.

Das London der Sixties hat seine eigenen Entstehungsmythen. Die Londoner Szene wurde mehr oder weniger von solchen Leuten wie Galeriebesitzern, Fotografen, Popstars, jungen Aristokraten und diversen talentierten Nichtstuern erfunden. Und ich war bei ihrer Erschaffung dabei! Typisch, der Urmythos wurde in einer Espressobar in Chelsea ausgebrütet. (Wir dachten ja auch, die Russische Revolution sei in einem Zug von Zürich nach Moskau geplant worden.) Anfang 1963 steckten John, ein Mann namens Paolo Leone, Typ linker Beatnik, und Barry Miles,

Johns Partner, die Köpfe zusammen und heckten alles aus. Ich war damals nur ein junges Mädchen, das diese verrückten Intellektuellen, alle in existentialistischem Schwarz, dabei beobachtete, wie sie die Zukunft des Globus entwarfen. Sie arbeiteten sie bis ins kleinste aus.

»Mann, verdammt, es wird das Bewußtseinszentrum der Welt!« verkündete Paolo gewichtig. John und Barry fanden Paolo ein bißchen ausgetickt, aber die Idee war ansteckend (warum nicht!), und alles geschah ja (sozusagen) mit der Billigung von niemand anderem als C.G. Jung. Jung hatte einen Traum, in dem er Liverpool als Zentrum der Welt gesehen hatte. Es gab dort einen Platz der Golden Square hieß, und natürlich gibt es in Liverpool einen Golden Square. In London gibt es auch einen, aber warum es so genau nehmen? Der Ort in dem Traum war ja auch nicht Liverpool, er hieß »The Pool of Life«, der Geburtsteich. Jung hatte die Verbindung erst später hergestellt, als er eine Reihe von Vorträgen in England hielt. Paolo war der Ansicht, er müsse ein paar Veränderungen an der Theorie des großen Mannes vornehmen. Schließlich war Jung Schweizer, und man konnte ja kaum von ihm verlangen, daß er sich mit hundertprozentiger Korrektheit auf das, was in Großbritannien abging, einschwingen konnte. Jung lag mit der Geographie in seinem Traum, schloß Paolo messerscharf, ein Ideechen daneben. Nicht Liverpool würde das Zentrum der Welt werden, sondern London. Er führte auch noch eine Anzahl anderer Beweisstücke ins Feld, an die ich mich nicht erinnere, aber auf eine irre Art und Weise klang es alles glaubhaft, und nachdem wir uns gegenseitig davon überzeugt hatten, daß es Fakt war, begaben wir uns mit Feuereifer ans Werk. »Alles klar, das ist unsere Mission«, beschlossen wir und begannen unverzüglich, die Mauern unseres Neuen Jerusalem zu errichten – eher ein wenig in dem Stil, wie die höchst neuartigen Mauern von Paris in *Gargantua und Pantagruel.* Freie Liebe, psychedelische Drogen, Mode, Zen, Nietzsche, Ethnoschmuck, ein spezialangefertigter Existentialismus, Hedonismus und Rock 'n' Roll. Und siehe da! Nach kurzer Zeit ging definitiv was los.

As Tears Go By

Nach der Mythologie des Pop begann mein Leben auf Adrienne Postas Record-Release-Party im März 1964, denn dort lernte ich Mick Jagger kennen. Mick verliebte sich auf der Stelle in mich (so geht die Mär), erkor mich zu seiner Gefährtin und schrieb »As Tears Go By«. Ich dagegen begann sofort Drogen zu konsumieren und wie wild in der Gegend herumzuvögeln.

Adrienne Posta war eine Teenagersängerin, deren Single der extravagante Manager der Rolling Stones, Andrew Loog Oldham, produziert hatte (vermutlich ein Fake mit dem Geld ihrer Eltern). Die Party sollte die Platte promoten, Peter Asher hatte John Dunbar und mich eingeladen. Paul McCartney war mit Peters Schwester Jane dort, desgleichen etliche Mitglieder der Rolling Stones (Mick, Keith und Brian) und Andrew Oldham. Zu der Zeit waren die Stones kaum mehr als halbstarke Schuljungs, sie waren nicht halb so schillernd wie John Lennon oder Paul McCartney, und verglichen mit meinem John wirkten sie ungehobelt und rüpelhaft. Um nichts in der Welt wäre mir in den Sinn gekommen, daß sie einmal Teil meines Lebens werden würden.

Was Mick Jagger anging, ich hätte nicht einmal gemerkt, daß er da war, wenn er nicht einen wüsten Streit mit seiner Freundin Chrissie Shrimpton abgezogen hätte. Sie weinte und schrie ihn an, und in der Hitze des Gefechts gingen ihre falschen Wimpern ab.

Mick oder die Rollings Stones interessierten mich nicht die Bohne, dagegen war der total lockere, exotische Andrew Loog Oldham ein anderes Kaliber. Ihn mochte ich sofort. Er starrte mich quer durchs Zimmer an und tuschelte in einer Tour mit seinem Kumpel Tony Calder. Die meisten Frauen auf der Party hatten sich ins kleine Schwarze geworfen und trugen kiloweise Maskara und falsche Wimpern. Ich hatte ein Paar von den Zwillingen geborgte Bluejeans an, in die ich ein Hemd von John gestopft hatte. An dieser Stelle würde ich gern so tun, als wüßte ich nicht, was Andrew in mir erblickte, aber ich weiß es natürlich genau, denn mit seiner üblichen Offenheit hat er es bei zahlreichen Gelegenheiten hinausposaunt: »Ich habe einen Engel mit großen Titten gesehen und unter Vertrag genommen.«

Ich saß auf einem Heizkörper neben John, als ich sah, wie diese seltsame Kreatur, die schon die ganze Zeit auf der Lauer gelegen hatte, wie ein Raubvogel auf mich zuschoß. Er wirkte mächtig, gefährlich und seiner selbst sehr sicher. Ich war froh, als er im letzten Moment abdrehte und, den Rücken mir zugewandt, John ansprach.

»Wer ist das? Kann sie schauspielern? Wie heißt sie?« Im selben Atemzug gab er John eine überdimensionale, grell bedruckte Visitenkarte. »Andrew Loog Oldham, Darling.« Er nannte alle Leute Darling, besonders die Männer – denn dann gerieten sie ins Flattern, und schon war Andrew im Vorteil. Das war er sowieso, er strahlte etwas sehr Bedrohliches aus, messerscharfe Hipness, und brachte die Leute sofort aus der Fassung.

John sagte: »Also, sie heißt Marianne Faithfull.«

»Marianne Faith*ful*? Ich bitte dich, Darling. Denk dir was Besseres aus!«

»Ich habe es auch nicht geglaubt, als ich es das erstemal hörte«, sagte John, »aber so heißt sie wirklich. Mädchen mit ausgefallenen Namen müssen eine magnetische Anziehungskraft auf mich ausüben. Ich bin mal mit einer gegangen, die hieß Penelope Heaven. Behauptete sie jedenfalls.«

Alle lachten, und dann fragte Andrew, als fiele es ihm gerade noch ein: »Kann sie singen?«

»Ich glaube schon, warum zum Teufel nicht? Du kannst doch singen, Marianne?« erwiderte John.

Und das war's.

So jemanden wie Andrew hatte ich noch nie getroffen, er war echt verrückt. In wirren, kaum verständlichen Sätzen blubberte er alle möglichen wahnsinnigen Ideen heraus, über Mode und Filme bis hin zur Pop-art. Er trug Lidschatten (damals unerhört!) und sah ein wenig feminin aus, aber das machte seine Erscheinung nur noch faszinierender. Später erzählte er mir, daß er wegen John diese affektierte Pose so dick aufgetragen habe. So führte er die Freunde der Mädchen, die er hofieren wollte, an der Nase herum; kaum hatten sie Andrews dickes Make-up und den Eyeliner gesehen, paßten sie nicht mehr auf.

Andrew sagte Sachen, die man sonst nur in Filmen hörte: »Aus dir mache ich einen Star, und das ist erst der Anfang, Baby!« Oder: »Du brauchst keine Probeaufnahmen zu machen. Ich sehe das Charisma in deinen Augen, Darling.« Ich dachte damals, er hätte zuviel getrunken. Das hatten ja eh alle, darin lagen ja Sinn und Zweck solcher Veranstaltungen. Man ging hin, um sich gratis vollaufen zu lassen.

Eine Woche später bekam ich zu Hause in Reading ein Telegramm von Andrew – wir hatten immer noch kein Telefon. Darin stand: 14.00 UHR OLYMPIC STUDIOS STOP ANDREW OLDHAM.

Mit Sally Oldfield fuhr ich von Reading mit dem Zug nach Paddington. Vor den eigentlichen Aufnahmen trafen wir uns einige Male mit Andrew und dem Songwriter Lionel Bart, der zu der Zeit gerade mit seinem Musical *Oliver!* sehr erfolgreich war. Er war dabei, weil ich ein Lied von ihm singen sollte, mit diesem Argument hatte Andrew das Geld für die Aufnahme organisiert. Auch so ein kunstreicher Trick von ihm!

Andrew spielte tausend verschiedene Persönlichkeiten. Im Studio zum Beispiel veränderte er sich völlig. Ein erregter, verzweifelter Maestro Loog Oldham schritt auf und ab wie ein manischer Ludwig van auf Amphetaminen. Er gab seine Phil-Spector-Imitation (wie ich später begriff): dunkle Brille, wagnerianische Heftigkeit, melodramatische Schwermut. Das Ganze war ein Spiel, aber wenn man Andrew nicht kannte, war es ganz schön nervig. Auch Mick und Keith kamen zu der Aufnahme, sie waren mucksmäuschenstill. Das hier war Andrews Show, und sie sagten kein Wort.

Das Aufnahmestudio war sehr merkwürdig konstruiert. Der Regieraum war hoch oben über dem Aufnahmeraum; Mick, Keith, Andrew und sein Partner Tony Calder, Lionel Bart und der Toningenieur Mike Leander thronten alle wie Götter über uns und schauten auf uns herab.

Wir waren wie Arbeiter, die in einer Fabrik malochen, während die Bonzen von hoch oben die Befehle geben. Dabei war zu den damaligen Zeiten im Regieraum kaum was zu tun, man benutzte ja höchstens zwei Spuren. Der Song wurde live mit dem Orchester aufgenommen, das Orchester spielte, und ich sang. Alles in Mono.

Der Song von Lionel Bart war grauenhaft. Er hieß »I Don't Know How (To Tell You)«, war in schwerfälligem Dreivierteltakt (I *do-on't* know *ho-ow* to *tell* you) und hatte Zeilen wie:

It seems that fate would have it
that somebody else could love me

Nein! Es war so ein Showbusiness-Song, für den man die richtige Stimmlage haben mußte. Meine Stimme paßte schlicht und einfach nicht! Wir machten einen qualvollen Take nach dem anderen! Die Musiker wurden unruhig, aber ich konnte es nicht singen. Voller Verzweiflung ließ Andrew mich das Lied von Mick und Keith probieren, das ursprünglich für die B-Seite geplant war. Es hieß »As Tears Go By«.

Es war das erste Lied, das sie geschrieben hatten. Andrew hatte sie in der Küche eingeschlossen und ihnen gesagt: »Schreibt ein Lied. In zwei Stunden bin ich wieder da.« Nicht ohne ihnen eine Vorstellung und ein Gefühl für den Typ Song zu geben, den er wollte – »Ich will einen Song mit hohen Mauern und weiten Fenstern. Keinen Sex!« –, und sie brachten ein Lied mit dem Titel »As Time Goes By« an. Andrew wußte viel über den Aufbau von Songs, und obwohl dieser noch in einem sehr primitiven Stadium war, wußte er außerdem, daß er was draus machen konnte. Ein anderes Problem war der Titel. Es war der Titel des sehr berühmten Liedes, das Dooley Wilson in *Casablanca* singt, deshalb taufte Andrew ihn um in »As Tears Go By«.

Andrew spielte mir ein Demo von »As Tears Go By« vor, auf dem Mick sang und Big Jim Sullivan ihn auf der akustischen Gitarre begleitete. Dann gab er mir ein vollgekritzeltes Stück Papier mit dem Text, ich ging wieder ins Studio und nahm auf. Kaum hörte ich das Englischhorn die Eingangstakte spielen, wußte ich, daß es funktionieren würde. Nach ein paar Takes war das Ding im Kasten. Andrew stieg vom Olymp herab und nahm mich in die Arme.

»Glückwunsch, Darling. Du hast dir eine Sechs verdient.«

»Sechs oder Acht«, besserte Tony Calder nach.

»Einwandfrei eine Sechs, Mann. Wenn nicht doch eine Drei.«

So redeten sie. Wirklich! Sie mischten an Ort und Stelle ab, und damit hatte es sich.

Nach der Aufnahme brachten Mick und Keith Sally und mich in ihrem Auto zum Bahnhof. Mick versuchte, mich dazu zu bringen, auf seinem Schoß zu sitzen, ich wiederum überredete Sally dazu. Wahrhaftig, auf einer solchen Ebene lief es! Was für ein dreister kleiner Flegel, dachte ich, so unreif. Und Mick dachte ganz bestimmt, was für ein albernes kleines Mädchen! Mag Odetta und Joan Baez.

Im Grunde klang »As Tears Go By« wie ein Françoise-Hardy-Lied. Vielleicht war Mick das seit unserem ersten Kennenlernen von mir in Erinnerung geblieben. Existentialistisch angehaucht, aber mit einem Touch San Remo Song Festival – Europop, wie man ihn aus einer französischen Musikbox hörte. Vielleicht entsprach es auch dem, was Andrew auf der Party in mir gesehen und Mick angedeutet hatte, als er ihm sagte, was er schreiben solle. Die Art Musik liebte Andrew: »Das Andrew Loog Oldham Orchestra spielt die größten Hits der Rolling Stones.« Alle machten solche Alben. Sogar Keith. Und durch die Arbeit an solchen bekloppten Projekten lernte Keith, wie man Platten produziert.

Mike Leander war derjenige, mit dem ich direkt zusammenarbeitete und mit dem ich mich einigermaßen normal verständigen konnte. Wir kamen gut miteinander aus, er war jung, ziemlich hip, doch in Denmark Street, der Popmusikfabrik, eingeschlossen. Außer mit Gary Glitter in den frühen Siebzigern kriegte er nie wieder ein Bein auf die Erde.

Maestro Andrews Anleitung für mich reduzierte sich darauf, mir zu raten, sehr dicht am Mikrofon zu singen. Aber es war ein wertvoller Tip. Wenn man nämlich so dicht am Mikrofon singt, verändert sich die räumliche Dimension, man gibt sich selbst in das Lied. In der Folkmusik werden die Lieder normalerweise als kleine Kostbarkeiten behandelt, wie uralte Kunstwerke. Ich hätte es vermutlich gesungen wie Joan Baez, aber die Version, die wir schließlich zustandebrachten, ist elektrisierender, subjektiver. Nach Andrew Loog Oldham ist es eher wie Method Acting in der Popmusik, es gibt keine Distanz. Das Lied bekommt etwas Verhauchtes, Intimes, als wenn der Zuhörer in meinem Kopf säße und das Lied von dort aus hörte.

Die B-Seite aufzunehmen zog sich noch ungefähr zwei Wochen hin – da wir ja den Lionel-Bart-Song nicht machten. Andrew mußte jemand Neuen suchen, der die Aufnahmen bezahlte. Die neue B-Seite war »Greensleeves« (nun nicht mehr von Heinrich VIII., sondern von Andrew Loog Oldham).

Ich fand »As Tears Go By« nie so umwerfend. Gott weiß, wie Mick und Keith es geschrieben haben oder wo es herkam. Es ist eine großartige Mischung unterschiedlichster Zutaten: Die »Lady of Shalott« zu der Melodie von »These Foolish Things«. Mir kommt als Bild in den Kopf, wie die Lady of Shalott in den Spiegel schaut und zusieht, wie das Leben vorüberzieht. Ich habe keine Ahnung, ob Mick daran gedacht hat, als er es schrieb, das Gedicht kannte er sicher. Dennoch ist es absolut erstaunlich, daß ein Junge von zwanzig ein Lied über eine Frau schreibt, die wehmütig auf ihr Leben zurückblickt. Das Unheimliche ist, daß Mick den Text so lange, bevor alles geschah, geschrieben hat, beinahe, als sei unsere ganze Beziehung in dem Lied vorweggenommen. Einer der seltenen Augenblicke, wo alles stimmt. Für mich jedenfalls.

»As Tears Go By« wurde, im Gegensatz zur gängigen Überlieferung, nicht für mich geschrieben, doch es paßte dermaßen perfekt zu mir, daß es so hätte gewesen sein können. Es war ein gut zu vermarktendes Porträt von mir und als solches eine extrem intelligente Kreation, eine kommerzielle Phantasie, die auf alle richtigen Knöpfe drückt. Mir drückte sie allerdings so gründlich ihren Stempel auf, daß sie für die nächsten fünfzehn Jahre ein unauslöschlicher Teil meines von den Medien fabrizierten Ich sein sollte.

Als ich vierzig war, habe ich »As Tears Go By« noch einmal aufgenommen, und da war ich genau im richtigen Alter und in der richtigen Verfassung. Erst da empfand ich die lyrische Melancholie des Liedes zum erstenmal.

Kurz nachdem »As Tears Go By« in die Charts gekommen war, sagte Andrew, wir müßten nach Newcastle zu einem Promotion-Auftritt im Fernsehen. »Wir fahren in Lionels neuem Sportwagen hin. Es wird irre, Darling. Wir holen dich gegen Mittag ab. Trag das weiße Kostüm, aber vergiß die Stiefel. Kein Hut, versuch's mit einem Schal.«

Da schwante mir schon Übles. Sie kamen, um mich abzuholen, und wissen Sie, womit? Mit einem dämlichen Lamborghini, einem Zweisitzer! Ich saß hinten. Als Sitzen konnte man es gar nicht bezeichnen, es war eine Hutschachtel, in der ich sechs oder sieben Stunden hockte und herumgestoßen und durchgerüttelt wurde, während Andrew und Lionel vorn immer alberner wurden. Grauenhaft, mir fiel ein Stein vom Herzen, als sie nach der Sendung im Hotel völlig abbauten. Ich trat die Rückfahrt in einem hübschen bequemen Zug an. Mir gegenüber in einem Erster-Klasse-Abteil saß ein reizender Musiker mit Eton-Manieren, Jeremy Clyde, die eine Hälfte des Duos Chad and Jeremy.

In London angekommen, gingen wir zu ihm und ohne großartige Gefühlsaufwallungen ins Bett. Es war wunderschön, und morgens muß ich mit feuchten, wehmütigen Augen aufgestanden sein. Jeremys bekümmerten Gesichtsausdruck bemerkte ich allerdings sofort. Meine Erfahrung in diesen Dingen beschränkte sich auf John, deshalb nahm ich natürlich an, daß eine gemeinsame Nacht eine Romanze bedeutete. Nun sah ich, daß Jeremy ein wenig bange war, daß ich mich in ihn verlieben würde. Ihm muß klar geworden sein, daß ich keine Ahnung hatte, wie der Hase lief, und in seiner klugen Art versuchte er, mich aufzuklären.

Bei Toast und Orangenmarmelade schnitt er das Thema unverbindlicher Sex an. Er brachte mir bei, daß ich vorsichtig sein mußte, denn Liebe und Sex waren zwei verschiedene Dinge. Manchmal trafen sie zusammen, manchmal nicht. Meine Lektion schloß mit einem freundlichen, aber vagen: »War wunderschön mit dir, Marianne, vielleicht treffen wir uns ja bald mal wieder.«

Irgendwie begriff ich es. Und dann auch wieder nicht. Ich bin sehr gehorsam und gut darin, zu tun, was man mir sagt, aber ich habe mein halbes Leben lang vergeblich versucht, diesen spezifischen Teil der Sexualetikette zu kapieren. Bis heute lasse ich mich in Situationen, in denen nur ein bißchen ruhiges Blut gefragt ist, leicht mitreißen.

Ich schnallte auch gleich noch etwas über Männer, das ich trotzdem nie völlig begriffen habe: Wenn man fies zu ihnen ist, rennen sie einem wie verrückt hinterher, und wenn man nett zu ihnen ist, rennen sie schreiend davon. Diese eleganten Spielchen konnte ich nie gut spielen. Dummerweise bin ich immer gleich Feuer und Flamme, ob es sich um eine Therapie handelt, die Narcotics Anonymous oder einen Mann. Spontan und leicht entflammbar zu sein, ist ja ganz schön mit siebzehn, aber wenn man Mitte vierzig ist, sollte man doch wenigstens ein bißchen was kapiert haben. Ich erstarre immer in Ehrfurcht vor Anita Pallenberg, wie gut sie die Dinge im Griff hat. (»Es war eine Sommerromanze, Darling.«) Aber leider liegt dergleichen Raffinesse jenseits meiner Möglichkeiten.

Zu dieser Zeit hatte ich meine erste lesbische Affäre mit Saida, einem bildschönen indischen Mädchen. Auch das gehörte zu meinem großen Experiment. Als ich siebzehn war, gab sie mir eine Tuinal und verführte mich in der Wohnung in Lennox Gardens, die ich mittlerweile hatte. Sie war sechzehn, und einfach hinreißend. Klein, kurzes Haar, sehr direkt. Exquisit, wie eine Figur in einem indischen Tempel. Und als wir munter zugange waren, platzte meine Mutter herein. Ich muß vergessen haben, daß sie kommen wollte, sie hatte ja einen Schlüssel. Sie schloß die Tür hinter sich und ging. Sie hat nie ein Wort darüber verloren.

Kurz bevor »As Tears Go By« herauskam, hatten John und ich einen Streit, und er flog in den Sommerferien nach Griechenland. Während er weg war, schlug die Platte voll ein, kletterte in die Hitparaden, und ich wurde ein sogenannter Popstar. Was mich höchst erfreute und mir zugleich peinlich war. Eine Zeitlang fragte ich mich, wie ich John diesen neuen Stand der Dinge eigentlich erklären sollte.

Bald nach seiner Rückkehr tranken wir in einem kleinen Delikatessen in der Nähe der U-Bahnstation South Kensington einen Kaffee. Ich überlegte angestrengt, wie ich ihm erzählen sollte, was passiert war. Ich hatte Angst, daß er sich über mich lustig machte. In England gibt es eine nicht unbeträchtliche Anzahl Leute wie zum Beispiel meinen Vater, für die es sich einfach nicht gehört, an Erfolg zu denken oder ihn sich sogar zu wünschen. Vielleicht war John ja von dieser Popstar-Chose so angewidert, daß er nur noch auf mich herabsehen würde. Ich verschluckte mich fast an meinem Kaffee, als »As Tears Go By« im Radio ertönte. Wir saßen beide da und hörten zu. Und schwiegen. Nachdem das Lied zu Ende war, sagte der Diskjockey: »Marianne Faithfull sang ihren tollen neuen Hit ›As Tears Go By‹, die Nummer 9 in der Hitparade. Marianne Faithfull, das bildschöne junge Mädchen, das aus dem Nichts auftauchte mit diesem sagenhaft wehmütigen Song, den Mick Jagger und Keith Richards von den Rolling Stones für sie geschrieben haben.« Der arme John war sprachlos. Ich war sprachlos! Aber John packte es, und man muß ihm zugute halten, daß er meinen neuen Status tolerierte. Ganz selten nur hat er mich niedergemacht, weil ich zu diesem Popwesen geworden war.

Nicht nur John wurde von den Veränderungen in meinem Leben in Mitleidenschaft gezogen. Als »As Tears Go By« ein Hit wurde, ging ich kurz vor dem Abitur von St. Joseph's ab und verschwand beinahe über Nacht aus Evas Leben. Sie hatte mich in der Erwartung großgezogen, daß ich ihr während ihres ganzen Lebens eine Hilfe und Stütze sein würde. Aber als ihr Traumkind, das sie abgöttisch liebte, siebzehn war, entschwand es plötzlich und ohne jede Vorwarnung.

Als ich sie verließ, war noch alles in Ordnung, aber danach geriet es aus den Fugen. Ich entkam in einen Alptraum. Ich begann ein furchtbar gefährliches Leben zu einer Zeit, als ich noch viel zu jung und behütet war. Ich entfleuchte der Fürsorge meiner Mutter und taumelte blindlings in dieses flippige Halbleben. Die Tourneen waren brutal und scheinbar endlos. Die gnadenlose, ewig gleiche Routine der Auftritte jeden Abend in einer anderen Stadt lief über mehr als zwei Jahre. Nicht nur die Konzerte waren anstrengend (eine regelrechte Zerreißprobe), sondern auch die vielen anderen idiotischen Termine, die man absolvieren mußte: Jeden Tag vier oder fünf Interviews mit den Lokalzeitungen, immer wieder denselben bescheuerten Fragen (»Jemand Besonderes in Ihrem Leben, Marianne?«), Radiosendungen (»Wer ist Ihr Lieblingsbeatle?«), Fototermine (»Schauen Sie nachdenklich!«), gesellschaftliche Verpflichtungen (»Die Tochter des Bürgermeisters ist eine aufblühende Geigerin«), Fernsehshows synchronisieren *(Ready, Steady, Go! Top of the Pops),* und danach schleppte man sich zum nächsten Hotel. Alles immer unter immensem Zeitdruck und ohne Erholungspausen. Hier ist mein Terminplan für die zweite Novemberhälfte 1964:

15. Konzert im Winter Gardens in Bournemouth
16. – 19. Schallplattenaufnahmen
20. Ball der Londoner Studenten, Wembley Stadion
21. Gliderdome Ballroom, Boston, Lincolnshire
22. Manor House Ballroom, Ipswich
23. Barrow Assembly Hall, Aylesbury
24. Nottingham, außerdem 18.30 Uhr in *Scene,* Granada TV
25. Twisted Wheel, Manchester
26. Majestic Ballroom, Newcastle-upon-Tyne
27. Stadthalle Kidderminster
28. *Ready, Steady, Go!* und Lyton Baths
29. BBC-Fernsehen, *Top of the Pops*
30. frei

Ich hatte immer eine Heidenangst und keine Menschenseele zum Reden. Es hätte schon geholfen, wenn ich mit meiner Mutter hätte sprechen können, doch weil wir kein Telefon hatten, konnte ich nicht einmal das. Aber was hätte sie mir auch sagen können? Sie verstand ja so schon kaum, was ich da tat.

Neulich fand ich einen herzzerreißenden Brief von ihr von meiner ersten Tour:

9. Oktober 1964

Meine liebste Marianne,
ich bin ein wenig traurig, weil ich weder von Dir noch Mary etwas gehört habe. Keine Zeile, damit ich weiß, daß es Euch gut geht. Ich kann nicht von fremden Menschen aus anrufen, denn es dauert Stunden, bis ich Euch erwische, wenn überhaupt. Langsam bin ich ganz verzweifelt... Ich glaube, ich gäbe alles für ein Telefon, damit Du mich anrufen könntest. Aber offenbar hast du ganz vergessen, daß ich existiere, sonst hättest Du etwas von Dir hören lassen.
Liebe Grüße an Mary und Howard. Ich umarme und küsse Dich, mein treuloser Liebling.

Eva Mamma

Die Einsamkeit des Lebens auf Tour war schrecklich. Heutzutage kann ich mir nicht mehr vorstellen, nicht mehr auf Tournee zu gehen; ich habe mich daran gewöhnt, und es gefällt mir sogar. Ich kann sehr gut allein sein und finde ich es nun eher schwierig, mit anderen zusammen zu sein!

Meine erste Tournee unternahm ich Ende 1964 mit den Hollies, Freddie and the Dreamers, Gerry and the Pacemakers und den Four Pennies – haufenweise Leuten, die alle in einen Topf geworfen wurden.

Zu Beginn der Sechziger waren die Tourneen ein kunterbuntes Sammelsurium von Gruppen, bekannten und unbekannten. Geradezu in einer kaiserlich-chinesischen Klassifikation von Typen – Folksänger, Beatle-Klone, Countrysänger, Schlagertussis, Barmusiker, Amerikaner (eine Kategorie für sich) – wurden wir wild durcheinandergewürfelt. Alle, die gerade einen Hit gehabt hatten, und so mancher, der nie einen haben würde. Unsere einzige Gemeinsamkeit war die Hitparade.

Wir stiegen immer direkt hinter Madame Tussaud's in den Bus. Ich war mit Leuten wie diesen rauhen Burschen aus Nordengland noch nie in Kontakt gekommen. Aber Tag für Tag mit ihnen in den Bus gepfercht zu werden, war ein Schnellkurs in Sachen gesellschaftlicher Flexibilität – es war, als würde man mit der Mannschaft von Manchester United in ein U-Boot gesperrt. Wenn das Wetter bitterkalt war und man nicht erfrieren wollte, mußte man einen Sitz in der Nähe des Fahrers ergattern. Der alte Knacker verwöhnte einen dann mit Geschichten über die Grüne Linie, auf der er früher durch Ost-Kent gefahren war (»Jetzt haben sie die Strecke durch Ashford gelegt, was zumindest ich nie verstehen werde)«, oder über die Autogramme der diversen Stars, die er gesammelt hatte (immer für jemand anderen natürlich – seinen Neffen Percy oder seine Schwester in East Grinstead). Damals konnte man die Sitze nicht zurückstellen, und wenn man da kein schlachterprobter alter Kämpe war und sozusagen im Stehen schlafen konnte, war an Schlaf im Bus nicht zu denken. Schaffte man es wirklich einzudösen, wurde man über kurz oder lang wieder hochgerissen, wenn der Bus in einen Kreisverkehr einbog. Draußen vor den Fenstern zog normalerweise die öde Landschaft der Midlands vorbei. Rußige Fabrikgebäude aus Ziegelsteinen und Reihenhäuser ohne Ende, verrostete alte Brücken und müllverstopfte Kanäle, die »dunklen Mühlen des Satans«, diese Seite Englands.

Wenn die Tour durch Lancashire ging, reiste ich wie durch meine eigene Vergangenheit. Einmal saß Graham von den Hollies neben mir, und wir fuhren durch Ormskirk, wo ich als kleines Mädchen gelebt hatte, und dann durch die Außenbezirke Liverpools, wo er aufgewachsen war.

Die anderen Tourteilnehmer lachten immer über mich, weil ich stapelweise Bücher mit mir herumschleppte: *Der Kaufmann von Venedig,* Jane Austen, *Das verlorene Paradies,* Wordsworth, Keats, Shelley. Ich sah natürlich auch, daß das ein bißchen komisch war. Aber ich hockte die endlosen Stunden im Bus immer noch über meinem Lesepensum für das Fach englische Literatur, als ob ich zurück zur Schule gehen und Abitur machen würde. Die anderen trauten ihren Augen nicht, aber ich konnte nicht anders. Ich wirkte wahrscheinlich ein wenig einschüchternd. Die meisten hatten so viel Angst vor mir, daß sie nicht einmal den Versuch unternahmen, mit mir zu reden.

Die Männer lasen Comics, tauschten die neuesten Fußballergebnisse aus, erzählten sich schmutzige Witze und sangen spinnerte Texte zu den gerade gängigen Hits. Ich erschien als eigentümliche Mischung aus

Unsicherheit und Arroganz, während ich in Wirklichkeit nur meine Angst verbergen wollte. Aber meine Distanziertheit ärgerte viele Leute. Auch heute noch. Damals wußte ich nicht, warum ich so war, aber da ich einen Grund für mein Verhalten angeben wollte, beschloß ich, die Schüchterne zu mimen. Auf die Fragen neugieriger Journalisten antwortete ich: »Ich bin wirklich nicht arrogant, ich bin nur schrecklich schüchtern und introvertiert.« Schüchtern bin und war ich ganz und gar nicht, aber ich fand Schüchternheit toll. Keith war schüchtern.

Die einzigen, die sich nicht von meiner eisigen Front entmutigen ließen, waren Graham und Allan von den Hollies. Sie waren freundlich, immer guter Laune und ansprechbar. Allan Clarke setzte sich oft neben mich und fing mit seinem liebenswürdigen Akzent (er war aus Manchester) an zu reden.

»Was lesen wir da, Love?«

»*Stolz und Vorurteil.*«

»Das mit Heathcliff?«

»Nein, mit …«

Graham Nash mochte ich am liebsten. Mit ihm konnte man besser reden, er war der interessanteste von allen auf der Tour (aber selbst damals war ich so schlau, nicht mit ihm zu schlafen). Ich aß mit Graham zu Mittag und verbrachte die Nächte mit Allan. Allan war nett, aber verheiratet. Nicht, daß mich das gestört hätte. Ich genoß meine neue Freiheit wie ein Mann unter denselben Umständen. Der peinliche Teil kam, als seine Frau eintraf, denn da tat er so, als kenne er mich nicht. Ich weiß nicht, was er meiner Meinung nach hätte tun sollen, vielleicht mich begeistert vorstellen: »Liebling, ich möchte dir das hübsche Mädchen vorstellen, mit dem ich auf dieser Tour bumse. Sie war ein Superersatz für dich.« Ich fühlte mich ganz schön vor den Kopf gestoßen, betrank mich zum erstenmal in meinem Leben und mußte auf die Bühne geschoben werden.

Die allabendliche Feuerprobe: auf die Bühne zu treten vor Hunderte feindlich gesonnener Teenager, die nicht gekommen waren, weil sie mich sehen wollten, sondern Freddie and the Dreamers oder die Merseybeats, und die mich das auch wissen ließen. »Runter mit ihr!« »Wo ist der Scheiß-Herman?« »Dämliche Kuh!« Ich war starr vor Angst. Bin ich sogar heute noch. Aber ich lernte bald, meine Unfähigkeit, mich zu bewegen, in meinen Auftritt zu integrieren.

Die Schlagermiezen schwenkten die Hüften, sprangen auf und ab, wackelten mit dem Allerwertesten und vollführten in ihren kniehohen weißen Stiefeln affige Go-go-Schrittchen. Damit wollte ich nicht wetteifern, sondern beschloß, soweit wie möglich die entgegengesetzte Richtung einzuschlagen. Ich stellte mich also einfach nur vors Mikrofon, ganz ruhig, ließ die Hände an den Seiten herunterhängen und sang von irgendwoher tief in mir. Und heraus kam diese klare, ätherische Stimme. Die Leute liebten es, es war nicht im geringsten sexy oder hip, es war sogar soweit wie möglich davon entfernt.

Ich war ein lächerlicher Anblick. Garantiert zum Piepen. Ich machte nicht die kleinste Bewegung. Aus gutem Grund, denn ich war völlig unfähig, mich zu rühren. Vor purem Entsetzen war ich wie angenagelt. Im Zweifelsfalle muß man still stehen bleiben. Das Nichtstun stellte sich als sehr effektive Pose heraus. Ich mache es noch heute so. Ich gehe ein bißchen mehr herum und lasse meine Hände ihre eigene Sprache sprechen, seitdem ich begriffen habe, daß man aus dem Publikum heraus nur das sieht: die Hände und das Gesicht. Ich trage schwarz, also sieht man mehr nicht, und die Hände bewegen sich unwillkürlich. Wenn ich ein Lied singe, das mir wirklich schwerfällt, wie zum Beispiel »Times Square«, fangen meine Hände von selbst an, alle möglichen komischen Dinge zu tun.

Aber auch heute noch habe ich genausoviel Angst wie 1964. Das hat sich überhaupt nicht geändert, die Angst bleibt immer gleich. Eigentlich hatte ich gedacht, daß man nach dreißig Jahren dieses Scheißspiels darüber hinwegkommen würde, aber Pustekuchen. Der Trick ist, jedenfalls für mich, mir nicht selbst im Wege zu stehen, und das kann ich nur verhindern, wenn ich sehr ruhig stehen bleibe. Die Füße auf dem Boden behalten, den Rücken durchgedrückt und los! Nach einer Weile kapierte ich langsam, daß mir nichts Schlimmes passieren konnte; ich würde es überstehen. Es würde mich nicht verschlingen. Ich entdeckte aber auch, daß mir nach dem anfänglichen Entsetzen das Exhibitionistische an den Auftritten gefiel. Und das Gefühl der Sicherheit: Niemand kann mir nahekommen. So hätte ich die Welt gern!

Wie dem auch sei, vor Unmassen meckernder, rüpeliger Teenager auftreten zu müssen, wurde so unerfreulich, daß selbst der furchtlose Andrew nie mitkam, um mich zu sehen. Er hielt wohlweislich auf Distanz.

Vor großem Publikum zu singen war eine Qual, aber mit der Presse umzugehen fiel mir überhaupt nicht schwer. Ich sagte immer alles, was mir gerade so einfiel:

»Ich weiß nicht, ob ich als Sängerin erfolgreich bin. Es ist mir, ehrlich gesagt, auch egal.«

»Andrew ist anders. Er nimmt das alles sehr ernst. Behauptet er jedenfalls, also tun wir mal so, als ob es stimmt.«

»Man kann aus sich eine gute Schauspielerin machen, aber niemals eine gute Sängerin. Denn im Popmusikgeschäft zählt Talent nicht.« Diese faustdicke Lüge glaubte ich selbst.

»Ich finde, daß man auf mehreren verschiedenen Ebenen gleichzeitig leben soll. Das ist schrecklich wichtig.« (Wohl wahr!)

Alles sehr mysteriös! Mein Widerspruchsgeist war provoziert, und ich gewann den Ruf, mich nicht so zu verhalten, wie es sich für einen Popstar geziemte, was auch immer man darunter verstand. Wir waren sowieso am Ball, es gab keine Regeln, man konnte tun, was man wollte. Das meinte Andrew immer. »Es weiß eh niemand, was Sache ist.«

Je ausgeflippter ich mich vor der Presse gerierte, desto begeisterter war Andrew. Ich gab ihnen nicht nur die scharfzüngige Marianne mit den flotten Sprüchen, sondern auch das durchgeknallte Töchterlein der Baroneß.

> »Nach dem Interview in einem noblen Club rannte Marianne auf die Straße. Sie kam mit einem kleinen Geschenk aus einem Secondhand-Buchladen zurück: einem Band mit der zweiaktigen Operette *Big Ben* von A. P. Herbert. ›Das muß ich Ihnen schenken‹, sagte sie, das Gesicht halb verborgen hinter ihrer großen Hornbrille, Lawrence Durrells *Bittere Zitronen* in der Hand.«

Was für eine Szene! Ich hoffe doch, daß ich heute nicht mehr ganz so aufgeblasen bin. Bitte, sagen Sie mir, daß ich es nicht mehr bin!

Die Journalisten kamen mit dem von Andrew und seinem Public-Relations-Mann Andy Wickham im Grunde ziemlich geschickt verpackten Bild von mir zu diesen Interviews. Andrew Wickham hatte einen Tick mit Blondinen. (Er fand seine Galatea schließlich in Goldie Hawn). Da paßte ich zwar nicht hinein, wurde aber trotzdem angemessen präsentiert. Übrigens begannen die meisten Mißverständnisse mit der Pressemitteilung zu »As Tears Go By«:

> MARIANNE FAITHFULL ist die kleine siebzehnjährige Blondine … die immer noch eine Klosterschule in Reading besucht … Tochter der Baroneß Erisso … Sie wird Ihnen erzählen, daß sie Joan Baez toll findet. Und Juliette Greco. Und Bob Dylan …
> Hübsch und grazil, langes blondes Haar und ein schüchternes Lächeln und eine insgeheime Vorliebe für Menschen, die »lange Haare und ein soziales Gewissen haben«.
> Sie mag Marlon Brando, Woodbine-Zigaretten, Gedichte und geht gern ins Ballett. Sie hat ein Faible für lange Abendkleider.
> Sie ist ein scheues, verträumtes Mädchen und besitzt die eigenwillige Schönheit eines einsamen Kindes …

Nicht inakkurat, wenn man die Dinge einzeln nimmt, aber aneinandergereiht schufen all diese Halbwahrheiten ein sehr irreführendes Bild. Die Pressemitteilung mit einem Foto von mir wie geradewegs aus dem *Dorf der Verdammten* stellte mich als gespenstische Mischung aus eingebildeter Aristokratin und folkiger Boheme-Kindfrau dar. Ein verführerisches Klischee. Unglücklicherweise hatte es nichts mit mir zu tun.

Nach »As Tears Go By« kam »Blowing In The Wind«. Ein komplettes Desaster. Ich weiß von der Aufnahme nur noch, wie trübsinnig ich klang; ich war gerade von einer Tournee zurück und völlig erschöpft. Und von dem bloßen Gedanken an eine Folgeplatte überwältigt. Als ich »As Tears Go By« gesungen hatte, war ich der Auffassung gewesen, nach dieser einen Platte würde ich wieder friedlich zur Schule gehen, doch nun machte ich eine zweite – und eine beschissene obendrein! Für die B-Seite nahm ich »House Of The Rising Sun« auf, und die wurde noch öder und fader.

»As Tears Go By« hatte ich als Möglichkeit gesehen, mich vor dem Abitur zu drücken, aber jetzt mußte ich mich mit der Aussicht anfreunden, daß es nicht einfach eine Unterbrechung meines bisherigen Lebens war, sondern ein Alptraum, der nie enden würde.

Ich tat mein Bestes, Andrew und der Decca die Schuld für »Blowing In The Wind« in die Schuhe zu schieben, aber ich hatte es einzig und allein mir selbst zuzuschreiben. Der arme Andrew, es war nicht sein Fehler. Er wollte mir einen Gefallen tun, ihm war klar, daß ich das Spiel mit Kunst und Macht mitnichten begriff. Jemand mußte ihm gesagt haben: »Warum läßt du Marianne nicht singen, was *sie* möchte?«

Und ich betete Bob Dylan an. Deshalb entschied sich Andrew, mich wider besseres Wissen Dylan singen zu lassen, und es wurde ein Fiasko.

Trotz der Tatsache, daß Sir Andrew natürlich immer recht hatte, bekam ich Probleme mit ihm. Mich störte, daß er ständig bekifft und auf Amphetaminen war. Damals war er wirklich immer voll drauf. Sein cooler, rätselhafter Jivespeak schüchterte mich ein. Das sollte Geplauder sein? Die meiste Zeit hatte ich keine Ahnung, worüber er sprach. Er war zu hip für mich, zu schnell, und diesen schrägen Typen auch noch als Manager zu haben – es war zuviel.

Am meisten verstörten mich die ganzen wilden Geschichten à la *Clockwork Orange,* zu denen der nervtötende, allgegenwärtige Reg, sein krimineller Chauffeur, der ständig in andere Rollen schlüpfte, auch noch das Seine beitrug. Genüßlich verbreitete Andrew Stories, in denen Leuten die Finger gebrochen oder nicht willfährige Clubbesitzer an den Knöcheln aus Fenstern im siebten Stock gehängt wurden. Es war alles nur Mache, Jungsspielchen, das hatten sie aus irgendwelchen Räuberpistolen und alten Gangsterfilmen, aber das wußte ich ja nicht; ich stand Todesängste aus.

Ich erinnere mich, wie ich einmal bleich und zitternd von einem Treffen mit Andrew zu den Dunbars rannte, um mich wieder einzukriegen. Ich fühlte mich in der Falle, er war wie Svengali, der Hypnotiseur, fand ich, er hatte mich zu sehr unter Kontrolle. Aber Kontrolle beruht immer auf Gegenseitigkeit; es gehören zwei dazu. Ich brauchte Jahre, bis ich begriff, daß er einfach nur ein liebes Herzchen war.

Nach »Blowing In The Wind« seilte ich mich ab. Ich verließ Andrew und ging zu seinem Partner Tony Calder. Tony war kein übler Bursche, ein bißchen windig, aber auf die nette Art. Tony trennte sich von Andrew, um mich unter seine Fittiche zu nehmen, und wir machten ein paar sehr gute Platten, »Come And Stay With Me« und »This Little Bird«, meine Lieblingslieder aus dieser Zeit.

»Come And Stay With Me« hatte Jackie De Shannon geschrieben, während meiner dritten Tour, auf der ich an »nervösen Erschöpfungszuständen« litt. Ich war ausgelaugt und hatte Heimweh. Im Hotelzimmer neben mir hatten Jimmy Page und Jackie De Shannon eine heiße Affäre. Ich kannte Jimmy, weil er bei »As Tears Go By« mitgespielt hatte. In den Sechzigern hat er auf fast allen meinen Aufnahmen gespielt, aber damals war er sehr langweilig. Erst, als er wegging, wurde er interessant.

Das heißt, damals in dem Hotelzimmer versuchte er wahrscheinlich schon, interessant zu werden. (Wobei eine Affäre mit Jackie De Shannon für den Anfang nicht schlecht ist.) Jackie war von Natur aus interessant. Ziemlich schrill, ein bißchen sehr aufgedonnert und natürlich sehr schön, aber sie hatte Krause im Haar und trug Tonnen von Make-up. Man sah sofort, daß das Showgeschäft sie deformiert und versklavt hatte, eine bildschöne Frau, die man in ein Korsett gezwängt und verbogen hatte.

Mit seinem losen Maul hatte Tony zu ihr gesagt: »Jackie, wenn ihr fertig seid und euch die Seele aus dem Leib gefickt habt, warum schreibst du dann nicht ein Lied für Marianne?« Was Jackie tat.

Etwas in mir will immer wegfliegen, flüchten. Deshalb mochte ich »This Little Bird« sofort. Der Text ist aus Tennessee Williams' *Orpheus steigt herab.* Die berühmte Rede von Val Xavier über den Vogel, der auf dem Wind schläft und stirbt, wenn er den Boden berührt. John D. Loudermilk nahm die Worte und setzte sie in Musik. Interessant dabei ist, wie weit Tennessee Williams in die populäre Kultur eingedrungen ist, ohne daß es jemand gemerkt hat.

Aber zum Schluß hatte Tony genausowenig Ideen für zukünftige Projekte wie Andrew. Er schenkte mir nur mehr Aufmerksamkeit. Andrew war schließlich der Manager der Rolling Stones und hatte auch noch ein paar andere Klienten, Chris Farlowe und Herman's Hermits. Damit kam ich nicht zurecht. Andrew war natürlich verletzt. Er begriff es nicht. Aber ich wollte um meiner selbst willen anerkannt werden, nicht als Anhängsel der Stones. Mir paßte auch nicht, daß die Presse schon verkündete, ich sei ihre Freundin oder ihre was weiß ich, nur weil Mick und Keith »As Tears Go By« geschrieben und wir denselben Manager hatten. Ich hatte ja kaum zwei Worte mit ihnen gewechselt. Trotzdem wurde ich das Gefühl nicht los, daß meine ganze Kraft von ihnen kam. Ich wollte Distanz zwischen mich und Andrews Imperium bringen, und das gelang mir auch.

Die nächste Pauschaltour machte ich im Frühjahr 1965. Die typische Kollektion Popkuriositäten aus den Hitparaden war unterwegs: Gerry and the Pacemakers, die Kinks, Gene Pitney und die Manish Boys, ich und mein Gitarrist Jon Mark. Der Leadsänger der Manish Boys war übrigens David Jones, David Bowie in spe.

Ich frage mich, ob ich Dummerchen die ganze Tour mit Gene Pitney nur gemacht habe, um Andrew nahe zu bleiben. Pitney, mit dem

Andrew sich angefreundet hatte, hing bei ein paar Plattenaufnahmen der Stones herum, wobei Mick und Keith in den Genuß des zweiwöchigen Gene-Pitney-Songschreiber-Kurses kamen. Nachdem ich mich von Andrew getrennt hatte, plagte mich mein schlechtes Gewissen, und in meiner reichlich bizarren Art versuchte ich eben so, es zu beruhigen. Ich ahnte nicht, daß Gene Pitney sich als komplettes Arschloch entpuppen würde. Dabei wußte ich schon nach einer kurzen Kostprobe, was für ein Schwachkopf ich war, mich mit ihm einzulassen.

Mary Allen, meine Anstandsdame, verknallte sich in Lionel, einen Typen von den Four Pennies. Sie sangen ein saudummes Lied, »Dschuuuliii-ette«. Es wurde eine denkwürdige Tournee für Mary und mich!

Die Kinks waren sehr düster – unheimlich und schweigsam. Sie sprachen nie. Das war lange vor den betrunkenen, randalierenden Kinks, das kam alles später. Sie waren sehr verklemmt und hatten vor allen Angst. Schreckliche Angst. Und unterschwellig ging dieser destruktive Familienscheiß ab – sie haßten einander. Sie waren nicht die patenten Burschen aus Nordengland wie zum Beispiel die Hollies. Sie hatten diese Londoner Kaputtheit, und mitten zwischen diesen neurotischen, existentiell verunsicherten Londoner Typen lief dieser merkwürdige Ami herum. Alles sehr abartig, es war eine der verquersten Tourneen, die ich je gemacht habe.

Ich kam damit zu Rande, indem ich sie als soziologische Studienobjekte betrachtete. Von all den Barbaren war Gene Pitney das interessanteste Exemplar. So jemanden hatte ich noch nie getroffen, er war der angeberischste, selbstzufriedenste Mensch der Welt. Er nahm sich so todernst, daß es schon wieder lustig war. Er hatte keinen Funken Humor oder Selbstironie, was ich absolut faszinierend und sehr amerikanisch fand. So sind die Amerikaner, sie nehmen alles immer direkter als wir in Europa. Ich fand Genes Verhalten total abgedreht, wie die billigen falschen Gefühle, die er jeden Abend auf der Bühne entfachte. Amerikaner hatte ich ansonsten nur durch Andrew erlebt, aber seine seltsamen Freunde Phil Spector und Jack Nitzsche mit ihren dunklen Brillen und ihrer Speedsucht waren Wesen aus dem All – und sie redeten sowieso nie ein Wort.

Pitney hatte dieses dumpfe Männerding drauf: Wenn sie auch sonst nichts wissen, dann aber doch, daß man einem hübschen Mädchen, das man abschleppen will, seine Aufmerksamkeit voll und ganz widmen muß. Was er tat, so daß ich ihn wunderbar fand. Ein Fall von kurzzeitiger

Geistesverwirrung, eine Tourliebelei. Er war gut im Bett und ich ein junges Mädchen, das so schnell wie möglich soviel Erfahrung wie möglich sammeln wollte.

Meine letzte Begegnung mit Gene war ein Lacher. Ich hatte ja nun meine eigene Wohnung in Knightsbridge, in der ich mit Mary Allen zusammenwohnte, und etwas, auf dem ich unter allen Umständen beharrte, war Bettwäsche aus reinem irischem Leinen, was die Leute ziemlich abgefahren fanden. Im Sommer ist Leinenbettwäsche wunderbar kühl, aber es war mitten im Winter und bitterkalt in meiner Wohnung. Es gab keine Zentralheizung, doch ich war abgehärtet. Ich war in Brazier's Park aufgewachsen und spürte die Kälte nicht.

Die Tour war also zu Ende, und wir kamen um ein oder zwei Uhr nachts aus Birmingham mit dem Bus in London an. Ich werde nie vergessen, wie der arme Gene Pitney sich auszog und schnell ins Bett schlüpfen wollte. Kaum berührte er es, sprang er zwei Meter in die Höhe – das wunderschöne irische Leinen war kalt wie Eis. Er sprang im Zimmer umher, als stehe er in hellen Flammen. Es war urkomisch. Wahrscheinlich sind im Winter Baumwollbettwäsche und eine Wärmflasche sinnvoll, doch darauf wäre ich nie gekommen. Wärmflaschen waren was für alte Leute. Die Amerikaner hatten natürlich so Sachen wie elektrische Wärmedecken, aber ich war ja nun nicht dafür verantwortlich, daß Gene Pitney sich in meinem Bett wohlfühlte.

Er ging zurück nach Connecticut, ich habe ihn nie wiedergesehen. Damals war jeden Monat eine Tour, deshalb verschwendete ich keinen weiteren Gedanken an ihn, nachdem er abgeflogen war. Aber vor nicht allzulanger Zeit öffnete ich im Haus meiner Mutter eine Kiste, und darin lagen Unmengen Briefe und eindringliche Telegramme von Gene Pitney. In einem schreibt er: »Ich weiß, daß Du erst siebzehn bist und ich vierundzwanzig.« Also war er selbst damals auch noch nicht gerade alt. Nach neunundzwanzig Jahren Gene Pitneys Briefe zu lesen, war ein komisches Gefühl – Nostalgie mit Erleichterung gemischt. In den meisten Briefen erscheine ich als das unsichere Kind unter der Fuchtel der Mutter, des Drachens. »Deine Mutter gibt Dir diese Briefe bestimmt nicht, wenn sie sie zu Hause erst einmal kontrolliert.« Oder: »Neulich abends habe ich wegen der Baroneß nicht angerufen, um Dir auf Wiedersehen zu sagen.« Als sei Eva ein Ungeheuer, das die Tür zu meiner Kammer bewache.

Einen kurzen seligen Augenblick lang dachte ich, ich hätte einen Ausweg aus meinem Pop-Alptraum gefunden. Anthony Page, ein aufstrebender Regisseur, sprach mich an, ob ich nicht mit Nicol Williamson in John Osbornes neuem Stück *Richter in eigener Sache* spielen wollte. Es war eine nicht sehr anspruchsvolle, aber prestigeträchtige Rolle (die meiste Zeit hätte ich mit dem Rücken zum Publikum gestanden). Ich war im siebten Himmel. »Mein Gott, ich kann etwas machen, was ich wirklich will.« Aber Tony Calder zerstörte diese Chance im Keim. Er behauptete, das ginge nicht. Tony interessierte natürlich das Ansehen, das einem ein Auftritt in einem John-Osborne-Stück am Royal Court verschaffte, keinen Deut. Und die achtzehn Pfund pro Woche, die ich bekommen sollte, waren schon ganz und gar nicht nach seinem Geschmack. Ihn interessierte nur das Geld, das er verlor, wenn er mich nicht sechs Tage die Woche on the road hatte. Tony konnte mich sehr geschickt davon überzeugen, daß ich tun müßte, was man mir sagte. Und das Spiel machte ich zu lange mit und war am Ende ausgebrannt.

An dem Abend, als die Leute vom Royal Court kamen und ich ihnen absagen mußte, war ich am Boden zerstört. Und danach mußte ich auch noch zu einer dämlichen *Ready, Steady, Go!*-Party.

Mick Jagger war da, total betrunken. Mick vertrug nicht viel, dann benahm er sich immer total daneben. Er versuchte, meine Aufmerksamkeit zu erregen, aber ich war sehr traurig und in mich gekehrt. Ich ignorierte ihn wie üblich und tat so, als sehe ich nicht, wie er mir zublinzelte und lange, bedeutungsvolle Blicke zuwarf. Deshalb kam er zu mir, schwang ein Glas Sekt und sagte in dem aufgesetzt tuntigen Tonfall von Andrew:

»Marianne, Darling, lang, lang ist's her!«

»Und?« sagte ich in meiner frostigsten Art, die ihn nur noch mehr zu Dummheiten provozierte. Ich hatte ein Kleid mit einem tiefen Ausschnitt an. Mick kam ganz nah zu mir, als wolle er mir zuprosten, und kippte mir dann den gesamten Inhalt des Glases übers Kleid. Es war kindisch, aber etwas anderes fiel ihm wahrscheinlich nicht ein, um sein Ziel zu erreichen.

Nachdem ich gerade die Rolle in *Richter in eigener Sache* verloren hatte, gab mir das nun den Rest. Ich wanderte in ein anderes Studio, um allein zu sein und von dem Unfug wegzukommen, und in dem dunklen, stillen Raum spielte Keith Klavier. Schwermütig, gefühlvoll, er sagte kein Wort. Damals sprach er überhaupt nicht mit mir. Lange blieb ich dort im Dunkeln stehen und hörte ihm zu.

Nach »This Little Bird« schickte ich auch Tony Calder in die Wüste. Und nahm statt dessen Gerry Bron. Bron war ein stinknormaler langweiliger jüdischer Showgeschäftagent. Mittlerweile hatte ich genug von diesen exotischen Leuten, ich wollte einen Agenten wie die in den Hollywoodfilmen über Tin Pan Alley, aber mit Brille. An Andrew und Tony und ihren Kumpels störte mich, daß sie so jung waren. Andrew war kaum älter als ich, und ich wollte jemanden Erwachseneren. Ich dachte, wenn man älter sei, sei man vernünftiger. Da befand ich mich aber in einem gewaltigen Irrtum! Gerry Bron war ein Idiot, und es endete damit, daß ich in den miesesten Löchern und den dümmsten Veranstaltungsorten auf Gottes weitem Erdboden auftreten mußte. Hatte sich was mit Tin Pan Alley!

Jahrelang habe ich dann mit diesen Leuten ununterbrochen prozessiert: mit Andrew, Tony, Gerry Bron. Immer ging es um den Ausstieg aus Verträgen. Um wahrhaft Grundsätzliches:

> Die Formulierung »sie trägt ›Kleidung und Accessoires‹«, beinhaltet hier alle Bekleidungsgegenstände in dem Sinne, wie der Begriff gemeinhin benutzt wird (aber keine Unterwäsche) und umfaßt auch Hüte, Handschuhe, Schuhe, Handtaschen, Schals …

Vor dem Hintergrund spielte sich mein Popmusikleben ab: absurde Verträge, Lügen und Betrügen, spitzfindige Paragraphenreiterei, stümperhafte, wahnsinnige Manager, barbarische Terminpläne.

Ich machte eine letzte Tour mit Roy Orbison. In einem gottverlassenen Hotel in Nordengland erschien Roy an meiner Tür. Stand da mit Cowboystiefeln und Sonnenbrille. Schwarzer Sonnenbrille, schwarzer Lederweste, Schnurkrawatte. Der legendäre Roy Orbison. Er war groß, seltsam und schaute traurig aus, wie ein riesiger, verirrter Maulwurf in Tony-Lama-Boots. Trotz seiner bedrohlichen Präsenz war er merkwürdig abwesend, als habe er sich selbst zu Hause gelassen und eine Pappfigur auf Tour geschickt.

»Hi, Roy!« sagte ich. »Wie geht's, wie steht's?«

»Ich bin in Zimmer 602 (Pause), Baby.«

Das »Baby« war beinahe gleichgültig rangeklatscht, aber ich wußte, was es bedeutete. Präliminarien gab es nicht, es war nicht einfach so, als versuchte Roy, mich abzuschleppen. Er war ein echter Südstaatengentleman, und es war die gute alte Tourneetradition. Er war der Obermacker, und die Frauen auf der Tournee waren durch das *droit de seigneur* sein. So läuft es immer noch, aber damals wurde es regelrecht erwartet. Ich mochte Roy, aber ich hatte Angst. Ich glaube, die Leute kapierten gar nicht, welche Angst ich hatte, ich hatte vor allem eine Heidenangst.

Auf der Roy-Orbison-Tour kam John nach Wigan und machte mir am Wigan Pier einen Heiratsantrag. Ich nahm ihn an. Die Affären mit Jeremy Clyde, Allan Clarke und Gene Pitney hatten mich fertiggemacht. Ich hielt mich für ein braves Mädchen, und plötzlich schlief ich mit so vielen Männern. Die Klosterschülerin kam wieder zum Vorschein. Ich dachte allmählich, ich sei eine schlechte Frau, eine Hure, eine Nutte. Besser, ich heiratete, dann wurde ich wieder brav.

Die Sixties und die Haltung, »Laß sie denken, was sie wollen«, gab es noch nicht, und mit dem Feminismus sollte ich erst fünfzehn Jahre später in Berührung kommen. Ich liebte John und wollte ihn heiraten, und er befürchtete wohl, daß er mich verlieren würde, weil alles so schnell geschah und wir uns so rasch veränderten. Ich war das süße kleine Mädchen gewesen, das er liebte, aber irgendwie auch als albern abgetan hatte, und dann schien ich plötzlich jemand ganz anderes zu sein. Er kannte mich sehr gut und wußte, wenn er mich fragte, ob ich ihn heiraten wollte, würde ich einfach ja sagen.

Das tat ich auch, und ich habe immer gefunden, daß es eine sehr gute Verbindung war, eigentlich eine ideale Beziehung, denn wir waren einander sehr ähnlich. Wir gingen die Dinge ähnlich an. Manchmal verstanden wir uns sehr gut. Bei John hatte ich nie das Gefühl, in einem fremden Land zu sein und mit Menschen zu reden, die nicht meine Sprache sprachen. Mein Kind hatte ich mit dem richtigen Mann, und das war das Beste, was ich je getan habe.

Meine Verlobung mit John erregte in der Liliputanerwelt des Popbusiness großes Aufsehen, denn normalerweise passiert dort nichts Weltbewegendes, aber durch die üblichen Latrinenparolen kann alles und jedes eine größere Geschichte werden. Die Reporter stellten mir stockdoofe Fragen: »Kann John Dunbar singen?« O Gott! Oder das Unvermeidliche: »Glauben Sie, Gene Pitney ist traurig, weil Sie sich verloben?«

»Es interessiert mich nicht, ob Gene Pitney traurig darüber ist, daß ich mich verlobe. Gene war sowieso verlobt, als wir die Affäre hatten.«

Aus Protest gegen die Nachricht von meiner Verlobung knallte der Bassist in Roy Orbisons Band, den Candymen, plötzlich durch und randalierte im Hotel. Mein erster durchgedrehter Fan!

Was macht ein süßes Ding wie du denn hier?

Im April 1965 stellte ich fest, daß ich schwanger war. Ich sehnte mich schrecklich nach einem Kind. Ein Jahr vorher hatte ich als Folge meines Techtelmechtels mit Gene Pitney eine Abtreibung gehabt und furchtbar darunter gelitten. Deshalb war ich überglücklich, als ich mit Nicholas schwanger wurde. Ich hegte die reichlich phantastische Vorstellung, daß es mir helfen würde, Boden unter die Füße zu bekommen, wenn ich heiratete und ein Kind hätte ... Denn die Dinge gerieten wirklich außer Kontrolle. Ich bildete mir ein, daß das meine letzte Chance sei. Am Horizont sah ich Chaos, Entwurzelung – Gott weiß was – drohen. Aber erst einmal war ich entschlossen, mich in seliger, trauter Häuslichkeit einzurichten.

Ich schwor mir, »gut« zu werden. John zu heiraten, mein Baby zu kriegen, nicht weiter von Mann zu Mann zu flattern. Aber was auch immer die menschlichen Geschicke steuert, es scherte sich offenbar wenig um meine guten Vorsätze, denn am 26. April mietete sich Gott höchstpersönlich im Savoy Hotel ein. Bob Dylan kam nach London, mit Phil-Spector-Sonnenbrille, Haaren wie ein Glorienschein und schneidendem Sarkasmus.

Zu dem Zeitpunkt war Dylan nichts Geringeres als der allerhipste Mensch auf Erden. Der Zeitgeist durchfloß ihn wie elektrischer Strom. Er war mein existentialistischer Held, der krächzende Rimbaud des Rock, und ihn wollte ich mehr als jedes andere lebende Wesen kennenlernen. Ich war nicht einfach nur ein Fan; ich betete ihn an.

Da mir durchaus klar war, daß die weiblichen Fans den Popstars ihren Tribut gewöhnlich in Sex entrichteten, war ich unglaublich gespalten. Ich war schwanger, ich wollte bald heiraten ... Andererseits war John immer noch in Cambridge, legte dort sein Examen ab und würde eine Weile lang nicht zurück sein, und was er nicht wußte, konnte ihn auch nicht verletzen ... »So I went to see the gypsy.«

Ich weiß nicht mal mehr, wie ich dorthin gekommen bin. Vielleicht trugen mich unbekannte Mächte gegen meinen Willen zu seiner Tür – viel eher aber war es Mason Hoffenberg, ein Freund von John und ein klassischer Scheiß-drauf-Junkie. Wie dem auch sei, plötzlich fand ich mich im Savoy wieder. Wie bei einer Überblendung in einem Film ging ich in dem einen Moment durch die Oxford Street und klopfte im nächsten voll banger Erwartung an eine geheimnisvolle blaue Tür. Bei Dylan wird man natürlich nolens volens in seine Welt der verschlüsselten Botschaften gezogen. Türen sind keine Türen mehr; sie nehmen eine geradezu kafkaeske Bedeutung an. Dahinter liegen Antworten.

In dem Raum hinter der blauen Tür tummelten sich Hipster, Huren, Popstars, Kellner im Schwalbenschwanz, Folkmusiker, Manager, Blondinen, Beatniks und die Fleetstreet-Journaille. Etliche kannte ich, Mason Hoffenberg und Bobby Neuwirth, den ich auf einem kurzen Trip nach New York im Jahr zuvor kennengelernt hatte. Andere waren mir aus *Top of the Pops* nicht unbekannt oder aus anderen Folkkneipen, die ich frequentierte.

Es war wie im Film ... mit Untertiteln. Du liebe Güte, es war sogar eine Filmcrew da, sie nahmen alles auf. Als ich durch das Zimmer ging, folgten mir in einem stummen Kameraschwenk ein Dutzend Köpfe. Ich fand eine Ecke und versuchte zu verschwinden.

Während Bob redete, trank, auf seinen Gitarren herumklimperte und so tat, als passiere hier gar nichts, saßen wir auf dem Boden. Er ging aus dem Zimmer, kam wieder herein, setzte sich, hackte auf einer Schreibmaschine herum, telefonierte, ja, beantwortete sogar die dämlichsten Fragen, aber nur, wenn er der Meinung war, daß dieses oder jenes Aufmerksamkeit verdiente. Ansonsten hätten wir genausogut unsichtbar sein können.

Ich war schon allein deshalb verwundert, weil ich überhaupt dort war. Ich hing also wirklich hier mit all diesen Besessenen und Elitebohemiens herum. Gleichzeitig versuchte ich, so schnell wie möglich zu kapieren, was in dem Raum ablief. Worüber redeten sie wohl im Allerheiligsten? Über das Wetter! Wahrhaftig, das war das Tischgespräch der Götter.

Sie waren gerade aus Nordengland zurückgekommen. »Und zwei Tage lang strömte der Regen vom Himmel.« So wie Dylan es sagte, klang es beinahe biblisch. Hatte mir nicht mal jemand erzählt, Regen bedeute in seinen Liedern Erinnerung? Dylan war so mysteriös, daß alles zumindest *eine* andere Bedeutung anzunehmen schien. Wenn er um etwas bat, mit dem er seinen Kaffee umrühren konnte, überlegten die Leute erst einmal. Meinte er einen Löffel?

Ich war von diesem echt coolen Typen auf Unmengen Methedrin vollkommen überwältigt und wollte nicht die erste sein, die eine falsche Bewegung machte. Er stand schließlich auch in dem Ruf, bisweilen unglaublich fies zu sein. Mein Mund war trocken, mein Verstand setzte aus. Ich meine, was, wenn ich etwas wirklich Dummes sagte? Die Pforten des Paradieses würden mir für immer und ewig verschlossen sein. Ich blieb also einfach sitzen und versuchte, schön auszusehen. Zumindest dazu hielt ich mich für fähig, denn wenn ich in diesem illustren Kreis auch nur den Mund öffnete, kam bestimmt nur totaler Stuß heraus. Sie waren ja alle so hip, so niederschmetternd hip! (Und außerdem so verdammt high!). Alle fünf Minuten ging einer ins Bad, und wenn er wieder herauskam, redete er in Zungen. Sprühte geradezu Funken ... Ich hatte eine Todesangst.

Ich wußte sehr genau, was in dem Bad lief, aber niemand bat mich hinein. Ich erinnere mich, daß ich mir dort an Ort und Stelle schwor, daß ich eines Tages auch in das Bad kommen würde, koste es, was es wolle. Dieses »Nur für Jungs« hat mich unglaublich geärgert. Ich habe mein halbes Leben versucht, zu den Jungs zu gehören (und bin schließlich im exklusivsten Männerclub der Welt gelandet).

Der einzige, mit dem ich mich unterhalten konnte, war Allen Ginsberg. Ihn mochte ich sofort. Allen, das Herzchen, war nie sehr hip. Damals war ich immer heilfroh, wenn ich mit ihm zusammen war, hauptsächlich, weil er nicht so high war. Mit Allen konnte man normal diskutieren – wie man vielleicht in der Cafeteria einer Universität reden würde. Er sei gerade aus der Tschechoslowakei gekommen, wo man ihn zum Maikönig gekrönt habe, erzählte er mir. Dann, als wolle er mir die Thronfolge von den Beatniks zu Bob erklären, fuhr er fort:

»Das erstemal habe ich Dylan gehört, als ich dreiundsechzig aus Asien zurückkam; Charlie Clemel spielte mir in Bolinas ›Master of War‹ vor. ›And I'll know my song well before I start singing. And I'll stand in the ocean where all souls can see it.‹ Bei den Zeilen bin ich in Tränen ausgebrochen. Gott sei Dank, eine neue Generation! habe ich gedacht. Wir sind nicht allein, der Stab ist weitergegeben worden. Jemand, eine Seele, ist aus Amerika auferstanden und trägt die Fackel weiter. Kennengelernt habe ich Bob auf einer Party im Eighth Street Bookshop. Da lud er mich ein, mit ihm auf Tournee zu gehen. Ich hatte zuviel zu tun und konnte nicht, aber, Junge, hätte ich damals gewußt, was ich heute weiß, wäre ich wie ein geölter Blitz hingesaust. Wahrscheinlich hätte er mich zu sich auf die Bühne geholt.«

Aber 1965 teilte Bob mit niemandem mehr die Bühne, nicht einmal mit einem anerkannten Beatbarden wie Allen Ginsberg, und schon gar nicht mit seiner einstigen Liebe und Hauptjüngerin Joan Baez, der Heiligen Jungfrau des Folk. Offenbar war sie gerade aufgetaucht und zur Tour gestoßen, was Bob die Laune verdarb. Er verzog sich in den hinteren Teil des Hotelzimmers und schnitt Grimassen. Zwar war er die meiste Zeit höflich, redete aber kaum mit ihr. Doch sie hatte noch nicht getickt, daß sich die Sachlage geändert hatte. Dylan hatte für Unmut gesorgt, als er sich weigerte, Joan auf die Bühne zu bitten, damit sie mit ihm sang. Umgekehrt hatte sie es in den Staaten ja getan. Sie war ganz schön angeschlagen, aber so viele Probleme sie auch hatte, mit ihrer strahlenden Bräune und den blaugrünen Augen sah sie bildschön aus. Im Vergleich zu den totenblassen Gestalten aus dem Dylanschen Troß strotzte sie vor Gesundheit.

Sie meisterte die heikle Situation, indem sie sang, es klang wie eine Totenklage. Bisweilen ging Dylan ihr hohes Vibrato so auf die Nerven, daß er hohntriefende Bemerkungen vom Stapel ließ. Sie aber sang unbeirrt ihre tremolierenden Versionen von »Here Comes the Night« und »Go Now«. Während sie sang, stöhnte Dylan. Mit der Stimme war sie zur Bannerträgerin der gehobenen Folksong-Bewegung geworden, die er zu dieser Zeit schon verabscheute. Als sie einmal einen hohen Ton sang, hielt er ihr eine Flasche hin und näselte: »Zersing die!« Sie lachte nur.

Die Atmosphäre in dem Hotelzimmer wurde hauptsächlich von Bobby Neuwirth bestimmt, Dylans bedrohlichem Doppelgänger und selbsternanntem Roadmanager. Dieser allerhipste Höfling hatte mir in New York im Jahr davor meinen ersten Joint gegeben. Bobby war durchaus umgänglich, aber genauso furchteinflößend wie Dylan (wenn nicht mehr). Dylan genoß den Ruf, Menschen geradezu zu zerstören, aber wenn die Leute Geschichten darüber erzählten, meinten sie in Wirklichkeit Neuwirth. Neuwirth und Dylan lieferten sich oft einen so raschen verbalen Schlagabtausch, daß die Leute sie leicht verwechselten, aber die beißendsten Kommentare und die vernichtendsten Abfuhren kamen von Neuwirth. Betrunken konnte er tödlich sein; und obwohl Dylan ihm darin nicht nachstand, erlebte ich selbst seine boshafte Seite und den bissigen Witz, der ihm oft zugeschrieben wurde, nie. Ich fand ihn nie so amüsant gemein wie zum Beispiel John Lennon. Er bewegte sich sprunghaft und geistesabwesend im Zentrum des Sturms, beinahe schutzlos, wie ein mutterloses Kind.

Ich hatte ohnehin den Eindruck, daß außer Allen nur noch ein Mensch vom selben Planeten kam wie ich, und das war Donn Pennebaker (den sie alle Penny nannten). Er drehte einen Film über Dylans England-Tour, *Don't Look Back,* den ersten von zwei Dokumentarfilmen, die Dylans Vermächtnis auf Zelloloid bannen sollten. Wie natürlich auch die Plattenalben sollten sie die Legende des Heiligen Bob verewigen.

Der Raum summte und knisterte, weil alle diese unter Hochspannung stehenden Egos versuchten, sich am Hofe König Bobs gegenseitig auszuspielen. Außer Allen und Penny kümmerte sich niemand darum, die Anwesenden miteinander bekannt zu machen. Absolute Coolness beherrschte die Szene. Wie in »Ballad Of A Thin Man«, erwartete ich halbwegs, daß mir jemand einen Knochen gab. Irgendwann griff Baez zur Gitarre und sang »As Tears Go By«. Ich habe es nie schöner gehört. Es haute mich beinahe um. Sehr anders als meine Version! »As Tears Go By« als Folksong. Wenn es so gesungen wird, verändert sich die Bedeutung: statt subjektive Gedanken auszudrücken, wird der Text zu einem wunderschönen Kunstwerk.

Und während Baez sang, wandte sich Penny, um Konversation bemüht, an mich und sagte in seiner unbefangenen Midwestern-Art: »Hah, das Lied kenne ich von irgendwoher.« Von der ganzen Situation war ich zu eingeschüchtert, als daß ich auch nur versucht hätte, ironisch damit umzugehen, deshalb sagte ich: »Ja, weißt du, das Lied habe ich gesungen.« Daraufhin Penny: »Ach Gott, das war mir gar nicht klar.« Und dann sagte jemand: »Ja sicher, du bist Marianne Faithfull.« Woraufhin ich sagte: »Bin ich das?«, und alle lachten. Das war vermutlich die einzige witzige Bemerkung, die ich in den zwei Wochen, in denen ich mit Dylan und seiner Crew im Savoy herumhing, von mir gab.

Das Bemerkenswerteste an Dylan war sein Reden: Gedankenfragmente aus seinem Bewußtseinsstrom, die man nach bestem Wissen und Gewissen mit Bedeutung erfüllte (oder auch nicht). Das lag an den ganzen Amphetaminen. Daran war ich überhaupt nicht gewöhnt. Die Leute in London, die ich kannte, rauchten Haschisch und tendierten dazu, zu implodieren. Man saß stundenlang in ihren schönen alten Zimmern mit den hohen Decken und schwieg. Nur der Plattenspieler drehte sich endlos wie ein abwesender Gott und enthüllte seine weise Botschaft. Bei diesen einschläfernden Séancen war Dylan immer ein heiliger Text. Was gab es nach »Visions of Johanna« oder »Ballad Of A Thin Man« auch noch zu sagen? In diesem Raum aber kollidierten die phantastischsten Bilder. Das Absurde und das Komische taumelten am Rande des wirklich Rätselhaften und Tiefgründigen entlang, und alles verschmolz zu einem großen kosmischen Scherz.

In Wirklichkeit fanden die Leute an Dylan so ätzend, daß er alles so verrätselte. Im Grunde war er ein aalglatter Typ, Dummbeutel gingen ihm über Gebühr auf die Nerven. Seine Reizbarkeit trat hauptsächlich gegenüber der Presse zutage. Er war ein Meister des Anti-Interviews. Bei direkten Fragen richtete er alle Stacheln auf. Die Pose war aber nur seine Art, nicht ausfallend zu werden. Auf die Frage, ob er sich als Dichter betrachte, sagte er: »Ich kann mich immer noch nicht entscheiden, ob ich Ungläubiger oder Musiker sein möchte. Einmal bin ich das, und dann, peng, will ich das andere sein. Das treibt mich in den Wahnsinn.«

Jeden Tag, den ich dorthin pilgerte, hockte Dylan an der Schreibmaschine und hämmerte darauf herum. Er tippte entsetzlich schnell. Eine Zeitlang hatte er eine Rolle hartes englisches Toilettenpapier eingespannt. Es habe genau die rechte Breite für Liedtexte, behauptete er. Natürlich war es auch eine zarte Hommage an Kerouac. Bob beugte sich über die große schwarze Remington, die Zigarette hing ihm aus dem Mundwinkel, das Urbild des fiebrigen genialen Künstlers im Schaffensrausch. Er brach ein

Gespräch auch mittendrin ab und haute ein Lied hin, ein Gedicht, ein neues Kapitel seines Buches, einen Einakter. Das reinste Wunder! Wie machte er das bloß?! Zumindest alles mit voller Absicht, um die Banausen, denen eine kurze Audienz gewährt worden war, zu beeindrucken und zu verwirren. Seht her, vor euren eigenen Augen schmiert der junge Mozart eine Sonate hin! Dylan benutzte die Remington auch, um sich auszuklinken. Die Verführ- und Ausklinkmaschine.

Tagelang hatte man mir erzählt, Bob »arbeite an etwas«. Ich fragte (was auch erwartet wurde): »Was schreibt er denn?«

»Ein Gedicht! Ein Epos! Über dich!« Reizend, dachte ich, ihn hat's auch erwischt! Aber Bob trägt sein Herz nicht auf der Zunge, bei Bob weiß man nie. Nie gab es einen solchen Verführer.

Binnen weniger Tage war ich zur Hauptkandidatin des Meisters erhoben worden. Andere Rivalinnen waren nicht in Sicht. Ich war die Erwählte, die Jungfrau, die zum Opfer dargebracht werden sollte. Bobs Gattin in spe, Sara Lowndes, war irgendwo in Europa. (Mir hatte er ohnehin den Eindruck vermittelt, sie sei ein »Mädchen, das ich von irgendwoher kenne«.) Auch eine der Frauen (nahm ich an), die Dylan hinterherzogen und deren Seelen ausgesaugt worden waren, weil sie das Tabu gebrochen und mit dem Gott kopuliert hatten, und die nun dazu verdammt waren, in einer gespenstischen Prozession durch die Lobbies teurer Hotels zu ziehen: Joan Baez, Suze Rotello – die Zombies des Mystischen Bob. Wenn ich mir das arme Mädchen, Sara Lowndes (wie sie mir von dem balzenden Bob geschildert wurde), vorstellte, sah ich immer nur das Bild einer verlotterten Studentin vor mir, die ihre Diplomarbeit über »The Masters of War« geschrieben, ihn in einer Folkkneipe kennengelernt hatte und mit ihm ins Bett gegangen war, und fürderhin als Adèle H. des Folkrock fungierte, so hoffnungslos geschädigt, daß ihre Eltern ernsthaft erwogen, sie in die Payne Whitney einweisen zu lassen.

Als es eines Nachts sehr spät geworden war und die Leute sich schließlich in den sehr frühen Morgenstunden langsam verzogen, fand ich mich allein mit Dylan wieder, was ich bis dahin zu vermeiden getrachtet hatte, hauptsächlich weil ich fürchtete, ich würde mit der Situation nicht fertig. Er nahm in einem großen Polstersessel Platz und starrte mich so lange an, daß ich dachte, gleich löste ich mich in der verqualmten Luft des Zimmers in nichts auf.

»Willst du meine neue Platte hören?« fragte er. *Bringing It All Back Home.* Ich kannte sie natürlich; ich hatte sie mir auf einer Tournee gekauft. In Scarborough oder Blackpool, in einem dieser tristen englischen Badeorte. Ich hatte immer einen kleinen Plattenspieler dabei und hörte sie in meinem Hotelzimmer, und das erste, was ich spielte, war »The Gates of Eden«. Jede Nacht nach dem Gig legten mein Gitarrist Jon Mark und ich feierlich die Scheibe auf, und ich veranstaltete eine meiner spiristischen Sitzungen. Zwanghaft spielte ich die Platte und dachte darüber nach. Ich ahnte, daß ich Dylan früher oder später kennenlernen würde.

Sie spielten *Bringing It All Back Home* auch jeden Tag im Savoy, um den Fleet-Street-Typen gleich das Maul zu stopfen, die aber sowieso hofften, daß Dylan sie nicht fragte, was es bedeutete. Bobs jetziges Anerbieten aber war damit gar nicht zu vergleichen, das wußte ich. Er bot mir an, die Platte für mich zu spielen. Er zeigte mir das Cover mit dem Foto von ihm und Sally Grossman (der Frau seines Managers Albert Grossman). Die beiden sitzen in Alberts Wohnzimmer inmitten von Zeitschriften- und Plattenhüllenstapeln, die alle irrsinnig viel symbolisieren.

»Du siehst sehr intellektuell aus, Bob«, sagte ich.

Das schien ihm zu gefallen, und er legte die Platte auf. Nach jeder Nummer näselte er in seinem Großstadt-Hillbilly: »Hast du verstanden, was ich wollte? Weißt du, worüber das war?«

Ich wurde ganz flatterig. Er wiederholte Zeilen aus den Liedern, betonte bestimmte Worte, unterstrich sie. Als vermittelte er damit ihren Sinn! Mir war unklar, ob er überhaupt wußte, was er da tat. Er wiederholte eine Zeile und hob nur ein Wort hervor.

Dann begriff ich, daß er seine Songs auch so in den Konzerten brachte und seine eigenen Lieder manchmal deshalb so sehr gegen den Strich sang, damit die Leute sie wieder neu hörten! Es war aber eine reichlich humorlose Angelegenheit, er war ja so jung. Bisweilen sagte er etwas, als beantworte er eine Frage. Zum Beispiel: »Das sind Schnappschüsse aus dem Inneren meines Gehirns.« Oder: »Wenn du den Ton findest, kommen die Worte einfach da heraus – es gibt mehr Dimensionen, wie beim Kubismus.« Die Erklärungen waren mindestens so obskur wie die Lieder, aber ich dachte, wenn ich das Album mit ihm zusammen hörte, würde ich verborgene Bedeutungsebenen gleichsam durch

Osmose absorbieren. Doch ich war nicht nur als Exegetin gefragt. Hier ging es um mehr, als daß ich dem Meister zu Füßen hockte und seine Mysterien aufsog.

Ich betete Dylan als Dichterprinzen an, ich hatte gehofft, er werde nett zu mir sein und auf mich abfahren (damals das einzig mögliche Wort), und das schien auch – wundersamerweise – der Fall zu sein. Es war himmlisch. Aber es hingen eine Menge unausgesprochener Dinge in der Luft. Was die Songs bedeuteten, begriff ich weitaus besser als alles, was sonst hier ablief. Wäre die Luft nicht so geladen gewesen, wäre ich in Verzückung geraten.

Bis ich dann mit einem Donnerschlag alles verstand, hatte mich nur ein Gedanke beherrscht: »Hier bin ich im Allerheiligsten. Eine Privataudienz bei Seiner durchlauchtigen Hipheit! Bob Dylan erklärt mir seine Songs!« Aber ich wußte, es gab einen Preis dafür zu zahlen. So verschleiert dieses ganze wortwirbelnde Methedringequatsche war, wir müssen doch annehmen, daß Anmache angesagt war.

Bevor ich ihn kennenlernte, war ich keineswegs sicher gewesen, daß ich ihn attraktiv finden würde, aber leibhaftig war er doch umwerfend. Haare wie der struppigste Punk, schwarzes Leder und das Gerede! So jemanden kannte ich in London überhaupt nicht. In London rauchten alle zuviel Hasch. All dieses intellektuelle Geklimper war aber viel erotischer, als ich gedacht hatte, es war also keineswegs so, daß ich ihn nicht attraktiv fand. Im Gegenteil. Ich fand ihn sehr attraktiv. Seine sirrende, quecksilbrige Energie mochte ich immer. Die tadellose kunterbunte Kluft, die spanischen Stiefel (natürlich), die Rimbaud-Frisur, die Dealer-Sonnenbrille. Ich war hingerissen. Aber er war so einschüchternd. Er war ein sehr seltsamer Mann.

Ehrlich gesagt, kannte ich weder den Sittenkodex noch das Procedere. Das mitzukriegen war mir ja nie ganz leichtgefallen. Es muß schon alles überdeutlich sein, bevor ich was kapiere. Vielleicht bestand das Problem darin, daß er zu subtil vorging.

Außerdem hatte ich schreckliche Angst, daß ich mich als die zickige, naive kleine Klosterschülerin bloßstellte, die ich unter der dünnen Tünche von Abgeklärtheit ja auch war. Bei jemandem wie Gene Pitney lag die Sache viel einfacher, weil es sehr direkt lief. Wie Männer Sex haben. Darauf verstand ich mich. Aber jemand so Ehrfurchtgebietendes wie Dylan jagte mir eine höllische Angst ein. Als sei ein Gott vom Olymp herabgestiegen und beginne, mich anzumachen. So muß sich Leda gefühlt haben, denke ich mal.

Die sexuelle Seite des Lebens, besonders in Gegenwart des Göttlichen, ist mir noch nie leicht gefallen. Das ist meine Urangst. So überwältigt von jemandem zu werden, daß ich mich selbst verliere. Diese entsetzliche Furcht vor Sex plus Genie plus Ruhm plus Hipness, die sich in diesem Ritual vereinigten. Ich schwebte zwischen seliger Hingabe und erbärmlicher Feigheit. Und typisch, ich entschied mich Hals über Kopf für die erbärmliche Feigheit.

Plötzlich war er wütend und fühlte sich zurückgewiesen. Wie konntest du mich so zum Narren halten? Ich? Ihn zum Narren halten? Verdammt, ich wußte ja nicht mal, was hier gespielt wurde, ganz zu schweigen davon, daß ich jemanden zum Narren hielt! Aber es hatte doch ganz den Anschein, als hätte ich die Grenzen der Gastfreundschaft des großen Mannes übertreten, wobei ich mir nicht einmal bewußt war, ihn überhaupt zurückgewiesen zu haben. Eine Popgottheit hatte sich zu mir herabgeneigt, und ich hatte ihr die kalte Schulter gezeigt. Während er immer weiter schimpfte, saß ich wie versteinert da.

»Wie kannst du mir das antun?«

»Ich tue dir doch gar nichts an, Bob.« In Lederjacke und mit meinem blonden Haar hätte ich die Wahrheit nie aussprechen dürfen: »Ich bin schwanger und heirate nächste Woche.« Das hatte reingehauen.

Er verwandelte sich in Rumpelstilzchen. Er ging zur Schreibmaschine, nahm einen Stapel Blätter, fing an, sie in immer kleinere Stücke zu zerreißen und in den Papierkorb zu werfen.

»Bist du jetzt zufrieden?« fragte er. Ich war Zeugin, wie das Genie seinen kleinen Koller kriegte.

Wutentbrannt stürmte er hinaus. Ich blieb wie festgenagelt in meinem Stuhl sitzen. Einen Moment später kam er mit neuer Wut zurück und schmiß mich raus.

»Raus!«

»Wie bitte?«

»Verschwinde aus diesem Zimmer! Hau ab! Sofort!«

Ich war nicht traurig, daß wir nicht ins Bett gingen, sondern daß ich das Gedicht nie zu sehen bekam. Die Seiten hat er ja vielleicht zerrissen, überlegte ich, aber hat er auch die *Gedanken* zerrissen? Tauchten die Gedanken schließlich doch noch in den *Liedern* auf?

Er hatte natürlich die klassische Böse-Dichter-Anmache für kleine Mädchen abgezogen. Wie oft hat Mick später geflaxt: »Yeah, das war über dich, Darlin'. Das ist dein Lied, Babe.« Was konnte schmeichelhafter sein? Dylan spielte das alte Spiel. Und im Handumdrehen wird man so blöde, daß man beim Anhören eines Dylan-Albums denkt: »Irgendwoher kenne ich die Worte ... Wer ist die Sad-eyed Lady of the Lowlands? Ich glaube, das ist Joan. Aber es könnte auch ...« Dylan selbst behauptete in einem späteren Lied, daß es Sara war.

Wenn man mit Allen Ginsberg redet, kommt ulkigerweise immer heraus – und das sollte uns allen eine Lehre sein –, daß er überzeugt ist, beinahe alle Lieder Dylans seien über *ihn.* Also sage ich lieber nichts dazu. Ich schweige wie ein Grab. »Ja, das Lied bestimmt, Allen.« Zu süß, nicht wahr? Eins aber ist wirklich über Allen: »Just Like a Woman.«

Eine Woche, nachdem ich in Tränen das Hotelzimmer verlassen hatte, traf die gar nicht gespenstische Sara Lowndes ein, die zukünftige Mrs. Dylan. Er war rundum zufrieden mit sich. Verloben sich Starpoeten des Symbolismus? Als Sara aus Paris kam, weiß ich noch, wie ich dachte: »Ah, das hätte alles auch ganz anders laufen können.« Aber ich ließ mich dadurch nicht ins Bockshorn jagen. Ich tanzte wieder im Savoy an. Ich verschwand nicht einfach so vom Erdboden. Ich wollte sehen, wie sie war. Sie benahm sich wie eine Ehefrau und Dylan wie das »Opfer ihrer Leidenschaft«. Sara war weit davon entfernt, eine betörte präraffaelitische Erscheinung zu sein, sie war knallhart. Sie redete nicht viel; das brauchte sie gar nicht.

Als Sara kam, kühlte sich die Kiffer-Hipster-Szene ab, wenn auch nur in Maßen. Dylan machte im großen und ganzen so weiter, ob Sara nun da war oder nicht.

Er war neugierig auf Donovan. Manchmal, wenn er dachte, er sei unbeobachtet, legte er Donovans »To Catch the Wind« auf. Dylan mochte den Text, glaube ich, und obwohl alle behaupteten, die Melodie sei direkt aus Dylans »Chimes of Freedom« geklaut, war das Bob egal. Eines Nachmittags beschloß er, Donovan einzuladen.

»Es gibt einen Dichter-Folksinger«, erzählte er Ginsberg. »Den mußt du hören, Mann. Donovan.«

»Und du glaubst wirklich, er hat was auf der Pfanne?« Allen benutzte etwas altmodische Redewendungen, die in der High School in gewesen waren.

»Mann, das ist ein poetisches Genie. Ich will, daß du ihn kennenlernst und mir sagst, ob er ein Dichter ist oder Charlie Chaplin.« Allen sollte ihn austesten.

Seit Tagen lief in der Presse schon dieses öde Ding ab: »Ist Donovan der englische Dylan?« Zum Schluß lachten alle nur noch darüber, und an dem ersten Abend, als Donovan kam, beschloß Dylan, ihn hochzunehmen.

Sie waren alle bei irgend so einer Musikbusiness-Veranstaltung gewesen, wo sie Masken bekommen hatten. Deshalb sagte Dylan: »Wir setzen sie auf. Wir müssen sie aufsetzen, wenn er kommt. Den schicken wir auf einen Trip, Mann.« Also setzten wir uns alle solche Halbmasken auf.

Neuwirth öffnete die Tür, und herein schaute ein kleiner lockiger Kopf und dann drei oder vier weitere. Bärte, langes Haar, Schafsfelljakken: Donovans Gefolgschaft. Ein todernster Haufen. Donovan strahlte, als er hereinkam. Er war so ein süßes Kerlchen, ein drolliger kleiner Kobold. Völlig anders als Bob. Donovan versuchte, die Masken zu ignorieren und so zu tun, als sehe er sie nicht. Natürlich mußte ihm das ein wenig komisch vorkommen, aber er wollte keine Überraschung zeigen. Er war am Hofe von King Cool und würde es bestimmt nicht vermasseln. Vielleicht dachte er, das sei eine von Dylans Ausgeflipptheiten. Möglicherweise benahmen Dylan und seine Kumpel sich ja so. Setzten nach dem Essen alle Masken auf. Natürlich! Es war vollkommen glaubhaft. Damals traute man Dylan alles zu.

Donovan setzte sich zu den anderen auf den Boden. Penny juckte es in den Fingern, die Szene zu drehen, er langte nach seiner Kamera.

Aber Dylan winkte ab: »Nein, nein, nein, jetzt nicht, Mann.«

Und dann sagte Bob: »Also, Donovan, willst du uns nicht ein Ständchen bringen?«

Donovan packte seine Gitarre aus und fing an zu spielen. Das werde ich nie vergessen. O Gott, es war eine der grauenhaft peinlichsten und zugleich lustigsten Szenen, die ich je erlebt habe, denn Donovan spielte – »Mr. Tambourine Man«. Es war die Melodie zu »Mr. Tambourine Man«. Genau die. Aber Donovan hatte einen neuen Text dazu gemacht: »Oh, my darling tangerine eyes...« An viel mehr erinnere ich mich nicht. Dieses Lied hat man seitdem, da bin ich sicher, nie wieder gehört. Mittendrin stahl sich dieses hinterhältige Lächeln auf Dylans Gesicht. Neuwirth in der anderen Ecke konnte kaum noch an sich halten. Alle waren heftig bestrebt, keine Miene zu verziehen, denn außer Donovan und Gypsy Dave kannten sie das Lied gut. »Mr. Tambourine Man« war auf *Bringing It All Back Home.*

Donovan sang unverdrossen weiter: »My darling tangerine eyes, girl, won't you ramble with me down my rainbow road ...« Was hier ablief, war so offensichtlich, daß man einen Moment lang dachte, Donovan nähme alle hoch. Aber diese Erklärungsmöglichkeit verflüchtigte sich schnell. Donovan war unfähig, auch nur irgend jemanden hochzunehmen.

Die Spannung war nervenzerreißend, aber endlich machte Dylan dem Spuk ein Ende. »Du kannst ruhig aufhören«, sagte er. »Ich kenne es.«

Ein wenig verwirrt hörte Donovan auf zu spielen. »Was, du kennst es?«

»Man hat mich nicht immer bezichtigt, meine Songs selbst zu schreiben«, sagte Dylan und machte eine wohlgesetzte, bedeutungsschwere Pause. »Aber das ist wahrhaftig mal einer, den ich geschrieben habe.«

Donovan war sprachlos. So was von konsterniert. Der arme Kerl starb fast. Penny sagte später: »Damit war der Song aus dem Repertoire des Typs gestrichen. In seinem ganzen Leben wird er den nicht mehr singen. Und dabei hatte er da so eine hübsche kleine Weise.«

Donovan wollte es erklären und sagte: »Ej, das wußte ich ja nicht, Mann. Hab ihn mal gehört ... irgendwo, auf irgendeinem Folkfestival, glaube ich. Dachte, es wär ein alter Folksong.«

Woraufhin Dylan sagte: »Nein, *noch* ist es kein alter Folksong.«

Einer der Gnome aus Donovans Begleitung mußte die Worte »alter Folksong« gehört haben, und als liefe hier das Sonntagsnachmittagswunschkonzert, griff er zur Gitarre. Er war ein irischer Folksänger, der ganz besondere Lieder sang, über Nächte in Weizenfeldern, das salzige Meer, die Poesie des Torfmoors und dergleichen. Traditionelle Lieder, die ich liebte, die aber zu oft auf Folkfestivals gespielt worden waren.

Wahrscheinlich glaubte er, Dylan sei Folksänger beziehungsweise immer noch Folksänger. Er hatte keine Ahnung, daß es einen neuen Bob gab. Außer Joan Baez sang in diesem Hotelzimmer sowieso niemand mehr Folksongs. Das war abgedroschener Kitsch. Dylan und Neuwirth waren auf Country Music umgestiegen. Wie sagte doch Neuwirth so charmant: »Country Music ist der letzte gottverdammt authentische Scheiß, der uns noch zum Ausschlachten bleibt.«

Der Folksänger klampfte vor sich hin, und Dylan langweilte sich immer mehr. Den Grad seiner Langeweile konnte man immer am Wippen seines linken Fußes ermessen. Wenn er schnell wippte, wußte man, war er interessiert, wenn er langsamer wurde, entzog er einem seine Aufmerksamkeit, und wenn er den Fuß einfach nur herunterbaumeln ließ, bedeutete es, daß er innerlich einschlief. Nach außen hin schlief er nie. Er schaltete einfach nur ab und tauchte irgendwo in seine eigenen Sphären ein.

So hip er auch wirkte, Dylan war immer noch jung und in vieler Hinsicht sehr naiv. Er hatte viel gelesen, aber selektiv. Von bestimmten Dichtern war er besessen. Rimbaud, Villon, oft beschäftigte er sich auch intensiv mit abgelegeneren Autoren wie Lautréamont. Aber von anderen, Wallace Stevens zum Beispiel oder Victor Hugo, hatte er noch nie gehört. Geschichte war für Bob eine Reihe blendender Lichtbahnen. Die Vergangenheit war eine komprimierte Masse, die Schichten waren dicht aufeinandergepreßt, so daß so verschiedene Leute wie Shakespeare und Thomas Hardy wie Zeitgenossen erschienen.

Dylan hatte auch diese eigentümliche dichterische Fähigkeit, sich wie ein Wahnsinniger auf eine Sache zu konzentrieren und die Augen vor allem anderen zu verschließen. Er sagte zum Beispiel so etwas Exotisches wie: »Wenn Worte sich reimen, bedeuten sie dasselbe.« Woraufhin Penny, die süße Stimme der Vernunft, flötete: »Das ist ja sehr interessant, Bob, aber du weißt, es ist totale Scheiße.« Aber je mehr ich über diese Idee mit dem Reim und der Bedeutung nachdachte, desto mehr ergab sie in einer archaischen, vorliterarischen Weise einen Sinn. Es war sein poetisches Nachdenken über die Archäologie der Worte.

Andererseits war er weiß Gott keine Quelle unergründlichen Tiefsinns. Das meiste sagte er einfach nur so daher. Im allgemeinen konnte er ganz gut bluffen, aber manchmal stellte er sich selbst eine Falle. Eines Nachmittags versuchte er einer Journalistin seinen bisher unveröffentlichten Roman *Tarantula* zu erklären. Er erzählte ihr, er habe ihn nach der Cut-up-Methode von William Burroughs und Brion Gysin verfaßt.

Da wurde die Frau natürlich sofort hellhörig. »Oh, was ist denn das?« fragte sie. »Eine Literaturtheorie?«

Offensichtlich hatte sie noch nie davon gehört, und Dylan schickte sich an, sie ihr zu erklären, indem er einen *Daily Telegraph* mit einer Schere zerschnitt. Aber kaum versuchte er die Schnipsel zusammenzusetzen, sah man schon, daß er das noch nie gemacht hatte. Er bemühte sich herauszufinden, wie es funktionierte, während er zugange war.

Um das Thema zu wechseln, wandte Dylan sich an mich und fragte: »Also, was ist das für ein Typ, den du heiratest? Was macht er?«

Ich sagte: »Er ist Dichter.«

»Oh, er ist Dichter! Freier Dichter? Was für Gedichte schreibt er denn? Dichtet er wie Smokey Robinson oder Jeremias oder Cassius Clay?«

»Ein bißchen wie Ted Hughes, glaube ich.«

»Wer?«

»Ted Hughes, das ist ein englischer Dichter.«

»Kann er Gedichte über Schraubenschlüssel und atomar betriebene Wecker und fette schwarze Mamas schreiben?«

»Das eigentlich nicht. Er ist eher –«

»Hm, dann ist er kein Dichter, er kann keiner sein, wenn er nicht über so etwas schreibt, denn ...«

Dann fing er an, über den armen, alten John herzuziehen. Der stand währenddessen draußen im Regen vor dem Savoy, weil er aus Cambridge gekommen war, um mich zu einem bestimmten Termin zu treffen, den ich aber schon längst wieder verbaselt hatte.

Also sagte ich: »Warum fragst du *ihn* nicht? Er steht draußen.«

Alle traten ans Fenster, um zu sehen, wer es war, um dessentwillen ich Bob Dylan abgewiesen hatte. Sie unterhielten sich ausführlich über den dort unten wartenden John und amüsierten sich prächtig. Es wurde erörtert, was mit ihm zu geschehen habe. Barer Unsinn wie: »Warum werfen wir ihm nicht eine Flasche auf den Kopf?«

Dylan lernte John dann schließlich doch noch kennen. Rory McEwan gab eine Party für Dylan. McEwan war Folksänger und ein Freund von John. Mit Hornbrille und Tweedjackett, den *Guardian* in der Tasche, kam John. Das war der Augenblick, auf den Dylan gewartet hatte. »Zum Teufel, er ist ja bloß ein gottverdammter Student. Wozu willst du einen Studenten heiraten? Solche Typen kenne ich. Das wird der Ewige Student.« Die Bemerkung war altruistisch gemeint.

»Aber hör mal, Bob, ich *will* einen Studenten heiraten. Ich liebe ihn.«

Er versuchte es anders. »Wie kannst du denn einen Typen mit Brille ernst nehmen? Nur Bestattungsunternehmer, Universitätsprofessoren, Großmütter und Leute, die die Hand vor Augen nicht mehr sehen, tragen Brillen. Er ist ein intellektueller Idiot, das sind die schlimmsten Idioten, die es gibt.«

Mit onkelhaftem Ernst behauptete Dylan, ich machte einen schwerwiegenden Fehler, wenn ich John heiratete. Vielleicht meinte er, er gebe mir einen guten Rat, aber ich glaubte, er wolle nur mit mir ins Bett.

Schließlich kam der Abend des Konzerts in der Albert Hall. Ich brauchte einen Begleiter, weil Sara ja nun da war, deshalb arrangierte Dylan, daß ich mit Allen Ginsberg ging. Allen war in der ganzen Angelegenheit sehr lieb und dachte laut darüber nach, womit er solches Glück verdiente: »Das nenne ich das wahre Leben. Eine hübsche blonde Begleiterin, eine Freikarte zum Konzert im lustigen London und ein flotter Schlitten, der uns dorthin bringt.«

Ich erinnere mich, wie wir vor dem Bühneneingang der Albert Hall halten und die Leute auseinandertreten, als wir hineingehen. Es kann sein, daß ich da zum erstenmal Anita Pallenberg und Brian Jones zusammen gesehen habe. Sie waren auf Acid, wanderten in Samt und Seide und Federboas durch die Albert Hall und sahen aus wie Geister, die in menschenähnliche Wesen verwandelt worden sind. Wie einem Charles-Perrault-Märchen entsprungen.

Dylan war immer hypernervös, aber bei dem Konzert war er besonders angespannt. Am Ende lagen seine Nerven bloß. Als er im nächsten Jahr mit The Band wiederkam, war er ein völlig anderer Mensch. Da war er fröhlich und hüpfte auf und ab. Wie nervtötend muß es gewesen sein, mit der akustischen Gitarre ganz allein da draußen auf der Bühne vor sich hinzujammern. Besonders in England, wo alle Musiker, die er kennenlernte, in Gruppen spielten. Deshalb war er ja unter anderem auch in England, er war von der britischen Rockszene fasziniert, den Animals, Manfred Mann, den Bluesbreakers, den Pretty Things, den Beatles, den Stones. Dem »Wir Männer halten zusammen«, das alles soviel leichter macht.

Nach dem Konzert fuhren wir wieder ins Hotel. Wir versammelten uns in Albert Grossmans Suite, dort hielt Grossman hof, und es bestand kein Zweifel mehr, wer der Kronprinz des Rock war: Bob. Und alle waren da, um ihm ihre Aufwartung zu machen. Die Animals und die

Stones, wahrhaft böse Buben, saßen bescheiden auf der Couch, während der wahnsinnige Dauphin aus und ein stolzierte, und über die Apokalypse und Pensacola redete. Und als Krönung kamen dann noch die Beatles, um ihm ihre Reverenz zu erweisen.

Ich kannte John und Paul mittlerweile zwar recht gut, aber die Beatles als Gruppe zu treffen war doch immer wieder eine Anfechtung. Als sei ihr olympischer Ruhm nicht genug, quatschten sie auch noch die ganze Zeit Liverpooler Dialekt. Sie nahmen einen dauernd auf den Arm. Oder sich gegenseitig. Doch hauptsächlich andere Leute. Jeder, der neu zu dem Kreis stieß, mußte bereit sein, Spießruten zu laufen und sich groben verbalen Mißhandlungen auszusetzen. Man wußte nie, ob sie sich über einen lustig machten, einen total verarschten oder überhaupt mit einem redeten.

Dylan ging in das Zimmer, wo die Beatles zusammengequetscht auf der Couch hockten. Sie waren fürchterlich fickrig. Lennon, Ringo, George und Paul, Lennons Frau Cynthia und ein oder zwei Roadies. Keiner sagte ein Wort. Sie warteten darauf, daß das Orakel sprach. Aber Dylan setzte sich und schaute sie an, als seien sie Wildfremde auf einem Bahnhof. Nun trafen sie sich wirklich einmal und waren wie erstarrt. Dabei ging es weniger darum, den Coolen rauszuhängen; sie waren zu jung, um wirklich cool zu sein. Sie hatten nur wie Teenager schlicht und ergreifend Angst, was die anderen denken würden.

Neuwirth spazierte durchs Zimmer und balancierte einen Luftballon auf seinem kleinen Finger. Als er vorbeiging, drehten sich alle Köpfe mit, als wären wir in Wimbledon. Es war ein sturzkomisches Bild, da saßen all diese Millionäre im Kreis und sahen zu, wie Neuwirth mit einem Luftballon herumalberte. Wie Kinder im Zirkus hätten sie alles mögliche angeschaut. Herr im Himmel, dachte ich, wieso kommt irgend jemand auf die Idee, diese verängstigten kleinen Jungen für Götter zu halten?

Dann kam Allen Ginsberg herein. Das Schweigen wurde noch drückender. Allen machte sich schon durch sein bloßes Eintreten zur Zielscheibe des Spotts, aber das kratzte ihn nicht. Er bemühte sich erst gar nicht, Würde zu bewahren, sondern gab sich zum Abschuß frei. Er ging zu dem Sessel, in dem Dylan saß, und ließ sich auf die Armlehne plumpsen. Zuerst reagierte keiner darauf, aber es knisterte vor Feindseligkeit gegenüber Allen. Die Spannung wuchs und wuchs, bis John Lennon das Schweigen brach. Er knurrte:

»Warum rückst du nicht ein bißchen näher, Liebes?«

Die Anspielung – daß Allen heimlich in Dylan verliebt war – sollte Allen fertigmachen, aber da es von der Wahrheit nicht allzuweit entfernt war, nahm Allen es sehr leicht. Im Grunde ging der Witz auf ihre Kosten. Allen brach in schallendes Gelächter aus, fiel von der Lehne und auf Lennons Schoß. Dann schaute er zu ihm hoch und sagte: »Schon mal William Blake gelesen, junger Mann?«

Worauf Lennon mit seinem trockenen Liverpooler Humor sagte: »Nie gehört von dem Typ.«

Cynthia, die ihm das nicht mal im Spaß durchgehen ließ, wies ihn zurecht: »Also, John, lüg doch nicht so.«

Da war das Eis gebrochen.

»Guter Gig, Mann«, bemerkte John, als wäre er bloß mal so vorbeigekommen.

Dylan schaukelte nur wie hypnotisiert in seinem Sessel hin und her. Dann sagte er: »Auf ›It's All Right, Ma‹ standen sie nicht so.«

»Vielleicht haben sie's nicht getickt«, sagte John. »Weißt du, das ist der Preis, den man zahlt, wenn man seiner Zeit voraus ist.«

Worauf Dylan sagte: »Kann sein, aber wie's aussieht, bin ich ihr nur ungefähr zwanzig Minuten voraus.«

Außer John beachtete er die Beatles nicht weiter. John fand er großartig, mit John rumzuhängen war immer gut. Aber Paul wurde sehr kühl empfangen. Ich sah Paul mit einer Probepressung eines Stücks hereinkommen, an dem er arbeitete. Für die Zeit damals war es ganz schön durchgeknallt mit allen möglichen elektronischen Verzerrungen, und Paul war offensichtlich stolz darauf. Er legte es auf den Plattenteller und trat voller Erwartung zurück, da ging Dylan einfach aus dem Zimmer. Unglaublich. Pauls Gesichtsausdruck war köstlich. Dasselbe passierte mit den Stones. Sie saßen wie kleine wuschelhaarige Teddybären auf der Couch, verschlangen den Raum mit den Augen, und er würdigte sie kaum eines Blickes. Dylan behandelte sie alle äußerst komisch. Er verhielt sich einfach, als seien sie nicht anwesend.

Im Mai 1965 heiratete ich John Dunbar in Cambridge. Ich war achtzehn, er zweiundzwanzig. Wir gingen durch die Felder um Cambridge und pflückten Blumen. Ich hatte angefangen zu weinen, weil ich vergessen hatte, einen Strauß zu besorgen, und John ging los und pflückte einen großen Strauß Weißdorn und gab ihn mir. Die Blütenzweige hatten lange schwarze Dornen. Es war alles wie verzaubert, aber es stellte sich heraus, daß es der falsche Zauber war. Weißdorn bringt nämlich Pech. Er gehört zu Pan und den verhexten Blumen. Es war richtig, meine Mutter im Sarg mit Weißdorn zu schmücken. Aber es war falsch, damit zu heiraten. Trotzdem fand ich es wundervoll, wilde Blumen zu nehmen, es war einfach schön. John war toll, egal, was Bob Dylan über ihn sagte. Na bitte.

In den *Cambridge Evening News* erschien ein kleiner Artikel über uns. Ich erinnere mich daran, weil er so dämlich war: »›Marianne wird weiter singen‹, sagt John.« In der Zeitung klingt immer alles dämlich, aber ich wette, John hat es gesagt. Nun besaß er die Gans, die goldene Eier legte, und war sich dessen wohlbewußt. Er mußte nie mehr arbeiten. Und das ist ja wohl der Ehrgeiz eines jeden Bohemiens, der auf sich hält, oder?

Am 10. November 1965 wurde das Licht meines Lebens geboren. Ich schaute Nicholas an und kam zu dem Schluß, daß es vielleicht doch einen Gott gab. Ich fragte mich, wie etwas so Reines in eine solch grausame unvollkommene Welt kommen konnte. Mit den Augen einer uralten Seele erwiderte Nicholas meinen Blick. Er kannte die Antwort, aber er erzählte sie mir nicht.

Courtfield Road

Es ist der Sommer 1966, aber für mich ist es das Jahr Eins. Brian und Anita haben mich adoptiert, ihre Wohnung in der Courtfield Road ist mein zweites Zuhause geworden. Ich versuche, auf direktem Wege dort hinzugehen, aber überall, wo ich hinschaue, gibt es die verrücktesten Dinge zu sehen. Bengalis verkaufen Schals mit magischen Zeichen, zwei Straßenmusiker in elisabethanischen Gewändern spielen auf Leierkästen und winzigen Trommeln, fliegende Händler verkaufen diese großen Biba-Armbänder aus Plastik zum Sonderpreis. Gott, schau dir David Bailey an, Arm in Arm mit der kleinen Schwuchtel. Imposant wie ein großer Ozeandampfer erhebt sich Harrods, und ein bißchen weiter ist die Walton Street mit Dutzenden verführerischer Boutiquen. Die Schaufenster erstrahlen in Bonbonfarben. Miniröcke, paillettenbesetzte Kleider, überkniehohe sexy Stiefel, Messingohrringe, Boas. Alles ist modern, glitzert, blendet.

Ich versuche, den natürlichen Drang zu unterdrücken, in jeden einzelnen Laden zu gehen. Mein Talent, mehrere tausend Pfund in einer Dreiviertelstunde zu verschleudern, erschüttert John immer bis ins Mark. Der arme Süße, er hat nie begriffen, was für eine Schönheit darin liegt, zu prassen, wenn es einem schlecht geht. Mittlerweile sollten alle, selbst ich, kapiert haben, je grauenhafter die Tournee, je widerlicher die Leute, desto leichter ist es, jeden Shilling zu verpulvern, den man damit verdient, das verdammte Ding durchzuziehen.

Hmm ... irgendwo klingelt's. Vielleicht bei mir im Kopf. Gott, wie spät ist es? Schon halb sechs? Nein, das kann nicht sein. Ich habe Deborah im El Cubano verpaßt. Herr im Himmel! Diesmal hab ich es wirklich in den Sand gesetzt. Bestimmt wegen der beiden schwachsinnigen Interviews heute morgen. Gott, hab ich wirklich in der BBC erzählt, Tom Jones sei ein Werwolf aus Aberystwyth? Warum denke ich nicht, bevor ich so was hinausposaune? Die glauben doch, ich bin völlig durchgeknallt. Ach, scheiß der Hund drauf.

Wer winkt denn da von der anderen Straßenseite? Gerry. Mein Manager, Gerry Bron. »Was, Süßer? Ich kann dich nicht verstehen.« Himmel, am besten flüchte ich mich hier rein und probiere den Perlen-Samt-Fummel an. Morgen ist *Ready, Steady, Go!*. In diesem biederen Ding kann ich mich da nicht blicken lassen. Ich bin sowieso zu spät, also, was soll's ...

Courtfield Road, die Wohnung von Brian Jones und Anita Pallenberg in dem Wahnsinns-Paint-It-Black-Sommer 1966. Beinahe dreißig Jahre ist es her, daß ich dort ein- und ausgegangen bin. Ein veritabler Hexenzirkel von dekadenten Erleuchteten, Rockprinzchen und hippen Aristos. In Gedanken öffne ich die Tür. Die Farbe blättert von den Wänden, überall liegen Klamotten, Zeitungen und Illustrierte verstreut. Eine ausgestopfte, groteske kleine Ziege steht auf einem Verstärker, ich sehe zwei riesige Tüllsonnenblumen, ein marokkanisches Tambourin, mit Schals verhangene Lampen, ein Bild mit Dämonenfiguren (Brians?). Über einen schäbigen Sessel ist ein legendäres Bein dekorativ drapiert – Robert Frasers, würde ich mal sagen. Und Brian in seinen feinsten Plantagenet-Satingewändern richtet seine leeren Glotzaugen auf uns. Hingegossen über die abgewetzte Couch liegt Keith, er ist dabei, sein sagenhaftes Hinlümmeln zu perfektionieren. Die à la Veronese gestikulierende Hand kann nur dem edlen Christopher Gibbs gehören, und über der gesamten Szene schwebt der allgegenwärtige Fotograf Michael Cooper mit seinem Spiegelreflex-Auge. Im Zentrum wie Phönix auf dem Flammennest ... die verruchte Anita. Irgendwo bin auch ich, schaue mit glasigen Kifferaugen von dem marokkanischen Teppich auf.

Nächtliches Lotterleben im Swinging London Mitte der Sechziger. Solche Hipness, Dekadenz und prächtigen Kleider hat England seit der Restauration Charles II. nicht mehr gesehen. Wir waren jung, reich und schön, und die Zeiten – dachten wir – änderten sich. Natürlich würden wir *alles* ändern, hauptsächlich aber die Regeln. Im Gegensatz zu unseren Eltern würden wir nie zugunsten der wahnsinnigen Welt der Erwachsenen unserem jugendlichen Hedonismus abschwören müssen.

Das Klima war für mich natürlich ideal! Ich war immer schlecht mit Erwachsenen zurechtgekommen. Was waren das für Menschen? Von Kindesbeinen an versuchte ich mir, in der fälschlichen Annahme, ich gehörte eines Tages auch dazu, ein Bild von ihnen zu machen. Meiner Mutter nach zu urteilen, war das Hervorstechendste am Erwachsensein, daß man rauchte und trank. Das schaffte ich problemlos (ich war schon immer fix beim Lernen). Die geheimnisvolleren Aspekte blieben mir lange fremd: Sex, Geld, gesellschaftliches Leben, Elternschaft.

Zu der Zeit, als mein Leben als Erwachsene begann, war ich eigentlich noch ein Kind. Und alles, was ich erlebt habe – es ist, als wäre es einem Kind geschehen. All meine Versuche, erwachsen zu werden, waren letztendlich nur die Rollenspiele eines Kindes: die Klosterschülerin, die verbotene Bücher auf dem Klo liest, aufblühende Bohemienne, Popstar, Ehefrau, Mutter. Zwischen siebzehn und neunzehn warf ich unzählige alte Leben ab und ließ mir über Nacht neue wachsen, ohne daß eines davon mir überhaupt real erschienen ist; ich entledigte mich ihrer so unbekümmert wie ein Kind, das von einem Spiel zum anderen übergeht. Jedes einzelne Leben hätte mir dazu verholfen, einigermaßen glücklich zu werden, hätte ich es ernsthaft angegangen. Aber je nun, Glücklichsein interessierte mich nicht. Ich suchte den Heiligen Gral.

Und so kam es, daß ich mich im Sommer 1966 anschickte, meine nächste Inkarnation zu suchen. Wachsam achtete ich auf jedes Zeichen. Alles, was meinem Phantasieleben ähnelte, war in Ordnung, Courtfield Road allemal. Seit meiner Zeit in der Klosterschule waren meine heimlichen Helden Dekadente, Ästheten, tragische Romantiker, wahnsinnige Bohemiens und Opiumesser gewesen. Ich verschlang die Bücher De Quinceys, Swinburnes und Wildes. Ich fluchte, daß ich zu spät geboren war, und glaubte gleichzeitig insgeheim, daß man nie zu spät geboren wird. Ich wußte, daß irgendwo draußen (Chelsea war der wahrscheinlichste Ort) ein geheimer Bund verwandter Seelen existierte. Und hier, im Kreis um Brian Jones, fand ich, was ich suchte.

Lockeres intellektuelles Geplauder, Drogen, hippe Aristokraten, müßige Kunstliebhaber, Laster vom Feinsten. Ich wußte, ich war auf dem richtigen Weg. Der Antiquitätenhändler Christopher Gibbs war ein fleischgewordener Wildescher Ästhet, als sei er geradewegs aus den ersten Zeilen des *Bildnis des Dorian Gray* entsprungen: »Aus seinem Winkel, wo er auf einem Diwan aus persischem Sattelzeug lag, hob Lord Henry die Brauen und schaute ihn durch die dünnen blauen Rauchringe, die in phantastischen Wirbeln von seiner starken, opiumgetränkten Zigarette aufstiegen, verwundert an.« Das war Christopher. Eigentlich alle: der Galeriebesitzer Robert Fraser, der junge Sir Mark Palmer und Tara Browne, der Guinness-Erbe, »who blew his mind out in a car«. *Fin-de-siècle-King's-Road-Dandies* mit Smokey Robinson auf dem Plattenteller. Und Christopher und Robert waren beide schwul und damit noch extravaganter.

In der Courtfield Road lernte ich auch Anita Pallenberg kennen. Sie können sich nicht im entferntesten vorstellen, wie sie damals war! Sie war die unglaublichste Frau, die ich in meinem ganzen Leben getroffen hatte. Umwerfend, bildschön, hypnotisch, verstörend. Ihr Lächeln – dieses Raubtiergebiß! – tötete. Neben ihr lösten sich andere Frauen in nichts auf.

Sie sprach ein verwirrendes Dada-Hipster-Englisch. Einen irren italogermanischen Cockneyslang, der ihre Sätze zu surrealen Fragmenten zerfetzte. Nach ein paar Worten war man rettungslos verloren. Gott, hat sie *das* gerade gesagt? Entweder verarschte sie einen total, oder sie war das Orakel von Delphi. Man fühlte sich völlig ausgeliefert. Das gehörte alles zu ihrer sinistren Ausstrahlung.

Ich war ihr mit Haut und Haaren verfallen und hätte alles für sie getan. Als ich ihr vor ein paar Jahren erzählt habe, wie verliebt ich damals in sie war, nickte sie wie eine prächtige alte Grinsekatze, der man den fälligen Tribut bringt, und noch ein Rattenschwanz wurde ans Scheunentor genagelt.

Wie Anita mit Brian zusammenkam, ist eigentlich die Geschichte, wie die Stones zu den Stones wurden. Sie managte sozusagen im Alleingang eine Kulturrevolution in London, denn sie brachte die Stones und die *Jeunesse dorée* zusammen. Wie so vieles in dieser Zeit begann alles mit einer Party. Durch ihren Freund, den Maler Mario Schifano, hatte sich Anita mit Lord Harlechs Kindern, Jane, Julian und Victoria Ormsby-Gore, angefreundet und durch sie wiederum eine Gruppe junger Adliger und betuchter Kunstfreunde kennengelernt. In dem Kreis waren auch

Robert Fraser, Sir Mark Palmer, Christopher Gibbs und Tara Browne. Sie waren alle total verrückt nach Popstars.

Denn vor dem Königreich des Pop, wo sich junge Mädchen halbstarken Dandies mit Gitarren zu Füßen warfen, erstarrte die *Jeunesse dorée* in Ehrfurcht. Die Rockstars wiederum, die ja schon den dekadenten Adel der Vergangenheit mit ihren geckigen Klamotten und Manieren nachäfften, waren von den jungen Blaublütern nicht minder beeindruckt. Die beiden Gruppen mußten früher oder später unweigerlich aufeinandertreffen. Aber keiner hatte einen blassen Schimmer, wie das zu bewerkstelligen war. Außer unserer Anita.

Als die Stones im Herbst 1965 in Deutschland auf Tournee waren, arbeitete Anita zufällig dort als Model. Ohne Probleme kam sie hinter die Bühne, und in Null Komma nichts lechzte die ganze Gruppe nach ihr. Sie tat sich sofort mit Brian Jones zusammen. Entweder war es Liebe (war es!) oder ein momentaner Aussetzer ihrer ansonsten unfehlbaren sozialen Instinkte, was wiederum leicht zu erklären war. Brian hatte die blöde Angewohnheit, den Leuten zu erzählen, er sei der »Chef der Gruppe«, auch dann noch, als es kein Schwein mehr glaubte. Anita als Ausländerin und nicht zu der Szene gehörend, nahm ihn beim Wort. Im Triumphzug kam sie nach London zurück und stellte Brian Robert Fraser, Christopher Gibbs und den anderen als den »Chef der Rolling Stones« vor.

Die Stones und diese voll coolen Aristos paßten zusammen wie der Deckel auf den Topf. Die Stones gingen aus der Begegnung mit der Patina aristokratischer Dekadenz hervor, die den rauhen, ursprünglichen Blues, den sie spielten, perfekt ergänzte. Sie durchdringt ihre klassischen Alben von *Beggars Banquet* bis *Exile on Main Street* und verwandelte die Stones von Popstars in Kulturikonen.

Ein knappes Jahr, nachdem Nicholas geboren wurde, fing ich mit meinen Besuchen in der Courtfield Road an. Ich hatte mittlerweile das unwiderstehliche Bedürfnis entwickelt, aus der Wohnung herauszukommen. Ich war gelangweilt und erschöpft und fühlte mich gefangen. In den drei Jahren zwischen Adrienne Postas Party, auf der ich Andrew Oldham kennenlernte, und dem Zeitpunkt, als ich mit Mick Jagger durchbrannte, hatte ich zwei Alben und vier Singles gemacht, sechs Tourneen, sechs Wochen in Paris im Olympia – die zahllosen Interviews, *Top of the Pops* und dergleichen gar nicht zu erwähnen.

Bevor ich anfing, in der Popmusik zu arbeiten, ging's mir gut, ich besuchte Partys, hing in Cafés herum, tat, was Siebzehnjährige eben so tun. Und so schön es war, »entdeckt« und ein Popstar zu werden, ich konnte das Gefühl nicht abschütteln, daß ich etwas verpaßt hatte. Meine Ehe mit John war natürlich eine Muß-Heirat. Wenn man 1964 schwanger wurde, heiratete man. Unsere Flitterwochen verbrachten wir zwar in Paris, aber alles andere als konventionell. Die einzigen Leute, die wir während der einen Woche dort trafen, waren Allen Ginsberg und Lawrence Ferlinghetti. Echte, Slang sprechende, Mantra schmetternde Beatniks, die durch unser Hotelzimmer torkelten, sich überall erbrachen, billigen Rosé verschütteten und über die Rosenbergs, Rimbaud, Tanger und Analverkehr schwadronierten. Zufällig trafen wir auch Gregory Corso, dessen Idealvorstellung von Frühstück es war, einen Brompton Cocktail zu mixen – halb Morphium, halb Kokain – und völlig weggetreten auf dem Boden im Hotel Louisiana herumzuliegen.

Sie fragen sich sicher, warum wir unsere Honeymoonsuite mit einer Bande drogenbenebelter Beatnikpoeten teilten, aber ich fragte mich das nicht. John wollte es, und natürlich war es herrlich. Aber das Leben zu Hause in den Lennox Gardens ging dann im gleichen Stil weiter. John begann den Tag damit, sich flüssiges Methedrin in den Kaffee zu kippen. Dann ging er mit Miles zur Arbeit in den Indica Bookstore. Der Laden war im Erdgeschoß, Johns Galerie im Souterrain.

Mein schickes trautes Heim hatte sich in eine Absteige für talentierte Faulenzer verwandelt. Was sage ich – amerikanische Junkies! Es war nämlich noch zu den Zeiten, als man in britischen Apotheken Heroin auf Rezept bekam, nur deshalb waren die Kerle ja alle in London. Verrückte Typen wie Mason Hoffenberg tauchten in unserem Haus auf und blieben monatelang. Mason wollte John Weihnachten ein paar Tage besuchen und hing im Mai immer noch malerisch und in verschiedenen Stadien der Betäubtheit im Haus herum. Er konnte wunderbar fies Leute nachahmen und hatte einen unerschöpflichen Vorrat pikanter Anekdoten. Ein irre witziger Mann – er hatte mit Terry Southern *Candy* geschrieben –, es war wunderbar, mit ihm zusammen zu sein. Aber ich hätte alles wahrscheinlich sehr viel amüsanter gefunden, wenn man mir erlaubt hätte, mit von der Partie zu sein, doch damals rauchte ich nicht, trank nicht und nahm auch keine Drogen, ganz im Sinne Johns. Heimlich, still und leise wurde mein Leben zum Alptraum.

Wenn ich morgens aufstand, war nicht geheizt, ich mußte über etliche Leute steigen, die im Wohnzimmer pennten. Und in der Küche, in der ich Nicholas seine Flasche warmmachte, war die Abtropfplatte mit blutigen Nadeln übersät. An einem Morgen ging ich durch die ganze Wohnung und sammelte alle diese Jacks ein, hunderte kleine Heroinpillen, die überall versteckt waren – und spülte sie die Toilette hinunter. Ich hatte die Nase gestrichen voll. Aber ich hielt beinahe zwei Jahre durch, versuchte, mein normales bürgerliches Leben, so gut und so lange ich konnte, durchzuziehen. In diesem Boheme-Junkie-Haushalt war ich als Mutter, Engel, Geliebte, Ehefrau und heilige Jungfrau Maria völlig fehlbesetzt. Eine unerträgliche Rolle, die ich schließlich inständig haßte. Ich war gelangweilt, ich war einsam, John und seine hochgeistigen Junkies gingen mir total auf die Nerven. Und dabei wirbelten um mich herum die Sixties. Ich wollte sehen, was die ganze Aufregung sollte.

Ich bin immer gern allein ausgegangen – dann kann ich mich besser bewegen –, und genau das tat ich nun. Ich ließ John mit Nicholas, dem Kindermädchen, seinen Drogen und seinen Freunden zu Hause und ging zu *meinen* Drogen und *meinen* Freunden. Ich genoß es, wenn ich mich anzog und mein Make-up auftrug und John still vor sich hinschäumte. Er wußte, er konnte mich letztendlich nicht abhalten, was ihn aber keineswegs daran hinderte, es zu versuchen. Eines Abends warf er alle meine Make-up-Töpfe an die Wand. Übrigens einer der Hauptgründe, warum ich ihn verlassen habe!

Eifersucht war nicht im Spiel. Sein Haupteinwand betraf meine Verschwendungssucht. Jedesmal, wenn ich das Haus verließ, gab ich ein absolutes Vermögen aus. Klar, ich verdiente die Brötchen, aber ansonsten verbrauchte ich all mein Geld – und das war nicht wenig – für mich. Mit Geld konnte ich nämlich sehr wohl auch gemein und knickerig sein. Als Johns Kunstgalerie Pleite machte, rührte ich keinen Finger, um zu helfen. Ich verhielt mich gar nicht wie ein Mensch. Ich war einkaufssüchtig. Meine erste wirklich ernsthafte Sucht.

Als erstes ging ich abends immer zu Brian und Anita. Keith Richards lebte praktisch auch dort; er und Brian waren damals dicke Freunde. Keith kam jeden Tag die vier Meilen aus seiner Wohnung in St. John's Wood nach Chelsea getigert. Nach der Trennung von seiner damaligen Freundin Linda Keith verbrachte er noch mehr Zeit in der Courtfield

Road. Angeblich hatte er keine Bleibe mehr, aber ich hatte ihn immer im Verdacht, daß er in der Nähe von Anita sein wollte. Keith gab den einsamen Junggesellen, und klar ließen ihn Brian und Anita immer dort pennen.

Die Wohnung in der Courtfield Road war ziemlich vergammelt. Die Matratze lag auf dem Boden, im Ausguß stapelte sich das schmutzige Geschirr, die Poster fielen von den Wänden. Aber Christopher hatte Anita gedrängt, sie zu kaufen. »Du mußt sie kaufen, Darling. Wenn du sie ein bißchen aufmotzt, ist sie atemberaubend schön.« Wäre sie auch gewesen. Es war ein klassisches Künstleratelier. Sehr hohe Decken, Oberlichter, riesige Fenster und ein großer Raum mit einer Wendeltreppe zu einer Art Chorempore.

Aus der Bude hätte man definitiv was machen können, aber wir wußten alle, daß nichts geschehen würde. Während der gesamten Zeit, die Brian und Anita dort wohnten, blieb sie wie am Tag ihres Einzugs, nur ein paar Möbelstücke kamen hinzu und etliche bizarre, mottenzerfressene ausgestopfte Tiere aus einem Film, den Anita in Deutschland gedreht hatte.

Brian saß immer sehr high auf dem Boden und erzählte einem, wie die Wohnung aussehen würde, wenn er sie herrichten ließe. Anita und Brian waren wie zwei schöne Kinder, die einen heruntergekommenen Palast geerbt haben. Sie luden jeden Tag Leute ein, warfen sich in ihre Pelze, Satin- und Samtgewänder und paradierten vor uns her. Wir hockten zu ihren Füßen und redeten über die phantastischen Dinge, die wir mit dem Königreich machen würden, wenn es denn unser wäre.

Es gab zwei Geheimzimmer, die den Spielhauscharakter der Wohnung noch unterstrichen. Ein Zimmer unter der Küche, in das man durch eine Luke gelangte, und einen Boden, den man mittels einer Metalleiter zum Herunterziehen erreichte. Der Boden war ein wunderbar gruseliger Speicherraum, wo Bücher, Kleider und Brians Eisenbahnmagazine aufbewahrt waren.

Ein paarmal ging ich in der Courtfield Road vorbei, und Brian war ganz allein dort. Mit einer eleganten Verbeugung bat er mich hinein. Brian hatte wunderbare Manieren und eine leise flüsternde Stimme. Er war sehr intelligent und wurde sehr lebhaft, wenn ihn das Thema interessierte. Eisenbahnen, Ingmar-Bergman-Filme, alles, was mit Magie zu tun hatte. Wie viele Leute damals (ich auch), war er überzeugt, daß zwischen den Kultstätten der Druiden und den fliegenden Untertassen eine mystische Verbindung bestand. Die Außerirdischen lasen diese Zeichen von ihren Raumschiffen aus und verstanden die Botschaft. Das war das allgemeine Credo: Glastonbury, die Ley-Linien und intelligentes Leben im Weltraum. Ich habe vergessen, was genau wir glaubten, aber wir glaubten es inbrünstig! Und wenn die kleinen grünen Männlein schon mit jemandem Verbindung aufnehmen würden, dann ja wohl bestimmt mit uns!

Mitten in einem solchen Gespräch machte mich Brian einmal aus heiterem Himmel heraus an. Ich hatte das höchst komische Gefühl, daß er einfach nur höflich war. Ich war in seiner Wohnung, ich war ein hübsches Mädchen... und er war ein Rolling Stone, das Protokoll erforderte es. Das war die neue sexuelle Höflichkeit. Und ich nun wieder dachte: »Oh, er bemüht sich um mich. Ich sollte ihn wirklich lassen.« Ich glaubte eben, daß ein Blumenkind sich so verhielt. Das war die Hippieetikette. Man machte einfach mit, war's nicht so?

Ich war gar nicht scharf auf Brian, hatte aber große Angst vor Anita. Unglücklicherweise war sie nicht in London, und Brian und ich, überflüssig zu sagen, waren beide sehr high. Nach etlichen Tüten und dem, was ich für »Liebesgeflüster« hielt (über den *Flying Scotsman,* Mary Wells, William-Morris-Tapete und die Kunst des Tantrismus), führte Brian mich die kleine Treppe zur Empore hinauf. Wir legten uns auf eine Matratze, und Brian knöpfte mir die Bluse auf. Aber nach einem bißchen Fummeln verläpperte es sich. Brian war ein wunderbar schwacher Typ, nicht recht fähig zu echtem Sex. Und natürlich schmiß er jede Menge Mandrax, wodurch er noch wackeliger auf den Beinen wurde, als er ohnehin schon war. Brian hatte nur eine bestimmte Menge Energie.

Hin und wieder kam Mick in der Courtfield Road vorbei. Immer sehr pingelig, er hatte einen absoluten Horror vor dem Bohemeleben. Das schmutzige Geschirr im Abwaschbecken ekelte ihn so an, daß er nie lange blieb. Mick trat beinah auf wie der Besitzer. Er kam vorbei, inspizierte alles, vergewisserte sich, daß die Firma lief, rauchte einen Joint und verduftete.

Mick und Brian interessierten sich immer viel mehr für die Machtverschiebungen innerhalb der Band als Keith. Natürlich hatte der die Macht, der sich mit Keith verbündete. Die Konstellation der Gruppe war damals so, daß die Gitarristen Brian und Keith unzertrennlich waren und ihnen gegenüber Mick und Andrew Oldham standen. Sie waren alle noch weit entfernt von Ihren Satanischen Majestäten und dem, was sie später sonst noch alles sein sollten. Ihre Persönlichkeiten bildeten sich erst langsam aus einer Mischung von Bluesmythologien und *noblesse oblige* à la King's Road. Sie waren wie Knaben, die in voller Rüstung spielen, und auf einmal sagt eine Stimme aus den Wolken zu ihnen: »Ich aber sage euch, ihr werdet sein die Prinzen der Finsternis.«

Eine der großen Attraktionen der Courtfield Road war, daß ich dort Shit rauchen konnte. Ich hatte erst kurz zuvor damit angefangen, aber ich konnte nicht zu Hause kiffen, weil John – ein dreistes Stück Drogenchauvinismus! – es mir nicht erlaubte. Im ganzen Haus fixten die Leute, und ich durfte keinen Joint drehen! Aber ich habe nie zu John gesagt: »Ich will auch mal probieren, gib mir einen Joint.« Ich wußte nämlich verdammt gut, daß John schärfstens dagegen war. Zu dem Männerclub hatte ich keinen Zutritt. Ich war die Ehefrau, die Mutter und die goldene Gans. Ich machte drei Auftritte an einem Abend in Manchester und kam mit mehreren tausend Pfund zurück – bar auf der Kralle. Das wollte John natürlich um nichts in der Welt gefährden.

Die Unterhaltung, die in der Courtfield Road geboten wurde, war überaus bodenständig: Joints drehen. Endlos Joints drehen. Es hatte immer noch den Reiz des Neuen, und wir rauchten, bis wir völlig hinüber waren. Faszinierend, wenn man achtzehn ist. Die Gedanken rankten sich so oft um sich selbst, daß man sie nicht mehr artikulieren konnte. Viel geredet wurde also nie.

So wie Terry Southern heute darüber schreibt, dieser ganze Schwulst, »Es war am Heiligen Abend«, ist total zum Piepen. »Und ich schwöre euch, wir hüpften und tollten im rußigen alten London, wie es der Brauch junger Liebender ist.« Ich erinnere mich mitnichten, daß er so gesprochen hat, im übrigen auch sonst niemand, aber in der Rückschau wird alles schauerlich-kitschig, und ein wenig war es ja wohl auch so – oder sollte es gewesen sein.

Gegen zehn waren wir immer alle völlig ausgehungert und taumelten hinaus zu Alvaro's, wo es eine wundervolle Pasta gab. Aber wenn wir einmal dort waren, schafften wir kaum mehr als einen Bissen zu essen, so stoned waren wir. Ich starrte das erlesene Porzellan an und sah winzige Drachen über die Fettucine krabbeln, während Anita und Robert in Italienisch über Schuhe und Kunst parlierten.

Ein Ereignis besonderer Art war immer, zuzusehen, wie Brian und Anita sich zum Ausgehen fertig machten. Was für eine Szene! Sie waren beide tüchtige Klamottenkäufer und maßlos eitel. Stundenlang zogen sie sich an und wieder aus. Schals, Hüte, Hemden und Stiefel flogen zuhauf aus Schubladen und Truhen. Endlos probierten sie neue Outfits an, machten sich fein und stolzierten herum. Sie waren bildschön, sahen einander zum Verwechseln ähnlich und besaßen beide kein Gran Bescheidenheit. Wie gebannt saß ich stundenlang da und beobachtete sie im Spiegel, wie sie sich putzten und einer des anderen Kleider anprobierten. Rollen und Geschlechtszugehörigkeit verflüchtigten sich in diesen narzißstischen Vorstellungen. Anita verwandelte Brian in den Sonnenkönig, Françoise Hardy oder in ihr eigenes Spiegelbild.

Sie liebte ihn sehr, aber irgend etwas Häßliches lief zwischen ihnen. Sie hatte oft blaue Flecken am Arm. Niemand sagte etwas dazu. Was konnte man auch sagen? Wir wußten alle, es war Brian. Anita gehört nicht zu den vertrauensseligen Frauen, sie lädt einen nicht gerade zu Spekulationen über ihr Privatleben ein. Für sie war es Ehrensache, zu schweigen. Sie wollte um jeden Preis unbesiegbar erscheinen. Und sie machte ja auch immer den Eindruck, als wüßte sie genau, was sie tat.

Ich konnte mich schon damals sehr gut aus solchen Dingen heraushalten. Wir nahmen alle soviel Drogen – meist Haschisch und LSD –, daß wir auf der Hut sein mußten, worauf wir uns einließen, die Gefahr bestand, daß man vollkommen besessen davon wurde. Es klingt ein wenig brutal, aber so lange ich nicht verprügelt wurde, scherte ich mich um nichts. Ich war ausschließlich mit mir selbst beschäftigt und vollführte ja selbst einen Scheißbalanceakt.

Als ich Brian kennenlernte, war er in einem seiner kurzen Hochs, aber selbst in der manischen Phase setzte sich in seinem Gesicht schon ein tragischer Ausdruck fest. Er hatte das Haupt eines Renaissanceengels, aber von innen begannen die Dämonen daran zu fressen.

Einerlei, was bei Brian falsch lief, es mußte lange vorher begonnen haben; dazu mußte man nur die Kinderbilder von Mick, Keith und Brian anschauen. Wenn man zuerst die Fotos des kleinen quietschvergnügten Mick und des kräftigen, zähen kleinen Keith ansieht, ist Brians Babyfoto einigermaßen erschreckend. Ein pausbäckiges, mißvergnügtes Kind schaut einen mit genau der hilflosen Opfermiene an, die Brian auch in seinem letzten Lebensjahr immer zur Schau trug.

Brian war total kaputt. Neurastheniker und hypersensibel. Ein Nervenbündel. Bei der kleinsten Gelegenheit explodierte er. Er ließ es zu, daß die Dinge an ihm nagten, und schmollte dann. Wenn er Acid genommen hatte, wurde er natürlich noch paranoider. Wenn alle lachten und herumblödelten, saß Brian völlig in sich zusammengefallen in der Ecke. Anita ist der Meinung, daß Brian sich nie von seinem ersten Trip erholt hat. Von dem Acid und den Pillen wurde sein Zustand nur schlimmer, er steigerte sich in einen ausgewachsenen Verfolgungswahn hinein. Aber er hieß seinen Horror mit offenen Armen willkommen, als sei er auf Drogen endlich fähig, sich seinem Kummer in einer greifbaren Form zu stellen.

Wenn wir auf Acid waren, hörten wir ja alle die Stimmen Ertrinkender in den Rohren oder Verkehrsgeräusche, die sich in unheilschwangere Gespräche verwandelten. Es war aber keineswegs cool, zu verkünden, daß die eigenen Küchengeräte sich gegen einen verschworen. Brian plagten solche Gedanken unaufhörlich, und er mußte einfach darüber reden. Er drückte nur in Worten aus, was alle anderen dachten. Ich jedenfalls dachte auch so etwas. Aber diese Ausbrüche machten ihn zur Zielscheibe des Spotts. Und sie trieben alle ihre Scherzchen mit ihm.

Keith fragte zum Beispiel: »Schon wieder die Schlangen, Brian, stimmt's?« Dann zu uns laut flüsternd: »Die Schlangen in den Stromleitungen reden mit Brian.« Brüllendes Gelächter.

Der arme Brian war schon ziemlich uncool. Er konnte sich zusammenreißen und cool sein, aber im Grunde war er überhaupt nicht cool. Auch sein Gesicht war falsch cool. Im Gegensatz dazu war Keith wirklich cool, eiscool, immer. Und er hat sich überhaupt nicht verändert. Er sieht immer abgefahrener aus und hat sich diesen tollen Desperado-Panzer zugelegt, aber innen ist Keith beinahe genauso, wie er mit zweiundzwanzig war. Er hat einen bösen schrägen Humor, der auf Acid reichlich diabolisch werden konnte. Als wir einmal auf dem Balkon standen, flüsterte er Anita zu: »Los, Süße, warum springst du nicht?« Aber sie drehte sich nur mit ihrem wunderbaren Lächeln um und sagte: »Du kleiner Wichser, was führst du im Schilde?«

Keith war damals hinreißend. Wenn ich daran denke, wie er damals aussah, wie schön er war – und wie rein. Lange bevor ich ihn besser kennenlernte, war ich unsterblich in ihn verliebt. Jahrelang. Für mich war er der Inbegriff dessen, was ich mir unter einer gequälten Seele à la Byron vorstellte. Selbst damals war sonnenklar, daß er ein Genie war. Heute ist er gar nicht schüchtern, aber als ich ihn kennenlernte, war er grauenhaft schüchtern, entsetzlich introvertiert. Er redete überhaupt nicht. Oder der ganze Unfug, den Mick verzapfte – mich zu bequatschen, ich sollte mich auf seinen Schoß setzen! – Keith wäre eher gestorben, als so was zu tun.

Mick und Keith entwickelten ihre Medienpersönlichkeiten auf den Tourneen. Mick wurde der Gentleman, der Grandseigneur. Und Keith entwickelte diese Draufgängerhaltung. Den Piraten, der mit Captain Kidd segelt. Arr!

Wenn Brian auf LSD war, wurde er noch nerviger, als er eh schon war. Aufgeregt, zappelig, ein Bündel angespannter Energie. Er tickte nach einer wie rasend ausschlagenden, kaputten inneren Uhr. Besessen kritzelte er in Notizbüchern herum und riß die Seiten doch heraus. Und dann immer das verzweifelte Aufnehmen. Aufnehmen, löschen, aufnehmen, löschen. Überall auf dem Boden lagen vertrillerte Bänder, die er quer durchs Zimmer schleuderte, wenn er ausrastete. Brians Phantomsongs. Keith muß ein Stein vom Herzen gefallen sein, wenn er nach Brian mit Mick zusammenarbeitete. Es führte ja zu nichts. Aus all dieser irrwitzigen Aktivität entstand in der Zeit, als ich in die Courtfield Road ging, soweit ich weiß, nur ein Lied, und zwar »Ruby Tuesday«. Es war Brians Schwanengesang. Irgendwann einmal fing er an, einen Friedhof auf die Wand hinter dem Bett zu malen. Genau über den Kissen prangte ein großer Grabstein. Er schaffte es nie, seinen Namen darauf zu schreiben, aber man wußte, der Grabstein war für ihn.

Heute würde man jemanden in Brians aufgelöstem Zustand sofort in die Klinik bringen. Wir haben nicht im Traum daran gedacht. Und ehrlich gesagt, ich glaube auch nicht, daß irgend jemand damals überhaupt auf die Idee gekommen wäre, »professionelle Hilfe zu suchen«. Brian hätte sie auch nie akzeptiert. Wir sahen uns ja als die Avantgarde einer neuen Ära. Das Eingeständnis, daß einer aus der Elite psychisch instabil war, hätte den Kinderkreuzzug ja schon gefährdet, bevor er überhaupt begonnen hatte. Außerdem war Brian ein selbstmitleidiges, jähzorniges Monster, was auch nicht gerade geeignet war, Mitgefühl hervorzurufen, als er auseinanderzufallen begann.

Ich erinnere mich an eine besonders herzzerreißende Szene. In der Courtfield Road gab es keine Türklingel, wenn man also in die

Wohnung wollte, mußte man laut schreien. Dann warfen Brian oder Anita die Schlüssel herunter oder kamen selbst und öffneten. Als Keith, Brian, Anita, ich und ein, zwei andere Leute einmal dort – und ziemlich breit – waren, hörten wir plötzlich von draußen vom Bürgersteig Leute rufen. Aber nicht das übliche Hippie-Gebrüll: »Brian, Mann, mach die Scheißtür auf!«, sondern zwei angstvolle Stimmen. Ein Mann und eine Frau riefen etwas. Wir gingen alle auf den Balkon, um zu sehen, wer es war.

Unten standen Brians alte Freundin mit ihrem zwei Jahre alten Kind Julian und ihr Vater. In einer klassischen Geste verzweifelten Flehens hob sie den Jungen in die Höhe und bat Brian um Hilfe, sie bat ihn inständig. Sie wollte Unterhaltszahlungen, Julian war ganz offensichtlich von Brian. »Es ist dein Kind, Brian, das weißt du ganz genau. Uns geht's wirklich sehr schlecht, wir brauchen Hilfe. Bitte!« Und dann fiel auch noch ihr Vater ein: »Hör zu, Junge, tu endlich, was deine verdammte Pflicht und Schuldigkeit ist!«

Und Brian und Anita starrten auf sie herunter, als seien sie eine niedere Spezies. Stutzerhafte Aristokraten in ihren Staatsgewändern verhöhnten die Sansculotten unten auf der Straße. Oben lachten alle darüber. Es schrie zum Himmel, es war wie aus einem mexikanischen Volksmärchen. Aber Anita und Brian schienen jede Minute zu genießen.

Colston Hall

MIT NEUNZEHN HÄTTE ich eine Menge vernünftigere Dinge tun können, als Mick Jaggers Geliebte zu werden. Aber letztendlich ist es einerlei, ob Herzen brechen und Blut fließt. Vielleicht kann man von einer Beziehung, die schiefgeht, ohnehin nicht mehr erwarten, als daß man mit ein paar guten Songs herauskommt.

Es begann alles ganz harmlos mit einer beiläufigen Einladung von Brian und Keith zum Stoneskonzert in der Colston Hall in Bristol. Ich fuhr in meinem neuen Mustang hin, meinem Mustang Sally (gerade war der Wilson-Pickett-Song herausgekommen). Keith und Brian holten mich am Bühneneingang ab und brachten mich hinter die Bühne. Ike and Tina Turner traten auch auf, und auf dem Flur vor der Garderobe der Stones brachte Tina Turner Mick bei, wie man den Sideways Pony tanzt (sehr zum Vergnügen der Ikettes). Mick konnte tanzen, aber im Vergleich zu Tina war er absolut ungelenk. Schwarze Tanzschritte fielen ihm nicht leicht. Der Sideways Pony war für Mick so schwer wie ein *Pas de deux.* Schließlich ist er Engländer.

»Auf die Zwei, Honey, auf die *Zwei.*« Tina führte ein paar Schritte vor, und Mick versuchte, ihr zu folgen. »Probieren wir's noch mal. Eins, *zwei*, drei vier fünf ... Gott, Mick, da kann einem ja angst und bange werden!«

Brian und Keith standen in einer Ecke und kicherten (nicht gerade hinter vorgehaltener Hand). Sie waren Bluesmusiker aus Englands Phantasiedelta und fanden es idiotisch, daß Mick unbedingt diese Tanzschritte lernen wollte – Showbusiness-Kram, den echte Musiker verachteten. Aber Mick focht das nicht an. Er ließ sich nicht entmutigen. Als Tina angesichts seiner Trampeligkeit die Augen rollte, faßte er sich in gespielter Verzweiflung an den Kopf und sagte: »Soll das heißen, daß ich in meinem nächsten Leben nicht schwarz bin?«

Woraufhin Tina sagte: »Weißt du genau, daß du das willst?«

Als Ike und Tina auf die Bühne gingen, blieb ich dahinter … und beobachtete Mick, der Tina beobachtete. Dann beschloß ich, den Rest der Show von vorn anzuschauen. Die reinste Explosion! Die lupenreine Mischung von Präzision und Ausgeflipptheit brach wie eine tropische Hitzewelle über die öde Hafenstadt. Das Publikum ließ sich auch durchaus auf Ike and Tina ein; sie spürten die Hitze, sie bewegten sich, sie ruckten und zuckten. Aber merkwürdig, es berührte sie nicht persönlich, es war alles zu neu.

Bei den Stones änderte sich das schlagartig. Das Publikum fing Feuer. Ich war ja auf vielen Tourneen gewesen und hatte erlebt, wie so manche Gruppe dem Publikum einheizte – aber so etwas hatte ich noch nie gesehen. Es war auf einer ganz anderen Ebene. Dunkler, fanatischer. Sinister.

Praktisch mit den ersten Tönen von »I'm a King Bee« erklang ein unirdisches Heulen von Tausenden wahnsinniger Teenager. Mädchen fingen an, sich die Haare auszureißen, stellten sich auf die Stühle, schüttelten sich wie verrückt. Pupillen weiteten sich. Es war, als seien die Leute auf einer seltsamen Droge, die sie antrieb und in synchrone Bewegungen versetzte. Die Halle geriet in Trance. Mick, der Schlangenbeschwörer. Überall brach eine beinahe klinische dionysische Massenhysterie aus. Mühelos langte Mick in die Kids hinein und brach es los. Er wußte genau, wo ihre wilden, ursprünglichen Gefühle lagen. Ich war eine Ungläubige bei einer Zeremonie, die nur die begriffen, die im wahren Glauben standen. Ich verlor völlig die Orientierung. Ich war am Strand in Tunesien, umringt von bösen kannibalistischen Kindern, ich war im *Dorf der Verdammten,* aber unfähig, an die Ziegelwand zu denken. Doch ich wähnte mich nicht in Gefahr, denn ich war ja unsichtbar. Nicht mich wollten sie bei lebendigem Leibe in Stücke reißen, sondern Mick. Mick war ihr Dionysos. Er war der tanzende Gott.

Während die anderen Stones einzeln und unbeweglich wie Osterinselstatuen dastanden, wirbelte Mick über die Bühne. Ein aufreizender poppiger Frankenstein zuckte, zappelte, wand und schüttelte sich wie eine Marionette, die alle paar Sekunden ein Stromschlag durchfährt. Und mit diesen Verrenkungen übermittelte er makellos die ganze Attitüde der Stones – das dunkel Bedrohliche, die Arroganz, das Androgyne. Das lief aber alles nur über Micks Tanzen, denn die Band war kaum zu hören, weil die Mädchen tierisch heulten.

Nach dem Konzert fuhr mein Roadie mit dem Mustang weg, und ich blieb im Ship Hotel. Ich buchte kein Zimmer, ich ging einfach mit Brian und Keith in Micks Zimmer. Michael Cooper arbeitete damals für Roman Polanski und hatte eine Kopie von *Ekel* mitgebracht, den Polanski gerade fertiggestellt hatte. Michael besaß das große Talent, all diese Verbindungen zu knüpfen – Polanski, die Stones, die Aristos, die Popkünstler. Es war unmittelbar bevor die Stones das Nonplusultra wurden. Es war alles immer noch so hip, daß nur Michael und Robert und Christopher wußten, wo's langging.

Wir setzten uns also hin und sahen *Ekel.* Ich rauchte viele Joints und wurde extrem high. Dann war ich sprachlos und konnte mich nicht mehr rühren. Aber alle waren ziemlich high, und der Film war so seltsam, daß wir ihn in ehrfürchtigem Schweigen anschauten.

Eine Menge Mädchen waren im Zimmer, und in aller Öffentlichkeit wurde geregelt, wer mit wem schlief. Die Pärchen gingen zusammen weg, und nacheinander verzogen sich auch alle anderen entweder allein oder zu zweit ins Bett oder schlenderten gelangweilt hinaus. Schließlich waren nur noch ich und ein anderes Mädchen mit Mick im Zimmer. Sie war eine von den Ikettes und hatte wirklich Sitzfleisch. Ich glaube, ich blieb, weil ich mich nicht bewegen konnte. Ich hätte aber sowieso nicht gewußt, wo ich hingehen sollte: Mein Auto war weg, sagte ich mir, ich hatte kein Zimmer gebucht, na ja, so was in dem Stil. Endlich stand die Ikette auf und ging. Ich war mit Mick allein, und das brachte es dann, wie es so schön heißt.

Wir fingen an über Roman Polanski zu reden. Ich hörte, wie ich sagte, meiner Ansicht nach sei Polanski ein »Magus«. Die Worte hingen einfach in der Luft, wie es eben ist, wenn man total bekifft ist.

Nach einer langen Pause sagte Mick: »Das gehört zu den Dingen, für die ich mich im Moment besonders interessiere.«

»Wie bitte?«

»Ach, weißt du, psychische Instabilität, und so.«

»Hmmm … was genau willst du damit sagen?« Das hatte ich von John gelernt: Wenn du jemanden nicht verstehst, zwing ihn, seine Begriffe zu definieren.

»Die Belastungen des modernen Lebens, Leute, die ausrasten, weißt du.«

»Wie Bob Dylan …«

»Ja, aber das ist seine Spezialität, was? Desolation Row! Wir spazieren nur an der Klapse vorbei, noch wohnen wir dort nicht.«

Der Morgen dämmerte. Nun hatten wir einander schon so lange umkreist, aber ich wußte immer noch nicht, was ich wirklich wollte. Ich fand den Augenblick, kurz bevor man miteinander schläft, schwierig, das war immer so. Um es also noch hinauszuzögern, sagte ich: »Komm, wir gehen ein bißchen spazieren …« Und wir gingen hinaus und wanderten in einem Park in der Nähe des Hotels herum.

Ich kannte Mick ja noch nicht näher, und um mir darüber Klarheit zu verschaffen, ob er in Ordnung oder nur ein Idiot war, stellte ich ihm ganz viele Fragen über König Artus.

»Weißt du noch wie Artus' Schwert heißt?«

»Excalibur! Und vorher noch: ›Komm hervor aus dem Stein!‹ Die Szene habe ich weidlich geübt. Mit Holzschwert und Pappkarton in unserem Garten in Dartford.«

»Warst du schon mal in Stonehenge?«

»Ja, als Kind mit Mami und Papi. Ich kann mich aber nur noch an einen Haufen Erwachsener erinnern, die rumstanden und sich fragten, wie um alles in der Welt sie die Steine da raufgekriegt hatten.«

»Ja, aber was meinst du denn, wie sie es gemacht haben?«

»Im Druidenbauministerium ausgeheckt. Merlin, war er das nicht? Es wird ja behauptet, der alte Schlaufuchs hätte die Steine durch Zauberkraft den weiten Weg von Wales dorthin transportiert, doch es sah wahrscheinlich nur wie Zauber aus, in Wirklichkeit war es eine prähistorische Ingenieurstat. Aber den Spruch, ›Ach, das habe ich mit dem Zauberstab gemacht‹, fand er wohl besser, als zu sagen: ›Je länger der Hebelarm, um so geringer ist die Kraft …‹«

Ich erinnere mich, wie ich Mick gefragt habe, ob er zufällig auch etwas über den Heiligen Gral wüßte, und ich muß zugeben, er blieb am Ball.

»Der Heilige Gral ... mal sehen ... Joseph von Arimathea. Hat er das verdammte Ding nicht verloren? Ist angeblich immer noch irgendwo in England.«

»Wie hieß der Ritter, um dessentwillen Guinevre König Artus verlassen hat?«

Er schwieg, schaute mich an und grinste: »Sir Lancelot du Lac, richtig? Besteh ich die Reifeprüfung, Marianne? Was meinst du?«

Es war grotesk, aber so waren wir damals. Wenn man mit jemandem ein Rendezvous hatte, fragte man: »Kennst du Genet? Hast du *Gegen den Strich* gelesen?« Lautete die Antwort Ja, vögelte man mit ihm.

Die Sonne ging auf, und meine Füße waren naß vom Tau. Als wir zurück ins Hotelzimmer kamen, schnürte Mick mir die Schuhe auf und stellte sie zum Trocknen an die Heizung. Wie lieb er in der Nacht war. Ich war tief gerührt, weil er so lieb war. Und dann schliefen wir zusammen. Und dann ging ich. Aber natürlich dachte ich allmählich: »Was für ein erstaunlicher Typ!«

Ein paar Tage später fuhr ich nach Italien. Ich hatte in Positano eine Villa gemietet, damit Nicholas und ich ein paar Wochen in der Sonne verbringen konnten. Nicholas' Kindermädchen Diana und Pat, mein Roadie, kamen auch mit. Ein paar Tage vor unserer Abfahrt lernte ich Kelly, ein schwarzes Model, in einer Boutique in der Nähe des Oxford Circus kennen, und wir unterhielten uns lange. Wir mochten uns sofort, und aus einem plötzlichen Einfall heraus lud ich sie ein, mitzukommen. Sie zögerte einen Moment lang, ging nach Hause und packte.

Auf dem Weg nach Positano blieben wir ein paar Tage in Paris. Dort erwartete mich ein herzzerreißender Brief von John, in dem er mir schrieb, wie unrecht er habe, und mich anflehte, zurückzukommen. Total untypisch für ihn. All das hatte er, seit wir verheiratet waren, nie gesagt, er konnte es nur schreiben. Ein wunderbarer Brief. Ich warf ihn aus dem Fenster.

Als wir ein paar Tage in Positano waren, fragte Kelly, ob sie ihren Freund einladen könnte, der in Paris war. Er war auch Model, auch Amerikaner, und sie glaubte, ich würde mich sicher gut mit ihm verstehen. Alles klar. Der Freund kam, und er *war* hinreißend, und ich verstand mich wunderbar mit ihm. In der ersten Nacht schliefen wir auf der Terrasse unter den Sternen miteinander. Bis zum heutigen Tage hat Kelly nicht mehr mit mir gesprochen. Was ich ihr nicht zum Vorwurf mache, aber es war in Positano, es war Vollmond, er war bildschön. Damals hielt ich das für mildernde Umstände.

Bei unserer Ankunft fand ich einen Stapel Nachrichten von Mick und war ziemlich geschmeichelt, und nachdem Kelly weg war, hatte ich viel Zeit, über ihn nachzudenken. Irgend etwas war in Gang gekommen, aber ich wußte nicht so recht, was. Einerseits gefiel es mir, ohne feste Beziehung zu leben, andererseits hatte ich Angst davor. Denn allmählich verlor meine Karriere für mich jeden Reiz. *Counting* hieß die Platte, die ich zuletzt herausgebracht hatte, aber ich war alles gründlich leid. Ich befand mich in einer Phase, in der ich von dem ganzen Betrieb mal wieder übergenug hatte. Der Popmusikkram war ein Mühlstein um meinen Hals geworden. Ich funktionierte einfach immer nur weiter. Und obwohl ich nicht gerade stolz darauf bin (aber weiß, daß es stimmt): Ich suchte nach einem Ausweg aus meinem Leben, und Mick bot mir einen.

Da saß ich mit dem kleinen Nicholas, verheiratet mit einem lebensuntüchtigen Mann, der keinen Pfennig verdiente. Ich allein ernährte uns alle – worauf ich nie gesteigerten Wert gelegt habe. Und da war Mick, der so aufmerksam, romantisch und fürsorglich war.

Ich erinnerte mich, wie er einmal mit Andrew vorbeigekommen war, als ich in Lennox Gardens wohnte. Sie kamen nur auf eine Tasse Kaffee vorbei. Es war Winter, ich hatte keine Zentralheizung, und es war eiskalt. Im ganzen Haus war eine einzige kleine elektrische Heizung. Damals kannte ich Mick kaum, aber ich sah, daß er unglaublich schockiert, ja sogar gerührt von meinen Lebensumständen war. Und da er ja nun der große Romantiker ist und damals allemal war... Ich sah, daß dieser Mann spürte, was los war, mein Elend begriff. Wie schrecklich! Was passiert hier mit der Frau, allein mit dem Baby? Ich weiß noch, daß es mich erstaunte, wie aufmerksam er war und es sogar zeigte. John war nie so. Er war viel zu cool und hip und arrogant, um seine Gefühle zu zeigen.

Aber eigentlich war es doch auch unglaublich komisch, bei Mick zu landen. Es war so untypisch für ihn, merke ich jetzt, mich auszusuchen – wenn man bedachte, an was ich glaubte und wie ich war. Besonders im Vergleich damit, was für eine Frau er seiner Meinung nach bekam! Er hegte die Illusion, daß ich tatsächlich die etwas durchgeknallte aristokratische, jungfräuliche Kindtroubadura war, die Andrew Oldham und Andy Wickham erfunden hatten. Andererseits: Vielleicht kannte er mich besser, als mir klar war.

Irgendwo habe ich gehört, daß Mick in Wirklichkeit Julie Christie wollte, und als er die nicht kriegte, mit mir vorlieb nahm. Wer weiß, wo das nun wieder herkommt! Für mich klingt es ganz plausibel. Es liegt an Micks Püppchenfixierung und geht zweifellos auf mein anfängliches Image zurück. Ich weiß noch, wie überrascht ich war, daß Mick es nicht durchschaute.

Mick konnte wunderbar sein, wenn er wollte, und ich glaubte tatsächlich, daß ich nun zur Abwechslung einmal mit jemandem zusammen sein wollte, der mich verwöhnte. Das Leben mit John war sehr anstrengend gewesen, weil, hm, weil er so war, wie er war. Er war unglaublich egoistisch. Unmittelbar dieser Situation entkommen, dachte ich, Mick sei eine wirkliche Zuflucht. Mick war liebevoll, witzig und sehr aufmerksam. Er rief mich dauernd an. Er war nicht kaputt wie Brian, er nahm keine Drogen. Man konnte mit Mick zusammen *leben,* und seien wir ehrlich, aus meiner Tretmühle wäre ich nie herausgekommen, wenn ich nicht mit Mick angefangen hätte. Als Micks Freundin brauchte ich nicht mehr zu arbeiten, jedenfalls nicht wegen des Geldes. Ich konnte, ohne mit der Wimper zu zucken, *Drei Schwestern* für achtzehn Pfund die Woche machen.

Ich hatte übrigens eine Stones-Platte mit nach Italien genommen, *High Tide and Green Grass.* Die spielte ich ewig und drei Tage. Ich frage mich, ob ich mich nicht einfach in Mick hineingesteigert habe, wie man das eben manchmal macht mit der Liebe. Sie erfinden und dann in die Tat umsetzen. Und jedesmal, wenn ich *High Tide and Green Grass* aufgelegt hatte, rief Mick an. Es war richtig unheimlich. Vielleicht war es wirklich Schicksal, redete ich mir ein. Ich war einfach nicht erfahren genug, alles zu durchdenken. Nie im Leben wäre ich auf die Idee gekommen, mich auch einmal zu fragen: »Hm, was könnten die Nachteile sein?« Nicht einmal habe ich einen Gedanken daran verschwendet. Und warum sollte ich auch? Tat es überhaupt jemand?

Dennoch… von Anfang an wußte ich, daß ich mich in eine merkwürdige Situation begab. Er und Andrew waren vom selben Kaliber. Andrew war tuntig und trug zu einer Zeit Make-up, als es noch sehr ungewöhnlich war. Ich hatte eine Ahnung, daß unterschwellig zwischen ihnen etwas Sexuelles ablief.

Irgendwie wußte ich, daß auch Mick bisexuell war. Aber ich habe wohl nur gedacht, es bedeutete, daß er netter zu mir war. »Richtige

Männer« machten mir Angst, Andrew nicht, und bei Mick fühlte ich mich wohl und geborgen.

Einerlei, ich muß ein paar böse Vorahnungen gehabt haben, denn ich erinnere mich, daß ich Allen Klein, den neuen Businessmanager der Stones, von Positano aus anrief und ihm von Mick erzählte und gestand, daß ich eigentlich in Keith verliebt sei. Ich hatte Allen erst ein paarmal getroffen, aber ich mochte ihn sofort und vertraute seinem Urteil. Allen brachte das Problem auf einen einfachen Nenner: »Aber Marianne, wenn du dich mit Keith zusammentust, versetzt du Mick den Todesstoß.« Und er hatte recht, es wäre verheerend gewesen. Doch es stimmt: Die ganze Zeit, in der ich mit Mick zusammen war, war ich in Keith verliebt. Und so gesehen, verfing ich mich auch in dem Netz.

Ich flog von Positano nach England zurück. Diana, Pat und Nicholas fuhren mit dem Mustang über die Alpen. (Es war ein Horrortrip! Die Scheißkarre brach zusammen, es gab keine Ersatzteile, sie brauchten eine Ewigkeit, bis sie wieder da waren.) Am Abend meiner Ankunft buchte ich ein Zimmer im Mayfair Hotel. Ich war lange weggewesen und wollte groß ausgehen! Ich war frei.

Von meinem Zimmer aus rief ich bei Brian an. Anita war weg, Brian, Keith und Tara waren da. Sie freuten sich, von mir zu hören, und sagten, sie würden mich in Null Komma nichts abholen. Ich dachte, sie wollten mit mir zusammen sein, weil es ihnen Spaß machte und ich eine von ihnen war. Sie natürlich überlegten, wann und ob sie mit mir schlafen könnten. So ist das eben. Also holten sie mich ab, und wir fuhren in Brians Wohnung und nahmen postwendend LSD. Es war sehr gutes LSD, Brian hatte es von Robert, der es von der CIA in Kalifornien hatte.

Keith, Brian und Tara lagen auf dem Sofa in exquisiten Klamotten, die sie auf ihren Streifzügen im Hung On You, Granny Takes A Trip und dem Antiques Market in Chelsea erbeutet hatten. Als das LSD kam, wurden wir alle ganz euphorisch. Wie erstaunlich sie alle aussehen, dachte ich, und dann setzten wirklich drastische Veränderungen ein. Jeder Gedanke, den ich hatte, nahm eine körperliche Dimension an, alles zerbrach in Moleküle. Selten sieht man seine Freunde so im Detail. In kleinsten Partikeln. Wahnsinn! Ich hatte immer gehofft, daß mir einmal das zweite Gesicht verliehen würde. Und nun war mir nichts mehr verborgen, sie wurden durchsichtig, als hätte ich eine Röntgenbrille auf. Ihre wahre Natur wurde bloßgelegt, ihre geistigen Ichs. Und gleichzeitg, beinahe simultan, sah ich Szenen aus ihren früheren Leben. Winzige Kurzopern. Keith, Brian, Tara – sie hatten in der Geschichte schon immer existiert – was mich nicht im geringsten überraschte.

In dieser Seelenwanderung erschien Brian als Pan, ein urbaner Satyr in Knautschsamt, mit Hörnern und Ziegenbeinen. Ein üppiger, überreifer Gott, der total kaputt war. Genau genommen, nicht Pan selbst, eher ein geckenhafter Edelmann, der am Hof von Versailles einen Faun spielt. Er blies auf seiner Schilfflöte, seine Silhouette hob sich gegen ein wildes Gebirgspanorama ab. Ein lüsterner Aristokrat, der eine Schar als Nymphen verkleideter Bauernmädchen in durchscheinenden Gewändern verfolgte ... Aber Pan schnappte nach Luft, er langte nach seinem Inhalator.

Keith wiederum als Byron: der verletzte, getriebene, tragische romantische Held mit wirrem Haar und hagerem Gesicht. Nicht Byron, der Hallodri, der aristokratische Ästhet, der am Kap Sunion den dämmrigen Himmel anschmachtet. Dunkler, lebendiger, eine eruptive, ruhelose Erscheinung, die gewaltsam durchbricht. Byron als Punk, eine Mischung aus Dekadenz und geballter Energie. Sex and Rock, Hipstercoolness und ein trotziges »Leckt mich am Arsch!« geschickt drapiert über die matte, der Welt überdrüssige Pose romantischen Seelenschmerzes.

Wo Brian sanft, nachgiebig, vage und instabil war, war Keith kantig, hart, kompakt, klar definiert. Das Adlergesicht wie gemeißelt, steinharte Züge, Augen wie ein indianischer Späher, die alles durchbohrten. Der mysteriöse Reiter, der aus dem Nichts auftaucht, hypnotisch, düster, verstörend. Die Anspannung des »vom Schicksal Verdammten« im Gegensatz zu prächtigen Klamotten, Selbstironie und einem zynischen Spruch auf den Lippen.

Tara war der Höfling per se. Durch ihn pulsierte nicht – wie durch Keith – diese unglaubliche Lebenskraft. Ich kannte Tara schon lange. Er und seine Frau hatten sich gerade getrennt, Nikki hatte eine Affäre nach der anderen mit feurigen Spaniern in Marbella gehabt. Tara war sehr unglücklich und suchte jemanden. Er mochte mich, und da er ein Guinness-Erbe war, wußte ich auch, daß er sehr, sehr reich sein mußte. Aber in ihm war keine Kraft, da funkte nichts. Der wahre Adel hier waren die Stones, im Vergleich zu ihnen verblaßte Tara.

Breit, wie ich war, merkte ich doch bald, daß die Atmosphäre sexuell sehr aufgeladen ... und ich die einzige Frau im Zimmer war. Eine

Weile lang summte es einfach nur in der Luft, eine Art statischer Elektrizität. Und dann kam Brian, derjenige, der am unsichersten und am meisten daneben war, zu mir und machte seine Ansprüche geltend. Diesmal fand ich ihn sogar noch weniger anziehend als sonst, aber ich war einfach unfähig, zu irgend jemandem nein zu sagen. Glücklicherweise hatten die Leute solche Angst vor mir, daß sie selten Annäherungsversuche unternahmen. Ich stellte mir vor, Brian sei Pan in Schafsfellen und ich die Mondgöttin Selene. Wir gingen hoch zu der Empore. Die anderen störten mich nicht, denn ich wußte, auch sie waren auf dem Trip in fremde Sphären. Unser Stelldichein war wie eine Szene aus einem elisabethanischen Theaterstück, in der sich die Liebenden in eine Laube (hinter ein bemaltes Tuch) zurückziehen. Brian und ich fummelten ein bißchen herum, aber es war lächerlich (selbst auf der mythischen Ebene). Über mich beugte sich … ein müder, asthmatischer Gott.

Irgendwann fühlte ich mich unwohl, es war zuviel. Vielleicht, weil Brian so mies drauf war, vielleicht war ich nur erschöpft, aber auf einmal fühlte ich mich wirklich komisch. Ich wußte, wenn ich allein war, würde es mir besser gehen. Ich wollte meinen Trip so intensiv wie möglich erleben. An LSD mußte doch mehr dran sein, als daß ich Brian Jones meine Brüste berühren ließ. Das war der langweilige Teil. Ich aber wollte in der Abgeschiedenheit meiner eigenen Umgebung sein, Visionen haben, mit dem Kosmos kommunizieren, mich in leuchtende kleine Moleküle auflösen und durch den Weltraum reisen. Das konnte ich am besten zu Hause, denn das Mayfair Hotel erschien mir nun bedrohlich erwachsen. Ich schlich mich hinaus und begab mich nach Lennox Gardens.

Dort legte ich mich aufs Bett, aber Schlaf kam nicht in Frage. Wenn ich die Augen schloß, konnte ich nämlich durch meine Lider sehen. Mein geschmackvoll tapeziertes Schlafzimmer zeigte Anzeichen von psychischer Instabilität. Selbst die phlegmatische Sanderson-Tapete wurde lebendig. Die rosaroten Rosen wagten ein Tänzchen. Zu meiner Überraschung merkte ich erst jetzt, daß jede Rose eine eigene Persönlichkeit hatte, wie fette kleine Ballerinas tanzten sie einen schwerfälligen *Pas de deux* auf meiner Wand. Ganz gewiß hatte der Designer das auch so gewollt, als er das Muster schuf. Er sandte eine Botschaft aus, die nur wenige, sehr wenige erhalten würden, wie eine Inschrift im Grabmal eines Pharaonen, mit der man die Geheimnisse des Universums entschlüsseln kann. Versteckt in der Tapete, perfekt! Ich habe die Wand nie mehr mit denselben Augen betrachtet …

Eine Brise wehte ins Fenster. Das Tapetenballett wich einer grandioseren Vorstellung, als die schweren purpurnen Vorhänge sich im Wind bauschten. Sie waren aus Wolle, das Licht schien hindurch. Einen Augenblick später zuckte eine riesige Cocteau-Zeichnung von Orpheus, die so groß und breit wie das Fenster war, durchs Zimmer. Sie begann zu zittern wie die Fäden eines Spinnennetzes, und dann legte sich noch eine Zeichnung von Cocteau über die alte und noch eine und noch eine, bis im Zimmer lauter Linien herabstürzten, Arabesken kreiselten und sich schlängelten.

Ich schwamm in einem nicht endenden Strom phantastischer Bilder, ich verlor mich in den surrealistischen Kritzeleien, die vor meinen Augen abrollten. Als das Telefon klingelte, nahm ich in der Stimmung ab: »Egal, was kommt, ich schaff es.« Auf LSD immer ein Fehler. Es war Keith.

»Wo bist du hingegangen, Marianne? Wir haben dich überall gesucht«, sagte er eindringlich wie jemand, der auf einem Floß abdriftet.

»Oh, Darling, ich habe mich ein bißchen daneben gefühlt, und da –«

»Aber du kannst uns doch nicht einfach im Stich lassen! Du ahnst ja nicht, was dein Weggehen ausgemacht … ach …« Anscheinend hatte ich mich an der mystischen Verbundenheit vergangen.

»Oh, wie schrecklich!« sagte ich.

»Wir dürfen uns nicht trennen«, behauptete Keith, »davon hängt doch alles ab. Die Gruppe muß zusammenbleiben.« Keith langweilte sich wahrscheinlich oder sonst was. Es ist ja auch komisch, wenn jemand mitten in einem Trip allein weggeht. Es war zwar beileibe nicht so, daß wir etwas zusammen gemacht hatten, als ich noch dort war. Doch offenbar hatte ich die heiligen Vibrations gestört. Von John war ich aber gut erzogen und wußte, daß ich die nie durcheinanderbringen durfte. Leute auf einem Trip mußte man so vorsichtig behandeln wie Nitroglyzeringläschen.

»Gut, Darling. Ich bin gleich wieder da.«

Ich hatte keinen Pfennig in der Tasche, also sagte Keith, er werde ein Taxi besorgen und den Fahrer im voraus bezahlen. Doch als ich zur Courtfield Road kam, stieg Keith zu mir ins Taxi.

»Brian ist völlig hinüber, und Tara ist nach Hause gegangen. Komm, wir fahren in dein Hotel.«

Das war die Nacht, die ich mit Keith verbrachte. Es war eine wunderbare Nacht des Sex. Um ehrlich zu sein, die Nacht mit Keith war die beste Nacht meines Lebens. Obwohl ich Keith natürlich viel besser kannte als Mick, mußte ich ihm trotzdem die alles entscheidende Frage stellen.

»Darling …«

»Ja?«

»Was, glaubst du, ist mit dem Heiligen Gral passiert?«

»Was, verdammt noch mal? Der Heilige Gral? Herr im Himmel, Marianne, bist du noch auf dem Trip?«

Als es über London dämmerte, legte ich die *Vier Jahreszeiten* auf. Es war das Größte. Ich war im Himmel. Ich war immer in Keith verliebt gewesen, aber sehr zaghaft. Jetzt war ich total weg. Am nächsten Morgen flatterte ich in absoluter Verzückung durchs Zimmer.

»Oh, Darling«, sagte ich zu Keith, »was für eine Nacht!«

Keith zog sich die Stiefel an, hielt aber urplötzlich inne, legte den Kopf zur Seite und sagte: »Du weißt ja wohl, wer total verknallt in dich ist?«

»Oh nein, Darling, wer denn?«

»Mick! Wußtest du das nicht?«

»Hm … ich … er ruft mich ab und zu an.«

»Mann, den hat's voll Stoff erwischt, Marianne.«

»Wirklich?«

»Na, los doch, Mädchen, ruf ihn an, der fällt vom Stuhl. So übel ist er nämlich gar nicht, wenn man ihn richtig kennt.«

Ich war sprachlos. Wieder. Er sagte mir nichts anderes, als daß ich mich um ihn nicht weiter bemühen sollte. Ich sollte mich lieber an Mick halten. Es war schrecklich, ich war am Boden zerstört. Er verplante mich, und ich akzeptierte es als *Fait accompli.* Aha, na gut. Mick und Marianne also. Das wird's dann ja wohl sein. Man hatte mir meinen Part zugewiesen. Unglaublich, nicht wahr? Was macht man für komische Sachen, wenn man jung und auf LSD ist! Ich hielt Keith für vollkommen, glaubte aber, daß ich für ihn nicht außergewöhnlich oder glamourös genug war.

Und dann … weg war er! Er erzählte niemandem von unserer gemeinsamen Nacht, ich auch nicht. Da blieb sie einfach, diese vollkommene Nacht.

Heute wünsche ich, ich hätte die Kraft gehabt zu sagen: »Scheiß auf Mick, Mann. Ich mag dich.« Heute brächte ich das fertig, aber damals hätte ich das nie im Leben gewagt. Nicht, daß es geholfen hätte. Er hatte mich sowieso abserviert.

Ich wußte, daß Mick lieb zu mir sein würde. Keith war ein viel gefährlicheres Wesen, wirklich, geheimnisvoller. Vielleicht war es also alles besser so.

Anita war noch mit Brian zusammen, als ich mit Keith die Nacht verbrachte. Keith und ich waren beide allein, aber in meinem innersten Herzen wußte ich, daß Keith in Anita verliebt war. Ich spürte, einerlei, wen er wollte, mich jedenfalls nicht. Ich war zu englisch und zu konventionell für ihn. Die Signale, die ich aufgeschnappt hatte, stimmten, er war ihr schon verfallen.

Sehr komisch, die ganze Sache, wirklich: Keith und Anita, Mick und ich. Der Zauber, die Magie der Verbindungen, war mächtig und hatte Auswirkungen, die weit über unsere kleinen Romanzen hinausgingen. Warum, weiß ich eigentlich heute noch nicht. Ich bin immer extrem mißtrauisch gegenüber Kenneth Anger und der Interpretation des Turms aus den Tarotkarten und dem ganzen finsteren Zeug gewesen. Aber an meiner Verbindung mit Mick war definitiv etwas sehr machtvoll Übersinnliches. Es überhöhte uns beide in einer Weise, die mich am Ende beinahe umbrachte.

Meine Mutter Eva mit ihrer Tanzpartnerin Hede etwa 1937 in Berlin

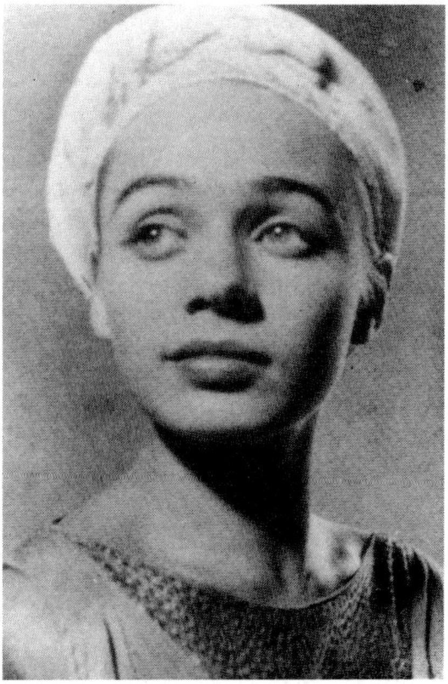

Meine Mutter Eva von Sacher-Masoch

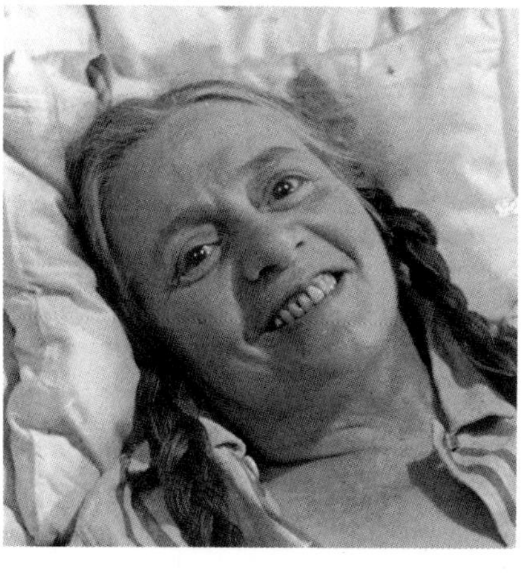

Meine Großmutter mütterlicherseits, Flora von Sacher-Masoch, während ihrer letzten Krankheit

OBEN LINKS:
Achtzehn Monate alt,
mit meinem Vater

OBEN RECHTS:
Tränen der Wut,
mit meiner Mutter

RECHTS: Ich und
Sarah, meine
Dalmatinerhündin,
1965

Dieses Foto erschien ursprünglich mit dem Titel »Die Schönheit und der Beat«

OBEN: Foto von David Bailey für *Vogue.* Auf dem Primrose Hill 1964

RECHTS: Auf Tournee mit dem großen Roy Orbison 1965

Bei Johns und meiner Hochzeitsfeier in der Wohnung in Lennox Gardens in London, drei Wochen nach unserer Heirat in Cambridge. Von links n. rechts: Peter Asher, der Brautführer, mein Vater, John, meine Mutter und ich

Auf in die Flitterwochen 1965

Ich und Nicholas (kurz nach seiner Geburt) 1965

Luggala 1965.
Von links nach rechts: Brian Jones, Nikki Browne, Bill Willis, Paul Getty, Talitha Getty, Anita Pallenberg

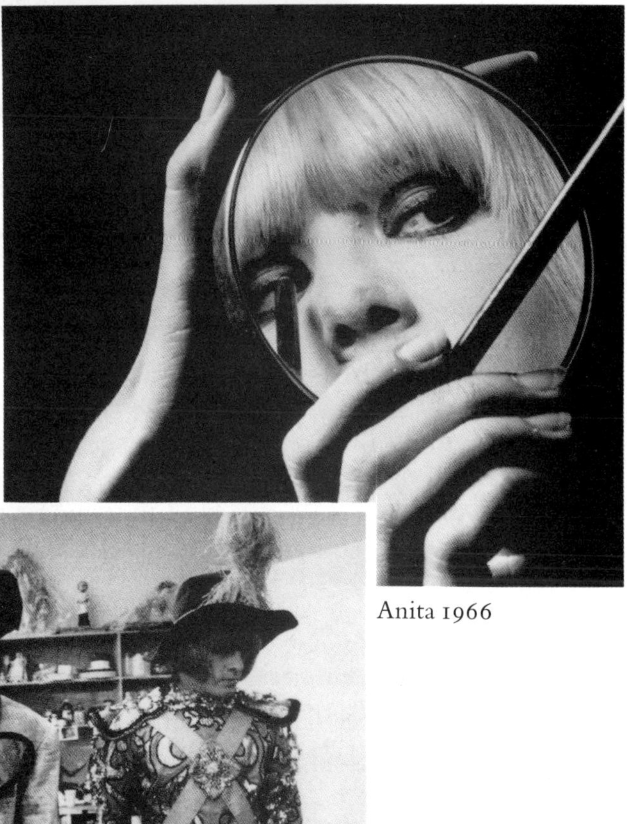

Anita 1966

Keith und Brian im Kostüm für die Aufnahmen für das Cover von *Their Satanic Majesties Request*

Ich probiere ein neues Image aus, 1966 Terry O'Neill

Harley House

Am selben Morgen rief Mick an. Du bist wieder da! Toll! Komm, wir machen was zusammen. Er wollte einkaufen gehen, Gott segne ihn. Mit Mick einzukaufen, machte immer großen Spaß. Man mußte ihn nicht wie die meisten Männer hinter sich herschleifen, sondern es war beinahe so, als zöge man mit einem Mädchen los. Wir sprangen in ein Taxi, und ab ging's in die Bond Street. Ich glaube, auch ihm gefiel meine Einkaufslust. Muß ich erwähnen, wie lieb und teuer er mir sofort wurde?

Mir fiel zwar auf, daß er durchaus knickerig sein konnte. Er dachte jedenfalls mehr über Geld nach als alle meine Bekannten. Ich erinnere mich an eine Situation in Tanger, als ich einen großen weißen Teppich kaufen wollte. Nichts Weltbewegendes, er war nicht einmal sonderlich schön, aber ich wollte ihn. Mick stellte sich auf die Hinterbeine und weigerte sich, ihn zu kaufen. Er sei zu teuer, behauptete er. Ich war stinksauer, und wir stritten uns gewaltig. Er hatte vermutlich recht, er war zu teuer. Aber darum ging es doch gar nicht. Ich wünschte ihn mir, und wir konnten ihn uns leisten.

Da begriff ich, daß ich schon meinen ganzen Charme spielen lassen mußte. Ich konnte nicht damit rechnen, daß ich alles bekam, was ich wollte. Ich mußte ihn irgendwie in den Prozeß mit hineinverwickeln, was ich auch tat. Ich schwärmte ihm zum Beispiel so lange vor, wie wir unser zukünftiges gemeinsames Heim einrichten wollten, bis er hell entzückt war. Schritt für Schritt kriegte ich ihn weich, und als wir dann in den Cheyne Walk zogen, war er zu allem bereit. In meiner Lust am Geldausgeben war ich wie meine Mutter, aber im Gegensatz zu meinem Vater gab Mick willig ein kleines Vermögen aus, nachdem ich ihn einmal davon überzeugt hatte, es sei unsere Pflicht, einen seiner Position entsprechenden Lebensstil zu pflegen.

Ich dachte mir immer die irrsten Sachen aus, die ich mit Micks Geld anstellen wollte. Meine Haltung war: Wow, soviel Geld, wie können wir es in vollen Zügen genießen?

Ab und an fiel Mick in alte Verhaltensweisen zurück. Stash Balthazar, Balthus' Sohn, war zusammen mit Robert Fraser (nicht ganz koscher vermutlich) in den Besitz eines Bildes von seinem Vater gekommen, und sie wollten es schnell verscherbeln. Ich versuchte Mick davon zu überzeugen, daß er es kaufte. Wir könnten doch eine tolle Gemäldesammlung anlegen, wie Paul McCartney, schlug ich vor, aber Mick ließ sich nicht überreden. Paul war da schon anders. Robert verkaufte ihm alle diese unglaublichen Magrittes, und er zuckte mit keiner Wimper.

Weihnachten 1966 gingen wir einkaufen. Mick holte für Nicholas bei Harrods ein Dreirad, danach aßen wir bei Lorenzo's. Es war ein wunderschöner Tag. Wir beide strahlten, so wie das eben in der ersten Phase einer Liebesaffäre ist, wenn man in das Leben eines vollkommen Fremden eintaucht. Ich erinnere mich, wie ich plötzlich, als wir durch eine der Arkaden in der Nähe der Bond Street gingen, wahrnahm, wie er und ich zusammen aussahen. David Courts und seine Frau Lotte kamen uns entgegen. David Courts war ein enger Freund von Keith, er hat Keith diese Totenkopfringe gemacht. Ich kannte ihn und Lotte ganz gut, weil ich sie oft bei Robert oder Brian und Anita getroffen hatte. Als sie uns erblickten, blieben sie wie angewurzelt stehen, als böte sich ihnen eine erstaunliche Szene. Der Augenblick gerann, und das Bild von Mick und mir wurde zurückgeworfen, es schwebte den Bruchteil einer Sekunde zwischen uns in der Luft und verschwand. Da sah ich diese eigenartige, gefährliche Erscheinung zum erstenmal. Mick und mich: Das Paar.

Die Beziehung mit Mick entwickelte sich langsam. Zum einen hatte er sich noch nicht von Chrissie Shrimpton getrennt. Wenn es irgend geht, kehrt Mick die Probleme nämlich unter den Teppich. In Gefühlsdingen gerade und offen zu handeln, schafft er nicht.

Eigentlich begann unsere Affäre in Italien. Ich war mit meinem Gitarristen Jon Mark zum Song Festival in San Remo, um ein paar meiner Lieder in Italienisch zu singen. Die Stones hatten mit »As Tears Go By« einen bescheidenen Hit gehabt, und ich hoffte, daß ich mit meinen Songs auch Glück hatte.

Mick hatte mich in den Wochen zuvor ständig angerufen, aber ich wußte immer noch nicht, was ich wollte. Ich war unsicher, ob ich so kurz nach meiner Trennung von John schon wieder eine feste Beziehung wollte. Außerdem ging es mir gut.

In San Remo hatte ich plötzlich den Wunsch, Mick zu sehen. Ich rief ihn an, erzählte ihm, daß ich mich langweilte und einsam sei und ihn vermißte. Ob er käme und mich besuchte? Am nächsten Tag stieg er ins Flugzeug. Zu der Zeit war er froh, wenn er Distanz zwischen sich und Chrissie bringen konnte.

Ich fuhr zum Flughafen in Cannes, um ihn abzuholen. Sofort war uns die Presse auf den Fersen, und wir mußten einen Fluchtplan aushecken. Mick hatte die glänzende Idee, ein Schiff zu mieten und einfach loszuschippern. Wir mieteten also ein wackliges kleines Boot mit Kapitän und Maat, und Mick und ich und Nicholas und das Kindermädchen stachen in See. Eine Woche lang lebten wir auf dem Boot, schliefen an Bord und machten tagsüber in Villefranche, Nizza und anderen Häfen entlang der Küste fest. Als wir einmal so dahertuckerten, sahen wir ein wunderschönes Haus auf den Klippen, Mimosen hingen vom Balkon, und da versprachen wir uns, daß wir eines Tages dort leben würden. Solange das Wetter schön blieb, war es herrlich, aber eines Tages braute sich ein heftiger Sturm zusammen, und das Meer wurde extrem rauh. Es wurde richtig gefährlich. Das Schiff fing an zu knirschen, Wellen krachten über den Rumpf, das Baby schrie. Ich hatte eine Todesangst, ich dachte, unser letztes Stündlein hätte geschlagen. Mick war wunderbar. Wir legten uns alle in eine Koje, Mick, Nicholas und ich, und hielten einander fest. Ich glaube, da habe ich mich richtig in ihn verliebt. Danach war ich nie wieder von ihm getrennt, außer wenn er arbeitete.

In San Remo jagte die Presse uns wieder, deshalb taten wir, was man in solchen Situationen tut. Man gibt ihnen ein kleines Stückchen in der stillschweigenden Übereinkunft, daß sie einen danach in Ruhe lassen. Was sie diesmal auch taten.

Wir machten ein gemeinsames Interview mit Don Short vom *Daily Mirror,* und Dezo Hoffman fotografierte uns vor der Skyline von San Remo. Da haben wir zum erstenmal zugegeben, daß wir zusammen waren, und als das Foto erschien, wurde es offiziell. Das Bild, das ich mit Davids und Lottes Augen gesehen hatte, war nun fixiert und wurde in die Welt hinausgeschickt, wo es ein Eigenleben entwickelte. Die Presse liebt natürlich diese Fertigpackung Popprinz und Popprinzessin: Bob Dylan und Joan Baez, Charles und Di. Mit Wonne stattet sie einen zuerst mit übermenschlichen Eigenschaften aus und zerreißt einen dann später zu gegebenem Zeitpunkt in Stücke. Das Bild sollte wenige Monate danach auf uns zurückfallen und uns auf reichlich spektakuläre Weise verfolgen.

Am Abend danach ereignete sich ein weiterer schicksalsträchtiger Moment in einem Nachtclub in San Remo. Ich hatte sehr viel Haschisch geraucht und fühlte mich wie paralysiert. Ich kam zu dem Schluß, daß ich etwas brauchte, das mich wach hielt, deshalb kaufte ich von dem Diskjockey ein paar sehr schwache Aufputschpillen. Sie hießen Stenamina-Tabletten (und waren im übrigen gegen Seekrankheit). Mick nahm eine, ich nahm mehrere, und damit hatte es sich. Die kleinen Pillen waren so unwichtig, daß ich sie einfach in meine Tasche steckte und dort vergaß.

Mick und ich verbrachten ein paar Tage allein in dem Haus in Positano. Es lastete aber ein Schatten darauf; der Junge, von dem ich es gemietet hatte, war umgebracht worden.

Positano ist auf einem Hügel erbaut. Mit seinen Torbögen, Brunnen und kleinen Plätzen und Treppen hinunter zu wieder anderen Plätzen wirkt es wie das Bühnenbild zu *Romeo und Julia.*

Wir nahmen LSD, schauten über die alte Stadt und sahen, wie die Stufen in Kaskaden vom Hügel hinunterfielen und sich in Musik verwandelten. Wir schliefen oft zusammen und redeten unentwegt. Das liebe ich. Von all unseren Bekannten – Keith, Brian, Bob, Christopher – war Mick der einzige, mit dem ich richtig reden konnte.

Ich versuchte, Mick mein Leben zu zeigen. Ich wollte, daß er wußte, daß ich ein Leben hatte! Ich ahnte schon, daß ich überrollt werden würde.

Ein paar Dinge in meinem Leben zeigte ich Mick allerdings nicht. Meine Freundin Valli zum Beispiel. Valli war eine merkwürdige Frau, die in einer Höhle in den Bergen über Positano lebte. Sie hatte einen Fuchs als Haustier und malte wundervolle Bilder. Valli sprach immer mit dem Fuchs, und der Fuchs antwortete! Na bitte, eine echte Hexe! Sie hatte Tätowierungen, die sich wie ein Schnurrbart um Wangen, Mund und Augen ringelten. Irre. Eine dieser Frauen, die immer ein wichtiger Teil in meinem Leben waren – schwule Frauen, die ihr Leben dem Dienst der Göttin weihen.

Als wir wieder in England waren, wollte Mick, daß ich zu ihm in seine Wohnung im Harley House in der Marylebone Road zog, aber es kam mir beinahe unanständig vor, mich dort sofort mit Sack und Pack einzunisten. Es war Mick und Chrissies Wohnung gewesen, und obwohl Chrissie ausgezogen war, waren alle ihre Sachen noch dort. Als ich durch ihre Besitztümer stöberte, fand ich ein paar bezaubernde Gegenstände: ein Schaukelpferd, einen viktorianischen Vogelkäfig mit einem singenden Messingvogel, Zigeunerohrringe. Ich weiß noch, daß sie Givenchy Parfüm benutzte.

Kurz nachdem Mick und ich anfingen, hatte Chrissie einen Nervenzusammenbruch und war im Krankenhaus gewesen. Sie hatte einen Selbstmordversuch verübt. Ich kann nicht behaupten, daß ich Mitleid mit ihrer Misere hatte. Ganz im Gegenteil, ich war sehr selbstzufrieden und dachte, das könne mir nicht passieren. Ich würde keine Probleme haben, mit dem, was auch immer kam, fertig zu werden. Hier war ein netter Mann, den ich liebte und der mich liebte. Er würde sich um mich kümmern, und wir würden glücklich und zufrieden bis an unser Lebensende sein …

Vorsichtshalber behielt ich meine Wohnung in den Lennox Gardens. Ohne es mir selbst gegenüber einzugestehen, muß ich gesehen haben, wie es laufen würde. Diana und Nicholas blieben dort, und ich wohnte bei Mick im Harley House.

Chrissie und Mick hatten sich offenbar gegenseitig nonstop bekämpft, seit ich sie vor drei Jahren auf Adrienne Postas Party erlebt hatte. Aus welchem Grund auch immer, Mick brauchte offenbar eine kämpferische Beziehung mit einer Frau, zumindest in dieser Phase seines Lebens. Etwas muß er von den Konflikten mit Chrissie gehabt haben, aber er änderte sich. Meine Beziehung mit Mick war ganz anders.

Es hatte mich immer erstaunt, wie aggressiv ihre Beziehung war. Die Brutalität kann man in allen frühen Stones-Platten hören, all die fiesen Spitzen. Zu Beginn schien Chrissie die Oberhand gehabt zu haben, sie war mindestens so stark wie er. Aber zum Schluß hatte er sie völlig fertiggemacht, und sie war, wie in dem widerwärtigen Lied, das er über sie schrieb, »under his thumb«.

Chrissie war aus der alten Szene, dem Swinging London der Lackpüppchen und Popstars. Der Look war so was von künstlich: Perücke, falsche Wimpern und dickes Make-up. Chrissie brauchte Ewigkeiten, um sich zurechtzumachen. Sie konnte nie über Nacht irgendwo bleiben, weil sie einfach in ihre Bestandteile zerfallen wäre; die Zeiten änderten sich, aber Chrissie nicht.

Der Wendepunkt ihrer Beziehung ereignete sich auf Tara Brownes Party zu seinem einundzwanzigsten Geburtstag, die in Luggala stattfand, dem riesigen, malerischen Landsitz in Irland. Dort nahmen Mick und Chrissie zum erstenmal LSD zusammen. Das Resultat war offenbar desaströs. Man spürt den Riß in Micks erbarmungslosem Lied über ihren Zusammenbruch: »19th Nervous Breakdown«. Es geht einem durch Mark und Bein, wie in dem Song eine ganze Liebesbeziehung, die im Chaos endet, gnadenlos verwurstet wird. Auf eine bestimmte Weise sollte er mir später dasselbe antun.

Nie im Leben hätte ich gedacht, daß das, was Chrissie passiert war, mir – *mutatis mutandis* – schließlich auch passieren sollte. Es wurde anders, sehr anders – ein Register höher, aber bestimmte Dinge sollten sich unweigerlich wiederholen. Irgendwann in den vier Jahren mit Mick kam ich ins Hintertreffen. Ich vergaß die zwei Hauptregeln einer Beziehung: Sie ist nie zufällig, und sie folgt immer einem Muster.

Was Chrissie und ich gemeinsam hatten, war das merkwürdige, bedauernswerte Schicksal der Freundin des Popstars. Einerseits wird man in die von allen beneidete Rolle der Gefährtin des Idols erhoben, andererseits zum Freiwild für die Presse, die Öffentlichkeit und den Star selbst, der mit einem machen kann, was er will.

Es war also nur eine Frage der Zeit, bis meine Erfahrungen in der gleichen Weise zu Songmaterial wurden wie Chrissies. Chrissie wurde (zu Unrecht) als die dumme Kuh dargestellt, die durch die Boutiquen und Diskotheken zieht und nun ihr Fett abkriegt. Ich sollte das gequälte Wesen werden, der Schmetterling, der festgepiekt auf der Nadel flattert. Wenn der persönliche Schmerz Material für Lieder wird und diese Lieder Hitsingles werden, ist das unbeschreiblich nervtötend, so schmeichelhaft es am Anfang auch scheint. Aber andererseits, was hätte das arme Schwein sonst tun können?

Mick hat etwas durchaus Perverses, und nicht zufällig sind aus seinen qualvollen Beziehungen ein paar tolle Songs hervorgegangen. Mick steht mit beiden Beinen so fest auf der Erde, daß er nie den Halt verliert, er kann sich direkt neben einem Menschen befinden, der in den Abgrund fällt, und selbst nicht ins Wanken geraten. Für einen Songwriter ist das ein sehr nützliches Talent, er ist fähig, einen Autounfall in dem Moment des Aufpralls zu beobachten, und ohne einen Kratzer zu entkommen – was wiederum extrem ärgerlich für das Opfer ist. Ich habe Keith und Anita immer beneidet, weil sie gemeinsam dem Tod in den Rachen schauten. Bei Mick und mir war das nie so.

Ich glaube, am Anfang wußte er, daß er sehr vorsichtig sein mußte, weil ihm klar war, daß ich ihm noch nicht ganz gehörte. Ich hatte immer noch meine eigene Wohnung, mein eigenes Leben und noch viel länger mein eigenes Geld. Schon ganz früh stritten wir uns einmal im Harley House wegen meiner Unabhängigkeit. Ich spürte, wie die seidenen Fesseln enger wurden, und nahm Reißaus. Mit fünf Pfund und einem bißchen Haschisch rannte ich die Treppe hinunter. »Verdammt noch mal, ich kann gehen, wann ich will. Ich hab Geld fürs Taxi und mein Haschisch, und mehr brauche ich nicht. Ciaou!« Mick fand das überaus witzig. Er rannte hinter mir her und zog mich auf, bis ich kehrtmachte. Das konnte er gut.

Eines Nachts kam ich spät von einer Probe und fand Mick und Chrissie in der Wohnung, sie schauten beide reichlich blöde drein. Eine komische Stimmung lag in der Luft. Mick schnappte regelrecht nach Luft, so nervös war er, Chrissie blieb wie angenagelt stehen, als sei sie völlig willenlos. Sie mußten einen Joint zusammen geraucht und es noch einmal gebracht haben. Sie hatte geweint. Ihre Perücke hing schief, die falschen Wimpern hatten sich gelöst, die Wimperntusche rann ihr übers Gesicht. Ich wußte natürlich genau, was los war. Ein letzter Fick, bevor man geht. Das würde ich niemandem vorwerfen, aber wenn ihr fertig seid, Herzchen, geh! Irgendwann rief Mick ihr ein Taxi, und sie ging.

Als Erstes und Wichtigstes über Plattenaufnahmen hatte ich gelernt, wie entsetzlich langweilig sie sein konnten. Trotzdem war ich geschmeichelt, als Mick mich in die Olympic Studios einlud. Stones-Sessions waren weniger ermüdend, weil sie oft in gesellschaftliche Ereignisse ausarteten. Im Studio, am Hof der Stones, hingen immer jede Menge Leute herum. Normalerweise waren Robert Fraser und Michael Cooper dort, Tara Browne, Anita und irgendwelche Musiker, die zu Besuch in der Stadt waren oder die Mick und Keith an dem Tag zufällig getroffen hatten.

Wenn es mir aber doch zu langweilig wurde, ging ich zu David Courts, nahm eine Mandrax und – wenn es gab – LSD und ging dann zurück zu den Aufnahmen, setzte mich in eine Ecke und überließ mich friedlich meinen Vibrations.

Ende 1966 machten die Stones *Between the Buttons.* Das ganze Jahr hindurch waren sie beinahe ununterbrochen auf Tournee und selten im Studio gewesen. Es sollte für lange Zeit das letzte bunt zusammengewürfelte Album werden. Von nun an wurden Konzeptalben gemacht, so vage das Konzept auch oft blieb. Es war ihr letztes Album als Popstars (bevor sie Mythen wurden), und ihr letztes Album mit Andrew. Andrew wollte immer, daß die Stones Platten machten, die er selbst gern hörte, und das war in den ersten Jahren auch allen zupaß gekommen, denn Andrew besaß einen untadeligen Geschmack. Aber nun kam er mit Mick und Keith nicht mehr mit. *Between the Buttons* strotzt im Grunde immer noch von der hektischen ätzenden Gesellschaftskritik à la »Mother's Little Helper« und »Have You Seen Your Mother, Baby«. Songs, die Andrew favorisierte, über zickige Models, frustrierte Hausfrauen und ausgeflippte reiche Erbinnen. Das ganze Album ist ein einziger Schmäh und unglaublich frauenverachtend.

Die Sessions zogen sich hin. Am meisten Energie verwendeten sie auf die neuen Stücke »Ruby Tuesday« und »Let's Spend The Night Together«, die beiden Liebeslieder des Albums, die als Singles Hits wurden. Obwohl Keith und Mick normalerweise zusammenarbeiteten, gibt es einige Stonessongs, die deutlich entweder Keiths oder Micks sind. »Let's Spend The Night Together« war Micks. Das war über mich und entstand aus der Nacht, die wir in dem Hotel in Bristol verbrachten. »Ruby Tuesday« war Keiths Song.

Es dauerte Ewigkeiten, bis er fertig war. Zunächst gab es nur ein bluesiges elisabethanisches Fragment, mit dem Brian im Studio herumspielte. Brian war von der Idee, elisabethanische Lautenmusik und den Delta Blues zu kreuzen, besessen und laberte jeden, der es hören wollte (einen verblüfften Mike Bloomfield oder einen ungläubigen Jimi

Hendrix zum Beispiel), endlos voll über die wesentlichen Ähnlichkeiten zwischen elisabethanischen Balladen und Robert Johnson.

Mit seinem großen weißen, schalumwundenen Hut saß Brian auf einem Hocker und spielte verlegen ganz leise eine folkige Kindermelodie auf der Blockflöte. Es war nichts weiter als eine zarte Tonfolge, aber Keith spitzte die Ohren. »Was ist das?«

»Meinst du das Stückchen auf der Flöte?«

»Das, was du gerade gespielt hast, Mann. Kannst du es noch mal spielen?«

Brian spielte die zittrige, sprunghafte Melodie noch einmal auf der Flöte.

»Yeah, schön, Mann«, sagte Keith, ging zum Klavier und knallte sie raus. Brian strahlte.

»Im Prinzip ist es eine Kreuzung zwischen Thomas Dowlands ›Air für den verstorbenen Lord Essex‹ und einem Skip-James-Blues.«

Keith interessierte sich nicht für Lord Essex, für Skip James übrigens auch nicht – er hatte einen Riff gehört und Blut geleckt.

Endlos lange hatte »Ruby Tuesday« keinen Text, sondern nur die wunderschöne Melodie. Sie war sehr simpel, was Brian immer am besten gefiel. Das Lied wird von Brians Flöte dominiert, sie schwebt als zweite Stimme über dem Lied wie eine klagende Möwe. Es war Brians und Keiths Lied.

Mick, der in den letzten vier Jahren mit Keith bei allen Stones-Originalen zusammengearbeitet hatte, hatte mit »Ruby Tuesday« wenig zu tun. Er kam nur zum Schluß dazu und sang.

Bei den Aufnahmen zu »Ruby Tuesday« fiel mir auf, daß der Song für Brian eine beinahe verzweifelte Bedeutung annahm. Die Zusammenarbeit zwischen Keith und ihm sollte die letzte sein, und vielleicht spürte er das. Er wußte, etwas Besseres hatte er kaum je gemacht. Er wollte, daß ihm alle auf die Schulter klopften und sagten: »Toll. Brian, wunderbar! Gute Arbeit!« Aber das passierte natürlich nicht.

Immer wieder einmal legte sich eine düstere Wolke über die Arbeit. Wenn einem nämlich nicht gefiel, was der andere machte, nahm man einfach nicht daran teil. Trotz all der Attitüden waren sie sehr englisch, keiner kritisierte etwas direkt.

Andrew hatte auch immer als Medium zwischen Keith und Mick agiert. Solange Andrew dabei war, konnten Mick und Keith zu ihm gehen und sich bei ihm ausmähren. Deshalb, habe ich immer behauptet, brauchen die Stones zwei Gitarristen – weniger für den Sound als vielmehr, weil sie einen Vermittler brauchen. Ron Wood ist für diese Rolle perfekt, Mick Taylor war weniger geeignet, und Brian Jones hätte man sie nie aufbürden dürfen.

Wenn die Spannung unerträglich wurde, gingen Mick und ich nach oben, wo es sehr viele leere Räume und Dachböden gab, in denen sich alte Zeitungen und Kisten stapelten. Wir rauchten einen Joint und schliefen zusammen.

Mick und Keith waren zu der Zeit extrem glücklich, sie wußten, sie machten etwas wirklich Außergewöhnliches. An Brian war so deprimierend, daß er vor unseren Augen verging, er wurde von seinen inneren Dämonen so gequält, daß er gar keine Freude mehr in seinem Leben ertragen konnte. Warum schlug er Anita, die er über alles liebte? Es war alles sehr abartig. Auf dem Cover von *Between the Buttons* sieht man, wie er damals war, er hat den Kopf zwischen die Schultern gezogen und große dunkle Tränensäcke unter den Augen, grinst und ist nicht einmal mehr fähig, richtig zu lächeln. Brians unbegreiflicher Verfall inmitten des irren Höhenflugs war zum Verrücktwerden. Aber keinen interessierten die Gründe. Wenn man sein Ding nicht auf die Reihe kriegte, verdiente man auch nicht, dabei zu sein.

Kurz nachdem wir im Dezember den LSD-Trip zusammen gemacht hatten, starb Tara Browne bei einem Autounfall. Er war in der Nacht auf LSD und fuhr seinen Lotus Elan über eine rote Ampel. Das ist der Unfall, den John Lennon so gruselig in »A Day In The Life« beschreibt. Tara starb aber nicht nur, weil er stoned war; alle unsere Bekannten kurvten auf LSD durch London. Es hätte genauso leicht Brian oder Keith treffen können. Bei Tara mußte ich immer an den Spruch denken, »Wenn dein Name auf der Kugel steht …«

Brian und Tara waren sehr eng befreundet gewesen, und Taras Tod traf Brian tief. Es war erschreckend, obszön beinahe. Wir waren jung. Wer von uns kannte überhaupt jemanden, der in unserem Alter gestorben war? Tara hatte gerade Suki Poitier kennengelernt, die Anita ein bißchen ähnlich sah, und ich weiß noch, wie froh ich war, daß er eine Frau gefunden hatte, die er mochte. Sie war mit ihm im Auto und überlebte. Nachdem Anita Brian verlassen hatte, taten sich Brian und Suki zusammen. Sie waren ein sehr gespenstisches Paar, sie mit dem Karma der Überlebenden und er mit der Aura des dem Untergang Geweihten.

Während der ersten paar Monate in Harley House verbrachten Mick und ich viel Zeit allein miteinander. Da lernten wir einander kennen. Mick spielte mir Platten vor – die Miracles, Slim Harpo, Robert Johnson –, und ich machte ihn mit Büchern bekannt. Das war mit die beste Zeit in unserem Leben. Aber selbst in Harley House war es nicht leicht, mit Mick allein zu sein, denn er zog die Leute magnetisch an, alle scharten sich um ihn. Nach der Zeit in Harley House war es schwer, ein Privatleben zu bewahren. Später in den Häusern am Chester Square und im Cheyne Walk gaben sich die Besucher die Klinke in die Hand, sie kamen zu jeder Tages- und Nachtzeit.

Damals bestanden Drogen (zumindest für Mick und mich) hauptsächlich aus Gras, LSD und gelegentlichen Uppers. Harte Drogen gab es kaum. Das war so angenehm an Mick, er stand wirklich nicht auf Drogen. Er war immer sehr beieinander. Ein bißchen LSD, ein bißchen Gras. Wenn ich mit jemandem wie mir selbst zusammen gewesen wäre, wäre ich womöglich längst tot. Mick zog gern mal einen durch, und gelegentlich genehmigte er sich auch einen Schluck – er war schrecklich, wenn er betrunken war –, LSD nahm er mit mir, weil ich es wollte.

Ich stachelte ihn immer an: »Das Zeug müssen wir probieren, Mick. Los, wir fragen Keith, Brian und Anita, ob sie kommen, und dann schmeißen wir alle LSD.« Mick und ich waren noch nicht lange zusammen, da beschlossen wir, einen Trip zu werfen. Wie das damals so üblich war, trafen wir eines Nachmittags die Vorbereitungen. Wir holten die Ravi-Shankar-Platten heraus, *Blonde on Blonde,* Otis Redding, die ganzen Klanggeister, die uns begleiten sollten. Wir legten den Telefonhörer neben die Gabel und machten uns zur Feier des Tages fein.

Als der Trip begann, ging Mick zum Plattenspieler und legte eine von den grünen durchsichtigen Scheiben mit den indischen Ragas auf. Würdevoll nahm er mitten auf dem Fußboden Platz. Ali Akbar Khan spielte, und als die Flöte zu tremolieren begann, erhob sich Mick, sein Körper drehte sich in einer Spirale wie eine Kobra, die aus ihrem Korb kommt. Und dann fing er an zu tanzen. Es war ein indischer Tanz, wie ihn buntangemalte Männer und Frauen in bengalischen Filmen tanzen, ganz anders als der laszive Tanz, den er in *Performance* vollführt. Das hier war pure Schönheit und Entzücken, ein toller Tanz und ein toller Tänzer, ein anderes Wesen.

Eine kolossale Veränderung ging mit ihm vor. Als schälte er sich aus sich selbst heraus, als werfe er eine Hülle nach der anderen ab. Tief im Inneren des Körpers dieses englischen Vorstadtjungen verbarg sich ein vielarmiger, blauköpfiger Tanzgott. Der makrokosmische Mick. Ich sah Mick, den Glockenjongleur, den echten Mick, wenn es ihn denn gibt.

Der Tanz war sehr sehr schnell, und Mick bewegte sich praktisch auf einem Fleck. Er fing so sehr an zu vibrieren, daß sein Körper in Moleküle zerbrach, in schimmernd phosphoreszierende Partikel. Ich war wie erstarrt und wagte kaum zu atmen. Seine Hände zuckten wie in stroboskopischem Licht, vervielfachten sich und breiteten sich aus wie Fächer. Eine unglaubliche Transformation. Er war Shiva geworden. Bis dahin war mir nicht klar gewesen, daß ich mit jemandem zusammenlebte, der sich ab und zu in einen Gott verwandeln konnte.

Es war ein glücklicher, ekstatischer Moment, die Zeit stand still. Wir hätten die ganze Nacht weitermachen können. Und dabei waren wir noch nicht mal an dem Punkt, wo wir zusammen schlafen wollten. Und verdammte Scheiße, die Klingel ertönte, und wer spaziert herein? Die Small Faces, alle Mann hoch, mit ihrer ganzen Ausrüstung, den Verstärkern, Gitarren und Mikroständern. Gott! Auf dem Höhepunkt unseres Trips kamen sie vorbei und wollten jammen. »All we want to do is rock 'n' roll«, dieses Dumme-Jungs-Spiel. Es war das Letzte, was Mick jetzt wollte, aber wir waren zu höflich, um sie rauszuschmeißen. Es war solch ein gräßlicher Augenblick, wo die Gegensätze aufeinanderprallen. Der banale Alltag platzte herein wie der Herr aus Porlock bei Coleridge.

Im Harley House habe ich eine der seltsamsten Nächte meines Lebens verbracht. Sie warf ein gespenstisches Licht auf die Unheilige Dreifaltigkeit. Mick und ich lagen im Bett und lasen und redeten wie oft in den Anfangsmonaten unseres Zusammenseins, bevor ich zu kaputt war. Denn nachdem ich einmal angefangen hatte, zehn Mandrax am Abend zu nehmen, war das ja wohl nicht mehr drin.

Meine Nachtlektüre zu der Zeit tendierte zum Okkulten und leicht Pornographischen. Ich tauchte ein in alles Magische, Eliphas Levi, den französischen hermetischen Magier aus dem neunzehnten Jahrhundert, Aleister Crowley. Das ganze Zeug faszinierte mich – verbotene Bücher, verbotene Lüste. Als ich noch in der Klosterschule war, schauten Sally Oldfield und ich immer ins Verzeichnis der auf dem Index stehenden Bücher, besorgten uns welche, wickelten sie in braunes Packpapier und schrieben *Jesus nacheifern* darauf. Ich hatte schon immer über köstliche Laster phantasiert. Wie eine Heldin in einem Schauerroman wollte ich von schrecklichen lüsternen Gefühlen ergriffen werden und wissen, warum sie verboten waren.

Keith lag im Bett im Nebenzimmer. Er wohnte just aus dem Grund ein paar Tage bei uns, aus dem er sich monatelang in der Courtfield Road einquartiert hatte: Er war einsam und hatte angeblich keine Bleibe. Vielleicht wurde es bei Brian und Anita zu kompliziert. Keith hatte sehr wohl ein Zuhause, er hatte Redlands schon gekauft, ein Herrenhaus in Sussex, aber weil man von London aus zwei Stunden dorthin fahren mußte und Keith immer noch keinen Führerschein hatte, blieb er letztendlich doch oft bei Brian oder Mick in der Stadt. Es war aber ohnehin ein allen genehmes Arrangement. Sie hingen sowieso lieber bei dem einen oder anderen in der Wohnung zusammen herum, sie waren gute Kumpel. Es erleichterte die Zusammenarbeit, und sie hockten auch einfach gern beieinander.

Wir machten das Licht aus. Mick fing an, mein Haar zu streicheln, er flüsterte mir ins Ohr. Und in die Zärtlichkeiten hinein sagte er plötzlich mit einer ganz anderen Stimme: »Weißt du, was ich jetzt gern tun würde?« Das Spiel kannte ich, ich dachte, es wäre der Moment, in dem man sich gegenseitig seine zutiefst verborgenen, innersten, dreckigsten Phantasien eingesteht. Die gute alte männliche Scharfmache: »Abartig, was ich dir gern antun würde, mein Liebling.«

Das hatten wir noch nie gespielt, deshalb war ich neugierig, wo es hinführen würde. Vielleicht zu Strapsen und Spitzenslips? Oder was Abgedrehterem mit Handschellen und leichten Fesseln? Würden wir Rollen spielen? Der erbarmungslose lüsterne Türke und die Jungfrau im Harem? Ich glaubte also, meine Rolle zu kennen, die hilflose Maid, die gleich geschändet wird (was mir nicht übel gefiel), und ich hauchte in den zartesten Tönen: »Nein, Darling, sag mir, was du gern tun würdest.«

Bei dem phantasievollen Irrwisch Mick war ich auf alles gefaßt, aber nicht auf das, was kam.

»Wenn Keith jetzt hier wäre«, hub er mit lauter Stimme an, »Gott, wie gern würde ich ihn von oben bis unten ablecken, und dann … würde ich seinen Schwanz lutschen.« Das sagte er alles laut genug, damit Keith es durch die Wand mitbekam.

Mir verschlug es den Atem, aber nur, weil ich in dieser erotischen Phantasie überhaupt nicht vorkam – es drehte sich nur um Keith. Das Unheimlichste daran war, daß ich wußte, Keith konnte alles im Nebenzimmer hören.

Und dieses Trio infernal wurde natürlich dadurch noch vollkommener, daß auch ich in Keith verliebt war, was Mick nicht ahnte. Einen Augenblick lang überlegte ich, ob er herausgefunden hatte, daß ich eine Nacht mit Keith verbracht hatte, und eine Art Trick anwandte und laut meine eigenen Gedanken aussprach. Es wäre offenbar der rechte Moment gewesen, Mick von Keith und mir zu erzählen, denn das hätte ihn wirklich angeturnt. Mit Sicherheit hätte er mich dann noch lieber gemocht. Vielleicht hätte ich sagen sollen: »Gut, warum holen wir Keith nicht?« Ich weiß nicht, ob ich wirklich gewollt hätte, daß die beiden es miteinander versuchten, denn ich hätte ja wohl ziemlich außen vor gestanden.

Es paßte nicht gerade zu meiner Idealvorstellung von Liebe, aber Mick wußte, daß ich ihn nicht verurteilte. Das habe ich nie getan. Ich habe nie jemanden wegen seiner sexuellen Vorlieben verurteilt. Ich lebte meine Sexualität aus, und ich bin sicher, daß das unter anderem meinen Reiz für Mick ausmachte. Außerdem war ich auf all das neugierig, aber nicht erfahren genug, um zu wissen, was ich anstellen mußte. Deshalb verhielt ich mich wie üblich. Ich verdrängte es.

Solange ich mit Mick zusammen war, ist so etwas nie wieder geschehen, aber es war offenbar nicht einmalig in der Geschichte der Stones, denn Andrew und Anita haben mir beide ähnliche Geschichten erzählt. Andrew wäre von dem Gedanken, daß Keith im Nebenzimmer alles gehört hätte, total angeturnt worden. Damals dachte ich, wie schrecklich für Keith. Es kam mir gar nicht in den Sinn, daß es schrecklich für mich war.

Mick hatte vielleicht nie vor, seine homoerotischen Sehnsüchte nach Keith auszuleben. Hätte er es versucht, hätte es bestimmt mit Haß und Zerstörung geendet. Es war viel besser, daß seine Wünsche unerfüllt blieben. Denn das war die geheime Antriebskraft der Stones.

Merkwürdig, daß Keith diese ganzen sexuellen Verwicklungen wahrnahm und trotzdem mit den Leuten zusammenblieb. Er wußte ganz genau, was ablief, es setzte sich ja noch fort in der inzestuösen Beziehung zwischen Mick, mir, ihm und Anita. Und auf einer bestimmten Ebene muß er das als zutiefst verstörend empfunden haben. Am Ende konnte er es dann nicht mehr ertragen. Ich auch nicht, was vielleicht ein Grund ist, warum wir dann soviel Heroin schossen. Wir wollten es ausblenden.

Ich war ja eigentlich völlig naiv, als ich all diese Leute traf, aber ich lernte schnell dazu. Ich nahm diese Szene zum Anlaß, mir ein paar Bücher zu besorgen und ein paar Studien über dekadenten Sex zu betreiben. Ich las alles, was mir in die Hände fiel, einschließlich *Philosophie im Boudoir* von de Sade. Das schaffte mich übrigens. Der elementare *guide noir* zu dekadentem Sex. Wenn ich mir vor Augen halte, was in der *Philosophie im Boudoir* abgeht, und dann auf diese Zeit in meinem Leben zurückschaue, muß ich sagen, es hätte alles noch viel schlimmer kommen können.

Erst kürzlich habe ich entdeckt, daß diese merkwürdige sexuelle Konstellation zwischen Mick, Keith, Anita, Brian und mir einen Namen hat, Troilismus. In Brenda Maddox' Biographie von Nora Joyce ist davon die Rede. Offenbar erlebte James Joyce eine Reihe ähnlich verstörender Episoden transponierter Erotik. Er war in seiner Sexualität ambivalent und fühlte sich etliche Male in seinem Leben stark in Richtung homosexueller, skatologischer und sadomasochistischer Bedürfnisse getrieben, von denen er wußte, er würde sich hoffnungslos in sie hineinverstricken. Später in seinem Leben sagte er immer, durch seine Ehe mit Nora sei er vor Gott weiß was bewahrt worden. Bei ihr habe er sich mit all seinen Phantasien aufgehoben gefühlt. Wie Joyce besaß Mick diese Art sinnlich erotischer Persönlichkeit, die der Kunst desorientierende Impulse gibt. Wäre dem nicht so gewesen, hätten sie sich beide selbst zerstört. Ich freue mich, daß wir zu Diensten sein konnten, Nora und ich; man fühlt sich doch immer aufs schönste bestätigt, wenn man weiß, man hat bei der Entstehung eines Meisterwerks geholfen.

Trotzdem hat eine solche sexuelle Magie immer unvorhersehbare Folgen. Wenn der Verkehr mit Geisterpartnern eine der geheimen Kräfte in Micks und Keiths Zusammenarbeit war, dann hatten die Phantomliebhaber allerdings die fiese Angewohnheit, während der nächsten paar Jahre unerwartet dämonisch in ihren Schöpfungen aufzutauchen.

Redlands

Zu Beginn des Jahres 1967 gab es in der Regierung Ihrer Majestät der Britischen Königin hochrangige Persönlichkeiten, die uns tatsächlich als Staatsfeinde betrachteten. Irre! Man stelle sich die verschrumpelten Männlein in Whitehall vor – Old Etonians im Gehrock, die Schuhe blitzblank poliert und nicht zu vergessen, die Schirme! Seit Jahrhunderten hatten diese streitsüchtigen, uralten Statthalter des zerbröckelnden Empire das Sagen. Sie waren gewöhnt, daß alles nach ihrer Pfeife tanzte. Und so unglaublich es auch klingt, als die kleinen Männer in Whitehall meinten, die Rolling Stones seien eine Gefahr für das Wohlergehen und die Sicherheit des Vereinigten Königreiches und seiner Kolonien, beschlossen sie tatsächlich, etwas dagegen zu unternehmen. Politiker vom Typ Neville Chamberlain wühlen sich in staubigen Büros durch Akten und planen den Untergang der Rolling Stones!

Der ganze Quatsch, von der Razzia bis zu Micks und Keiths Prozeß, bewies, wenn schon sonst nichts, dann zumindest, daß die kleinen grauen Männer perverse Rolling Stones-Liebhaber waren, so wie die Zensoren im Vatikan unweigerlich Pornographie und Blasphemie zu goutieren lernen. Ich sehe sie geradezu vor mir, wie sie mit der Paranoia des Kryptomanen immer und immer wieder »Have You Seen Your Mother, Baby, Standing In The Shadow?« abnudeln und überlegen, was zum Teufel, soll das bedeuten? Vielleicht hatten sie ja sogar als erste die Idee, die Songs rückwärts laufen zu lassen!

Plötzlich bildeten sie sich ein, daß Großbritannien in Frivolität und Irrsinn unterging. Grelle Klamotten, Miniröcke, Promiskuität und Drogen! Die Herren in Whitehall betrachteten das als Herausforderung ihrer Autorität. Ohne ihre Erlaubnis drehte da jemand an der Realität! Die Schlacht um den Neuen Engländer begann. Sollten es der degenerierte, weibische Mick Jagger und seine Truppe sein oder der typische Sandhurst-Absolvent?

Als sie sich Mick als Ziel ihrer Kampagne aussuchten, erlagen sie *dem* Trugschluß im Rock 'n' Roll: Sie verwechselten den Künstler mit seinem Werk. Es erwies sich, daß sie, unfähig wie der verblendetste Fan, die beiden Micks nicht auseinanderhalten konnten, den Tanzgott auf Bühne und Schallplatte und das Kleinbürgersöhnchen mit den freundlichen Manieren, der er in Wirklichkeit war.

Wie die meisten Voyeure stellten sie sich vor, daß viel schrillere Dinge abliefen, als es der Fall war. Die Angst, daß die Rolling Stones die westliche Zivilisation mittels Drogen, Rockmusik und aller nur denkbaren sexuellen Perversionen untergruben, war vollkommen grotesk. Aber nachdem sie einmal behauptet hatten, das Schicksal der Nation stehe auf dem Spiel, mußte diese Revolution ja auch von einem besonders zügellosen und abartigen Haufen angeführt werden.

»Wir müssen diesen Ferkeln Einhalt gebieten. Wir müssen ein Exempel statuieren.«

»Setzen Sie Faithfull auf die Liste, Mylord.«

»Faithfull? Wer zum Teufel ist Faithfull?«

»Marianne Faithfull, Jaggers neue Schickse. Hier ist die Akte der Frau, Sir.«

»Mal sehen, Tochter von Glynn Faithfull. Wohlbekannter Spinner, lebt in Brazier's Park, einem wahren Hexenkessel obskurantistischer Aufrührer. Mutter: Baroneß von Sacher-Masoch … Grundgütiger!«

»Sir, möglicherweise interessiert Sie ein Tonband mit dem Interview, das sie letzte Woche der BBC gegeben hat.«

»Der BBC?«

»Ja, Sir. Ein Interview mit Michael Barrett. Soll ich es Ihnen vorspielen?«

»Hm, ja, gut, hören wir es uns einmal an.«

Hier sind Auszüge daraus:

»Ich erinnere mich, wie ich als kleines Mädchen die Krönung im Fernsehen gesehen habe. Es war so albern, wir haben einfach nur dagesessen und uns gebogen vor Lachen. Damals war ich fünf ... Jetzt aber kommen wir der Sache schon näher. Zum Beispiel dieses Studio, es ist phantastisch! Licht, Kommunismus und Elektrizität! Elektrizität ist die Antwort! Wir leben im Licht – Licht – *fiat lux!* Verstehen Sie?
Marihuana ist vollkommen ungefährlich, die Szene ist doch uralt, Mann. Drogen sind die Pforten der Wahrnehmung. Genau das sind Drogen. Pforten! Man geht nirgendwo hin, man sieht nur einen Spalt, wie ich jetzt Sie anschaue. Wenn es LSD nicht hätte geben sollen, wäre es nicht erfunden worden! Es ist so wichtig wie das Christentum. Wichtiger.
Ich kenne viele Leute, die totale Langweiler waren, dann haben sie LSD genommen und sich geöffnet. Durch den Spalt sieht man, daß alles um einen herum, das man für real gehalten hat, falsch ist. Sie haben die Realität so lange verdreht, daß wir nicht mehr fähig sind, sie zu erkennen, wir sehen nur, was sie uns sehen lassen wollen.
Das hat mich mein Vater gelehrt: das Gruppenbewußtsein. Lassen wir zu, daß sie uns beherrschen, oder zwingen wir ihnen unsere Gedanken auf? Sie wissen ja, wenn in Afrika Tausende von Menschen an Voodoo glauben, funktioniert Voodoo. Ich glaube wirklich an das Gruppenbewußtsein, aber wir müssen es unter Kontrolle bekommen! (Die Idee mit der Kontrolle hatte ich, glaube ich, von Mick.) Die Leute in Whitehall leben in der Vergangenheit. Sie reden über die Gesellschaft, aber wir sind die Gesellschaft, nicht sie.
Spüren Sie, wie sie uns einkreisen? Ich ja. Es könnte Harold Wilson sein oder der MI 5 oder kleine Männer in Büros. Wahrscheinlich stekken sie mich ins Gefängnis. Wie albern, Menschen für so was ins Gefängnis zu stecken. Vermutlich machen sie mich auf andere Weise kaputt, aber bis dahin misch ich sie auf. Ich würde mich freuen, wenn das Gebäude unserer Gesellschaft völlig zusammenkracht. Wäre das nicht schön? Sie ist ja sowieso schon zusammengebrochen, wir sind in einer Tretmühle, die gar nicht existiert. Wir sind von ihrem Quatsch ganz geblendet, wir sehen Wände, die es gar nicht mehr gibt, völlig verrückt! Wir nehmen Befehle von einem Haufen toter Männer entgegen! Wahnsinn ...«

(Ob Sie es glauben oder nicht, das oben Gesagte ist eine korrekte Transkription von der BBC, Manuskriptdienst.)

»Ich glaube, das genügt. Danke schön, Soames.«

»Verdammte kleine Bolschewistenschlampe!«

»Was schlagen Sie vor? Was sollen wir tun?«

»Rufmord, Exekution durch die Regenbogenpresse, das ist es. Ergänzt natürlich durch Polizeimaßnahmen.«

Mick hält mich offensichtlich für vieles von dem verantwortlich, was danach geschah. Er sagte immer, ich redete zuviel, und noch dazu gefährliches Zeug. Aber es war doch totaler Stuß, Sie sehen ja, wie dumm es alles war. Wohl kaum eine ernsthafte Bedrohung der Gesellschaft.

Während die Stones die Anarchie ja eigentlich viel konkreter verkörperten als die Sex Pistols zehn Jahre später, war die Stoßkraft ihrer Rebellion viel zu unorganisiert (wahre Anarchie!), als daß sie eine echte Bedrohung für überhaupt jemanden hätte sein können.

Aber was ist eine Revolution, selbst eine Revolution des Stils wie unsere, ohne daß man die Grenzen ein paar Meter überschreitet? Den kleinen Männern im Gehrock machten die Symptome zu schaffen, weil sie außerhalb ihrer Kontrolle lagen: ungenierter Hedonismus, sexuelle Promiskuität, Drogen, Mystizismus, radikale Politik, bizarre Klamotten und vor allem junge Leute mit zuviel Geld! Es trudelte alles auf seine eigene unbekümmerte Weise in Richtung Zerstörung des Status quo, ohne daß es einer wirklich wollte, und die Bannerträger dieses Kinderkreuzzugs waren die Rolling Stones. Und ich stand die ganze Zeit hinter ihnen und feuerte sie an.

Wenn ich mir das gesellschaftliche Klima im London der späten Sechziger vor Augen halte, kann ich mir lebhaft vorstellen, daß fast alles, was wir taten, die kleinen Männer in den Gehröcken auf die Palme brachte. Vielleicht auch der Artikel im *New Musical Express* über das neue Album, an dem die Stones arbeiteten. Es hieß *Her Satanic Majesty* (der ursprüngliche Titel von *Their Satanic Majesties Request*). Das reichte schon, würde ich mal meinen! Das Establishment ist sehr empfindlich beim Thema Königliche Familie, besonders bei der Queen. Vielleicht verrottet der Bienenstock, wenn die Königin verschwindet.

Einerlei, was die kleinen Männer erboste, sie kungelten mit der *News of the World* und der Polizei einen Deal aus. Woraufhin die Polizei eine Razzia bei uns machte und dafür sorgte, daß wir in der gesamten

Regenbogenpresse verleumdet wurden. Hauptsächlich ich. Jemand wollte mich kompromittieren, und es funktionierte hervorragend.

Ich erinnere mich an den Morgen, als Mick den Artikel las, der alles ins Rollen brachte. An einem Sonntag Anfang Februar 1967 saßen wir mit Kaffee und Croissants im Bett, als die Zeitungen kamen. Mick war ein Zeitungsjunkie, er las alles vom *Observer* bis zur *Sun.* Wir führten uns also fröhlich die Zeitungen zu Gemüte, da stieß Mick plötzlich auf einen Artikel in der *News of the World* und rastete vollkommen aus. Kalkweiß vor Wut sprang er aus dem Bett.

»Verdammte Scheiße!«

»Was ist, Darling?«

»Hör dir das an: ›Jagger sagte uns: „Ich mach mir nicht mehr viel draus (aus LSD), jetzt wo die Küken (Fans) darauf gekommen sind. Es gerät nur in Verruf. Ich weiß noch, wie ich es das erstemal genommen habe. Auf Tournee mit Bo Diddley und Little Richard." In der Zeit, in der wir mit Jagger im Blaises Club in Kensington, London, saßen, nahm er sechs Benzedrintabletten. „Ohne die würde ich in Clubs wie dem hier gar nicht wach bleiben." (...) Später im Blaises zeigte Jagger einem Begleiter und zwei Mädchen ein kleines Stück Haschisch (Marihuana) und lud sie in seine Wohnung ein, „um einen durchzuziehen".‹«

Ich fing an zu lachen. »Das ist Brian. Vielleicht haben sie dich mit Brian verwechselt. Er rennt doch immer durch die Gegend und erzählt allen, er ist der Chef der Rolling Stones.«

Aber ich wußte, es war kein ehrlicher Fehler, es war eine zynische Taktik, um mehr Zeitungen zu verkaufen. Mick Jagger war eben viel prominenter als Brian Jones. Trotzdem heizte der Artikel die ganzen Ressentiments gegen Brian an, die sowieso schon da waren. Für ihn war es der Anfang vom Ende; eine dumme, bedeutungslose Episode, die sechs Monate Horror nach sich zog, die Gruppe fast ruinierte und Mick und Keith in den Knast brachte. Brians kleine nächtliche Eskapade war der Tropfen, der das Faß zum Überlaufen brachte.

Am nächsten Tag rief Mick seinen Anwalt an und knallte der *News of the World* eine einstweilige Verfügung hin. Mick sah gewiß nicht voraus, was auf uns zukam, mich aber beschlich eine leise Furcht, als er seinen Anwalt anrief. Sich mit den Herrschenden anzulegen, na ja ...

Von der einstweiligen Verfügung wußte natürlich niemand außer den Leuten von der *News of the World,* sie wurde nicht an die Presse gegeben. Und das macht alles, was danach passiert ist, so verdächtig. Denn offenbar rief die *News of the World* die kleinen Männer beim MI 5 an und sagte: »Hört zu, diese Leute müssen mal einen Schuß vor den Bug kriegen. Helft ihr uns?«

»Selbstredend, mit dem allergrößten Vergnügen.«

Die Falle, in die wir laufen sollten, waren natürlich Drogen. Sie fädelten alles mit der Polizei in West Sussex ein, und es haute voll hin. Ihre Glanzleistung war nämlich David Schneiderman (alias David Britton alias David Henry) mit einem Haufen LSD aus Kalifornien ins Spiel zu bringen. Der sollte uns linken.

Sie müssen ihn extra für diese Razzia eingeflogen haben. Unmittelbar, nachdem die einstweilige Verfügung ergangen war, tauchte er bei Robert auf.

Und Robert rief uns an und sagte: »Bei mir ist ein Typ, David Schneiderman, ein Yank. Frisch aus Kalifornien, mit tollem Acid aus den Staaten. Es heißt Weißer Blitz oder ähnlich aufregend, und er will 'ne Runde schmeißen, Mann.«

Woraufhin ich sagte: »Scheiße, irre! Warte, Robert, ich habe eine phantastische Idee! Warum fahren wir zum Wochenende nicht alle nach Redlands. Ich rufe Keith sofort an und arrangiere es. Wie heißt der Typ noch mal?«

»Schneiderman, David Schneiderman, der Acid King. Heute morgen eingeflogen.«

»Dann laß ihn nicht entwischen!«

Boing! Das war's. So fing sie an, die »berühmteste Wochenendfete des zwanzigsten Jahrhunderts«. Wir besorgten uns einen Kleinbus und machten Reisepläne. Wir wollten losfahren und Wunder schauen, das Weiße Pferd auf den Downs, den Devil's Footprint, Glastonbury. Stonehenge und Avebury standen auch auf der Wunschliste. Wälder, Follies, alte Ruinen.

Nachdem Mick und Keith am Abend des 11. Februar 1967, einem Samstag, Plattenaufnahmen in den Olympic Studios beendet hatten, fuhren wir nach Redlands. Die Gruppe bestand aus Christopher Gibbs, Michael Cooper, Robert Fraser, seinem marokkanischen Hausangestellten Mohammed und Nicky Kramer, einem Freund von Keith. Nicky Kramer war einfach nur ein netter Blödmann, ein Verrückter von der King's

Road, der zufällig mitkam. Außerdem Mick, Keith und ich. Und natürlich David Schneiderman. Er war unglaublich »West Coast«-mäßig drauf; sehr aufgeblasen und selbstherrlich. Zu dem LSD wurde die passende kalifornische Moral geliefert, das dazugehörige *koan.*

»Dies ist das Tao des Lysergsäurediäthylamid, Mann. Laßt es zu euch sprechen, laßt euch von ihm erzählen, wie man durch den Kosmos reist.« Für unseren Geschmack war es alles ein bißchen zu ehrfürchtig und dick aufgetragen, aber er hatte die Leckereien.

Als wir am nächsten Morgen aufwachten, bekamen wir Tee und unser Stückchen Löschpapier serviert, denn um neun Uhr kam David Schneiderman schon mit der »Hostie«. Wir nahmen sie, und der erste Akt begann, die Zeit des Wartens, bis der Trip losging. Ich erinnere mich, daß mir ziemlich übel wurde, Mick, glaube ich, auch. Es war sehr starker Stoff, so starken habe ich seitdem nie wieder gekriegt.

Es sollte ein Trip nach draußen werden, wir wollten Dinge anschauen, Innerlichkeit war nicht angesagt. Wir erwarteten, daß alles wunderbar würde, und nahmen es sehr leicht. Unterschwellig herrschte indes eine gewisse Aufgeregtheit und die bange Ahnung, daß es gefährlich werden könnte, es schauderte uns schon ein wenig davor, daß es auch in andere Dimensionen gehen konnte. Aber es gab keine schrecklichen verborgenen Spannungen, weder Brian noch Anita waren dabei. Es war alles unkompliziert und direkt.

Mick ist auf LSD toll. Sehr gelassen, souverän und beruhigend. In der Hinsicht sind Mick und Keith einander sehr ähnlich. Zwischen ihnen besteht wirklich eine tiefe innere Verbundenheit. Ich erinnere mich vor allem, daß Mick seine Fassade ablegte und viel offener wurde, ja, sogar jünger. Im Alltagsleben hatte er eine Menge Barrikaden und Eigenheiten, die die Leute immer ein wenig auf Abstand hielten. Auf einem Trip kam er in seiner viel reineren Gestalt durch.

Keith ist sowieso schon sehr offen. Auf Acid wird Keith mehr er selbst, er geht tiefer in sich hinein, seine Persönlichkeit ändert sich im Grunde nicht. Er verhält sich mehr oder weniger gleich, ob er auf einem Trip ist oder nicht.

An dem Tag redete niemand viel, das übliche oberflächliche Geschwätz verläpperte sich. Dieser Trip war so überwältigend, daß es nicht viel gab, das man in Worte kleiden konnte.

Michael Cooper allerdings plapperte in einem fort, verworren und abgefahren. Michaels Unterbewußtsein war ohnehin schon dicht an der Oberfläche, so daß es einfach nur herausblubberte, ein endloser, urkomischer Begleitkommentar, seine Fröhlichkeit war sehr ansteckend. Mit Michael zusammen zu sein, machte immer wahnsinnigen Spaß. Er war immer so herzlich und optimistisch und gutgelaunt: »Jetzt gehen wir alle zusammen auf dieses tolle Abenteuer, freut ihr euch nicht? Irre! Ist das nicht … ach … was war das? Verdammt, doch nicht schon wieder eine Fliegende Untertasse!«

Robert Fraser wurde auf LSD etwas lebhafter, behielt aber weitgehend seine übliche Raupenkühlheit. Nie im Leben wäre einer von uns auf die Idee gekommen, warum er so relaxed war, wo doch alles so abschwirrte. Später erfuhren wir, daß er auch auf Heroin war. Wir hätten damals nicht einmal gewußt, wie Heroin wirkt, wir merkten nur, daß er viel distanzierter als wir war. Als betrachte er die Apokalypse – durch eine ziemlich dicke Glasscheibe.

Christopher war wunderbar. Christopher und Mick sind dasselbe Sternzeichen, Löwe, und auf Acid sieht man deutlich, wie Löwen sind. Etwas elitär und arrogant, aber sehr lustig und verspielt.

Dieser Trip (von den Nachwirkungen ganz zu schweigen) hat Mick und Keith erst so richtig miteinander verbunden. Sie schwenkten auf eine gemeinsame Wellenlänge ein und mochten sich von da an viel lieber. Auf Jahre hinaus sollten sie eine unzertrennliche Einheit bilden, die Glimmer Twins. Das war auch lebenswichtig, wenn die Stones in eine neue Phase eintreten wollten. Die Gruppenkonstellation konnte nicht mehr auf dem bisherigen kleinkarierten Level bleiben. Einer von Andrews Sprüchen besagte, daß eine Gruppe sich alle fünf Jahre neu erfinden muß. Während dieses Trips und all derer, die noch folgen sollten, erblickten Mick und Keith Jumpin' Jack Flash, den Midnight Rambler, Brown Sugar … Die neuen Gestalten, die ihre Alben in den nächsten fünf Jahren bevölkern sollten.

Wir hatten vor, Edward James' Haus anzuschauen, ein surrealistisches Folly aus den Dreißigern. Edward James war ein Millionär und großer Förderer der Surrealisten, ein verwöhnter kleiner Junge, und er hatte ein wunderbar skurriles Haus, in dem – unter anderem – Wäsche-Skulpturen aus den Fenstern hingen, und das mit wilden surrealistischen Teppichen ausgelegt war.

Wir fuhren also voll großartiger Erwartungen zu diesem herrlichen

Haus, aber als wir dort ankamen, war es geschlossen, wir konnten nicht hinein. Da mußten wir dann alle wieder in das dämliche Auto steigen und zurückfahren. Es endete damit, daß wir praktisch den ganzen Tag im Auto verbrachten und nur herumfuhren. So ist es, wenn man auf LSD ist und die Pläne schieflaufen. Man bricht auf, um etwas Irres zu erleben, und die Realität tritt dazwischen. (Das wird dann die kosmische Lektion!) Also schwankt man ewig hin und her zwischen dem Gefühl, wie toll und, hm, interessant es ist, den Tag ausgerechnet in einem Kleinbus zu verbringen, und der Angst, man würde sofort total ausflippen, wenn einen jemand nur anstupste.

Als wir endlich am Strand anlangten, fühlten wir uns wie erlöst. Wir rannten herum und schauten auf Dinge und unter Dinge und durch Dinge. Möwen und Muscheln und Wellen und Krabben und Muster im Sand. Wow! Bildschön (und positiv!). Wir waren wie eine Kinderschar bei einem Ausflug ans Meer, befreit von den Erwachsenengewohnheiten, die man uns aufgezwungen hatte, seit wir vierzehn waren. Es war definitiv ein Jungsausflug, und ich war dabei als einer von den Jungs. Wenn ich wollte, konnte ich meine Sexualität immer abschütteln. Das hat bestimmt mit meinem Vater zu tun und daß ich in der Kommune in Brazier's Park aufgewachsen bin. Weil mein Vater Bescheid wußte über das Gruppenbewußtsein, lernte ich schon sehr früh, mit anderen Menschen zu verschmelzen, ohne daß sich große Hindernisse in den Weg stellten.

Wir blieben den ganzen Tag draußen, und als wir nach Redlands zurückfuhren, waren wir schmutzig, müde und verschwitzt, weil wir so lange voll zugedröhnt in dem Auto gehockt hatten. Ich erinnere mich, wie gut die Gruppe den Übergang schaffte, niemand wanderte davon oder implodierte oder geriet in sein eigenes kleines Drama. Ruhig und selbstverständlich zogen wir uns alle um, schlüpften in andere fabelhafte Kostüme.

Meine Sachen waren alle voller Sand und Dreck, ich hatte Zweige im Haar und war zerzaust und verschmuddelt, was bei einem Ausflug in die freie Natur nicht verwunderlich ist. Der Trip war so intensiv gewesen, daß ich ganz froh war, als wir langsam wieder runterkamen. Ich ging baden. Ich hatte als einzige keine Klamotten zum Wechseln mitgebracht und behalf mich mit einem wunderschönen Fellteppich. Er maß ungefähr einsachtzig mal zweisiebzig und war mithin groß genug für ein kleines Zimmer.

Alle waren bester Stimmung. Ganz sanft kamen wir von dem intensiven Teil des Trips herunter. Wir erlebten gerade das höchst ungewöhnliche und vollkommen überwältigende Gefühl von Wärme und Geborgenheit. Es wurde Abend. Ich glaube, es war sechs oder sieben Uhr. Trotz widriger Umstände hatte es keinerlei Psychodramen gegeben. Bis die Cops hereinspazierten. Da fanden wir uns plötzlich alle in einem ausgewachsenen Melodram wieder. Zuerst dachten wir, wir hätten uns die komischen Kreaturen, die draußen herumschlichen, nur eingebildet, sie in unseren kranken Hirnen nur phantasiert.

Ich weiß noch, daß ich die absurde Idee hatte, allen zu sagen, sie sollten still sein. »Wenn wir ganz leise sind und uns nicht bewegen, gehen sie weg.« Eine absolut typische Marianne-Reaktion! Mach dich klitzeklein, dann verschwindet es. Von wegen!

Als wir sie hereingelassen hatten, teilten sie die Leute in Gruppen auf. Christopher Gibbs und Robert Fraser, die Old Etonians, behandelten sie mit ausgesuchter Ehrerbietung; den beiden Rolling Stones, Michael Cooper, Nicky Kramer und den Angestellten ließen sie allesamt die übliche Verachtung zuteil werden. Und dann die Frau. Ich war der letzte Dreck, denn ich saß nackt unter einem Fellteppich in einem Zimmer voller Männer. Die Nutte. Miss X.

Weil ich die einzige Frau war, erfanden sie sofort den lächerlichen Quatsch »SPÄRLICH BEKLEIDETE FRAU BEI DROGENPARTY«. Und machten dann bei dem Prozeß ein Riesending daraus. Entblödeten sich nicht, den Teppich als Beweisstück anzuschleppen! Aber natürlich hatte der Trip überhaupt nichts mit Sex zu tun, und bis zu dem Moment, als die Cops ankamen, hatte garantiert noch niemand gemerkt, daß ich keine Kleider, sondern einen Fellteppich trug. Das interessierte doch gar nicht. Abgesehen von der Tatsache, daß Robert und Christopher schwul waren, beschäftigten sich auch die anderen nicht primär damit, daß ich eine Frau war. Aber das hätten SIE nie begriffen …

Die Polizisten durchsuchten uns alle einzeln und nahmen Beweisstücke an sich; verbissen wie Polizeihunde sammelten sie Räucherstäbchen und Hotelseifenstückchen ein. Dann kamen sie zu der grünen Samtjacke mit den vier Pillen Speed. Als sie fragten, wem die Pillen gehörten, sagte Mick sehr galant, es seien seine.

Am schlimmsten war, daß sie bei Robert Heroin fanden. In einer wunderschönen kleinen Dose hatte er vierundzwanzig Jacks britisches

Apothekenheroin bei sich. Als die Polizei uns durchsuchte, bemühte Robert sich nach Kräften, den Leibgardisten Ihrer Majestät zu mimen und sie einzuschüchtern: »Ich bitte Sie. Erachten Sie das tatsächlich für notwendig?« Und als einer der Cops, ein ehrbares Mitglied der arbeitenden Klassen, die Dose fand, sagte er natürlich mit dem nötigen Respekt: »Ich bitte um Enschuldigung, Sir. Aber das wird schon in Ordnung gehen.« Robert erzählte den Cops, daß die Pillen gegen seine Diabetes seien, und fast hätte er es auch geschafft, sie zu bluffen, aber dann fragte ihn der eine regelrecht bedauernd, ob er ihm »eine der Tabletten überlassen könne, Sir, eine bloße Formalität, verstehen Sie«.

Und dann kam die Posse auf der Treppe, als die Polizistin mich durchsuchen wollte. Einen Moment lang ließ ich das Fell fallen. Es war kein bißchen lasziv, nur eine rasche, sehr anmutige Bewegung, beinahe wie ein Knicks, damit sie sehen konnten, daß ich gar nichts anhatte, und die Sache damit erledigt war. Ich fand es überaus lustig: Die Frau wollte mich mit nach oben nehmen und durchsuchen, und dabei hatte ich nichts an als den Fellteppich! Es war ein großartiger Moment. Ich stand auf der Treppe, umgeben von meinen besten Freunden, Christopher, Robert, Mick, Keith, all diesen Leuten, die ich über alles liebte, und zwölf Cops und einer Polizistin. Ich muß gedacht haben, das sei doch einen kleinen Auftritt wert. Ich konnte nicht anders. Ich bin immer eine unverbesserliche Exhibitionistin gewesen. In der Folgezeit habe ich gelernt, meine diesbezüglichen Bedürfnisse in andere Bahnen zu lenken und auf die Bühne zu gehen, aber damals hatte ich sie noch nicht ganz im Griff. Die Kluft zwischen uns, die wir auf Acid waren, und ihnen mit ihren Notizbüchern, die machte es so aberwitzig. Witzig war es später nicht mehr. Ich jedenfalls bekam es doppelt und dreifach heimgezahlt.

Gegen Ende war die Atmosphäre so geladen, daß man keine Luft mehr zum Atmen hatte. Wir hätten die grauenhafte Spannung der Situation wahrscheinlich auch gar nicht ausgehalten, wenn Keith nicht Dylans »Rainy Day Women Numbers 12 And 35« aufgelegt hätte (»Everybody Must Get Stoned«). Da brachen wir alle in brüllendes Gelächter aus. Die Cops wurden stinkwütend, aber unsere mißliche Lage wurde eine Sekunde lang erträglicher.

Keith rollte sich förmlich auf dem Teppich und lachte. Im übrigen behandelten wir die Cops mit großer Geste und eisiger Verachtung. Letztere beruhte allerdings auf Gegenseitigkeit. Es gibt nichts Selbstgerechteres auf der Welt als einen Cop. Jedesmal, wenn bei mir seitdem eine Razzia war, habe ich mehr Verachtung abgekriegt, als ich für möglich hielt. Wir sollten Reue zeigen und Buße tun. Wir hatten gefehlt und sollten nun unsere Lektion lernen, aber wir lernten nichts. Ich habe im übrigen immer noch nichts gelernt! Jedenfalls nicht das, was sie beabsichtigten.

Die verdächtigste Person wurde nicht einmal durchsucht. David Schneiderman besaß einen Aluminiumkoffer, der vor Drogen überquoll. Und ich will Ihnen eins sagen, darin lagen Sachen, die sahen so suspekt aus, das halten Sie im Kopf nicht aus: dicke, in Alufolie eingewickelte Brocken in allen möglichen Größen. Der klassische Dealerkoffer, den man auf jeder Polizeischau sieht. Und sie untersuchten nicht das kleinste bißchen darin! Schneiderman gab vor, er könne die Päckchen nicht öffnen, weil sie Filme enthielten, die zerstört würden, wenn man die Folie entfernte.

Im nachhinein war uns sonnenklar, daß uns jemand gelinkt hatte. Damals klang diese Verschwörertheorie wie typische abgefahrene, paranoide Hippiephantasien, aber wenn man die jüngsten Enthüllungen darüber liest, was der MI 5 zu der Zeit alles getrickst hat, ist es nicht mehr so weit hergeholt. Schneiderman verschwand übrigens sofort nach der ganzen Chose im nichts.

Vor fünf Jahren habe ich ihn in Los Angeles wiedergesehen. Er ist ganz schön neben der Spur. Ich glaube, die Geschichte in Redlands hat ihn aus dem Gleichgewicht gebracht. Wenn jemand nach so etwas abbaut, dann normalerweise deshalb, weil er mit dem, was er getan hat, nicht leben kann.

Die Cops nahmen die hinterletzten Beweise mit. Beim Abgang sagten sie zu Keith etwas in der Richtung: »Also, wenn festgestellt wird, daß irgend etwas illegal ist, werden Sie dafür haftbar gemacht.«

Und Keith sagte: »Aha. Sie wollen mir alles anhängen.« Aber abgesehen davon wurde nicht viel geredet. Wir waren sprachlos und amüsiert, wir fanden alles so daneben. Trotzdem mußten wir uns fragen, was als nächstes geschehen würde.

Es war eine irre Situation. Wir waren ja noch high, so daß die Polizisten für uns sehr schräg aussahen. Seltsame, geradezu außerirdische Lebensformen mit ihren großen Stiefeln und ihrem drohenden Gepolter. Sie waren schrecklich groß und fett und hatten rosige Wangen, und wir waren alle so klein und dünn und anders. Sie waren eine Spezies und wir eine andere, wie die beiden Rassen in H.G. Wells' *Die Zeitmaschine,* die einen leben unter der Erde und die anderen darüber.

Sie empfanden dasselbe. Sie sahen uns definitiv nicht als Mitglieder der menschlichen Rasse an. Ich glaube, das ist einer der Gründe, warum es alles passierte, angefangen von den kleinen Männern in Whitehall bis hin zur Polizei in West Sussex. Sie hielten uns für Mutanten. Und sie hatten recht.

Aftermath

PLÖTZLICH NAHMEN ALL DIE KIDS in England Drogen, und die Herrschenden befürchteten wohl, daß ihnen die Dinge vielleicht ein ganz kleines bißchen entglitten. Wahrscheinlich brauchten sie jemanden, dem sie das anhängen konnten; sie mußten irgend jemanden zum Sündenbock machen. Ich habe die ganze Zeit immer nur gedacht: Sie glauben doch wohl nicht, daß ein Haufen schlaffer Popstars all das zuwege bringt?

Mick und ich waren wie zwei Kinder, die sich langsam kennenlernen, als sich dieser gewaltige Wirbelsturm aus dem Nichts erhob, uns verschlang und hinwegfegte. Alles in allem dauerte es mehr als ein Jahr. Die Tatsache, daß die Pillen immer noch in Micks Tasche waren, zeigt an, wie früh es passierte. Ich hatte sie auf der ersten Reise mit Mick in Italien gekauft, wir haben also vor der Razzia in Redlands ungefähr zwei Monate in Unschuld und Wonne gelebt.

Nach der Razzia war es eine Weile lang ruhig. Die *News of the World* brachten mit der für sie charakteristischen Zurückhaltung eine allgemeine Story – Namen wurden nicht erwähnt – unter dem Titel »Drogendezernat macht Razzia auf Popstarparty«, aber ansonsten gab es kaum Hinweise auf das, was kommen sollte.

Mick, Keith und Robert Fraser wurden schließlich angeklagt. Bei dem Vorverfahren am 10. Mai wurde angeordnet, daß ihnen im Juni in

West Sussex der Prozeß gemacht werden sollte, und gegen eine Kaution von 100 Pfund wurde ihnen Haftverschonung gewährt.

Ich war immer noch munter und fidel. Erst bei dem Treffen mit unserem Anwalt Michael Havers schwante mir allmählich, was geschehen war. Mick und Keith dagegen war es scheißegal. Mick wollte mich aus allem heraushalten. Er wollte nicht, daß ich in den Zeugenstand gerufen wurde, und noch weniger wollte er, daß ich etwas sagte, denn er hatte Angst, daß ich aus meinem Herzen keine Mördergrube machen würde.

Der einzige, der zu wissen schien, was mir passieren würde, war Kronanwalt Michael Havers. Ich erinnere mich, daß ich während der Diskussionen mit ihm aufsprang und rief: »Aber es sind meine Pillen! Warum gehe ich nicht hin und bezeuge schlicht und einfach, daß sie mir gehören? Ich gehe. Ich nehme die Schuld auf mich.«

Mick und Havers waren entsetzt. Havers war geradezu schockiert. Er wollte nichts davon hören. »Nein, nein, nein. Kommt gar nicht in Frage! Dem kann ich Sie nicht aussetzen. Das würden Sie nicht überstehen, niemals. Sie würden Sie kaputtmachen.«

Das haben sie sowieso getan, und schlimmer noch, zum Schluß wurde ich zu diesem passiven Opfer. Ich war böse, daß ich von dem Prozeß ausgeschlossen wurde, weil ich wußte, daß ich mich nicht hätte unterkriegen lassen, zumindest hätte ich mich selbst verteidigen können. So aber verteidigte mich niemand. Einerlei, was dabei herausgekommen wäre, mir wäre es besser gegangen, wenn ich eine aktive Rolle darin gespielt hätte. Es ist schade, daß ich nie vor dem hohen Gericht erscheinen durfte, denn ich hätte ihnen die Hölle heiß gemacht. Ich hatte eine Menge zu sagen!

Aber genau deshalb wollten sie mich ja nicht dabeihaben. Ich durfte nicht einmal als Zeugin auftreten. Frauen sollen gefälligst den Mund halten. Natürlich hätte ich im Gefängnis landen können, aber wenigstens wäre ich dann aus der ganzen Sache nicht mit dem besudelten Namen herausgekommen. Statt meine Jeanne-d'Arc-Nummer hinlegen zu können, lief ich jahrelang mit diesem lächerlichen Rockstar-Gangsterbraut-Image herum. Schlimmer noch: als hilfloses kleines Opfer der großen bösen Rockstars!

Havers war nicht nur klipp und klar dagegen, daß ich als Zeugin aussagte, er war auch felsenfest überzeugt, daß man mir zu dem Zeitpunkt ohnehin nicht geglaubt hätte. Sie hätten eh gedacht, daß wir etwas vertuschen wollten, Mick wurde schon zu sehr verteufelt. In dem Lügenmärchen, das sie zusammengesponnen hatten, figurierte er als schmutziger, perverser Irrer und ich als die Dickenssche Unschuld, die in den Krallen des Monsters gefangen war. Diese Klischees sind über alle Maßen absurd, aber die daraus entstandenen Etikette, die blieben an uns haften.

Michael Havers entschied, daß Micks und Keiths Fälle getrennt von Robert Frasers Fall verhandelt werden sollten. Er war der Meinung, es würde sich nachteilig auswirken, wenn ihnen zusammen mit Robert der Prozeß gemacht würde. Robert wurde wegen Heroinbesitzes angeklagt, einem schwerwiegenden Drogenvergehen, während Micks Pillen legal waren (wenn auch nur in Italien). Sie enthielten zwar eine Spur Speed, aber man konnte sie dort in jedem Laden kaufen.

Die Prozesse fanden vom 27. bis zum 29. Juni statt. Roberts und Micks am ersten Tag, sie wurden für schuldig befunden – Robert wegen Besitzes von Heroinpillen, Mick wegen der vier Pillen, die Amphetamin enthielten. Beide wurden in das Gefängnis von Lewes überführt, wo sie das Urteil abwarten sollten. Der Prozeß gegen Keith dauerte die nächsten beiden Tage.

Ich war am ersten Tag nicht dort. Ich war mit Nicholas und meiner Freundin Saida bei Steve Marriott. Ich wollte von der Bildfläche verschwinden, die ganze Sache machte mir eine Riesenangst. Ich fühlte mich auch ausgestoßen. Obwohl die Presse mehr hinter mir her war als hinter all den anderen, hatte mich keiner nach meiner Meinung gefragt oder sich erkundigt, wie es mir ging. Sie waren anderweitig beschäftigt, sie waren im Knast. Ich hockte in London. Aber nur, um nicht herumsitzen und brav am Telefon warten zu müssen, bin ich zu jeder Schandtat bereit. Ich rief also Saida an und erzählte ihr, wie es mir ging, woraufhin sie sagte: »Ach, zum Teufel. Komm, wir fahren nach Richmond, werfen einen Trip und bleiben übers Wochenende bei Steve Marriott.« Und so geschah's. Danach wollte ich auf meinen einsamen Posten, oben im Harley House, zurückkehren und der Dinge harren, die da kommen sollten.

Ich fuhr zu Steve Marriott, um mich zu verstecken. Nicht, weil Steve und ich was miteinander hatten. An eine Affäre mit Steve Marriott hätte ich nicht im Traum gedacht. Ich war mit meiner wunderschönen indischen Freundin dort. Keiner hätte es gewagt, uns nahezukommen. Mit Saida war nicht zu spaßen.

Wir nahmen LSD, der Trip begann. Die Jungs waren alle da: Steve Marriott, Ronnie Lane, Ian McLagan. Sie waren unzertrennlich. Ich glaube, sie hatten noch nicht einmal Freundinnen. Eine Menge ungutes Zeug ging ab – Leute, die sich im Badezimmer in Frösche verwandelten und dann herauskamen und es einem in epischer Breite erzählten. Ich wußte, Mick stand vor Gericht, und die Zeichen standen auf Sturm, aber ich konnte nicht damit umgehen, deshalb versuchte ich zu verschwinden.

Irgendwann an dem Wochenende muß Mick dann gesagt haben: »Wo ist Marianne? Warum steht sie nicht weinend vor den Gefängnistoren, wie es sich gehört?« Tom Keylock, der Chauffeur der Stones, wurde losgeschickt, um mich zu suchen. An dem Tag tat mir Tom wirklich von Herzen leid, denn wenn ich verschwinden will, ist es beinahe unmöglich, mich zu finden. Irgendwie spürte er mich aber auf und holte mich da weg. Ich fuhr mit nichts als den Kleidern am Leibe los, genau wie nach Redlands. Mir blieb nicht mal Zeit, mich umzuziehen. Immer noch auf dem Trip, ohne BH und in hochhackigen Sandalen, Jeans und einem von Micks Hemden, gab ich Saida einen Abschiedskuß, und los ging's nach West Wittering.

Den ganzen Weg dorthin sagte Tom: »Was hast du dir eigentlich dabei gedacht? Verdammte Scheiße, ich mußte es Saidas Freundin aus der Nase ziehen. Sie hat Rotz und Wasser geheult, weil sie deinen Aufenthaltsort nicht verraten sollte, aber ich habe ihr gesagt, es ist eine Angelegenheit von äußerster Wichtigkeit, die nationale Sicherheit steht auf dem Spiel, und so weiter und so fort.« Während dieser Fahrt kriegte ich zum erstenmal eine Kostprobe von Kleinbürgerprüderie. Tom war in unzählige schmutzige Episoden mit Brian, Mick und Keith eingeweiht, aber mein Verhalten fand er absolut skandalös.

Er brachte mich nach Redlands. Keith war mit Michael Cooper dort. Keith nahm's, wie's kam, er war abgebrüht. Ihm gefiel das Romantische daran, der alte Billy-the-Kid-Kick. Da war er natürlich noch nicht im Knast. Zu dem Zeitpunkt saßen nur Mick und Robert im Knast. Ich wußte gar nicht, was ich dort sollte. Michael Cooper allerdings wußte, was er wollte, er wollte das fetzige Bild, auf dem Mick und Robert mit Handschellen aneinandergefesselt sind, und er bekam es.

Wenn ich mich an die Zeit erinnere, entstehen Bilder vor mir wie Standfotos aus einem Film. Keine kontinuierliche Geschichte. Der Besuch bei Mick und Robert. Oder Keith, der durchs Haus wandert, kaum redet, nur hohnlächelt.

Und mein irrwitziges Blumenpflücken, daran erinnere ich mich. Ich brachte Arme voll Feldblumen, Gräsern und Blättern ins Haus, füllte jede Vase und jeden Krug in der Bude mit Ästen, Zweigen, Ranken und Farnen, und dabei hatte Keith Heuschnupfen. Er konnte es nicht ertragen, traute sich aber auch nicht, etwas zu sagen. Tom Keylock und Alan Dunn aus dem Büro der Stones entfernten die Blumen, aber kaum hatten sie sie alle hinausbefördert, fing ich wieder von vorn an. So verbrachte ich den Tag.

In der Nacht nach meiner Ankunft landeten Michael und ich zusammen im Bett. Weil ich mich einsam und verloren fühlte, griff ich in dieser höllischen Situation nach jemandem. Michael war ein wunderbarer Mensch, wir waren sehr eng befreundet. Es war schon seltsam, ich war natürlich die ganze Zeit im Dschumm. Einerlei, warum, ich brauchte jemanden, an den ich mich anlehnen konnte.

In Redlands versuchten wir alle, die gute Laune nicht zu verlieren. Ich schaffte es, indem ich die ganze Zeit LSD warf. Wir wollten uns nicht verrückt machen lassen. Michael knipste das Foto von mir, auf dem ich übers ganze Gesicht lächle und mit dem Finger auf die Titelüberschriften der *News of the World* zeige. Es sieht aus, als sei alles an mir abgeprallt, in Wirklichkeit war es noch nicht eingesunken. Im Grunde empfanden wir diesen ganzen juristischen Hokuspokus nur als Riesenärgernis. Bis wir das Urteil hörten, hielten wir es alles für eine Schmierenkomödie. Was war das für ein Wahnsinn? Sollten wir für alles und jedes bestraft werden, für anders sein, dafür, daß wir Spaß am Leben hatten, sogar dafür, jung zu sein?

Mick und Robert saßen im Gefängnis. Heute ist es schwer, einigermaßen nachzuvollziehen, wie es wirklich war, denn am Ende wurde Micks Urteil abgemildert. Aber einen schrecklichen Moment lang sah es so aus, als würden wir alle vernichtet. Und für nichts und wieder nichts, dafür, daß wir LSD nahmen und Gott sahen, Herr im Himmel.

Keith fuhr mich zum Knast, wo Mick mit Robert in einer U-Haftzelle saß. Robert ergab sich verbissen in sein Schicksal, Mick nicht. Mick war aufgeregter, als ich ihn je erlebt hatte, völlig aufgelöst. Nicht mal in seinen kühnsten Träumen hatte er sich vorgestellt, daß ihm je so etwas zustoßen könnte. Für ihn war es grauslich, so hart auf dem Boden der Tatsachen aufzuschlagen, er konnte sich überhaupt nicht darauf einstellen.

Er saß in seiner Zelle, jammerte und rang die Hände. »Was soll ich bloß machen? Verdammt, was soll ich bloß machen?«

Er weinte ungeniert drauflos. Da hakte etwas bei mir aus. Mit dieser hemmungslosen Zurschaustellung von Emotionen konnte ich nicht umgehen. Micks Hilflosigkeit machte mich total kirre, und zu meiner ewigen Schande muß ich gestehen, ich hatte keinerlei Mitgefühl für ihn.

»Gott, Mick, reiß dich zusammen!« herrschte ich ihn an. »Was sollen denn die Cops denken, wenn sie sehen, wie du schlappmachst? Du bestätigst ihnen doch nur ihre übelsten Vorurteile. Sie halten dich für einen Popstarbubi ohne jedes Rückgrat.«

Bei diesen Sätzen zuckte er zurück, hörte aber sofort auf zu weinen. Ich glaube, er kannte diese Seite an mir gar nicht, meinen harten Zug. Aber ich verhielt mich grundverkehrt, ich hätte ihm in dem Moment nichts als Sympathie entgegenbringen dürfen. Es hätte mich anrühren sollen, daß er keine Angst hatte, bei mir seine Barrieren herunterzulassen. In Wirklichkeit geschah etwas Wunderbares, er zeigte, wie verletzlich er war. Die Seite seines Ichs erlebte ich natürlich nie wieder. Ich kann gar nicht sagen, wie sehr ich meine Worte bedauert habe – da offenbarte er plötzlich ehrlich seine Gefühle, und mir fällt nichts Besseres ein als: »Jetzt nimm gefälligst Vernunft an!«

Wenn ich ein Mann gewesen wäre und ihm diesen Rat gegeben hätte, wäre es vielleicht in Ordnung gewesen, so aber nicht. Ich bin mit dem Verhaltenskodex in diesen Dingen nicht vertraut, aber ich weiß, wie man sich fühlt, wenn eine Frau einen so abkanzelt. Ich war plötzlich in die Rolle seiner Mutter geschlüpft – und das widersprach garantiert den Regeln.

Meine Reaktion rührte natürlich auch aus meiner eigenen Hilflosigkeit her. Es tat mir in der Seele weh, Mick im Gefängnis zu sehen und absolut nichts dagegen tun zu können. Ich sagte, was ich immer sage, wenn jemand so einbricht. So liebenswürdig wie möglich fragte ich ihn: »Warum machst du dir die Erfahrung nicht zunutze, Darling?«

»Zunutze machen? Was meinst du denn damit?«

»Du könntest ein Lied schreiben, Liebster.«

»Verdammte Scheiße, Marianne! Daran kann ich doch jetzt nicht denken. In meinem Kopf dreht sich alles, ich kann an nichts anderes denken, als daß ich in diesem Scheißloch sitze und raus will. Ich will diesen Horrortrip so schnell wie möglich vergessen.«

»Versuch es doch, Darling. Wer weiß, der ganze Mist tritt dann vielleicht in den Hintergrund.«

»Was erwartest du denn? Die Scheiß-Ballade vom Zuchthaus in Reading?«

»Aber denk doch nur an all die Bluessänger, die du so magst, Darling. Die haben Kunst daraus gemacht, oder nicht? Jetzt hat's dich auch erwischt. Jetzt kannst du deinen eigenen Blues schreiben.«

Während Keith in dem romantischen Abenteuer schwelgte, ein Outlaw zu sein, war Mick todunglücklich. Er gab sich über den Glamour all dessen keinen Illusionen hin. Aber er schrieb die Lieder. Düsteren, schauerlichen, abgefahrenen Blues. *Satanic Majesties* ist voll davon.

Eine angenehme Seite in der ganzen miesen Affäre bestand darin, daß wir Mick und Keith in solch wunderschönen Klamotten zu sehen bekamen. Wenn der Prozeß nicht gewesen wäre, hätte Keith nie einen Anzug getragen. Seine Alltagskluft waren Jeans und Lederjacke. Und er sah natürlich absolut scheißtoll aus. Wie wunderschön er war! Keith trug schwarze und graue Anzüge, Mick farbige.

Die Presse walzte jede kleinste Kleinigkeit des langen und breiten aus. Was für Essen Mick sich aus einem Restaurant in der Nähe ins Gericht bestellte, welche Bücher und Zeitschriften ich ihm brachte (über Tibet und moderne Kunst), was für eine Zigarettenmarke er rauchte – als wäre er der Herzog von Windsor. Es gab endlose, wenn auch immer voneinander abweichende Beschreibungen der Klamotten. Die Farbe eines Jacketts variierte von zartem Blau bis Jadegrün samt allen Zwischentönen. Nach jedem Prozeßtag wurden wir mit einem umfassenden Modereport darüber verwöhnt, was die beiden Dandies auf der Anklagebank trugen.

»Mr. Richards trat vor Gericht heute in einem schwarzen Seidenanzug mit weißer Krawatte auf. Mr. Jagger in einem grünen Samtanzug mit rosafarbenem Hemd und Rüschenkragen.« So fingen die Presseberichte unweigerlich an.

So banal es ist, ich glaube, daß ihre Dandygarderobe half, die öffentliche Meinung zu ihren Gunsten zu beeinflussen. In ihrer erlesenen

Kleidung erschienen sie eher wie fragile Aristokraten, die von bulligen Cops schikaniert werden, als wie die sinistren Typen, die die Anklage dem Gericht präsentieren wollte. Sie wurden romantische Gestalten. Für diese Art galanter Heldentaten hatten die Engländer schon immer ein Faible: Sir Walter Raleigh am Richtblock, Francis Drake, der eine Runde Boule spielt, bevor er loszieht, um gegen die Spanische Armada zu kämpfen.

All diese sagenhaften Klamotten dienten Mick und Keith als wunderbare Rüstung, und ich hätte ihrem Beispiel folgen sollen. Im Rückblick sehe ich, daß es mir gut angestanden hätte, mich selbst ein wenig auf Vordermann zu bringen, bevor ich mich in den Kampf stürzte. Wenn ich meinen Kopf gebraucht hätte – wenn ich nüchtern gewesen wäre –, wäre ich nach Harley House gegangen, hätte ein heißes Bad genommen, mir das Haar aufgesteckt, ein todschickes Kostümchen angezogen, Pumps, Strümpfe, alles, was dazugehört, und wäre so nach Redlands gefahren, anstatt in Hippieklamotten dort aufzukreuzen. Mein nachlässiges Äußeres wurde von Presse und Gericht als Affront aufgefaßt. Obwohl es natürlich nicht in meiner Absicht lag, wurden sie dadurch noch wütender.

In meiner Hektik verschwendete ich keinen Gedanken daran, wie man mich wahrnehmen würde. Wie unvorbereitet ich war, sieht man an den Bildern von mir aus der Zeit. Sie sind wunderschön, aber sie haben kein Gewicht, man sieht nur dieses kleine Wesen mit langem blondem Haar, sehr dünn und reichlich desolat.

Mein Auftreten und Aussehen als verirrtes Kind führte zu dem Image von mir, das ich am meisten hasse: dem des Opfers. Das schamlose Flittchen wurde ich schließlich los, aber dieses hartnäckige Bild von mir als das rührende, von den bösen Rockstars verführte kleine Mädchen war herbe. Es entsprach nämlich mitnichten den Tatsachen.

Wenn überhaupt etwas, dann war ich der agent provocateur in der Gruppe. Im Grunde waren Brian und ich die einzigen, die durch die Gegend zogen und leichtsinnig daherquatschten. Brian war total übergeschnappt, weil er soviel Pillen nahm und Alkohol trank, und ich war angesichts der Heuchelei und Repression um mich herum so empört, daß ich wirklich wollte, daß sich alles radikal veränderte. Will ich immer noch.

Ich fand den Prozeß todlangweilig, aber auch beängstigend. Es war entsetzlich zu sehen, wie die Staatsmacht umständlich und gnadenlos wie ein großes steinernes Rad über Mick und Keith hinwegrollte und sie ganz langsam zermalmte.

Als Hauptbeweisstücke führte die Anklage gebetsmühlenartig »den starken süßen Geruch von Räucherwerk« und das Verhalten der Gäste ins Feld. Aber von deren Verhalten, besonders im Bereich Sexualität, konnte gar keine Rede sein.

Da saß ich Stunde um Stunde im Gericht und lauschte all diesen versteckten Anspielungen auf »Miss X« (übrigens das am schlechtesten bewahrte Geheimnis in der britischen Justizgeschichte). Die Verbindung zwischen Miss X und mir war während des Prozesses nur ein Gerücht, aber nachdem alles vorbei war, gab ich der *Sunday Times* ein Interview und beantwortete ihre Frage, ob ich das Mädchen sei, das in den Zeitungen als »Miss X« bezeichnet werde, mit Ja. (Kurz danach setzte Mick den Journalisten vor die Tür.)

Der Prozeß dauerte drei Tage. Endlos wurden Szenen aus der schmalzigsten Seifenoper aller Zeiten erzählt, eine grauenhafte Version unseres Lebens à la »Der Chef rollt in den Hippie Club«. Und von uns erwartete man auch noch, daß wir diesen Unsinn mitmachten, stundenlange minutiöse Kreuzverhöre über die Frau in dem Fellteppich.

Detective Constable Rosemary Slade: »Die Frau war guter Dinge, als ginge sie das alles gar nichts an.«

Malcolm Morris (Ankläger): »Sie war unbekümmert und schien die Situation zu genießen.«

Den ganzen Schrott mußte ich mir anhören und dazu den Mund halten. Ich hatte das Gefühl, als redeten sie über jemand anderen. Ihre Story lautete so: Ein Haufen verkommener Rockstars lockt ein unschuldiges Mädchen in ein abgelegenes Cottage, wo sie sie mit Drogen vollstopfen und schänden und verschiedene sexuelle Handlungen an ihr vornehmen, bei denen auch ein Marsriegel eine Rolle spielt.

Von dem Marsriegel erzählte mir Mick kurz nach dem Prozeß zum erstenmal. »Du weißt, was sie in Wormwood Scrubs über uns erzählen. Sie behaupten, die Cops hätten mich dabei erwischt, wie ich einen Marsriegel aus deiner Möse gegessen habe.«

Zunächst fand ich das lustig, aber das Lachen verging mir, als die verdammte Geschichte sich nicht nur nicht in Luft auflöste, sondern als Teil einer Legende etablierte.

Der Marsriegel war ein überaus wirkungsvolles Instrument der Verteufelung, so übertrieben, eine solche Verdrehung der Tatsachen. Mick, der einen Marsriegel aus meiner Vagina holt! Auf eine so abartige Idee wäre selbst von uns keiner verfallen. Es ist eine Altmännerphantasie, die Phantasie eines alten Knackers, der jeden Donnerstagnachmittag zu einer Domina eilt, um ihr die Stiefel zu lecken und sich eine Tracht Prügel zu holen. Herr im Himmel, daß die Leute auf LSD so etwas tun, kann sich auch nur ein Bulle ausdenken.

Es kam mir vor, als erzählte mir jemand einen Pornofilm, der auf meinem Leben basierte. Man stahl mir mein Leben und verkaufte es an die Boulevardpresse. Mir wurde alles egal, ich stand unter Schock. Das sehe ich an den Fotos von mir aus der Zeit. Ich habe ständig einen perplexen Ausdruck auf dem Gesicht, als wollte ich sagen: Das kann doch alles nicht wahr sein!

Bei Keiths Prozeß gab es einen herrlichen Moment. Zwischen dem Ankläger, dem piefigen Mr. Morris, und Keith, der zu wahrhaft Byronscher Form auflief, fand ein wunderbarer Schlagabtausch statt.

Mr. Morris: »Sind Sie nicht auch der Meinung, daß man bei einem normalen Verlauf der Ereignisse erwarten sollte, es sei einer jungen Frau peinlich, wenn sie in Anwesenheit mehrerer Männer nichts anhat?«

Keith: »Keineswegs. Wir sind keine alten Männer und scheren uns nicht um kleinliche Moralvorstellungen ... sie war oben gewesen und hatte gebadet. Sie hatte sich ihre schmutzigen Kleider ausgezogen, weil sie auf dem Land spazierengegangen war. Und saubere Kleider hatte sie nicht mit. Sie kam herunter, um eine Tasse Tee zu trinken, und saß da, als die Polizei kam.«

Mr. Morris: »Waren Sie sehr überrascht, daß sie bereit war, nur in dem Fell nach unten zu kommen, obwohl dort zehn Polizeibeamte waren?«

Keith: »Ich fand, das Fell war groß genug für drei Frauen. An der Art, wie sie es getragen hat, war nichts Unanständiges.«

Mr. Morris: »Ich habe nicht darüber gesprochen, ob es unanständig war, sondern darüber, ob es ihr peinlich war.«

Keith: »Ihr ist so leicht nichts peinlich. Mir übrigens auch nicht.«

Das Gericht brauchte fünf Minuten, um Keith für schuldig zu befinden (bei Mick brauchten sie dazu eine Minute länger). Am 29. Juni kriegte Mick drei Monate aufgebrummt, und Keith wurde mit Hilfe eines diabolischen Gesetzes dafür, daß er in seinem Haus den Konsum von Drogen erlaubt hatte, zu einem Jahr verurteilt. Robert bekam sechs Monate in Wormwood Scrubs, außerdem ein paar unnötig beleidigende Äußerungen von dem Richter und eine miese Attacke in der Presse.

Allen Klein holte Mick und Keith auf Kaution heraus. Lange haben sie nicht gesessen; Mick verbrachte drei Nächte im Gefängnis, Keith weniger als zwölf Stunden. Uns allen fiel ein Stein vom Herzen, als Allen kam. So in dem Stil: »Papa ist da, jetzt wird alles gut.« Allen hatte große Autorität. Als er eintraf, wußte ich, daß wir gerettet würden, und Mick empfand dasselbe, einerlei, was er heute über Allen sagt.

Aber Robert würde es abkriegen, das war klar. Vierundzwanzig Heroinpillen waren kein Pappenstiel. Und um ehrlich zu sein, als er aus dem Gefängnis entlassen wurde, war er nicht mehr der alte. Die ganze Sache desillusionierte ihn unglaublich. Er kam voll schwärzester Rachegefühle heraus, und danach lief für ihn nichts mehr. Während seiner Haft hatte er seine Galerie verloren, und fünfzehn Jahre später starb er an AIDS, einer der ersten in Großbritannien, die daran starben. Nicht, daß es nur darauf ankommt, am Leben zu bleiben, das meine ich gar nicht. Aber ich glaube, es ist wichtig, daß man sich nicht bitter machen läßt – wenn das passiert, hat man Sie gewinnen lassen. Armer Robert, ich vermisse ihn schrecklich.

Erst, als sie bei Brian eine Razzia durchführten, dämmerte mir, daß es eine Verschwörung war. Also, sie verhafteten Brian an dem Tag, als Mick und Keith aus dem Gefängnis kamen, einen Tag nach dem Prozeß. Meine Güte, sie versuchten es gar nicht mehr auf die dezente Art. Das ganze Ding war sorgfältig gedeichselt. Ganz offensichtlich. Ein klarer Versuch, Mick und Keith als schuldig darzustellen, weil sie etwas mit ihm zu tun hatten, Sippenhaft. Noch ein Rolling Stone mit Drogen erwischt! Ja, was erwarten Sie denn von solch entarteten Typen? Brians Verhaftung war das Werk des berüchtigten Detective Sergeant Norman Pilcher (die »semolina pilchards« in John Lennons »I Am The Walrus«). Das war ein übler Bursche, ein korrupter Bulle, der sich einen Namen machen wollte. Er ließ Mick und mich noch mehrere Male danach hochgehen, später auch John Lennon. Vielleicht war er ja auch ein Groupie der besonderen Art. Ich gebe zu, ich empfand große Genugtuung, als er Anfang der Siebziger wegen des Vorwurfs der Bestechung vor den Kadi mußte. Solche Leute schickten sie aus, um uns zu kriegen: Cops, die die Hände aufhielten und Beweise fingierten. Und zwar äußerst geschickt!

Brian hatte das Pech, eine Wohnung gemietet zu haben, in der die Vormieterin Haschisch zurückgelassen hatte. Er rauchte gar kein Dope mehr, weil er zu paranoid davon wurde. Doch Pilcher fand einen Haschischklumpen, der in einem Wollknäuel hinten in einer Schublade mit Socken versteckt war. Vor Brian hatte eine Schauspielerin in der Wohnung gewohnt, die in London einen Film drehte. Bekanntermaßen strickte sie wie verrückt. Natürlich stritt sie vor der Polizei jegliche Kenntnis davon ab, aber bitte, was sprach dafür, daß Brian plötzlich zu stricken angefangen hatte? Er konnte sich ja kaum noch die Schuhe selbst zubinden.

Nach Redlands wurde Keith prominenter. Er hatte bisher immer im Schatten von Mick und Brian gestanden, aber sein aufsässiges Verhalten im Zeugenstand machte ihn zu einem regelrechten Volkshelden. Die Legende von Keith begann. Er wurde nicht nur zur Symbolfigur alles Zügellosen und Dämonischen, sondern lebte es auch aus. Er wurde Satans rechte Hand mit den Totenkopfringen und dem teuflischen Image. Er nutzte es alles zu seinem Vorteil.

Sie wollten natürlich auch Andrew Oldham, und er geriet in Panik. Er blieb weitgehend außer Landes, bis alles vorüber war, was unter anderem zu der irreparablen Kluft zwischen ihm und den Stones beitrug. Mick und Keith fühlten sich von ihm im Stich gelassen.

Andrew und Tony Calder verwickelten uns beinahe in ein weiteres Desaster: die berüchtigte Bestechungsaffäre. Die Geschichte, die Spanish Tony (und Keith selbst) später häufig erzählten, ist zu einem Bestandteil der Stoneslegende geworden. Keith sollte Spanish Tony 5000 Pfund gegeben haben, damit er sie einem korrupten Cop zusteckte, der Laborresultate fälschen sollte. Aber das Geld ging angeblich an den Falschen, weshalb die Bestechung nicht funktionierte. Eine gute Geschichte, gehört aber ins Reich der Sagen und Märchen. Das schmutzige Komplott hatte in Wirklichkeit ein Anwalt ausgeheckt, den Andrew und Tony aufgetan hatten. Die Kohle für diesen sauberen Plan sollte von Allen Klein kommen. Der Anwalt sagte Allen, er könnte es richten, es würde aber 5000 Pfund kosten. Eine richtige Laurel-und-Hardy-Klamotte. Und natürlich ging das Geld nicht an den Falschen. Es ging an niemanden, denn als Allen davon hörte, sagte er: »Nada.«

Das Nervigste an der ganzen Hetzjagd war die Allgegenwart des Feindes. Das Gefühl, daß mysteriöse, bedrohliche Mächte uns verfolgten, wohin wir auch gingen. Wie die alles durchdringende Finsternis auf *Satanic Majesties* ja auch zeigt, fühlten wir uns wie unter einem bösen Zauber.

Aber der Wendepunkt kam, als *The Times* einen Kommentar von William Rees-Mogg veröffentlichte: »Wer bricht einen Schmetterling auf dem Rad?« In einer wunderbar spinnerten Analogie schrieb Rees-Mogg:

> »Wenn der Erzbischof von Canterbury nach einem Besuch beim Papst auf dem Flughafen in Rom nicht rezeptpflichtige Tabletten gegen Flugbeschwerden gekauft und die übriggebliebenen bei seiner Rückkehr nach Großbritannien importiert hätte, hätte er riskiert, sich desselben Vergehens schuldig zu machen.«

Rees-Moggs Artikel sagte im Grunde nichts anderes, als daß Mick und Keith gesetzlich verfolgt wurden, obwohl die Anklage gegen sie so fadenscheinig war, daß man das britische Rechtssystem in Frage stellen müsse:

> »Die britische Justiz sollte besonderen Wert darauf legen, sicherzustellen, daß Mr. Jagger wie jeder andere behandelt wird, nicht besser und nicht schlechter. In diesem Fall drängt sich der Verdacht auf, daß Mr. Jagger eine strengere Strafe erhielt, als man sie für einen vollkommen anonymen jungen Mann für richtig gehalten hätte.«

Dieser Protest aus dem Herzen des Establishment war besonders mutig, weil *The Times* in ein laufendes Verfahren eingriff und damit selbst Gefahr lief, gerichtlich belangt zu werden. Über Nacht wurden die Stones nun plötzlich als Sündenböcke gesehen, aber bis dahin waren die Herrschenden wirklich dabei, sie fertigzumachen.

Als in den Zeitungen die Bilder von Mick und Robert in Handschellen erschienen und man die beiden offensichtlich fragilen Männer aneinandergekettet sah, sprang die Absurdität des Ganzen so richtig ins Auge. Sie waren weder Moormörder noch Vergewaltiger noch Erpresser, sie hatten sich eines Verbrechens ohne Opfer schuldig gemacht. Die Handschellenbilder brachten eine Welle von Sympathie ins Rollen.

Die Fotos waren so plastisch, daß Richard Hamilton sie als Vorlage für eine Serie eindrucksvoller Bilder benutzte. Robert freute sich sogar richtig, als er sie sah. Die Tate-Galerie wollte eins kaufen, aber Roberts Mutter Cynthia erstickte diesen Plan im Keim. Sie war damals Vorsitzende der Freunde der Tate, und bat eindringlich darum, es nicht zu erwerben. Mehr oder weniger mit den Worten: »Dieses Bild von meinem Sohn dulde ich nicht in der Kollektion der Tate-Galerie.« Als Robert das hörte, machte er einen Riesenaufstand und verlangte, daß gegen seine Mutter entschieden würde. Woraufhin die Herren und Damen Kuratoren ihre Meinung änderten.

An dem Wochenende, nach dem Mick aus dem Gefängnis entlassen worden war, fuhr ich mit ihm, Michael Cooper und dessen Sohn Adam nach Brazier's Park. Ich wußte sonst keinen Ort, an dem wir nicht gejagt worden wären. Wir mußten aus dem Kampfgetümmel und irgendwo ungestört sein, wo die Presse uns nicht erwischen konnte.

Es war herrlich dort. Sehr wunderlich, und das Essen war grauenhaft (Mick ist pingelig). Brazier's war ein Paradies für Exzentriker. Die Leute saßen in kleinen Gruppen um einen Tisch, und einer fragte dann zum Beispiel: »Und was hast du heute Schönes betrachtet, Nigel?« Und dann sagte Nigel etwas in der Art: »Ich habe einen Traktor gesehen!« Die Zwillinge, meine Stiefbrüder aus Glynns zweiter Ehe, vervollständigten einer des anderen Sätze wie zwei Figuren aus einem Tom-Stoppard-Stück. Andere Leute im Haus besuchten Seminare oder Workshops von beeindruckender Absonderlichkeit. »Die Struktur der Noosphäre«, »Giordano Bruno und die Hermetische Häresie« wie auch »Gärtnern im Mondlicht«, »Töpfern in Sackleinenschürzen« und dergleichen.

Damals stand ich meinem Vater näher als meiner Mutter. Weil mein Vater selbst so ein Spinner ist, verstand er unsere mißliche Lage wenigstens intellektuell beziehungsweise konnte das, was uns geschah, in seine Kosmologie einpassen. Er zog Parallelen zu den Vaganten und Albigensern. Er sympathisierte mit uns, aber überhaupt nicht gefühlsduselig, was nun eine Erleichterung für mich war. Mein Vater ist ein sehr distanzierter Mensch, und während ich das in meiner Kindheit und Jugend als problematisch erlebt hatte, empfand ich es jetzt als angenehm.

Wir waren fast den ganzen Tag mit dem kleinen Adam draußen, den ich ebensosehr mochte wie Michael, der all die schönen Fotos von Mick und mir aufnahm. Es waren Bilder von zwei Menschen, die gerade einen Krieg überstanden haben und nun ihre Flitterwochen im Sonnenschein verleben, mit Bäumen, Blumen und Kindern auf Schaukeln. Ich glaube, deshalb wollte Mick, daß Michael mitkam. Die Bilder sollten etwas festhalten, einen Neubeginn.

Ich zeigte Mick und Michael den Speicher und die Zinnen, wo ich als Kind gespielt hatte, und ich nahm sie mit zu Granny Pitt. Eine wunderbare alte Dame, blind und sehr, sehr alt – wie eine schöne knorrige, uralte Eiche. Ich wollte, daß Mick sah, wo ich herkam.

Brazier's Park ist phantastisch, einfach wunderschön. Man kann herrlich herumtollen. Wir genossen es in vollen Zügen.

Die Verrücktheit allenthalben dort, all diese spleenigen Leute, die durch die Gegend spazierten, verwirrten Mick. Keiner nahm auch nur die geringste Notiz von ihm; sie wußten wahrscheinlich nicht einmal, wer er war. Es hätte sie auch nicht interessiert. Diese Leute lebten in einer anderen Welt, sie waren ja in Brazier's, um von allem wegzukommen. Mein Vater gab, glaube ich, gerade einen seiner wunderbaren Kurse über Pope. Mick Jagger interessierte einen Scheißdreck!

Michael kam aus London. Ein jüdischer Cockney, glaube ich. Er hatte ein bildschönes Gesicht mit einer Nase, so groß wie die Nelsonsäule, und wunderbaren riesigen Kulleraugen, die vor Leben sprühten. Er gehörte zu den Leuten aus den Sechzigern, die durch die Drogen weit offen geworden waren. Zu diesen weltlichen Heiligen, die tun, was sie lieben, und das hervorragend. Ihr Gesicht und besonders die Augen strahlen eine bestimmte Energie aus. Michael steckte voller Ideen, doch im Gegensatz zu vielen seiner Zeitgenossen verwirklichte er seine Projekte! Und zwar solche enormen Sachen wie die Cover für *Sgt. Pepper* oder *Satanic Majesties,* Miniopern mit phantastischen Bühnen, auf denen die unmöglichsten Gestalten aufeinandertreffen. Er war einer der wichtigsten Köpfe im London der Sechziger.

Er hatte immer die Kamera bei sich und machte dauernd Fotos. Er knipste Mick und Keith nicht, weil sie die Rolling Stones waren, sondern weil sich in ihnen die Energie konzentrierte – für Michael war Fotografieren eine Zenstudie. Nur einmal, nach dem Prozeß, benutzte er die Fotos zu profanen Zwecken. Die Presse schrie nach Bildern, wir mußten ihnen etwas geben, also machte Michael ein wunderschönes Foto von Mick und mir, und prompt erschien es in allen Zeitungen. An dem Tag hat er bestimmt ein Vermögen verdient.

Selbst in sehr angespannten Situationen konnte Michael Bilder machen, ohne auch nur einen Hauch zu stören. Zum Beispiel das von Mick und Michael Havers auf dem Rücksitz des Bentley auf dem Weg zum Gericht. Ich habe nie gemerkt, wie er fotografierte. Keith sagte, glaube ich, einmal, daß die Kamera so fest mit Michael verwachsen war, als sei er ein Mutant mit einer implantierten Linse.

Michael war immer äußerst stilvoll gekleidet. Er trug viele Sachen, die auch Brian mochte. Er war immer voll da, war immer aktiv, im Zentrum der Dinge, wie eine Kraft, die alles zusammenhält. Als er Anfang der Siebziger starb, war ich sehr erschreckt. Undenkbar, daß der Tod jemanden wie ihn genommen hat. Ich vermisse ihn sehr.

Wir hatten uns in Brazier's Park sehr wohl gefühlt, und als wir wegfuhren – in Micks Bentley die Einfahrt hinunter –, sah Mick etwas Merkwürdiges im Rückspiegel. »Dein Vater kommt hinter uns hergerannt«, sagte er, »und fuchtelt hektisch mit den Armen.« Ich drehte mich um und dachte: Oh Gott, was ist das nun wieder? Er rannte hinter uns her und winkte mit etwas. Mick hielt, mein Vater kam angekeucht – die Auffahrt ist lang – und händigte Mick die Rechnung aus. Den vollen Preis für das Wochenende für mich, Mick und Michael und den halben Preis für Adam. Wir waren sprachlos.

»Ihr seid ein Wochenende hier gewesen, und das macht für jeden 9 Pfund.« Mick mußte bezahlen. Damals war es mir sehr peinlich, aber die Achtung für meinen Vater stieg gewaltig.

Kaum außerhalb von Brazier's, waren wir auch schon zurück im Wahnsinn. Im Juli kam Mick vor dem Berufungsgericht mit einer Bewährungsstrafe davon. Er hatte für mich die Schuld auf sich genommen, sehr edel. Vielleicht kam er deshalb davon. Vielleicht sucht sich die Gerechtigkeit ja ihren eigenen Weg. Keiths Urteil wurde kassiert, der ganze Alptraum löste sich so plötzlich in Wohlgefallen auf, wie er begonnen hatte. Mick und Keith hatte er nichts anhaben können. Der Mythos und die Legende wurden nur noch größer. Wie Salamander entkamen sie dem Feuer nicht nur unversehrt, sondern mit leuchtenden, schillernden Farben.

Obwohl wir gesiegt hatten, waren wir am Ende demoralisiert, was

England betrifft. Keiths Reaktion auf die Bestechungsgeschichte war typisch. Daß es möglich war, bei Scotland Yard etwas zu drehen, schockierte ihn zutiefst. Er war mit all den *Plimsoll of the Yard*-Filmen aufgewachsen, und dann festzustellen, daß sie auch dort korrupt waren, kam als böses Erwachen. Die ganze Sache war entsetzlich deprimierend. Ich begriff, daß mein Land nicht auf meiner Seite stand, das hatte ich noch nie so empfunden. Das grundsätzliche Vertrauen, das Leute normalerweise in ihr Land haben, existiert in England nicht mehr. In den Sechzigern rebellierten wir, weil wir fanden, es lohnte sich, England zu verändern. Aber das trifft nun wohl nicht mehr zu.

Die Herrschenden hatten sich ins eigene Fleisch geschnitten. Heutzutage gibt doch kein Schwein mehr was auf die königliche Familie, die Regierung, Moral, Bobbies. Das Establishment behauptet, der Verfall der ethischen Werte sei schuld, aber der Verfall begann mit ihnen. Wir provozierten das Establishment doch nur, verarschten es, probierten, wie weit wir gehen konnten, zogen aber doch nie auch nur einen Moment lang die prinzipielle Anständigkeit des Systems in Frage. Doch die Dinge, mit denen sich die Briten jahrhundertelang vor aller Welt gebrüstet haben (»fair play« und »gleiche Bedingungen für alle«), stellten sich als reine Propaganda heraus. Als die da oben etwas bekämpften, das sie als Bedrohung betrachteten, waren sie ebenso unbarmherzig und skrupellos wie Politiker der hinterletzten Bananenrepublik.

Die beiden Opfer im Stoneslager waren Brian und Andrew. Brian ging es sehr schlecht. Wegen seiner vielen Festnahmen, in dem Jahr folgte eine auf die andere, bekamen die Stones keine Visa für die Vereinigten Staaten, was Mick und Keith gewaltig erboste. Die Feindseligkeit gegenüber Brian nahm zu. Es war immer noch nicht so schlimm wie später, aber es war schon damals sehr übel. Mick und Keith machten sich über Brian lustig. Hätten sie ihren Gefühlen wirklich freien Lauf gelassen, hätten sie ihn womöglich umgebracht. Aber für jemand so Paranoiden wie Brian waren Hohn und Spott im Grunde das schlimmste, das man ihm antun konnte.

Ein weiteres Opfer von Redlands war meine Mutter. Nach dem Skandal brach für sie alles zusammen, sie fing heftig an zu trinken. Sie ging nicht mehr zur Arbeit und selten aus dem Haus. Sie schämte sich wegen des widerlichen Klatsches über den Marsriegel und der Geschichten über das Mädchen im Fellteppich. Als die Sache mit Redlands lief, hatte Eva eine Lehrerausbildung gemacht. Sie wollte ein Examen ablegen und richtige Lehrerin mit Zeugnissen und Papieren und besserer Bezahlung werden. Aber nach dem Skandal ging sie nicht mehr hin, sie konnte mit der Schande nicht umgehen. Erst nach ihrem Tod habe ich davon erfahren, als ich Briefe von der Lehrerausbildungsstätte fand, in denen stand: »Liebe Mrs. Faithfull, nun sind Sie schon seit drei Wochen nicht erschienen, und wir machen uns große Sorgen um Sie. Bitte kommen Sie und reden Sie mit dem Direktor, wenn Sie Probleme haben.« Sie ist nie dorthin zurückgegangen.

Letztendlich ging der Schuß auf die Stones nach hinten los, denn sie gewannen immens an Macht. Die Rolling Stones und die Regierung Ihrer Majestät wurden gleichrangig. Kein Promoter (auch nicht der teuflisch geniale Andrew Oldham) hätte mehr tun können, um aus den Stones einen Mythos zu machen. Aus Popstars wurden Kulturlegenden.

Vor Redlands machte man zwischen den Stones und anderen Gruppen – den Who, den Yardbirds, den Kinks – keinen großen Unterschied, aber nun sah man sie auf einer vollkommen anderen Ebene. In dieser Kategorie waren sonst nur noch die Beatles.

Die wirklich verheerenden Auswirkungen zeigten sich bei mir erst sehr viel später. Solange ich mit Mick zusammen war, fühlte ich mich beschützt. Letztes Jahr wollte die *News of the World* einen Auszug aus dem Buch von Spanish Tony, *Sympathy for the Devils. Leben mit den Rolling Stones,* drucken. Da habe ich eine einstweilige Verfügung gegen sie angestrengt. Sie kuschten, und ich merkte, daß ich zum erstenmal die Kraft hatte, gegen den Status quo zu kämpfen (von den Trägheitsgesetzen wollen wir mal schweigen). In der Redlandsgeschichte war ich dazu nicht imstande. Damals lähmte mich die negative Energie, die die Presse so vehement gegen mich richtete.

Während ich mit Mick, Keith und Michael zusammen war, kriegte ich zwar, relativ unberührt von dem täglichen Beschuß, immer wieder Auftrieb, doch als ich dann zurück in London war und die Haßbriefe zu Hause eintrudelten und noch später, als ich clean wurde und wirklich anfing, über das Geschehene nachzudenken, begriff ich, daß es mich am Boden zerstört hatte. Doch ich war entkommen.

Jeden Tag kam ein Stoß Briefe mit der Post, das reinste Gift: »Und je schneller Du diese Insel verläßt und Dein langes blondes Haar im Meer treibt, desto sauberer wird es hier wieder.« Dergleichen Haß schlug mir tagtäglich entgegen. In den Augen der Öffentlichkeit erfolgte mein Abstieg, lange bevor ich Mick verließ.

Ich hatte das Gefühl, als sei ich Opfer eines kollektiven Fluchs geworden. Darauf liefen die Presseberichte, die anonymen Briefe und die schiere Feindseligkeit der Leute ja hinaus. Wie die Lady of Shalott stieg ich in ein Boot, malte meinen Namen darauf und trieb den Fluß hinunter. Ich bin immer leicht beeinflußbar gewesen. Das ist einer der Gründe, warum ich nun so für mich bleiben muß. Ich lebe mit niemandem zusammen. Ich will nicht mehr, daß mich die Leute zu sehr beeinflussen. Aber damals war ich blutjung und leicht beeindruckbar, und auf einer bestimmten Ebene muß ich diesen Haßbriefen geglaubt haben. Ich las sie und verinnerlichte sie. Und was sie über mich sagten, wurde wahr.

Endlose Jahre lang fühlte ich mich von dieser schrecklichen Erfahrung beschmutzt und vergiftet. Dieses groteske Märchen von dem Marsriegel blieb an mir haften, bleibt es vielleicht immer. Ich hätte von Mick lernen sollen. Mick spuckte es aus, erholte sich und lebte sein Leben weiter. Egal, was die Bullen denken. Wenn du weinen mußt, dann weine. »Cry, baby, cry!« In dem Punkt hatte ich mich geirrt.

Mir ging es in jeder Hinsicht schlecht. Ich fühlte mich verantwortlich dafür, daß Mick wegen meiner Pillen eingebuchtet worden war. Ich wußte ja, er nahm kaum Drogen! Als wir im Laufe der Jahre immer wieder hopsgenommen wurden, und es immer mein Stoff war, glaubte selbst Mick allmählich an dieses Image von mir. Und ich begann mich zu fragen, ob ich nicht doch ein durch und durch schlechter Mensch sei. Als ich ihn verließ, war ich davon überzeugt.

Mick und Keith hatten Glück gehabt, und zwar auch deshalb, weil sie Männer waren. Ihr Ruf als gefährliche, glamouröse Outlaws und weiß der Henker was, erblühte. Aber genau die Dinge, die sie überhöhten, vernichteten mich.

Bei Frauen und Drogen werden vollkommen andere Maßstäbe angelegt. Wenn man als Frau Drogen nimmt, ist man nicht nur drogensüchtig, sondern automatisch auch ein Flittchen, eine Hure. Eine schlechte Mutter, und noch schlimmer, eine schlechte Ehefrau. Mein guter Name war mir entsetzlich wichtig, und ich verlor ihn. Lange (im Grunde bis vor recht kurzer Zeit) dachte ich immer, ich gehörte zu den Jungs. Deshalb war es keine große Sache, mit Michael ins Bett zu gehen oder mit Keith zu schlafen, es waren keine intensiven sexuellen Begegnungen, es war einfach Freundlichkeit. Aber ich gehörte nicht zu den Jungs, hatte auch nie zu ihnen gehört. Ich war eine Frau, die vor Redlands als engelsgleiche Gestalt, als Popmadonna betrachtet worden war. Diesen Popanz wollte ich kaputtmachen. Vielleicht bin ich zu weit gegangen – vielleicht auch nicht weit genug.

Nach der Razzia wurden wir alle auf die eine oder andere Weise zu den Gestalten, die wir angeblich waren. Ich endete als Drogensüchtige und Pennerin, und glauben Sie mir, ich wurde es mit Inbrunst. Ich habe es wahrscheinlich nicht bewußt getan, aber am Ende bestätigte ich die schlimmsten Befürchtungen aller. Man hatte mich verdammt und ausgestoßen, da konnte ich auch gleich noch einen Zacken draufsetzen. Noch war ich nicht so weit, aber das sollte sich bald ändern.

Mit Mick Jagger in San Remo 1966. Das erste gemeinsame Foto

Bei einer Decca Party im Savoy Hotel, Februar 1967

Collage »Das Mädchen im Fellteppich«

Nach der Razzia, Februar 1967

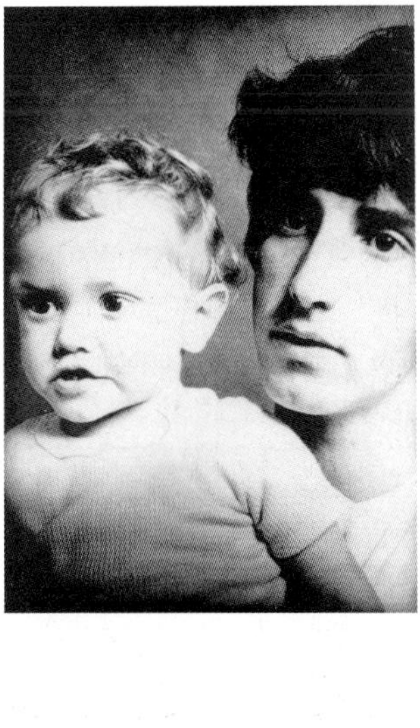

Michael und Adam Cooper, 1964

Wir besuchen Nurejews
Das verlorene Paradies, 1967
(kurz nach dem Prozeß)

Mick, Adam Cooper
und ich erholen uns in
Brazier's Park von
dem Prozeß, 1967

Ich in Christophers Wohnung, fotografiert von Cecil Beaton, 1968. Ich bin sehr, sehr stoned

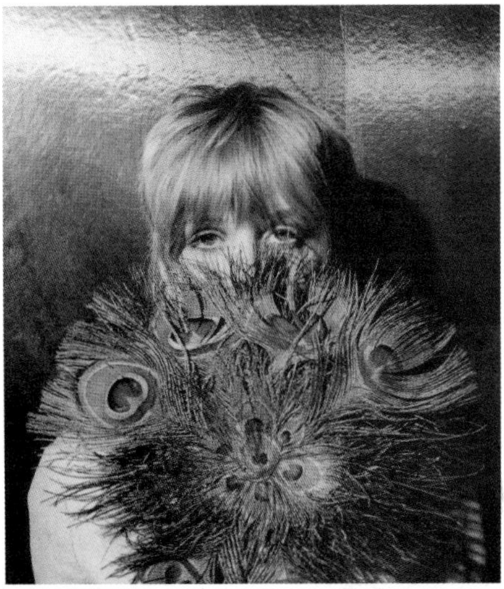

Drei Schwestern, unter der Regie von William Gaskill, am Royal Court Theatre 1967. Von links nach rechts: Glenda Jackson, ich und Avril Elgar

Hamlet mit Nicol Williamson, 1968, kurz vor Australien

Nicholas und ich gehen mit Mario Schifano nach Rom

Tony Richardson und ich während der Proben zu *Hamlet* im Round House 1968

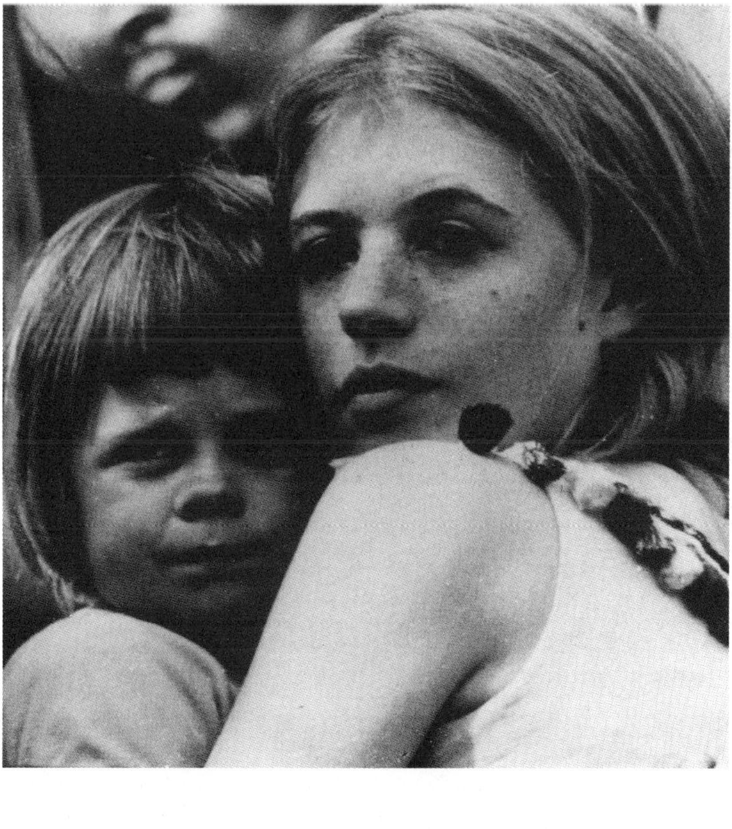

Beim Rolling-Stones-Konzert im Hyde Park

Ein neuer Anfang, ein neues Jahrzehnt 1971. Kummer und Wut

Das Spiel des Lebens mit Oliver in der Edith Terrace 1974

Chez Satanic

NACH DEM PROZESS hielt Mick keine Minute inne. Er machte einfach weiter. Ich dachte immer, wie erstaunlich, er kommt aus dem Knast, und alles läuft wie gehabt. Ein kleiner nationaler Skandal kann uns doch nicht stoppen. Schließlich waren wir noch nicht am Ziel unseres Kreuzzugs.

Nach wie vor ging ich sehr viel allein aus, jeden Abend in einen Club. Das hatte ich mir in den Zeiten mit John angewöhnt und hörte auch nicht damit auf, als ich mit Mick zusammenlebte. Mick gefiel es, glaube ich. Chrissie hatte immer zu Hause gesessen und mit dem Essen auf ihn gewartet.

Auf einem meiner Ausflüge sah ich Jimi Hendrix in einem kleinen Club mit Namen Seven and a Half. Mick hatte mir von Hendrix erzählt. Er hatte ihn in New York gesehen, und es hatte ihm den Atem verschlagen. »Der wird es noch mal aller Welt zeigen!« So etwas sagte Mick nicht oft, deshalb dachte ich, ich geh mal besser hin und schaue ihn mir an.

Im Seven and a Half trieb sich etwa ein Dutzend Leute herum, einschließlich einiger Roadies. Stundenlang saß ich in diesem winzigen Kellerclub und sah Jimi spielen. Eine tantrische Vision in modischen Knautschsamthosen und Rüschenhemd. Chas Chandler hatte ihn offensichtlich mit in die King's Road geschleppt.

Er war sehr verkrampft. Er sang mit dem Rücken zum Publikum oder in seine Gitarre und nuschelte so schrecklich, daß man kein Wort verstand. Es gab unbegreiflich lange Pausen, in denen er mit Mitch Mitchell und Noel Redding diskutierte, was er als nächstes spielen wollte, oder an den Verstärkern herumfummelte. Er hatte seine Persönlichkeit noch nicht beisammen – noch war er nicht das *voodoo chile* –, man sah, er war grauenhaft schüchtern. Aber wenn er einmal spielte, verwandelte er sich. Die Musik war sehr direkt und sexuell. Ich hatte das Gefühl, daß er nur für mich spielte. Was, da die Bude leer war, vermutlich zutraf. Ich bin so blöde, ich hätte weiter dort herumlungern und ihn verführen sollen. Aber typisch, ich lief weg.

Im März 1967 war ich mit den Proben als Irina in Tschechows *Drei Schwestern* im Royal Court Theatre beschäftigt. Es war eiskalt und trüb in London, und ich hatte das Wochenende frei, da beschlossen Anita und ich, mit Brian nach Tanger zu fliegen. Mick und Keith waren schon dort, auch der Rest der Truppe: Christopher Gibbs, Robert Fraser und Michael Cooper.

Anita und ich hatten LSD geworfen und waren die ganze Nacht aufgeblieben. Es war wunderbar. Wir waren allerbester Stimmung. Mittendrin holten wir Brian, das arme Schätzchen, aus der Klinik. Er hatte einen Nervenzusammenbruch gehabt, na ja, wohl eher einen Drogenzusammenbruch, außerdem laborierte er an dem Beginn einer Lungenentzündung herum. Wenn man so viel LSD nahm wie Brian, mußte man eine unglaublich starke Konstitution haben. Es belastet einen körperlich sehr, und Brian war ja von Anfang an in keiner guten Verfassung gewesen. Von seiner seelischen Verfassung ganz zu schweigen. Gott weiß, wie es um die bestellt war.

Wegen der Lungenentzündung und des Asthmas konnte er kaum atmen. Die ganze Zeit schnappte er nach Luft und benutzte seinen Inhalator. Wir sagten ihm immer, er solle aufhören, weil wir dachten, er simulierte nur und keuchte um Aufmerksamkeit.

Er trug einen bildschönen, vornehm grau-schwarzen Anzug und ein weißes Hemd mit Schlips. Einmal nicht seine üblichen farbenprächtigen Klamotten mit Tupfen und Streifen. Er sah sehr elegant und dezent aus, aber auch blaß und völlig fertig. Als wir ins Flugzeug stiegen, gaben wir Brian auch ein wenig LSD. In Gibraltar sollten wir zwischenlanden, worauf sich Brian schrecklich freute. Er hatte nämlich gerade den Soundtrack zu Anitas Film *Mord und Totschlag* fertiggestellt und das Band mitgenommen, weil er sich in den Kopf gesetzt hatte, es den Affen von Gibraltar vorzuspielen.

Wir stiegen also in ein Taxi und düsten los, um den Affen Brians Musik vorzuspielen. In aller Feierlichkeit näherten wir uns der Herde. Wir verbeugten uns und teilten ihnen mit, wir spielten ihnen nun ein paar wunderbare Klänge vor. Die Affen hörten sich das auch aufmerksam an, aber als Brian das Tonbandgerät anstellte, schienen sie sich nichts daraus zu machen. Sie erschraken und flitzten kreischend weg. Brian verübelte es ihnen, er nahm es sehr persönlich. Er regte sich fürchterlich auf und fing an zu schluchzen. Anita und ich waren ja schon die ganze Nacht auf dem Trip, und zu diesem Zeitpunkt längst in anderen Sphären.

Anita drehte sich im übrigen dauernd zu mir um und flüsterte mir leise Bemerkungen ins Ohr. Das konnte sie schrecklich gut. Damals dachte ich nicht weiter darüber nach, ich war in dem Zustand, in den man auf LSD gerät, man urteilt weder, noch analysiert man etwas. Später begriff ich, was sie da tat. Sie muß schon gewußt haben, was geschehen würde – sie wollte Brian verlassen –, und sie redete sich in die richtige Stimmung hinein. Während Brian den Affen verzweifelt seine Musik vorspielte, sagte sie: »Findest du nicht, daß Brian leichenblaß und sturzlangweilig aussieht, alles andere als lebendig? Richtig blutleer, meinst du nicht auch?«

Und ich schaute ihn an und mußte ihr zustimmen. »Hm, ja, er sieht ein bißchen kränklich aus.« In Wirklichkeit sah er sehr schlecht aus, aber mir gefiel das, er hatte diese romantische schwindsüchtige Blässe.

Ich konnte mich gar nicht vernünftig unterhalten. Alles klang komisch, aber ich erinnere mich, daß ich Anita anschaute und dachte, ich hätte nie jemanden so strahlend und vor Leben sprühend gesehen. Sie war hinreißend, und neben ihr stand der nun wirklich sehr kranke Brian, eine Mitleidsgestalt, die vor unseren Augen verging. Danach machte er es ja nur noch wenig länger als ein Jahr. Noch war er halbwegs auf den Beinen, noch versuchte er, alles zusammenzuhalten und die Frau nicht zu verlieren, die er über alles liebte.

Die Stimmung auf dem Flug nach Tanger war sehr gespannt. Anita saß zu meiner Rechten und Brian zu meiner Linken, und zwischen ihnen lief ein sehr schräges Ding ab. Langsam beeinträchtigte es mich auch. Da hatte ich eine glänzende Idee. Eine Eva-Idee im Grunde, genau das hätte

Eva vorgeschlagen. Ich hatte eine wunderschöne neue Ausgabe des Gesamtwerks von Oscar Wilde in der Tasche. Ich nahm sie heraus und sagte: »Warum lesen wir drei *Salome* nicht laut? Jeder übernimmt einen Part. Da vergeht die Zeit.« Also lasen wir Salome, bis wir in Tanger landeten. Es war Wahnsinn. Brian übernahm den Herodes, ich die Salome und Anita die Herodias. Sie war wunderbar. »Tanze nicht, meine Tochter!« Alles in ihrem Marlene-Dietrich-Tonfall. Wir *waren* Herodes und Herodias und Salome (es war echt gutes LSD).

In Tanger am Flughafen hielten sie uns fest. Wir sahen so irrsinnig aus, daß sie uns kontrollieren wollten. Anita und ich trugen glänzend rote und violette Federboas. Wir kicherten die ganze Zeit, und mittlerweile war auch Brian richtig kregel geworden. Er amüsierte sich prächtig. Die Zöllner öffneten meinen Koffer. Es verschlug ihnen die Sprache. Sie erblickten ein paar Muscheln, einen Sari und ein Edmund-Dulac-Bilderbuch. Es sah wunderschön aus. Der Sari war aus weichem, silbernviolettem Stoff. Wortlos starrten wir ihn an. Den Koffer hatte jemand auf LSD gepackt. Köstliche kleine Dinge, eher eine Collage als Reiseutensilien. Als ich sie zusammengestellt hatte, glaubte ich völlig vernünftig zu handeln. Für einen Wochenendausflug aber war ich wohl schlecht gerüstet.

Das war vielleicht die beste Zeit, die ich mit Brian erlebt habe, sie währte indes nur kurz. Am nächsten Tag brach er sich den Arm. Er hatte versucht, Anita zu schlagen, und statt dessen den Stahlrahmen des Fensters getroffen. Wir lieferten ihn in der Clinique Californie ab und gingen dann irgendwo hin, um einen Tee zu trinken und ein wenig Haschisch zu rauchen. Auf dem Markt sahen wir einen wunderbaren Mann, der ein weißes Porzellangefäß auf der Schulter trug. Da wir ihn interessant fanden, folgten wir ihm. Er führte uns ein paar Stufen hinunter zu seinem winzigen Laden, der vollkommen leer und wunderschön blaßblau angestrichen war, man fühlte sich wie unter Wasser. Er hieß Ahmed, und sein ganzes Warenangebot bestand aus einer kleinen Holzschachtel mit vier Armbändern und einem Ring und einer Menge Haschisch. Wir setzten uns und rauchten ein paar Joints.

Wir wurden Freunde und besuchten ihn von da an jedesmal, wenn wir in Tanger waren. In den nächsten vier Jahren wuchs sich der Laden zu sechs identischen Läden aus, einer neben dem anderen, unzählige Verkäufer wieselten darin herum. Ahmed kam ganz groß raus, fuhr ein riesiges weißes Auto, aus dem die schwedischen Au-pair-Mädchen purzelten. Er wurde zur schmuck- und geldbeladenen lokalen Berühmtheit. Dann kam er ins Gefängnis, und nun ist er wieder arm und an den Busen Allahs zurückgekehrt, soweit ich gehört habe.

In Tanger rauchten wir Hasch, bis wir uns nicht mehr rühren konnten. Es war so befreiend, aus England heraus zu sein. Allen Klein hatte uns vorgeschlagen, das Land zu verlassen, bis sich die Wogen etwas geglättet hatten, irgendwohin zu fahren, wo Haschischrauchen ganz normal war. Da hockten wir also alle wieder zusammen, wurden high und sprachlos – aber in Marokko. Allmählich jedoch wurde ich in Ahmeds Laden genauso klaustrophobisch wie in einem Zimmer in Chelsea. Ich mußte den Bann des Haschischrauchers brechen. Sobald ich mich erhob, fiel alle irdische Mühsal von mir ab. Ich begann zu der arabischen Musik im Radio zu tanzen, wie Salome am Hofe des Herodes. Ich drehte mich schneller und schneller, bis der Sari, den ich trug, sich an einem Haken verfing und aufzuwickeln begann. Aber ich wirbelte immer weiter im Kreis herum und hörte, sehr zu Ahmeds Entzücken, auch nicht auf, als ich völlig nackt war. Er klatschte und schrie. Mick war weniger begeistert, ihm wurde unbehaglich, er stand auf und verließ den Laden.

Später tauchte Cecil Beaton auf, um ein paar Bilder von Mick am Swimmingpool aufzunehmen. Cecil war zickig und mäkelig und überdreht. Obwohl er durchaus neugierig auf Mick war, kann man heute Stephen Tenants Biographie entnehmen, daß Cecil Beaton nur die jungen Männer seiner eigenen Generation wirklich schön fand, den extremen Glamour der Dreißiger. Beaton verstand nicht, was Robert und Christopher in Mick sahen. Ich wiederum fand ihn unerträglich. Nach ein paar Minuten ließ ich Mick und Cecil Beaton ihr eigenes Tänzchen tanzen und ging zu Anita. Sie redete irgendwo im Hotel mit William Burroughs. Anita war besessen von Burroughs, damals steckte sie mich mit dem Burroughs-Bazillus an. Nicht, daß der große Mann mich auch nur im geringsten beachtet hätte! Um ehrlich zu sein, erst im Jahre 1987 hat er mit mir gesprochen! All die alten Schwuchteln ignorierten mich völlig, für sie war ich das hohlköpfige kleine Mädchen, das nichts zu sagen hatte.

So nett auch alles war, ich kann nicht behaupten, daß die Ferien in der Sonne völlig unbeschwert waren. Als ich mit Mick und Christopher im Atlasgebirge spazierenging, brach ich urplötzlich in Tränen aus.

Die beiden waren sehr überrascht. »Was ist denn bloß los, Marianne?« Ach, eigentlich nichts, wahrscheinlich nur ein Hauch existentieller Qual. Gehen wir weiter! In der Zeit mit Mick fing ich oft grundlos an zu weinen. Er brachte all meine Gefühle von Wertlosigkeit in mir heraus.

Da war ich nun mit Mick und unseren besten Freunden in Marokko und fühlte mich trotzdem nicht wohl. Irgendwas stimmte nicht mit mir. Das Problem war, daß wir nie allein waren. Seit Ewigkeiten hatte ich mir zum Ziel gesetzt, wenigstens manchmal von all den Menschen wegzukommen und mit Mick eine Weile allein zu sein. Ich wollte nicht mein gesamtes Leben von morgens bis abends *en famille* verbringen. Mick dagegen mochte nichts lieber. Er hatte kein Verständnis für meine Bedürfnisse, er kam zum Beispiel mit einem Brief ins Schlafzimmer gerannt und rief: »Schau dir das an, Marianne! Paul und Talitha Getty laden uns für fünf Wochen im März nach Sidi Mamoun ein. Irre, was?« Gesellschaftliches Leben hat mich nie sonderlich interessiert, und das Gefühl, ständig auf dem Präsentierteller zu sein, machte mir schon ganz früh zu schaffen. Für Mick ist es aber ein wichtiger Teil seines Lebens. Für ihn ist das Leben Theater.

In einer wunderbaren Nacht an dem Wochenende in Tanger nahm ich eine marokkanische Prostituierte mit in unser Hotel. Wir waren in einem Club gewesen, wo wir eine Gruppe marokkanische Tänzerinnen in den einheimischen bestickten Kostümen sahen. Ein besonders exquisites Mädchen fiel uns auf, und nach der Vorstellung ging ich hinter die Bühne und fragte sie, wie sie heiße. Yasmin, antwortete sie. Ich fragte sie, ob sie mit uns zurück ins Hotel käme, und fügte hinzu, daß ich sie selbstverständlich bezahlen würde. Wahrscheinlich machte sie das ab und an als Nebenjob, denn sie erklärte sich sofort bereit.

Sie vertauschte ihr Kostüm mit ihren Straßenklamotten, einem kurzen schwarzen Rock und einem gestrickten Trägeroberteil, und wir gingen alle zurück ins El Minzah. Ich wollte Mick anturnen, und es funktionierte. Ich genoß es, die Abenteurerin zu sein, diejenige, die tat, was Mick sich nicht traute. In solchen Situationen bin ich hemmungslos, ich stürze mich mitten hinein, einerlei, was es ist.

Das Zimmer war kerzenbeleuchtet. Wir ließen eine Phantasie wahr werden, die Mick gefiel, mit zwei Frauen im Bett – welchem Mann gefällt das nicht? Mick stellte alles mögliche mit ihr an, aber wie üblich in diesen Situationen, der Mann landet auf der Bettkante. Mick rollte einen Joint und sah zu, wie Yasmin und ich weitermachten.

In ihrem mangelhaften Französisch flüsterte sie mir zu: *»Je t'adore! Je t'adore! J'allais baiser tout ton corps, ma chère. Parce que nous rendez vous, toute seule un de ces après midis, n'est pas?«*

Sie mochte mich, und auch ich war sehr angeturnt von ihr. Als ich Mitte der Achtziger aus meinem Drogendschumm auftauchte, fragte ich mich, ob ich nicht doch schwul war. Ich kam zu dem Schluß, daß dem nicht so war, wenn ich auch sehr gern mit Frauen schlief. Es gehörte zu einer intensiven sexuellen Phase meines Lebens.

Ich flog mit Mick zurück nach London und arbeitete weiter an den *Drei Schwestern.* In Marokko tat Anita sich mit Keith zusammen. Keith hat etwas absolut Aufrechtes. Er war entsetzt, daß Brian sie schlug. Natürlich war er seit Ewigkeiten in Anita verliebt, hatte aber nie auch nur ein Wort verlauten lassen – ich glaube, er dachte, er kriegte sie doch nicht, und er hätte sie auch nicht gekriegt, wenn Brian sich nicht wie ein solches Arschloch benommen hätte.

Nach den Szenen in Marokko kam Keith daher wie der sprichwörtliche Ritter auf dem weißen Roß und entführte Anita. Er hatte sich gerade einen Bentley gekauft und ihn nach Marokko kommen lassen. Wahrhaftig dorthin fahren lassen! Männer und ihre Autos – verrückt! Sie ertragen es nicht, voneinander getrennt zu werden. Darling, der Bentley muß mit.

Auch der arme Michael Cooper war noch dageblieben, als wir anderen abflogen. Michael, Brian, Keith und Anita blieben dort. Michael erlebte die ganze Sache hautnah mit. Die schrecklichen Tage, als abzusehen war, was Anita tun würde. Und dann geschah es. Im El Minzah Hotel in Tanger. Ein Glück, daß ich nicht da war, ich hätte nicht gewußt, was tun. Letztendlich wußte es ja niemand von uns.

Die *Drei Schwestern* hatten Ende April Premiere. Ich teilte eine schrecklich kleine Garderobe mit Avril Elgar und Glenda Jackson, und am ersten Abend schickte Mick mir einen Orangenbaum. Glenda Jackson rümpfte die Nase. Sie fand es unmöglich. »Ein Baum? Ein idiotischer Baum in dieser engen kleinen Garderobe? Hätte er dir nicht einen Korb Blumen schicken können, wie es sich gehört?« Der Baum nahm natürlich den halben Raum ein, und alle blieben mit ihren Kostümen daran hängen, aber er war süß. Ein kleiner vollkommen gestalteter Orangenbaum.

Aber trotzdem ein Baum. Ich glaube, wir mußten ihn hinauswerfen. Mick kam jeden Abend, nicht immer zu den beiden ersten Akten, aber zum letzten.

Nachdem Anita mit Keith abgezogen war, sah es eine Weile so aus, als werde Brian aus der Gruppe aussteigen. Höchste Alarmstufe, denn die Stones waren für Tourneen in etliche europäische Länder gebucht. Anita überredete Brian, die Tour nach Polen mitzumachen, mit dem Versprechen, daß sie danach zu ihm zurückkommen würde. Sie fuhren zum Filmfestival nach Cannes und dann für ein paar Tage nach Rom. Anita mußte dort für die Rolle der Schwarzen Königin in *Barbarella* vorsprechen, Terry Southern hatte das Script geschrieben und sie für die Rolle vorgeschlagen. Aber da verprügelte Brian sie wieder, was ihrer Beziehung dann wohl endgültig den Garaus machte.

Mick war in dieser Zeit wunderbar, er übertraf sich wirklich selbst. Loyal, anständig und ehrlich, einfach in jeder Hinsicht großartig. Brian, Keith und Anita verhielten sich grauenhaft, Mick war während dieser ganzen Geschichte vernünftig, untadelig, er versuchte immer, das Richtige zu tun. Er wollte sich moralisch einwandfrei verhalten, aber wegen seiner Liebe zu Keith war er zum Schluß unfähig, objektiv zu bleiben. Wenn man jemanden liebt, kann man nicht anders, man ergreift Partei. Und da Anita und ich schon sehr eng befreundet waren, war Brian bald völlig ausgeschlossen.

Ich bin nie mit den Stones auf Tournee gegangen. Einmal besuchte ich Mick auf einer Tournee, und es endete in dem abscheulichsten Vorfall unserer ganzen Beziehung. Danach bin ich nie wieder mitgefahren.

Im Frühjahr 1967 lief zwischen Mick und mir alles gut, da flog ich, um ihn zu überraschen, nach Genua, sie hatten die Hälfte der Italientour hinter sich. Ich ging sofort ins Hotel und wartete darauf, daß er vom Konzert zurückkam. Es war eine barbarische Tour. Absolut chaotisch. Es stand in allen Zeitungen, ich weiß noch, wie ich es auf dem Flug gelesen habe. Die Kids probten den Aufstand, zwischen Fans und Carabinieri ereigneten sich unglaublich gewalttätige Zusammenstöße. Junge männliche Groupies griffen immer wieder die Limousinen an, schaukelten sie hin und her und versuchten, sie umzukippen. Es gibt groteske Fotos aus dem Wageninneren von Händen und Gesichtern, die gegen die Scheiben gedrückt sind und aussehen wie Tiergesichter. Bacon-Gemälde

Bei den Konzerten zogen sich Mädchen die Schlüpfer aus und warfen sie auf die Bühne. Die Stones erhielten einen ersten Vorgeschmack, wie es ist, ganz groß rauszukommen. Nicht nur einfache kreischende Fans, sondern echte italienische Aristos und Filmstars erwiesen ihnen die Ehre. Aber auch als Brigitte Bardot und Gina Lollobrigida die Stoneskonzerte in Rom besuchten, gab es Ausschreitungen.

Offenbar war die Show an dem Abend ebenfalls tumultuös verlaufen. Menschen waren niedergetrampelt worden. Mick kam direkt aus dem Konzert ins Hotel. Ich erwartete ihn im Negligé im Bett. In dem Moment, als er eintrat, war er ein anderer Mensch, ein Fremder. Er war geladen, als bringe er die ganze zerstörerische Energie mit, die bei dem Konzert geflossen war. Sie verläuft in beiden Richtungen, vom Künstler zum Publikum, und dann kommt sie übermächtig zurück.

Er sagte nicht Hallo, er zeigte keinerlei Freude, sondern trat auf mich zu und schlug mir links und rechts ins Gesicht. Es fiel kein Wort. Ich kriegte eine Todesangst und versuchte zu flüchten, aber er folgte mir und schlug weiter auf mich ein. Er verprügelte mich ziemlich schlimm, und ich hatte keine Ahnung, warum. Mein erster Gedanke war, Scheiße, er hat herausgefunden, daß ich eine nette Nacht mit Keith verbracht habe. Aber ich wußte, das konnte es nicht sein, Keith hätte es nie jemandem erzählt. Selbst Anita wußte nichts davon, niemand wußte es.

Nichts von alledem. Es brach aus ihm heraus, er war völlig aufgewühlt, als sei eine dämonische Macht in ihn gefahren. Als es vorüber war, trat eine Stille ein, als habe sich ein Hurrikan ausgetobt. Und wir haben nie, nie darüber gesprochen, bis zum heutigen Tage ist mir schleierhaft, wieso er mich schlug. So etwas hat er nie wieder getan, er ist ja gar nicht der Typ. Es hatte auch weder mit ihm noch mit mir etwas zu tun. Er wußte nicht, was er tat, er war ein Opfer der Massenhysterie. Auf dieser Tour begann sich alles zu ändern. In England und in den Staaten waren die Stones schon seit Jahren groß, aber jetzt wurden sie Symbolfiguren. Etwas Entscheidendes war mit ihnen geschehen, und nach den Turbulenzen der Razzia und der Prozesse traf es Mick unvorbereitet. Er hatte keine Zeit, die nötigen Abwehrmechanismen zu entwickeln oder eine angemessene Persönlichkeit, er war immer noch sehr unerfahren. Das souveräne, aristokratische Image entstand später.

Von nun an nahm Mick diese unberechenbare Energie auf, bändigte sie und formte sie um. Er beherrschte alle negativen Kräfte und gab ihnen eine Gestalt. Aus den destruktiven Impulsen schuf er all diese unglaublichen Figuren der späten Sechziger: den Midnight Rambler, Lucifer, Jumpin' Jack. Sie erstanden alle aus den bösartigen und chaotischen Kräften, aus der zügellosen Masse. Dem finsteren, gewalttätigen Gruppenbewußtsein der Menge – Chaos, Gott Pan. Dieser Wahnsinn forderte Anfang der Siebziger viele Opfer: mit Sicherheit Janis Joplin, Jimi Hendrix und Jim Morrison. Mick zerstörte sich nicht selbst, er lenkte alles in die richtigen Bahnen, behielt es letztendlich unter Kontrolle. Ich weiß nicht, ob es immer noch existiert. Vermutlich ist es nun von Geld und Ruhm sediert, aber damals, als sich all die Türen öffneten und wir soviel LSD nahmen, brach es oft durch.

Das Gewaltpotential war latent immer da, in den Stones immer. Die Engländer können es eben nur sehr gut verdrängen. Wenn man so etwas verdrängt, wird der Druck natürlich stetig stärker, es wird explosiv und falls freigelassen, gewalttätig, wie wir es ja aus den Dionysischen Riten kennen, bei denen die Bacchantinnen in der Ekstase Menschen bei lebendigem Leibe in Stücke zerrissen.

Im Sommer 1967 flogen Mick und ich nach Rom, um Keith und Anita zu besuchen. Anita spielte die Schwarze Königin in *Barbarella.* Die Schwarze Königin gebietet über eine Stadt, die auf einer atmosphärischen Flüssigkeit erbaut ist, die es ihr gestattet, allen Menschen in der Stadt das Leben auszusaugen. Es gibt eine wunderbare Szene mit Anita, wie sie in ihrer Traumkammer mitten in der Stadt liegt und die Träume aller Menschen anzapft.

Anita spielte eine ziemlich ausgeflippte Rolle, und sie verlor sich darin. Jane Fonda durfte die vernünftigen Sachen in dem Film spielen, und selbst die waren noch dämlich genug. In Rom drehte sich alles um Keith und Anita. Christian Marquand, Terry Southern, Julian Beck und Judith Malina vom Living Theatre waren dort. Terry fand es sehr lustig, daß Anita so in ihre Rolle eintauchte, und er nahm sie oft auf den Arm: »Ah, meiner Treu, da kommt die Schwarze Königin! Ratten flitzen über glänzende Marmorfußböden, Schlänglein zischen bei ihrem unheilvollen Eintritt.« In dem Stil lief eine Menge ab.

Und dann die Grenze zwischen Schau und Realität, die in solchen Situationen nie ganz eindeutig ist. Wie so manches Mal überschritt unsere Anita diese Grenze. Am frühen Nachmittag hieß es: »Darling, wenn ich in Cinecittà bin, glaube ich zuweilen wirklich, ich bin die Schwarze

Königin.« Natürlich nur ein kleiner Scherz am Rande. Acht Stunden später und viel higher: »Weißt du es denn nicht? Ich *bin* die Schwarze Königin.« Weitere acht Stunden später der Wahnsinn auf die Spitze getrieben: »SOWEIT MEIN AUGE REICHT, BEHERRSCHE ICH DAS LAND!«

Wohl wahr, daß Anita zu diesem Zeitpunkt außer dem Shit schon ein paar Linien Koks zog, aber man macht es sich zu einfach, wenn man alles auf die Drogen schiebt. Sie arbeitete seit Monaten an *Barbarella,* das Budget war überzogen, der Termin war überzogen, alles war überzogen. Und obendrein die überwältigende Cinecittà, unglaublich, wie das damals war. Anita lief die ganze Zeit im Kostüm herum, sie hatte die prächtigsten Klamotten. Ihre eigenen Sachen begannen auch alle auszusehen wie die Gewänder der Schwarzen Königin, selbst wenn Anita nicht im Kostüm war, sah sie aus wie die Tagesversion der Schwarzen Königin. Die Schwarze Königin in Freizeitkleidung. Herrlich. Die war noch besser als die Kostüme im Film, der im übrigen schnarchlangweilig und vorhersehbar war. Anita richtete sich absolut exotisch her, sie war so schön wie nie zuvor.

Anita tat, was Schauspielerinnen oft tun, sie begab sich zu sehr in ihre Rolle. Ich bin genauso. Natürlich kann man die Ophelia spielen, ohne daß man sich jeden Abend in der Themse ertränken will, aber so einfach liegt die Sache nicht. Man will ja mitgerissen werden. Es ist eine große Erleichterung, für eine Weile mal jemand anderes zu sein. Anita schlüpfte nur ein bißchen mehr in ihre Rolle, als es die Vernunft gebot, doch nicht nur, weil sie ständig drogenumnebelt war. War sie nämlich gar nicht, noch nicht.

Mick und ich waren in diesem Sommer überglücklich. Wir waren verliebt, wir waren jung, reich, die Welt lag uns zu Füßen, uns konnte nichts passieren. Mick wollte, daß wir heirateten und Kinder kriegten. Er fand, nach der Razzia und dem Prozeß sei das ein guter Schritt. Vermutlich hatte er recht, es wäre ein guter PR-Gag gewesen. Ich auf meine normal widerborstige Art wollte nichts davon wissen. Ich war noch nicht einmal geschieden und hatte so meine Bedenken gegen eine erneute Heirat. Meiner Meinung nach war es unnötig. Ich dachte, wir würden sowieso für immer und ewig zusammenbleiben. Was hatten der Staat oder die Kirche dabei mitzureden? Ich hatte ja keine Ahnung, daß einmal eine Zeit kommen würde, in der ich Mick wirklich nicht mehr liebte und ihn verlassen wollte. Ich war zwanzig und Mick war vierundzwanzig. Was wußten wir denn schon?

Nach etwa einem Jahr in Harley House zogen wir zum Chester Square. Ich hatte Harley House nie gemocht, es war Chrissies Wohnung. Außerdem war es gegenüber dem Marylebone Hospital, und die Krankenwagen heulten die ganze Nacht. All das Leid konnte ich nicht ertragen.

Es war die erste Phase in meiner Beziehung mit Mick, in der wir viel Besuch hatten. Wie oft sind wir die ganze Nacht aufgeblieben, und Mick hielt hof. Alle, die in die Stadt kamen, besuchten ihn. In dem Haus am Chester Square grapschten Mick und Keith sich zum Beispiel Gram Parsons, damit er mit ihnen an *Beggars Banquet* und *Let It Bleed* arbeitete.

Es war ein großes vornehmes Haus. Wir fanden zwar beide die Einrichtung nicht sonderlich attraktiv, doch da wir es gemietet hatten, konnten wir nicht viel daran ändern. Christopher hatte eine Idee, und ich drapierte Massen marokkanischer Wandbehänge über Sofas, Wände und den Boden. Tat ihnen nicht allzugut, aber es diente unseren Zwecken: Wir wollten malerisch herumliegen und schön aussehen. Inmitten all dieser nordafrikanischen Pracht hing eine riesige leuchtende fliegende Untertasse aus Acrylglas, die ich in Robert Frasers Galerie in der Duke Street gekauft hatte.

Trotz unserer neu erworbenen Grandezza fuhr die Presse fort, Mick als degeneriert, schmutzig und stinkend darzustellen. In Wirklichkeit war er in jeder Hinsicht sauber, immer tadellos gekleidet, und eher pingelig und adrett. Aber das war sein Image, der Halbstarke, der gegen Tankstellenwände pißt.

Damals war Mick immer noch recht unsicher und unausgefeilt, von seiner machiavellistischen Gestalt noch weit entfernt. So jung und seiner selbst noch nicht sicher, daß man ihn um den kleinen Finger wickeln konnte. Und am Anfang wurde er auch von allen möglichen Leuten manipuliert.

Fast jeden Abend warfen wir uns in unseren Sonntagsstaat und gingen entweder ins Ballett, in einen Club, zu Galerieeröffnungen oder ins Theater. Die große Londoner Modenschau war in vollem Schwunge, jeden Abend gab es eine Party. Wir verpaßten keine. Mick war, in John Lennons Worten, der »Szenekönig«.

Mick hatte ein Riesending mit Nurejew, und wir sahen ihn sehr oft. Wir gingen zu allen seinen Premieren. An eine erinnere ich mich besonders, ein Ballett, das er für sich choreographiert hatte, *Das verlorene Paradies.* Auf dem Höhepunkt schoß er wie eine Kanonenkugel durch das Bild eines Paars riesiger leuchtend roter Frauenlippen, die einer Vagina ähnelten – sie sahen Micks Lippen ungeheuer ähnlich. Beim Sprung zerriß er jedesmal das Papier. (Die Lippen sollten auf den folgenden Stones-Tourneen eine prominente Rolle spielen.)

Ein paar Monate, nachdem ich Jimi Hendrix im Seven and a Half gesehen hatte, gingen wir zu ihm ins Speakeasy. Mittlerweile war er der gefeierte Star der Stadt und im Begriff, Mick als das Sexsymbol der Stunde zu enthronen. Nach dem Gig kam Jimi an unseren Tisch, zog einen Stuhl neben mich und begann mir ins Ohr zu flüstern. Er sagte alles, was ihm nur einfiel, damit ich ihn erhörte. Was er alles mit mir machen wollte, wenn wir zusammen schliefen. Erzählte mir, er habe »The Wind Cries Mary« für mich geschrieben. »Komm, Baby, laß uns hier abhauen. Was machst du überhaupt mit diesem Idioten hier?«

Ich wäre liebend gern mit ihm gegangen, aber das war unmöglich. Das hätte Mick mir nie verziehen. Doch mustergültig bewahrte er ruhiges Blut.

Als Mick sich mit mir einließ, machte er sich das Leben nicht gerade leichter. Er hatte Nicholas und mich übernommen, und ich war immer noch verheiratet. Kurz nachdem wir zum Chester Square gezogen waren, gab es eine wunderbar-schreckliche Szene zwischen Mick und John Dunbar. John und ich hatten uns ja schon vor einer Ewigkeit getrennt, aber er hatte nie die Hoffnung aufgegeben, daß Nicholas und ich zu ihm zurückkommen würden. Eines Tages tauchte er am Chester Square auf und versuchte, uns zurückzuholen. Er brach einen Riesenstreit mit Mick vom Zaun, und kurz, bevor er ging, rief er: »Du bist nichts als eine billige Beatlesimitation.« Mick sagte kein Wort. Das hatte ihn vom Sockel gehauen. Heute klingt es witzig, aber damals saß die Bemerkung, bei Mick besonders. Mick vergötterte die Beatles. Er wollte immer wie John Lennon sein.

John und ich stritten uns natürlich hauptsächlich wegen Nicholas. Er war wütend, weil Mick mich und obendrein seinen Sohn hatte. Jahrelang sah er Nicholas so gut wie nicht, was ihn sehr erbitterte; er begriff nicht, daß ich gegangen war, und fürchtete, auch Nicholas zu verlieren. Am Ende war ich es, die Nicholas verlor, und alles andere vermutlich auch.

Mick und ich pflegten zwar ein reges gesellschaftliches Leben, aber unser Familienleben war eines der besten Dinge in unserer Beziehung. Da wurde der hübsche Junge Nicholas von seinem Kindermädchen wie der junge Prinz Charles ausstaffiert, und wir taten alles, was Familien üblicherweise tun. Michael Cooper und sein Sohn Adam lebten praktisch auch bei uns. Mick mochte Nicholas sehr, und Nicholas liebte Mick. Mick war toll mit ihm. Es ging uns allen wirklich gut.

So glücklich Nicholas aber mit Mick war, er vermißte natürlich seinen Vater. Als wir eines Abends alle am Chester Square waren, wanderte Nicholas in Bademantel und Hausschuhen los und schaffte es irgendwie, in den Bus nach Marylebone zu steigen – er wollte wahrscheinlich zu den Dunbars. Wir gerieten in helle Aufregung, fanden ihn jedoch schnell in der nächsten Polizeiwache, wo er mit den Polizisten fröhlich Tee trank und Kekse aß.

Während meines Zusammenlebens mit Mick lernte ich schon früh, mich selbst als sexuelles Wesen zu ignorieren. Er war das Sexobjekt. Für alle! Glauben Sie mir, es ist viel leichter, aus der Ferne die erotische Ausstrahlung eines Menschen zu goutieren, seinen homosexuellen Appeal! Die ganze Spannung zu spüren und zu wissen, du mußt dich da raushalten, ist für eine Frau ein komisches Gefühl.

Im London der späten Sechziger stand Homosexualität hoch im Kurs. Das drückte sich nicht offen aus, es lag nur überall in der Luft, woraus ein paar sehr merkwürdige Situationen entstanden. An eine erinnere ich mich lebhaft.

An einem wunderschönen Sommerabend rauchten Robert und ich ein paar Joints in seiner Wohnung. Todschick sah er aus in seinem rosafarbenen Anzug – wegen seiner Vorliebe für Rosa nannten wir ihn Strawberry-Bob. Und aus heiterem Himmel machte er mich an. Natürlich war er schwul, aber in diesen Zeiten war das alles eben nicht so eindeutig. Er beugte sich vor und küßte mich leidenschaftlich auf die Lippen, und genau da klingelte es. Es war Mick! Ausgerechnet in dem Augenblick mußte Mick kommen! (Andererseits ist es vielleicht besser, wenn manche Dinge im Reich der Phantasie bleiben.)

Mick kam also herein. Er trug ein bildschönes Seidenjackett mit einem großen handgemalten Gesicht auf dem Rücken. Er merkte sofort, daß zwischen Robert und mir etwas ablief. Er muß es gespürt haben, denn er drehte völlig durch. Er schwoll an wie ein Ochsenfrosch, und da er stark und athletisch war und das Jackett sehr eng, platzte es. Damit war der Ärger verpufft, aber Robert und ich haben nie herausgefunden, auf wen von uns beiden er nun eifersüchtig war.

Das Verwischen der sexuellen Grenzen war Teil der kreativen Atmosphäre der Ära. Es hatte aber auch seine dunklen Seiten. Ganz nebenbei war die homoerotische Subkultur von einer heftigen Frauenfeindlichkeit geprägt. Mick und Keith waren beileibe nicht immun dagegen. Ihre offene Verachtung für Frauen aus der *Between the Buttons*-Periode erschien in verkleideter Gestalt in Liedern wie »Midnight Rambler« und »Brown Sugar«. Für mich war es nur ein weiteres Beispiel dessen, worüber Anita und ich oft geredet haben – sie haßten Frauen. Sie waren auf sie angewiesen und konnten sie doch nicht ertragen. Sehr englisch, übrigens, die Angst vor der Macht der Frauen.

Der Prozeß und die Zeit bis zur Bewährungsstrafe beziehungsweise dem Freispruch schuf zwischen Mick und Keith einerseits eine tiefe Verbundenheit, andererseits eine sehr seltsame Dynamik. Für Keith war es nur ein Bündnis innerhalb einer Gruppe, aber für Mick war es sehr viel mehr. Es besaß die ganze Irrationalität und Leidenschaft einer Liebesaffäre. Es ist schade, daß die Dinge, deretwegen die Leute Mick niedermachten, just die sind, die ihn zu Mick werden ließen: sein Narzismus und seine Tuntigkeit.

Lennon und McCartney waren in ähnlicher Weise miteinander verbunden. Nicht so stark, aber beide Gruppen hatten darüber hinaus auch noch diese gouvernantenhaften, bisexuellen – beinahe hexigen – Figuren als Manager: Brian Epstein und Andrew Oldham.

Im Sommer 1967 fuhren Mick und ich zum Maharishi. Mit allen Beatles samt ihren Frauen. In Bangor in Nordwales, wo der Maharishi residierte, fühlten wir uns plötzlich wie zurück in die Schule versetzt. Es war auch ein Internat, das in den Sommerferien leer stand, sehr karg und spartanisch für uns Rockhedonisten. Wir waren die einzigen Leute dort. Selbst die Presse glänzte durch Abwesenheit.

Es waren natürlich schon einige Bedenken gegenüber dem Maharishi laut geworden. Von Barry Miles hatten wir gehört, daß in Indien das Gerücht ging, der Maharishi habe sich gewisse finanzielle Unregelmäßigkeiten und kleinere sexuelle Eskapaden zuschulden kommen lassen. Außerdem habe er einen Tick mit Feuerwerk. Aber wir bemühten uns eifrig, echte Gläubige zu sein. Es war gewiß alles nur bösartiger Klatsch.

Wir gingen einzeln zu ihm hinein. Er gab jedem eine Mantra und ein paar Blumen. Wir hatten ihm auch Blumen mitgebracht. Er kicherte viel und strahlte etwas Fröhliches, Leichtes aus, was ich beruhigend fand. Es war gar nicht heavy. Nachdem wir unsere Mantras und die Blumen bekommen hatten, führten wir uns alle sehr liebenswürdig und ernst auf. Niemand fragte, was er zu wem gesagt hatte.

Und dann platzte die Nachricht aus London herein, daß Brian Epstein sich umgebracht hatte. Schlimmer hätte es gar nicht kommen können. Die Beatles waren verzweifelt, einer wie der andere. Es war, als sei ein Teil von ihnen gestorben. Und dann verhielt sich der Maharishi meiner Meinung nach sehr unangemessen und schlecht. Er tischte ihnen das klassische indische Ding auf: »Es hat einen Todesfall in der Familie gegeben. Es gibt viele Familien, es gibt eine Familie. Brian Epstein ist weitergezogen. Er braucht euch nicht mehr, und ihr braucht ihn nicht mehr. Er war wie ein Vater für euch, aber nun ist er gegangen, und ich bin euer Vater. Nun kümmere ich mich um euch.« Ich war entsetzt.

Mick war genauso sprachlos wie die anderen. Augenblicke großer emotionaler Intensität hauen ihn immer um. Nicht daß er die Tragödie dieses schrecklichen Tages nicht empfand, aber er konnte nicht über seine Gefühle reden.

Aus dieser Zeit habe ich eine unauslöschliche Erinnerung an einen idyllischen Nachmittag mit Mick und Keith in Irland. Wir waren nach Irland geflogen, weil wir uns ein kostbares, entzückendes Haus aus dem achtzehnten Jahrhundert anschauen wollten, das Castle Martin hieß. Wir gingen kurz hinein und warfen einen Blick auf den hochherrschaftlichen Treppenaufgang in der großen Halle, blieben aber nicht im Haus. Der Tag war wunderschön, und draußen führte ein Rasen zu einem Bach, und in den Bach hingen Bäume. Wir lagen an dem moosigen Ufer und schliefen und träumten und redeten stundenlang kein Wort.

Als die Sonne unterging, schaute ich hoch und sah Keith im Wasser stehen, er hatte die Schuhe ausgezogen und stocherte mit den Füßen in den Steinen herum. Ich sah ihn in seiner Manifestation als alter Zigeuner – der Wilddieb. Mick lag da und sah wie damals immer aus, wie ein farbenprächtiger mittelalterlicher Knabe.

In dem Sommer kam Allen Ginsberg mit dem italienischen Dichter Giuseppe Ungaretti nach London, um dessen Gedichte in Englisch in der Queen Elizabeth Hall zu lesen. Ich hatte ihn ja lange nicht getroffen, wollte ihn unbedingt wiedersehen und lud ihn zu uns ein. Allen wurde ins Schlafzimmer geführt und setzte sich aufs Bett. Mick und ich lagen nackt unter einer Felldecke. Dem berühmt-berüchtigten Fellteppich. Wir saßen da und redeten über Musik, de Sade, *Philosophie im Boudoir,* William Blake, Dante, Drogen, Vietnam, mystische Konvergenzen, Magie, Politik – das war der Small talk des Tages.

Allen war wie üblich auf einer Mission. Der Vietnamkrieg wurde immer heftiger, und Allen versuchte Mick zu überreden, William Blakes »The Grey Monk« zu vertonen. Allen glaubte, er sei berufen, die Rock 'n' Rollszene zu William Blake zu bekehren.

»Wer könnte wortgewaltiger von unserer Existenz sprechen als Blake?«

»Hm, du sagst es, Allen.« Mick zwinkerte mit den Augen.

Aber gleichzeitig war er doch interessiert. Er hatte Respekt vor Allen, vor Dichtern überhaupt – schließlich war er selber einer. Es wäre völlig albern gewesen, wenn die Rolling Stones »Lieder der Unschuld und Erfahrung« vertont hätten, aber im Eifer des Gefechts war ich Feuer und Flamme. Beinahe hätten wir Mick dazu überredet.

Er stand auf, zog sich was über und setzte sich in das andere Zimmer, wo Klavier und Gitarre waren. Er zupfte auf der Gitarre herum und schlug ein paar Akkorde an, während Allen immer wieder über Blake dozierte.

»Gut«, sagte Mick. »Versuchen wir's. Sag mir ein paar Zeilen, Allen.«

Allen begann zu deklamieren:

> But vain the Sword & vain the Bow,
> They never can work War's overthrow.
> The Hermit's Prayer & the Widow's tear

Alone can free the World from fear.
For a Tear is an Intellectual Thing,
And a Sigh is the Sword of an Angel King.

Derartige Begegnungen mit Dichtern und Malern und wahnsinnigen Scholaren, die stundenlang über *Les Mystères des Cathédrales* salbaderten, rissen Micks Barrieren nieder. Stellen Sie sich vor, wie Allen Ginsberg über Blake und Hölderlin quasselt und Burroughs über den Körper, die »weiche Maschine«, und die Gedankenpolizei. Mick saugte alles auf. Damals war er an allem interessiert, er war grenzenlos neugierig. Er las Eliphas Levi, von dem ja auch Rimbaud und später der Filmemacher Harry Smith beeinflußt waren.

Ich erinnere mich an ein besonders skurriles Zusammentreffen von akademischen Amidichtern, Rockstars und West-Coast-Hippies. Panna Grady, eine reiche Erbin und große Kunstmäzenin, besonders für den literarischen Untergrund, umwarb den Dichter Charles Olson. Sie gab eine herrliche Party, zu der sie alle Dichter und Schriftsteller Londons einlud. Burroughs war dort, R. P. Blackmur, William Empson, Patrick Kavanagh ebenso wie Pig Pen von den Grateful Dead und Emmett Grogan von den Diggers und Mick und ich.

Und da baute sich dann dieser riesige, fast zwei Meter große Mann, Charles Olson, vor dem kleinen Mick auf und säuselte: »Und wofür interessierst du dich dieser Tage, junger Mann?«

»Hm, eigentlich für alles, was mich anturnt. Weißt du, was ich meine, Mann?«

Und Olson schlug vor, Mick solle ein Stück Papier nehmen und ein paar Namen aufschreiben.

Großer Auftritt Allen Ginsberg. Er trug eine auffallende Shivakette mit dicken Perlen. Er ging zu Mick, schlang sie ihm um den Hals und fragte ihn, ob er je von Hare Krishna gehört habe.

»Allen, Darling, er *ist* Krishna«, sagte ich, »aber nur auf Acid.«

»Ich glaube, das könnten wir arrangieren«, sagte Allen geheimnisvoll.

Dann setzten wir uns alle in einen kleinen Alkoven vorn im Zimmer. Allen hatte ein Harmonium mit, auf dem er sich begleitete, während er Mick Mantras vorsang. Da torkelte der betrunkene Chris Jagger, Micks Bruder, herein: »Was sagt ihr da? Warum sagt ihr das? Was heckt ihr warmen Brüder da wieder aus? Verdammt, wer glaubt ihr denn, wer ihr seid? He, ihr meint wohl, ihr seid wer, was?« Und so weiter und so fort. Er machte es kaputt, und Mick bekam nie den Schluß zu hören. Wer weiß, vielleicht hätte Mick ja eine Oper geschrieben, die auf dem *Mahabharata* basierte.

Ein paar Tage danach schickte Mick seinen Chauffeur zu Allen, damit er dort das Owsley-Acid holte, das Pig Pen und Emmett bei ihm gelassen hatten. Wir warfen das LSD und gingen zum Primrose Hill, über den angeblich die uralten Ley-Linien verlaufen. Die Sterne funkelten am Firmament. Auf dem Primrose Hill sahen wir zwar nicht Blakes »spirituelle Sonne«, aber etwas sahen wir doch: ein großes Gesicht am Himmel, das sprach (wahrscheinlich war's der Verkehrslärm!), und wir redeten uns ein, es sei der singende Kopf des Gottes Bran, der aus seinem tausendjährigen Schlaf auf dem Tower Hill erwacht war.

Am nächsten Tag fragte Allen Mick in seiner aufreizend fürsorglichen Art, ob der Trip schön gewesen sei. Woraufhin Mick ihm erwiderte, es sei ein Horrortrip gewesen. Allen war schockiert, er befürchtete, sein Ruf in der spirituellen, übersinnlichen Welt sei damit auf den Nullpunkt gesunken. Manchmal war Mick so was von wehleidig! Vielleicht war es aber auch sein natürlicher Widerspruchsgeist. Er setzte den Leuten gern einen Dämpfer auf, besonders, wenn sie so selbstgerecht waren wie Allen.

Ich glaube, all das LSD in den Sechzigern hat Mick unendlich gutgetan. Er überwand alles Kleinliche, seine ständige Vorsicht. Er wurde viel offener, und alles lief glänzend für ihn. Heute sagt er in Interviews, daß er es entsetzlich bereut. Offenbar bin ich an allem schuld. Er behauptet, er sei während der Zeit eigentlich nicht er selbst gewesen. Natürlich waren wir damals wie von einem Wirbelwind erfaßt. Aber die Zeit war ja auch deshalb so toll, weil Mick sich diesen Kräften überließ, er wurde zum Katalysator für etwas. Dann störte es ihn, weil er immer alles unter Kontrolle behalten wollte. Das LSD hatte alles Überflüssige, Alltägliche weggeätzt, doch nur nach mystischen Idealen hat Mick nie gestrebt. Zum Schluß wollte er nichts mehr damit zu tun haben. Endgültig entkommen konnte er allerdings nicht, die Musik blieb.

Wir haben alle jahrelang LSD genommen, und dann hörten wir auf, als sei unsere Mission erfüllt. Was auch immer geschehen sollte, als sich Köpfe und Hirne öffneten, es war beendet. Finito. Im nachhinein sehe ich, daß damit der Boden für die harte Drogenszene bereitet war, aber noch war sie nicht angesagt. Das Heroin kam mit den Enttäuschungen und dem Leiden.

Als ich mit Mick anfing, war ich einen verhängnisvollen Kompromiß eingegangen, der sich nun auf unsere Beziehung auswirkte. Ich war der Meinung gewesen, ich könne ohne die endlosen Tourneen und Auftritte leben, nun aber sah ich, daß dem nicht so war. Obwohl ich die Schinderei manchmal haßte, war ich glücklich, wenn ich arbeitete. Mick nicht. Wenn ich arbeitete, konnte ich allerlei Unfug anstellen, zu Hause nicht.

Bald fand ich mich selbst in einem merkwürdigen Zustand wieder. Meine Liebesbeziehung war nicht mehr vollkommen befriedigend, ich wollte mehr. Ich sehnte mich nach neuen Erfahrungen, sie boten sich bald an.

In diesem Jahr machte ich ein paar schreckliche Filme. *Was kommt danach?* mit Oliver Reed, in dem ich sinnigerweise die Ehre habe, als erste in einem nicht indizierten Film »fuck« zu sagen. Dann agierte ich in dem Softporno *Girl on a Motorcycle.* Die Aufnahmen dauerten drei Monate. Ich war viel unterwegs, Mick besuchte mich in Zürich, Heidelberg und Südfrankreich.

Alain Delon war der Star, und ganz am Anfang der Dreharbeiten versuchte er mich in derselben beiläufigen Art wie Roy Orbison abzuschleppen. Als ich nicht wollte, schmollte er und wurde schwierig. Er war ohnehin ein aufgeblasener Lackel, jedesmal, wenn er diese hirnrissige Zeile »Dein Körper ist wie eine wunderschöne Violine im Samtkasten« sagte und dabei den Reißverschluß an meinem Lederanzug öffnete, brach ich in schallendes Gelächter aus. Wir mußten es ein dutzendmal drehen, bis ich es schaffte, ernst zu bleiben.

Während der Arbeiten zu *Girl on a Motorcycle* begann ich eine Affäre mit Tony Kent. Er war Amerikaner, von Beruf Zauberer, Falschspieler und Fotograf und lebte in Paris. Es war eine wunderschöne Romanze, aber sehr kompliziert. Wir fühlten uns magnetisch zueinander hingezogen, wie das so lief in den Sechzigern. Als ich in Tonys Studio ging, um Fotos machen zu lassen, begann er über Magie zu reden. Wir rauchten ein paar Joints, dann fuhr ich direkt nach Orly, um das Flugzeug nach Heidelberg zu nehmen, wo wir filmen wollten. Sie hatten gerade meinen Flug aufgerufen, da erschien Tony. Er stieg ein und flog mit mir nach Heidelberg. Es war himmlisch. Ich glaubte, Mick würde es nie herauskriegen, aber er hat es bestimmt gewußt. Jeden Tag schickte er mir Rosen, und das konnte nur bedeuten, daß er wußte, ich hatte eine Affäre.

Meine Beziehung mit Mick war vollkommen öffentlich, während meine Liebesaffären so wunderbar waren, weil sie privat blieben. Zur Abwechslung einmal keine Medienereignisse.

Immer wenn Mick und ich das Gefühl hatten, daß unsere Beziehung wackelte, fuhren wir zusammen irgendwohin und verliebten uns von neuem. Direkt nach *Girl on a Motorcycle* flogen wir das erstemal nach Brasilien.

Mick, Nicholas und ich. Wir hatten noch nie eine lange Reise zusammen gemacht. Wir flogen zuerst nach Barbados, das ich wirklich haßte. Mitte der sechziger Jahre waren die karibischen Badeorte immer noch sehr schäbig. Wir lernten das Schäbige ja erst später zu schätzen.

Da wir überlegten, ob wir eine kleine Insel oder ein großes altes Haus in der Karibik kaufen sollten, mußten wir dauernd in winzigen Flugzeugen herumschwirren. Ich kriegte die fixe Idee, daß wir abstürzen würden. Ich hatte ein Band mit den Bootlegaufnahmen von Dylan, die später als *The Basement Tapes* herauskamen. Die Lieder darauf waren Hämmer (außer dem komischen surrealistischen Kram) »Too Much Of Nothing«, »Waters Of Oblivion«, »Wheels On Fire«, grausiges Zeugs, aber aus Gottes Mund. Ich muß Mick wahnsinnig gemacht haben, weil ich es in einem fort spielte. Ich hing mich immer schrecklich in die Sachen hinein, das Band würde wie üblich die nächsten sechs Monate laufen.

Nach ein paar Wochen wollten wir sehen, was uns die Welt sonst noch so zu bieten hatte, wir flogen nach Rio de Janeiro. Zuerst blieben wir an der Copacabana. Nur abends, wenn es kühler wurde, wagten wir uns aus dem Hotel und gingen Kaviar essen und Champagner trinken. Nach einer Woche merkten wir, daß es zwar nett war, aber nicht das, was wir suchten.

Ein schwarzes Paar aus New York, das wir dort kennengelernt hatten, erzählte uns von einem wilden, seltsamen Ort an der Küste nördlich von Rio, Bahia, also düsten wir dort hin. Aber da wurde es etwas brenzlig. Wir waren ganz auf uns gestellt; kein Alan Dunn oder Tom Keylock, die alles für uns organisierten. Wir fanden ein Hotel und richteten uns ein.

Am ersten Abend zogen wir ordentlich einen durch und gingen zu einer phantastischen religiösen Zeremonie, die Santeria hieß und in einer kleinen Stadt vor der größten Kirche abgehalten wurde. Wir waren wie gebannt. Die gesamte Außenfassade der Kirche wurde von bunten Glühbirnen erhellt wie ein Westendtheater, auch die umliegenden Straßen waren mit Lichterketten geschmückt. Wilde Tänze und Trommeln. Wir waren die einzigen Weißen. Tatsache. Aus irgendeinem Grunde nahmen die Leute Anstoß an uns. Weil wir weiß waren, glaube ich. Vielleicht sahen wir wie die Heilige Familie aus! Mick hatte einen Bart und sehr langes Haar, ich hatte langes Haar und ein kleines Kind auf dem Arm. Einerlei, warum, sie wurden aggressiv. Aus dem Nichts schlug uns spontaner Haß entgegen. Wir mußten uns schleunigst aus dem Staube machen – dieses Erlebnis, glaube ich, hat Mick dazu veranlaßt, »Sympathy For The Devil« einen Sambarhythmus zu unterlegen.

In dieser kleinen Stadt las ich zum erstenmal »The Naked Lunch«. Für meine Freunde war William Burroughs eine Kultfigur, wir waren alle Kinder von Burroughs. Ich hatte eine leuchtende blitzartige Erkenntnis. Mir wurde sonnenklar, was ich tun mußte. Ich mußte Junkie werden. Kein Schickimicki-Junkie wie Robert – zarte Linien auf teuren Spiegeltischen –, sondern wie im richtigen Leben, Straßenjunkie. Dahin sollte mein Weg mich führen.

Wir lernten ein paar Brasilianer kennen, die uns eine kleine Hütte am Meer und am Rande des schönsten Regenwaldes besorgten (mit Zugehfrau!). Keine Betten oder Kojen, nur Hängematten. Nicholas schlief immer schrecklich schlecht darin ein, und in einer Hängematte zu vögeln war auch sehr interessant. Zum Lachen!

Meine Beziehung mit Mick war immer noch sehr romantisch. Dort, allein, waren wir sehr glücklich. Während wir in der Hütte wohnten, gab es noch einen Heiligentag, diesmal war er der Meeresgöttin geweiht. Nur die Frauen des Dorfes nahmen an der Zeremonie teil, sie aber luden mich dazu ein. Es schloß mit einem Ritual, bei dem alle Frauen Blumen brachten und sie als Opfergabe ins Meer warfen. Von irgendwo her hatte ich vierundzwanzig rote Rosen (vermutlich von Mick). Ich brach die Blütenblätter ab und warf sie ins Meer. Es war herrlich, die Blüten schwammen im Meer, die Sonne ging unter, die Frauen sangen, die Göttin erhob sich aus unserer kollektiven Hingabe.

Hinter den Spiegeln

Zu Weihnachten 1967 gab Dirk Bogarde eine Edelfete im Connaught Hotel. Mit lauter hochkarätigen Theaterleuten: Maggie Smith, Paul Scofield, Julie Christie – im wesentlichen Schauspieler, die Robin Fox repräsentierte. Er war auch mein Agent, durch ihn bekam ich die Rolle der Irina in den *Drei Schwestern* am Royal Court. Er war der Vater der Schauspieler James und Edward Fox.

Es war eine entsetzlich steife Angelegenheit, die Hipste auf der Fete war Julie Christie (und weil Mick eine Schwäche für sie hatte, waren wir vermutlich ihretwegen dort). Unsere Erwartung, daß sich diese Theatermenschen doch sicher bissigen Klatsch und geistreiche Wortwechsel lieferten, wurde bitter enttäuscht. Man darf eben nie vergessen, daß Schauspieler (die armen Herzchen) gemeinhin nicht im geringsten so sind wie die Figuren, die sie spielen. Dieser fade Haufen nun redete bloß von der Arbeit. Nur in England bringen es die Spitzen der Theaterbranche fertig, sich wie die Teilnehmer einer Synodalversammlung aufzuführen.

In dem verrauchten Raum erspähte ich James Fox und seine neue Freundin. James wurde als der schöne junge Mann gehandelt, ich kannte ihn natürlich über seinen Vater. Der Herr Sohn war mit seiner Darstellung der schlaffen Upperclass-Figur in dem Film *Der Diener* berühmt geworden und ihr durchaus nicht unähnlich. Meine Aufmerksamkeit fesselte aber seine Freundin Andee Cohen. Sie war ein köstliches kleines Ding, ein flatteriges lebhaftes Wesen, sehr dünn und androgyn, dunkles, kurzes Haar wie ein Junge und riesengroße Augen. Die Gäste auf der Party waren eigentlich Freunde und Bekannte von James, aber er und Andee hielten sich abseits, vielleicht deshalb, weil James' Familie so entsetzt auf Andee reagiert hatte – als sei sie die böse Hexe, die nur darauf aus war, den jungen Matineeprinzen zu verderben. Genau das hoffte natürlich der jugendliche Held.

Mick und ich waren erleichtert, daß es zwei Menschen gab, auf die wir uns beziehen konnten. Verwandte Seelen! Gehen wir hin und reden mit ihnen. Wir mochten uns auf Anhieb.

Wir amüsierten uns prächtig, lachten, klatschten, flirteten, zogen über die anderen Gäste her, redeten viel zu laut und benahmen uns so recht daneben. Je munterer wir wurden, desto verkrampfter wurden die anderen.

Ich sah sofort, daß James zwar genau aus dieser Szene kam, aber unbedingt von einer anderen Gruppe Menschen verstanden werden wollte. Deshalb war er ja überhaupt mit Andee zusammen. Sie war Bohemienne aus Überzeugung, »Künstlerin« und sagte zu allem offen ihre Meinung. Intelligent absurde Bemerkungen entfleuchten ihr so natürlich wie anderen Leuten die Atemluft. Ich fand sie sofort hinreißend.

Nach diesem Abend trafen wir uns häufiger. Es wurde eine *folie à quatre.* James war von Mick fasziniert, als habe der ihn durch seine Imitationslust und Energie verzaubert, und Mick war gleichermaßen beeindruckt von James. Mick hatte immer eine Vorliebe für Upperclass-Leute, besonders wenn er vermutete, daß sie mal unter fachkundiger Leitung durch die Rockgemeinde ziehen wollten. Aber sein brennendes Interesse an James hatte auch berufliche Gründe. James war ein guter Schauspieler, und Mick überlegte, ob er in die Schauspielerei einsteigen sollte. Und diesen berühmten Profi konnte er nun aus nächster Nähe beobachten. Er wollte sehen, wie James tickte.

Wir gingen oft zum Essen aus. Es gab so viele wunderbare ausländische Lokale, die zu jeder Tages- und Nachtzeit geöffnet hatten. Ganz zwanglos konnte man dort bei einer Portion Weinblätter sitzen und wieder gehen, ohne daß das jemand im geringsten merkwürdig gefunden hätte. In der Fulham Road betrieben zwei marokkanische Brüder ein Lokal mit Namen Baghdad House; in den durch Vorhänge abgetrennten Nischen rauchten die Leute in aller Öffentlichkeit Haschisch und hörten die wunderbaren, modulierenden Klänge der Maqam-Musik.

Das Beste an unserer Beziehung mit James und Andee waren allerdings die langen lauen Sommernächte, die wir in aller Muße in unseren Wohnungen verbrachten. Wir tranken Wein, überließen uns dem Zauber, alles enthüllte sich mit magischer Leichtigkeit. Wir durchstöberten die Vergangenheit und suchten uns ein treffliches Sammelsurium von Dingen aus anderen Zeiten zusammen: Möbel, Bücher, Ideen, Bilder, Kunstgegenstände, andere Leben. Andee schwärmte von ihren vergangenen Leben, Ägypten, Samaria, dem Hof Ludwigs I., der Tang-Dynastie, anderen Welten und Leben, von denen wir noch keinen Gebrauch gemacht hatten.

Mick war ein tadelloser Gastgeber, ständig in Bewegung, um etwas zu holen, ein lebhafter Gesprächspartner, der dauernd etwas Neues, Erstaunliches fand, in das wir uns vertiefen konnten. Und er hatte natürlich immer phantastische Schallplatten.

»Hört euch das an, Leute. Das zieht euch die Schuhe aus. Der total abgefahrene Albert Collins und seine sprechende Gitarre!«

Er spielte uns wunderbaren alten Blues und Motown, Hank und Audrey-Williams-Duette, Sun Ra und Joe Tex. Er war der größte Privat-Diskjockey der Welt.

»Now, fer all you submarine watchers out there … Cuh-zen Bruskie commin' atja at one o two point fi-uhv on your ray-dyo dial … wassamatta, baby …? Turn me loose!«

Er liebte Smokey Robinson. Er sang und tanzte mit, imitierte die präzise Beinarbeit, *à l'anglais* natürlich, pflanzte sich vor unseren Gesichtern auf wie in einer ganz dichten Nahaufnahme und zog seinen Vaudeville-Rhythm & Blues à la Slim Harpo oder Carla Thomas ab.

»Oooooh! Oh, mah soul! Ya gotta hear this track. Gotta, gotta, gotta! Please, girls, a little reverence for the Godfather of Soul.«

Ich breitete immer alle meine Märchenbücher aus: Edmund Dulac, Arthur Rackham, Rossetti, Heath Robinson, all die bizarren viktorianischen Illustratoren. Aus Bäumen starrende Gesichter, sprechende Fische, der König der Mondberge und sein Hexenhof. Mit ihren großen Augen schaute Andee in diese alten Kinderbücher, in die moosbehangenen Höhlen von Kobolden und Elfen, in die sie hineinspringen konnte. Wenn mich nicht alles täuscht, ist sie auch in eine hineingefallen und eigentlich nie wieder herausgekommen. Genau das muß passiert sein, denn sie hat sich gar nicht verändert, immer noch steht sie auf dem ausgeflippten

Zeug, auf das wir damals alle schworen: den Sohar, Castaneda, Madame Blavatsky, Aleister Crowley, Charles Fort, John Michel, Escher, Druiden, Ufos, Tantra. Der Hippiekanon. Auch Mick steckte tief drin.

James war Dylan-Freak (eine nicht ganz so bizarre Konstellation wie Dylan und General Schwarzkopf, aber dennoch... man erlebt ja immer wieder Überraschungen). Dylan war unerläßlich, wenn man auf den Trip ging, auch Ravi Shankar und Ali Akbar Khan und – Steppenwolf (die Band... wie komisch!). Dylan war die Stimme Gottes. (Wer war nicht die Stimme Gottes? Als ich Aretha zum erstenmal hörte, war sie die Stimme Gottes, Otis war die Stimme Gottes. Percy Sledge. Und sie sind es auch heute noch. Aber Dylan war die Stimme aus dem Fegefeuer.)

Damals spielte sich das ganze Leben auf dem Bett ab. Platten hören, telefonieren, Joints rollen, Gitarre spielen, alles fand auf dem und um das Bett herum statt. Das Bett war wie eine verzauberte Insel. LSD und Haschisch sorgten für die Trägheit und Mattigkeit des Lotusessers, man wollte sich nur noch auf dem Bett drapieren, auf Kissenhaufen herumliegen und abschwirren. Dazu Tücher über den Lampen, Tigerbalsam, Ballettlatschen, tibetanische Schriften, Kunstbände, Bücher mit seltsamen Bildern, überall Räucherstäbchen und Tonbänder, Platten in Stößen an der Wand.

Als ich die Szene in Coppolas *Dracula* sah, in der die drei Mädchen auf dem Bett liegen und Dracula sich zu ihnen aufs Lager wirft, dachte ich, o mein Gott, das sind die Sechziger! Man hing in den Schlafzimmern der Leute rum – nahm das ganze Haus in Beschlag – so war es damals. Die Leute waren sehr freigebig mit sich selbst, die Kanten waren verwischt, die Grenzen verschwommen. Wenn einen heute jemand ins Schlafzimmer bittet, wird's ernst, da ist Sex angesagt. Man geht in den Häusern der Leute ja nicht mal mehr nach oben.

Chrissie Shrimpton hatte in der Wohnung im Harley House ein Messingbett stehenlassen. Das beförderten wir aus unserem Schlafzimmer in das Zimmer daneben, und Mick rannte los und kaufte ein absolut gigantisches Bett. Massig – so was hatte ich noch nie gesehen und fand auch nicht, daß wir es brauchten. Ich fragte Mick: »Verdammt, was soll denn das? Ich versuche jetzt seit Monaten, diese Wohnung mit den erlesensten Dingen auszustatten, die ich finden kann, und du kaufst ein Scheißschlachtschiff zum Schlafen. Warum kein hübsches altes Himmelbett oder so etwas?«

»Weil es keine zwei mal zwei Meter Himmelbetten gibt.«

»Zwei mal zwei Meter große Betten sind für fette mittelalterliche Amipärchen mit einem halben Dutzend Kinder. Warum brauchen wir so ein Monstrum?«

Da sagte er überaus liebenswürdig: »Weißt du, was mit am schlimmsten in der Beziehung mit Chrissie war? Das Bett war zu schmal, und ich hatte nie genug Platz.«

»Hm, da ist was dran«, dachte ich. Ich habe nie gern mit Leuten in einem Bett geschlafen, ich hasse es. Wenn ich einen Lover dahabe, finde ich es viel schöner, mit ihm zu schlafen und dann in mein eigenes Bett zu gehen. Aber das neue Bett damals war so groß, daß man wie in zwei Betten darin schlief, in der Hinsicht war es okay.

Mir dämmerte langsam, daß ein solch enormes Bett auch noch zu etwas anderem nutze sein könnte als bequemem Nachtschlaf, ich war also auf alle Eventualitäten vorbereitet. Ich hatte meine Nachtlektüre erledigt und wartete, was der Signore in petto hielt.

Eines Tages besuchte Andee uns allein. Mick und ich verbrachten das Wochenende im Bett, um uns herum stapelten sich Zeitungen und Illustrierte. Mick flirtete mit Andee immer wild drauflos, aber sehr affektiert und lustig. Flirten ist so was von britisch, Teil der Beziehung wie Küssen, Streicheln, Sichumarmen. Mick und James flirteten auch miteinander. Wir alle lachten, kicherten und schwatzten in einer Tour.

Irgendwann kam dann James. Er trat ins Zimmer, doch als er uns in trauter Dreisamkeit auf dem Bett sah, blieb er stocksteif stehen. Einen Moment lang hatte er totale Mattscheibe, wie jemand, der seinen Text vergessen hat. Er war der Herr mit Melone, der ein Haus von zweifelhaftem Ruf betritt und Bergwerksaktien verkaufen will. James kannte die Regeln dieses Spiels nicht und erstarrte einfach nur. Ein fieses Lächeln breitete sich auf Micks Gesicht aus. »Hallo, James, du bist schon wieder zu spät zu der Orgie. Was hast du diesmal zu deiner Entschuldigung vorzubringen?«

»Ich habe eine Flasche von diesem süffigen Sauvignon besorgt, den Dirk empfohlen hat. Möchte jemand ein Glas?«

»Hast du zufällig auch den Koks dazu mit, James?«

»Hm, nein, Mick … ich, hm …«

»Wozu bist du eigentlich zu gebrauchen?«

»Soll ich Gläser holen?«

»Also, hör mal, James, Dirk hat mir immer erzählt, daß er und Prinzessin Margaret nicht im Traum daran denken, einen Tropfen Sauvignon ohne einen kleinen Koks-Aperitif anzurühren.«

»Stimmt das?«

»Nein, natürlich alles Quatsch, James, aber jetzt geh und hol uns die Gläser und mach dich nützlich, sei ein Schatz.«

»Hm ja ... ja ... gut.«

»Die Küche ist dahinten, James. Komm aber erst mal her und gib uns einen Kuß, Süßer.«

Aha! dachte Mick, das Spiel konnte man ja in endlosen Varianten durchspielen. Er stiftete für sein Leben gern Unfug. Wenn er die Möglichkeit dazu sah, ergriff er sie beim Schopfe. James war der perfekte »straight man«, der klassische Stichwortlieferant. Mick mußte nur so tun, als habe er eine heiße Affäre mit Andee, und James würde allen Ernstes den Rest des Sketchs selbst schreiben.

Wenn Mick Andee irgendwo traf, legte er immer den Arm um sie und lotste sie in eine Ecke.

»Darling, komm bitte eine Minute hierher. Entschuldigt uns, wir haben ein paar dringende Privatangelegenheiten zu besprechen.«

Und dann schleppte er Andee ins Badezimmer, verschloß die Tür und fing an, laut zu stöhnen, als finde eine heiße Sexszene dort drin statt.

Aber es blieb alles immer heiter und leicht, Mick hatte sich seine kindliche Verspieltheit und Bosheit bewahrt. Wenn er zum Beispiel in James' und Andees Wohnung kam und James nicht da war, heckte er schnell was aus. Sobald er die Tür hörte, ging's dann: »James, der Blödmann. Los, Mädels, hopp, hopp, ins Bett.«

Dann schlüpften wir unter die Decken und wackelten herum, als vögelten wir. Wenn James hereinkam, hörten wir auf, schauten ganz betreten drein und versuchten krampfhaft, die Laken zu glätten – als seien wir auf frischer Tat ertappt worden.

»Andee kann die Jugendherbergsecken soooo gut«, sagte Mick dann. »Ich könnte ihr den ganzen Tag zusehen, wie sie die Betten macht. Weißt du, daß du großes Glück hast, James? Wenn ich nicht selbst ein verheirateter Mann wäre.«

»Aber das bist du doch gar nicht, Darling«, warf ich ein.

James blickte überhaupt nicht durch, er schaffte nur soeben, die Fassung zu bewahren. Er bemühte sich aufrichtig, sich trotz allem anständig und wie ein Gentleman zu verhalten. Drei Leute, einschließlich deiner Freundin, wälzen sich in deinem Bett, vögeln miteinander, du erwischst sie in flagranti und versuchst, so zu tun, als sei nichts geschehen.

Eines Abends hatten wir alle LSD genommen und schwebten im siebten Himmel. Ich glaube, wenn wir nicht auf einem Trip gewesen wären, wäre das folgende gar nicht passiert. Es war tolles LSD, es explodierte. Bilderfluten strömten mir durch den Kopf – die Bottleneck-Gitarre erzählte mir, wir wären tief im Urwald eines schlammigen Bayou, als ich aber einen Moment später hinunterschaute, sah ich, daß wir in Ägypten waren. Das riesige Bett war eine Barkasse auf dem Nil. Und wir alle fuhren mit.

Meine Nachttischlampe verwandelte sich in Tatlins Denkmal für die Dritte Internationale, der Schirm entrollte sich in einer flachen Spirale, auf der kleine Reliefs erschienen, die plastisch wie die Trajanssäule schilderte, was hier ablief.

Andee war die Pythia für die ganze Menschheit geworden und enthüllte die Geheimnisse des Jahrtausends. »Jetzt kommen die kleinsten Partikel durch, die uns verändern könnten. Vor zehntausend Jahren schon wurden sie auf dem Mayakalender prophezeit. Danach suchen wir doch in all den Drogen! Aber der Empfang ist gestört, merkt ihr das denn nicht?«

Der Teppich bewegte sich in kleinen aprikosen- und elfenbeinfarbenen Wellen. Andee und ich waren Sklavenmädchen des großen Pharao, erschöpft streckten wir uns auf der königlichen Barkasse aus. Der Pharao schmuste mit James. (Es sollte ein sehr taktiler Trip werden.)

Wir ließen die Füße über die Bettkante durch die roten Rubinrosetten des Teppichs schleifen. Indigofarbene Blüten trieben wie Seerosenblätter vorbei, manche trugen winzige Köpfe von Leuten, die ich kannte. Nun konnte ich unseren kurdisch-persischen Teppich so gut lesen wie nie zuvor. Er war ja eine mythologische Landkarte von Samarkand mit ineinander verwobenen Arabesken mechanischer Pfauen, safrangelber Pavillons, Obsthainen, Gärten und Zypressen.

Wir lebten ein Leben vor tausend Jahren als Kurtisanen, als Opiumesser am Hofe Kubla Khans. Wir hatten die Milch des Paradieses getrunken, und diese Flüssigkeit hatte die Kraft zu verwandeln, und machte uns alle ganz porös. Es gab keine Grenzen, dort, wo Alph, der heilige

Fluß, floß. Keine Geschlechter und weder Raum noch Zeit, wir funkelten und vibrierten einfach. Wir waren alle pulsierende kleine Bodhisattvas. Ich war in alle verliebt. Nein, ich *war* alle. Ich wußte nicht mehr genau, wer ich war und wer wer war, aber was machte das denn schon? In einem solchen Zustand der Seligkeit konnte man sich leicht in einen Stuhl, in seine eigenen Schuhe verlieben. Was für ein absurder Gedanke, daß jemand überhaupt jemandem gehören sollte! Gott, wenn man bedachte, daß sie wegen solcher Dummheiten den Trojanischen Krieg begonnen hatten.

Früher oder später mußte auf diesem Bett etwas stattfinden, und heute war offenbar die Nacht der Nächte. Es war die *raison d'être* des Bettes – wenn Mick schon Keith nicht hineinbekam, war dies das zweitbeste. Die Beziehung mit James und Andee war ja immer intimer geworden, zwischen uns vieren mußte unweigerlich etwas passieren. Ich glaube, ich dachte an Frauentausch oder so was, wo Mick Andee vögelte und ich logischerweise bei James gelandet wäre.

Ich streichelte Andee, und bei der Berührung meiner Hand schmolz und kräuselte sich ihr Fleisch. Unter ihrer Haut pochte ihr schimmerndes, phosphoreszierendes Herz. Ich hatte das Gefühl, daß ich einfach in ihren Körper greifen und es berühren könnte. Ich fing an, sie zu küssen und auszuziehen. Sie seufzte inbrünstig, tat so, als werde sie plötzlich in der Hitze der Leidenschaft ohnmächtig, und sank ermattet aufs Bett. Wir waren zwei Odalisken in einem Salongemälde von Haremsdamen. Als ich mich über Andee beugte, fing sie an zu lachen. Es war wunderbar absurd, eine Mischung aus Erotik und Kitsch.

Ich lag nackt neben ihr und nahm ihre Brustwarze in den Mund und begann sie mit den Lippen zu liebkosen. Wir warfen einen verstohlenen Blick auf Mick und James, um zu sehen, was für eine Wirkung unsere kleine Vorstellung zeitigte. Sie hatten aufgehört zu reden und beobachteten uns mit eindeutig voyeuristischem Interesse. Wir kicherten. Es turnte uns an, und wir begannen unser Repertoire zu erweitern. Je erregter sie bei unseren Liebkosungen wurden, desto mehr stachelte es uns an.

Natürlich wußte niemand von unserem netten Beisammensein, keine Menschenseele. Aber irgendwo draußen in der feuchten Londoner Nacht muß der Chefdracula der Szene, der Regisseur Donald Cammell, sein Fenster geöffnet und es aus der Luft aufgeschnappt haben. Er begriff alles intuitiv. Er spürte es, ich bin sicher, viele Leute spürten es. Ohne daß er wußte, was in der Nacht passiert war, erschuf er es in *Performance* neu.

Die Razzia in Redlands, der Prozeß, aber auch die Probleme mit Brian hielten die Stones 1967 und 1968 weitgehend vom Touren ab. Im Frühjahr 1968 wurde Mick unruhig. Er fand seine Rolle als Leadsänger einer Rock 'n' Roll-Band zu einengend. Später sollte er gezwungen sein, diese Rolle neu zu erfinden, aber vorläufig suchte er etwas anderes. Als Held einer neuen Kultur konnte Mick werden, was er wollte. Eine Zeitlang liebäugelte er mit der Idee, als Abgeordneter für die Labourpartei ins Parlament zu gehen.

Es war haargenau zu der Zeit in den späten Sechzigern, als all unsere Phantasien, die Welt zu erobern, Wirklichkeit zu werden schienen. Mick war eigentlich nicht sehr an Politik interessiert, schon gar nicht an linker Politik. Ich schon, ich hatte ja einen sozialistischen Hintergrund. Meine Mutter und mein Vater wählten beide Labour. Als also der charismatische Labour-MP Tom Driberg Kontakt zu uns aufnahm, war ich entzückt.

Wenn überhaupt jemand von einer politischen Partei Mick hätte überreden können, in die Politik zu gehen, dann Driberg. Tom war überaus charmant und wunderschön gekleidet. Und solch ein perfektes Vorbild für Mick! Er hatte nämlich auch noch eine Menge Geld. Er besaß ein Landhaus, war homosexuell und Labour-MP. Ein echter Sozialist der alten Schule, noch mit richtigen Idealen. So viele scheinbar widersprüchliche Dinge in einer Person vereinigt, er war ein glänzendes Beispiel für das, was Mick hätte werden können.

Eines Nachmittags kam er mit Allen Ginsberg, um Mick zu bitten, für einen Sitz im Parlament zu kandidieren. Zu dem Zeitpunkt wäre Mick auch dazu fähig gewesen. Er hatte damals starke Prinzipien. Die Rachsucht des Systems nach der Redlandsgeschichte hatte ihn doch sehr getroffen, er posaunte eine Menge halbradikaler Sprüche in die Weltgeschichte: »In allen Ländern werden Teenager von schwachsinnigen Politikern kommandiert, die ihnen ihr Denken und Handeln, ihr ganzes Leben vorschreiben wollen.«

In der Phase legte Mick all seine kleinbürgerlichen Ängste ab und schrieb »Street Fighting Man«.

Eine Weile lang dachte er über Dribergs Vorschlag ernsthaft nach und erwog alle möglichen Einwände und Konflikte: »Was ist mit den

Tourneen und so? Zuallerst kommt meine Musik, die gebe ich nicht auf, nur um hinter einem Schreibtisch zu hocken.«

Woraufhin Tom sagte: »Oh, das wäre kein Problem. Sie könnten wie bisher mit der Musik weitermachen und trotzdem etwas sehr Wichtiges für die Partei tun.«

»Ich kann mir aber schlecht vorstellen, daß ich Paragraph für Paragraph die Verordnungen zur Wasserversorgung durchforste. Verstehen Sie, was ich meine?«

»Mein lieber Junge, wir erwarten natürlich nicht von Ihnen, daß Sie sich mit dem tagtäglichen Kleinkram des Hauses beschäftigen. Keineswegs. Wir sehen Sie eher als, hm, als Repräsentationsfigur, wissen Sie, wie ...«

»Die Königin?« vervollständigte Mick den Satz.

»Genau!«

Das erste Treffen mit Driberg begann vielversprechend – witziges Geplauder, blitzschnelle Fragen –, und dann scheiterte beinahe alles an einem sehr untypischen, ungeschickten Zug von Driberg. Wir saßen alle auf Kissen auf dem Boden. Mick trug eine enge Weste und irgendwelche Strumpfhosen. Da schaute Driberg Mick plötzlich zwischen die Beine und sagte: »Was haben Sie für ein enormes Gemächt.« Peinliches Schweigen.

Mick Jagger, Anführer der Labourparty! Und ich, die kleine Anarchistin im Hintergrund stachelte den großen Mann auch noch zu solchen Eskapaden an. Eine ausgeflippte Idee. Driberg muß bevollmächtigt gewesen sein, Mick anzusprechen, er tat nicht nur seine persönliche Auffassung kund. Zu dieser Zeit gingen Reagan und viele andere Showbusinessleute in die Politik.

Das rechte Establishment hatte versucht, uns fertigzumachen, und nun kam eine solche Offerte von der anderen Seite. Das paßte wie die Faust aufs Auge. Mick und ich waren, glaube ich, von Herzen angewidert.

Mick erkannte, daß die Stones einflußreicher waren als jeder Politiker. Er wußte obendrein, daß Tagespolitik unglaublich langweilig war. Und eigentlich ging es schlicht und ergreifend nur darum, daß sie die Stimmen der Jugendlichen gewinnen wollten. Die Idee, als Köder zu fungieren, behagte Mick aber mitnichten.

Keith killte das Vorhaben. Als Mick ihn nach seiner Meinung fragte, sagte Keith, es sei so ungefähr das Idiotischste, was er je gehört habe. Er wußte, es hätte Mick vollkommen aus seiner gewohnten Umgebung katapultiert.

Driberg war nicht dumm. Er sah genau, daß Mick sich eine gewisse Respektabilität verschaffen wollte, und Driberg hätte ja auch ums Haar Erfolg gehabt, aber während die Politik für ihn ein ehrenwertes Forum war, war sie es für Keith nicht. Es hätte die Trennung der Stones bedeutet.

Wären die Avancen in einer weniger kreativen Periode wie der Zeit um *Goat's Head Soup* erfolgt, hätte die Sache schon anders ausgesehen, aber Mick und Keith befanden sich in ihrer schöpferischsten Phase. Die Zeit von *Beggars Banquet* bis *Exile on Main Street* war unglaublich produktiv.

Anarchie und Hedonismus, all das, wofür die Stones standen, war zu den Zeiten von *Goat's Head Soup* verpufft. Die treibende Kraft, die Seele, waren heraus, und das lag an Heroin und Kokain. Es war Verfall, nicht Anarchie.

Eines der schlagendsten Argumente gegen die Anarchie war ja immer: Was kommt am Ende dabei heraus? Ist Anarchie selbst nicht nur ein weiteres Symptom? Man reißt alles nieder, und dann? Darauf hatten wir nie eine Antwort. Wir wollten zwar, daß sich überall alles änderte, auf der ganzen Welt, aber keiner wußte genau, was, und alles endete in Exzeß und Kaputtheit.

Nach Micks Flirt mit der Politik bot sich eine viel naheliegendere Lösung. Er würde Filmstar werden.

Warum nicht? Von all den Rockmusikern der Sechziger war Mick der geeignetste Kandidat. Über die Jahre hin hatte es schon eine Anzahl Projekte gegeben, die locker auf Micks Charisma basierten. Seit Menschengedenken hatte zum Beispiel Andrew Oldham behauptet, daß er die Rechte zu *A Clockwork Orange* bekommen würde (oder hatte!), und alle waren der Meinung, Mick sei der perfekte Alex. Ein paar Leute unterschrieben sogar Petitionen, um das Nötige in die Wege zu leiten. Das zweitbeste war *Only Lovers Left Alive,* eine Art Arme-Leute-Version von *A Clockwork Orange.* Mick nahm Schauspielstunden. Dann geisterte noch *The Man Who Shot Mick Jagger* im Raum herum und ein Haufen anderer Hippieprojekte. Christopher Gibbs und Nigel Gordon hatten ein Drehbuch geschrieben, das auf der mittelalterlichen englischen Liebesgeschichte *Gawain and the Green Knight* basierte. Mick sollte den Grünen

Ritter spielen. Mick und Keith spielen Mittelalter! Wer wessen Kopf abschlagen würde, war Thema manch hitziger Diskussion. Ein weiteres dieser dämlichen Filmvorhaben hieß *Maxigasm.* Außerirdische und Fliegende Untertassen sollten darin vorkommen. Aber sie zerschlugen sich alle.

Und dann begann Donald Cammell im Frühling 1968 über eine Idee zu reden, die ihm im Kopf herumging: einen Film über einen zurückgezogen lebenden Rockstar und einen Gangster auf der Flucht. Der Film sollte um Mick herum aufgebaut werden. Es sollte *Performance* werden.

Die Bedingungen schienen ausgesprochen günstig. Mick war in seiner schönsten Phase, mit den Regisseuren Donald Cammell und Nicholas Roeg waren wir befreundet, und auf die eine oder andere Weise kannten wir fast alle, die in dem Film mitspielen sollten. Anita Pallenberg, James Fox. Hätte es einen besseren Anfang geben können? Mick meinte, die Rolle als Turner, der verlebte Rockstar, wäre keine große Anstrengung. Im Prinzip würde jeder sich selbst spielen. Was konnte daran schwierig sein? Das sollte sich als kolossales Mißverständnis herausstellen!

Sie machten einen Film aus dem, was sich die Öffentlichkeit unter unserem Leben vorstellte. Das Voyeuristische sicherte dem Film eine Finanzierung und machte ihn in der Folgezeit zu einem Kultklassiker. Warner Brothers stellten sich, glaube ich, eine Hollywoodversion unseres Lebens vor, à la Schuld und Sühne.

Die Grundkonstellation des Films zwischen Turner und den beiden Frauen stammte direkt aus Donald Cammells eigenem häuslichen Arrangement. Michèle Breton, die eine der beiden Frauen in Turners *ménage* spielt, hatte zu Donalds *ménage* in Paris gehört, wo er, Michèle Breton und Deborah Dixon zusammengelebt hatten. Anita, die die andere in Turner verliebte Frau darstellt, hatte erst ein paar Jahre zuvor eine Liaison mit Donald und Deborah gehabt. Das war Donalds Ding. Dreier.

Auf einer anderen Ebene spiegelte die Symmetrie der Figuren in dem Film reichlich gespenstisch die Beziehung zwischen Andee, Mick und mir wider. Michèle Breton hatte kurzes Haar und einen jungenhaften, mageren kleinen Körper wie Andee. Nicht so hübsch, aber genauso androgyn.

Schon vor dem ersten Drehtag war *Performance* ein brodelnder Kessel teuflischer Zutaten: Drogen, inzestuöse Beziehungen, Rollentausch,

Kunst und Leben wild durcheinandergequirlt zu einem Hexengebräu. Ich ahnte, was passieren würde, ich sah, daß etwas ziemlich Erschreckendes aus all dem herauskommen würde, und ich wußte, ich würde nicht damit umgehen können. Das war nicht einmal besonders scharfsinnig. Das Komische war nur, daß es außer mir keiner sah. Ich beschloß, so weit wie möglich wegzulaufen, deshalb ging ich mit Nicholas nach Irland, meine Mutter sollte nachkommen.

Ich erwartete ein Baby. Mick und ich waren außer uns vor Freude. Wir hofften beide, daß es ein Mädchen würde, und gaben ihr schon den Namen Corrina.

Während ich uns in Irland eine Bleibe suchte, wohnten wir einige Wochen bei Desmond Guinness in Leixlip Castle. An einem der ersten Wochenenden dort flogen Mick und ich nach London und am nächsten Tag wieder zurück. In der Zeit schloß das Kindermädchen, das ich für Nicholas eingestellt hatte, Nicholas im Kinderzimmer ein, stahl mir einen Smaragdring und suchte das Weite*. Nicholas wurde erst am nächsten Tag entdeckt. Als sie ihn fanden, war er dabei, die Tapete von den Wänden zu reißen, weil er rauswollte. Damals war er drei, und ich beschloß, ihn nicht mehr allein zu lassen. Von Irland aus war *Performance* weit weg, wie etwas, das auf einem anderen Planeten passierte. Ich wollte nicht daran denken.

Schließlich fand ich ein wunderschönes altes Haus in Tuam, County Galway. Mick besuchte uns jedes zweite Wochenende. Dann lasen wir das Drehbuch zusammen, es war exzellent. Donald hatte es geschrieben und eine Menge Geschichten hineinverwoben, die Anita und andere ihm erzählt hatten. Den Rest kannte er aus persönlicher Erfahrung. Auf eine eigene phantastische Weise war es also sehr real. Auf eine geradezu übernatürliche Weise wurde es leider auch sehr prophetisch. Als es soweit gediehen war, daß die Endfassung zum Drehen stand, kriegte Mick es mit der Angst zu tun. Er merkte, daß er keinen blassen Schimmer hatte, wie er spielen sollte. Er war ja völlig unerfahren. Natürlich wußte er, wie er den Mick im »wirklichen« Leben spielen sollte, aber die Filmfigur war doch grundlegend anders. Wenn sie eins nicht war, dann Mick.

Ich interpretierte Turner als symbolische Figur. Vage tragisch, ein wenig lächerlich, aber auch mit Biß. Er war die archetypische Gestalt der sechziger Rock-Apokalypse, ein präraffaelitischer Hamlet. Das arbeiteten wir sehr sorgfältig heraus und setzten es Teil für Teil zusammen.

Ich schlug Mick vor, für den Anfang seine Figur auf der Grundlage von Brian zu formen, aber sein Haar zu färben. Sein Haar sollte eine kräftige, bestimmte Farbe haben. Einen blonden Turner zu spielen, wäre völlig unangemessen gewesen. Er ließ es schwarz färben, tiefschwarz, ein chinesisches Schwarz, wie Elvis' Haar. Glänzend. Es verlieh ihm sofort starke, sehr plastische Konturen. Die Strumpfhosen und Kostüme gaben ihm einen Hauch Bedrohlichkeit, Richard III. schimmerte durch.

Die Idee, Brian als Basis für Turner zu benutzen, war zunächst einmal sehr gut, aber kaum begann Mick, nach dem Skript zu proben, war klar, daß es so einfach nicht ging. Gestalten auf der Bühne und besonders im Film sind Zusammensetzungen wie Traumgestalten. Wie wär's also mit Brian und Keith, dachten wir. Der selbstquälerische, paranoide Brian und der starke, coole Keith?

Dieser Charakterisierung Turners lag die Auffassung zugrunde, daß Micks Persönlichkeit nicht dunkel und beschädigt genug war, um eine so mythische Gestalt wie Turner zum Leben zu erwecken. Turner war eine Art verlebter Prinz von Dänemark, Mick alles andere als Hamlet. Mick hat nichts Mythisches oder Tragisches, er ist zu normal, als daß ihm überhaupt ein tragisches Schicksal widerfahren könnte. Auch wenn Brian und Keith nicht unbedingt tragische Figuren waren, so waren sie doch zumindest vom Schicksal gebeutelte, menschliche Wesen mit fatalen Schwächen, Gefangene tief verborgener Gefühle.

Durch all diese Schichten sickerte natürlich trotzdem noch eine Menge von Mick durch, so daß am Ende ein wunderbar komplexer Charakter entstand. Mick machte seine Arbeit gut, ja, sogar so gut, daß er selbst zu dieser künstlichen Persönlichkeit wurde und nie wieder davon abließ. Was ich aber nicht vorhergesehen hatte, war, daß Mick, wenn er Brian und Keith spielte, zwei Menschen darstellte, die für Anita eine extreme Anziehungskraft besaßen und die umgekehrt von ihr besessen waren.

Äußerst spannend an *Performance* war die Sache mit der Londoner Gangsterszene. Sie heuerten echte Gangster wie Johnny Binden (der zur Zeit lebenslänglich absitzt, weil er jemanden in einer Kneipe enthauptet hat) als Schauspieler an und einen echten Mafiaboss als Berater: David Litvinoff, genannt Litz. Durch Robert und Christopher gehörte Litz schon zu unserer Szene. Er wurde für das Projekt als Assistent für die Authentizität (einer dieser schrägen Sixties-Titel) angestellt. All die »O-Ton«-Gangsterdialoge stammen von ihm.

Zu Litz' Job gehörte es, James Fox beizubringen, wie man so richtig niederträchtig ist, und ihn in die Unterwelt Londons einzuführen. Jemanden wie Litz hatte James in seinem ganzen Leben noch nicht kennengelernt, er kannte Gangster nur aus Filmen. David war ein großer Haschischraucher vor dem Herrn, ein Spinner und obendrein schwul. Er hatte immer mehrere Eisen im Feuer, man wußte nie, was echt und was Mache war. Das allein schon muß James heillos verwirrt haben.

Die meisten Leute in *Performance* schauspielerten nicht, sondern stellten sich bloß zur Schau. Echte Gangster, echte Rockstars, echte Drogensüchtige, echte Sirenen. Berufsschauspieler trennen zwischen dem Geschehen auf dem Set und dem wirklichen Leben, aber die Truppe in *Performance* bestand fast nur aus Amateuren. Das fügte James den größten Schaden zu, er hatte keinen Rückhalt in den anderen Akteuren. Eines der ersten Dinge, die man beim Schauspielen lernt, ist den Druck gemeinsam zu ertragen, so daß die negative Energie sich gleichmäßig verteilt. Das bewahrt den Schauspieler, der den Bösen verkörpert, davor, hinuntergezogen zu werden, sonst brächen die Leute ja auch reihenweise zusammen. Man unterstützt sich also gegenseitig. Als Profi wußte James das natürlich, aber alle anderen waren völlig unbedarft, er war also wirklich an den Arsch gefaßt.

Performance war ein psychosexuelles Versuchslabor unter der Leitung von Donald Cammell, und James Fox wurde das Hauptversuchskaninchen. Es war, als wolle Donald jeden einzelnen mit seinen schlimmsten Alpträumen konfrontieren. Einer der Subtexte von *Performance* ist: Was passiert, wenn man einen verklemmten Upperclass-Engländer mit einem Haufen psychedelischer Drogen vollpumpt, ihn manipuliert und halb um den Verstand bringt, a tergo durchfickt und dann in einen Film steckt, der all das rekapituliert (aber mit echten Gangstern)? Um es milde auszudrücken: James Fox war nicht ganz in seinem Element.

Besonders gerissen war, daß Donald Micks und James' Klassenzugehörigkeit vertauschte. Brillant. Mick spielte den Aristokraten und James den Ganoven aus dem Arbeiterklassenmilieu. James wurde der archetypische Diener, während Mick den schlaffen Blaublütigen mimte, genau die Eigenschaften, mit denen Mick James immer ärgerte.

Sagen wir's doch ehrlich: Im Vergleich zu Donald Cammell waren wir alle ziemlich naive Leichtgewichte. Donald war älter und teuflischer. Darum hatte Andee Angst um James' unsterbliche Seele. Sie hatte auch große Vorbehalte gegenüber Anita. Anita war die finstere Königin unter einem bösen Zauberbann, so prächtig und gefährlich. Aber der sarkastische, souverän intrigante, dekadente Donald war Dracula leibhaftig.

Donalds Regiemethode war, einen Strudel zu entfachen. Alles, was nur irgendwie geeignet war, Chaos zu stiften, wurde aufgeboten. Gott weiß, was für Drogen auf dem Set genommen wurden, und dann kam der ganze wahllose Sex noch dazu.

James Fox hatte natürlich vor Sex and Drugs and Rock 'n' Roll Angst, aber noch mehr Angst hatte er vor seiner eigenen dunklen Seite. Und er orientierte sich voll und ganz an Mick, bei dem er aber schon die Schwierigkeit hatte, das Echte vom Falschen zu unterscheiden. Sie arbeiteten genau aus dem Grund so wunderbar in dem Film zusammen, weil James die Hälfte der Zeit gar nicht blickte, was Mick tat. *Performance* brachte eine Menge ans Tageslicht und lieferte etliche Leute Dingen aus, von denen sie sich besser ferngehalten hätten.

Während *Performance* gedreht wurde, glaubte ich irrigerweise, daß ich mir keinerlei Sorgen zu machen brauchte. Ich wäre nie auf die Idee gekommen, daß Mick Anita vögeln würde.

Aber für mich ist auch Anita weitgehend ein Opfer in dem Ganzen, die Verletzliche, um die man sich hätte kümmern und die man hätte beschützen müssen. Die Trennung von Brian im Jahr davor hatte sie extrem mitgenommen, und es fiel ihr eh schon wahnsinnig schwer, Reales und Imaginäres auseinanderzuhalten. Es war also nur natürlich, daß sie Micks Verkörperung Turners unwiderstehlich fand. Ihre Charaktere wurden aufeinander geworfen, und da die Wand zwischen Leben und Fiktion in dem Film so dünn war, konnte wenig das verhindern, was sich anbahnte.

Der einzige, der nie die Kontrolle verlor und sich ein wenig hätte zurückhalten sollen, war Mick. Aber der arme Kerl war natürlich auch halb durch den Wind. Er war sogar manchmal regelrecht eingeschüchtert, denn Donald war jähzornig, explodierte wie ein Feuerwerkskörper und feuerte glühende Schimpftiraden ab. Mick fand die ganze Filmerei sehr verwirrend und verglichen mit der Arbeit als Leadsänger in einer

Rock 'n' Roll-Band ziemlich unerträglich. Das Auswendigdahersagen, die ewigen Wiederholungen der Aufnahmen, das nicht chronologische Schauspielen ins Nichts hinein. Mick war in Gefahr, die Kontrolle zu verlieren.

Ich versuchte, all das aus meinem Kopf zu verbannen. Ich konzentrierte mich auf mein Leben mit meiner Mutter und Nicholas und tat so, als sei alles in Ordnung. Anita war meine beste Freundin, und Mick war der Mann, den ich liebte. Ich erwartete ein Kind von ihm. Ich glaube, mir war damals schon klar, daß es zwischen Mick und mir nicht zum besten stand, aber ich wußte nicht, was ich tun sollte. Es war entsetzlich.

Und überhaupt, wer war ich, daß ich den Mund aufreißen konnte? Ich hatte schließlich im Jahr davor eine heiße Affäre mit Tony Kent gehabt. So war es eben damals … wenn das Feeling stimmte, tat man es. Das war unser Credo, es wäre Heuchelei gewesen, nur deshalb nicht mit jemanden zu schlafen, weil er mit jemand anderem zusammen war.

Wie üblich redeten Mick und ich nie darüber, doch es hing zwischen uns. Damals wußte ich nicht, daß man Dinge ausdiskutieren kann, und selbst wenn ich es gewußt hätte, hätte ich nicht den Mut gehabt, es anzusprechen. Vermutlich wäre alles nur schlimmer geworden.

Selbst der sonst so furchtlose Keith packte es nicht. Der Filmerei hielt er sich wohlweislich fern. Hinzugehen hätte einen Frontalzusammenstoß mit Mick bedeutet. Keith wußte, wenn er das riskierte, wäre die Band kaputtgegangen und alles, was ihm wichtig war.

Kurz bevor sie mit dem Film anfingen, schrieb Keith »You've Got The Silver«. Er und Anita wohnten in Roberts Wohnung. Robert hatte Anita die Wohnung für eine horrende Summe vermietet und weigerte sich dann, auszuziehen, womit er quasi eine weitere *Ménage-à-trois* kreierte.

Wenn Keith einen Song schreibt, nimmt er den Kern und nagt daran herum, behält aber alles für sich. In einem fort spielt er Gitarre, ich habe ihn nie ohne gesehen. Er ist der Lautenspieler, der im Fenster sitzt, ja, das ist Keith. Hüllt sich in vollkommenes Schweigen. Der Song bleibt so lange in seinem Kopf, bis er fertig ist. Und dann läßt er ihn aus dem Blauen heraus auf einen fallen. Man ist wie erschlagen. Es haut einen vollständig um.

Wir saßen auf Roberts bildschönem Himmelbett aus dem siebzehnten Jahrhundert. Robert lehnte gegen den einen Pfosten, ich gegen den anderen, und Keith und Anita lagen engumschlungen auf der anderen Seite. Keith fing an zu singen: »You've Got The Silver«. Er näselte es sehr monoton heraus, als sei der Song immer noch tief irgendwo in ihm drin und käme gerade erst heraus. Wir waren sprachlos. Ganz offensichtlich war es ein Liebeslied für Anita. Die Tiefe seiner Verbundenheit mit ihr floß einfach so aus ihm heraus. Sehr romantisch, die vollkommene Liebe. Deshalb war ja auch Micks und Anitas Verrat während *Performance* so zerstörerisch für ihn.

Aber anstatt sie zur Rede zu stellen, hing er in Roberts Wohnung in der Mount Street herum und goß all seinen inneren Aufruhr und seine Feindseligkeit in Lieder. Dabei kam *Let It Bleed* heraus, all die aufgestaute Wut. Es sollte einer der gespenstischsten Schritte der Stones in den Zeitgeist werden. »Gimmie Shelter« ist Keiths apokalyptische Vision dessen, auf das wir uns alle in Windeseile zubewegten. *Let It Bleed* variiert die Themen von *Performance.* Es verwandelte die Spielerei mit dem Okkulten in Satanismus und den Flirt mit der Gangsterunterwelt in Anarchie.

Performance war unser *Bildnis des Dorian Gray.* Eine Allegorie des libertinären Lebens in Chelsea in den späten Sechzigern, mit den feudalen Rockstars, der mißratenen *Jeunesse dorée,* Drogen, Sex und Dekadenz – sie konserviert eine ganze Ära wie unter Glas. Durch einen üblen Austausch von Energien nahm der Film ein eigenes blühendes, halluzinogenes Leben an, während die daran Beteiligten (auf denen er basierte) unmittelbar nach seiner Beendigung kaputtgingen.

Die Fusion von Leben und Theater in *Performance* hatte einige tödliche Nachwirkungen. Der Film war wie ein Virus, der alle ansteckte. Wie Gesang ist Film rituell, er setzt Dinge in Gang, beschleunigt sie. Menschen, die durch Zuckerglasfenster fallen, fallen zum Schluß oft durch echte Fenster, und wenn je ein Film eine Kettenreaktion auslöste, dann *Performance.*

Mick ging großartig daraus hervor, mit einer glänzenden neuen, undurchdringlichen Rüstung. Er hatte keine Drogenprobleme und keinen Nervenzusammenbruch. Nichts berührte ihn wirklich. Etwa so, wie Schauspieler ihre Kostüme behalten, nahm Mick aus *Performance* seine Persönlichkeit mit. Die Figur war auf seine Bedürfnisse hin maßgeschneidert, er mußte sie sozusagen nie wieder ausziehen. Das ist Mick Jagger, nach Meinung der halben Welt, und seiner eigenen vermutlich damals auch. Im Grunde kam er mit zwei Persönlichkeiten heraus. Der, die wir kennen und erleben, was auch immer wir davon halten – *dem* Mick –, und noch einer, die finsterer ist: der Gangstergestalt. Der Mann mit dem steinernen Herzen, diese Persönlichkeit tritt zum erstenmal in Erscheinung, als Mick sich das Haar zurückstreicht und der rücksichtlose Schlägertyp wird, der für Geld alles tut (einschließlich Menschen umbringen). Der geldgierige Mick, ergebener Diener des Mammon.

Wenn aus einer solchen Situation einer der Agierenden sehr stark hervorgeht, ist ein anderer am Ende höchstwahrscheinlich sehr angeknackst. Offenbar funktioniert es so. James Fox hatte Pech. Er gab in dem Film die beste Vorstellung seiner ganzen Karriere und drehte dann durch. Üblicherweise kriegt man die Geschichte aufgetischt, daß er während des Filmens mit LSD vollgestopft wurde und dann durchknallte, aber das sind die typischen Stories der Journaille. In Wirklichkeit hatte er eine Todesangst und suchte Zuflucht in der ihm vertrautesten geistlichen Lehre. Er wurde religiös, und alle riefen »Ojemine!« (Die Zynischeren von uns fanden das genauso geil wie auszuflippen). James Fox wehrte sich gegen die Schatten, die ihn umhüllten, indem er sich sofort in den christlichen Fundamentalismus stürzte, was schließlich seine Rettung war. Der Pfad war direkter als einer, den wir genommen hätten, aber wie sagte doch Andee immer? »In einem Kreis führt alles auf die Mittelachse.«

Auch Michèle Breton erging es nicht gut. Kurz nach dem Film wurde sie Heroindealerin in Marseille und ist vermutlich nun schon tot.

Kurz nachdem die Dreharbeiten zu *Performance* im Herbst 1968 beendet waren, wurde der Drogenkonsum in unserem inneren Freundeskreis um einiges heftiger. Keith und Anita wurden ernsthafte User. Mick nahm Drogen mit Keith und Anita, aber wie üblich in Maßen. Er nahm mit vielen Leuten Drogen. Ich glaube, er war nur einfach der Auffassung, er solle es nicht mit mir tun. Was wohl daran lag, daß er mich als das heiterklare Mädchen in einem Renoirgemälde sah. Aber Mick ist ein echter Co-Abhängiger und holt sich seine Energie aus dem Umgang mit Drogensüchtigen. Wie Andy Warhol. Davon lebt er. Wie ein Undercoverbulle nimmt er Drogen mit Süchtigen, wenn es sein muß, um ihr Vertrauen und ihre Zuneigung zu gewinnen. Insofern bestand eine Kluft zwischen uns. Als ich Koks nahm, war mein einziger Gedanke, wo kriege ich mehr, wie kann ich mehr nehmen. Für Mick war es dagegen immer nur ein rein gesellschaftliches Ding.

Performance war für Keith eine sehr leidvolle Zeit, doch dann fing er sich wieder. Die Drogen kamen erst danach. Erst wenn die Menschen die Dinge überhaupt nicht mehr akzeptieren können, greifen sie zu Alkohol oder Drogen. Um zu überleben. Es ist tatsächlich eine Art Eigentherapie, ein Akt der Selbstbewahrung. »Wenn ich den Stoff nicht gehabt hätte, hätte ich mich umgebracht.« Das habe ich von vielen Leuten, die drogen- oder alkoholsüchtig waren, gehört. Man weiß, daß man verliert, und tut alles, um nur ja nicht unterzugehen. Ich bin sicher, bei Brian lief es genauso. Er konnte den Gedanken nicht ertragen, daß er an den Rand gedrängt wurde, verstärkte aber diesen Prozeß noch, als er Drogen nahm.

Anita knallte wirklich durch. Auf Jahre hinaus. Sie fiel in einen Abgrund. Ich glaube nicht, daß es ihre Schuld war, ich habe Anita nie für böse gehalten. Ich habe ihr auch nie, nicht einmal damals, die Affäre mit Mick vorgeworfen. Gott, sie war so phantastisch, und wer so schön ist, kann im Grunde tun, was er oder sie will. Aber der Preis ist hoch, das ist er immer.

Unsere fragile Pyramide fiel in sich zusammen wie ein Kartenhaus. Es war beinahe, als wollten wir das auch, dickköpfig, wie wir waren. Sollten die Mauern fallen, nicht wie in der Schlacht von Jericho, sondern wie beim Untergang des Hauses Usher.

Wir hatten alle Dylans Maxime vergessen. Wir hätten es hinter uns lassen und nie wieder zurückschauen sollen. Paul und Linda McCartney haben es getan. Nach den Sechzigern gingen sie nach Schottland und lebten dort mit Schafen und Hühnern. Mick und mir war das nicht möglich. Besonders Mick nicht, wir hatten keine Chance. Mick ist so geartet, daß er im öffentlichen Leben bleibt und es durchsteht, was ich nicht schaffte.

Performance veränderte alles. Einen Augenblick lang schauten wir zurück, und obwohl wir nicht zur Salzsäule erstarrten, sah ich, als ich mich wieder umdrehte, daß ich keinen Boden mehr unter den Füßen hatte.

Wenn ich Mary Shelley bin, wo ist dann mein Frankenstein?

Anfang 1968 hatten Mick und ich ein Haus im Cheyne Walk in Chelsea gekauft, und als ich aus Irland nach London zurückkam, fand ich mein wunderschönes Heim voll schmarotzender Arschkriecher. Mick hatte eine Köchin eingestellt, ständig war die halbe King's Road zu Gast. Stash Klossowski, Nigel Gordon und Tony Fuchs und sein Freund. Tony gehörte zu den Leuten, die mit Terry Southern und Mason Hoffenberg im Château Marmont herumhingen, ein Typ, der Drehbücher schreibt, die nie verfilmt werden. Nigel Gordon war eine von den nützlichen Kreaturen, mit denen man LSD warf, und verheiratet mit Jenny Ormsby-Gore, die im endlosen Londoner Liebeskarussell einmal etwas mit John Dunbar gehabt hatte, der …

Um sieben Uhr versammelten sich all diese Bekloppten, die nur ihre messianischen, entsetzlich hirnlosen Filmprojekte im Kopf hatten, zu einem üppigen Dinner. Über solcherlei Haushalt phantasiert Mick in Liedern wie »Live With Me«.

There's a score of harebrained children
They are locked in the nursery
They got earphone heads, they got dirty necks
They are so twentieth century

Vier Tage lang ertrug ich diesen Irrsinn, dann kriegte ich einen Tobsuchtsanfall, daß die Wände wackelten. Ich warf mit Tellern und Untertassen nach Mick. »Wie konntest du?« Die Köchin wurde gefeuert. Tony Fuchs und sein Freund wurden an die Luft gesetzt. Schließlich herrschte wieder Frieden. Mick liebte meine Wutanfälle. Ich wütete und randalierte sehr selten.

Das Leben mit Mick war immer noch sehr aufregend, nun aber mehr auf einer intellektuellen Ebene. Sexuell lief so gut wie nichts mehr, und da wir uns nicht trennen wollten, mußten wir uns nach etwas anderem umsehen. Für Mick war es die Arbeit. In dieser Zeit lieferte er mit seine besten Sachen ab. Er stand auf, las die Zeitungen, ging ins Theater und arbeitete dann bis acht Uhr morgens im Studio. An den Abenden, an denen er zu Hause war, lagen wir in dem hübschen alten Bett und lasen. Ich meinen Arthur Machen, *Der Große Pan,* und Mick seinen M. R. James. Dann sagte er wohl: »Hör dir das an, Marianne! Das geht dir durch Mark und Bein!« Und las mir eine Gespenstergeschichte vor. So lief das damals. Wir sprangen nicht mehr ins Bett, um miteinander zu schlafen.

Eine sehr angenehme Intimität entwickelte sich zwischen uns, wie wenn man lange verheiratet ist und weiß, der Partner erwartet nicht zuviel von einem. Mir gefiel diese Kameradschaft, das leichte einander Verstehen sehr gut, aber es gab immer wieder Phasen der Langeweile.

Mit Mick kann man hervorragend reden, doch meine wirklichen Ängste und Probleme mit ihm zu diskutieren kam überhaupt nicht in Frage. So hip und aufgeklärt Mick und Keith sind, sie sind auch sehr englisch, und in England redet man einfach nicht über Gefühlsdinge – nicht einmal mit seiner Geliebten. Persönliche Gefühle und Ängste sind tabu. Alles Unangenehme muß unter Verschluß bleiben. Ich war genauso schuld. Ich schwieg mich ja auch aus, ich war genausowenig willens, über diese Dinge zu reden wie Mick.

Hipness selbst war Teil des Problems – eine der größten Barrieren war der Verhaltenscodex der Hipness. Ich war ein Opfer der Coolheit, der Tyrannei des Hipseins. Es brachte mich fast um. Das lag zum großen Teil daran, daß wir soviel Dope rauchten. Der ganze Shit hinderte einen daran, miteinander zu reden, man redete nur auf einer sehr allgemeinen Ebene. In irgendeiner Weise ernsthafte Themen anzuschneiden oder persönliche Betroffenheit zu offenbaren, war strengstens verboten.

Am allerschlimmsten war, daß Mick und ich nie über den Verlust unseres Babys Corrina sprachen. Nach meiner Rückkehr aus Irland hatte ich eine Fehlgeburt, weil ich zu anämisch war, um das Baby auszutragen. Ich war am Ende und fühlte mich schuldig und brauchte eine Ewigkeit, bis ich mich auch nur ansatzweise meinen Gefühlen stellen konnte. Ich flüchtete in Drogen (hauptsächlich Barbiturate und Alkohol), um sie zu ersticken. Und von diesem Moment an wurde alles zu einem weiblichen Lehrstück.

Ich war schon überrascht, wie schnell Mick fähig zu sein schien, den Verlust wegzustecken. Er stürzte sich einfach in die Arbeit, und da Keith nun praktisch unser Nachbar war, konnte ihn nichts mehr davon abhalten, Tag und Nacht zu arbeiten. Immer wenn er das Gefühl hatte, daß er mich vernachlässigte, kam er mit Rosen oder Schmuck an. Aber den Schmuck verlor ich, und aus Rosen außerhalb der Saison habe ich mir nie viel gemacht.

Mick war immer weniger zu Hause. Ich kehrte in meine alte Routine zurück. Ich ging oft allein aus, manchmal zu Veranstaltungen, zu denen ich besonders gern hinwollte, als Ersatz für Mick.

Ich erinnere mich, wie ich einmal mit Tom Driberg und W.H. Auden essen ging. Im Verlaufe des Abends fragte Auden mich urplötzlich (und wahrscheinlich, um mich zu schockieren): »Sag mir eins, Marianne, wenn du mit Drogen verreist, packst du sie dir in den Arsch?«

»I wo, Wystan«, erwiderte ich, »ich stopfe sie mir in die Möse.«

Die meiste Zeit war ich total high. In dem Zustand ist man sensibler gegenüber Gefühlen und den Dingen um einen herum, aber gleichzeitig weiß man nie genau, ab man verrückt oder normal ist – oder sich sowieso alles nur einbildet. Acid ist eine sehr sexuelle Droge. Die Vorstellung zum Beispiel, daß Männlein und Weiblein sich ausschließlich mit dem jeweils anderen Geschlecht paaren, ist auf Acid so absurd, daß es kinderleicht ist, von dieser Einsicht zum »Ab ins Bett« zu schreiten. Ich hatte mit Frauen Affären, Mick mit Männern, es war unerheblich.

Es störte mich nicht, daß Mick mit Männern schlief, es war ja auch beileibe nicht so, daß ich ihn immer in flagranti mit einem Mann erwischte. Umgekehrt verhielt es sich nicht so. Mick kam dauernd rein und fand mich im Bett mit einer Freundin. Dann lachte er und tat so, als sei er böse. Er gesellte sich nicht dazu, regte sich aber auch nicht darüber auf.

Saida war seit Jahren meine Freundin, aber das empfand ich nicht als Untreue. Mick schien derselben Meinung zu sein. Es war kein anderer Mann, also war es in Ordnung. Doch Saida betrachtete Mick als Rivalen.

Saidas Lieblingsdroge war Mandrax, was zu ein paar ulkigen Begebenheiten führte. Einmal wurden wir im Cheyne Walk high, Saida hatte wie üblich viel zu viele Mandrax genommen. Sogar noch mehr als ich. In unserem unglaublich wackeligen Zustand setzten wir uns in den Kopf, wir müßten in einen Club. In Zeitlupengeschwindigkeit schafften wir es, in ihren kleinen Austin Mini zu steigen, aber Saida war so bedröhnt, daß sie nicht einmal zehn Stundenkilometer fuhr. Selbst bei diesem Schneckentempo gelang es uns, einen Unfall zu bauen. Als die Polizei kam und wir mit ihnen redeten, klang es wie eine Platte, die mit der falschen Geschwindigkeit läuft. Saida mußte in die Tüte pusten, da aber keine Reaktion erfolgte, verwarnten sie sie und sagten ihr, sie solle nicht Auto fahren. Solche Sachen passierten dauernd mit Saida.

Meine platonische Beziehung mit Mick fiel in meine intensivste sexuelle Phase. Da ich die meiste Zeit mir selbst überlassen war, fing ich mit anderen Männern an, obwohl man von mir erwartete, daß ich mich wie Cäsars Gattin verhielt. Mick hatte, glaube ich, keine Ahnung, wie ich in der Gegend herumgebumst habe, er wäre bestimmt schokkiert gewesen. Zum Schluß erfuhr er es dann, und es hat ihn doch erbittert.

Meine erste Affäre im Cheyne Walk hatte ich mit Prinz Stanislaus Klossowski de Rola, besser bekannt unter dem Namen Stash. Stash war seit Jahren scharf auf mich, schon als ich mit John verheiratet war. Eines Nachts kletterte er an der Wistarie an der Vorderseite des Hauses auf den Balkon. Er gelangte glücklich hinein und kam in mein Schlafzimmer, in seinem Cape inszenierte er einen großen Auftritt. Dafür hat er sich einen Fick verdient, dachte ich. Es war schrecklich gefährlich. Mick konnte sehr eifersüchtig sein, aber Stash wußte genau, wo Mick war. Er war ja gerade aus dem Studio in unseren Garten gekommen, wo Mick bis zum nächsten Morgen gut aufgehoben sein würde.

Oft arbeitete Mick dort mit seinen Freunden und Musikerkollegen bis sechs oder acht Uhr morgens. Er und Keith waren gerade sehr produktiv, Mick lernte Gitarrespielen. Eric Clapton gab ihm Unterricht, und er wurde immer besser.

Wenn Mick im Studio arbeitete, tigerte ich allein oder mit Anita durchs Haus, wir langweilten uns zu Tode und fühlten uns ziemlich nutzlos, eigentlich nur als Dekoration.

Die Übung war aber nicht so leicht, wie sie klingt. Wie das Leben im Harem: Luxus, Drogen und endlose Warterei, bis der Sultan sich bequemt, zu erscheinen. Anita und ich machten das Beste daraus. Wir interessierten uns beide für Magie und Bücher, aber hauptsächlich redeten wir über Dinge, über die man spricht, wenn man das umgehen will, was wirklich passiert. Wir nahmen LSD und warfen uns in unsere schönsten Klamotten. Wenn auch Anita immer die Unartige war, so muß sie mich doch beschützt haben. Unter Hilfe verstand sie damals Drogen, und es gibt kaum etwas Besseres als Drogen, wenn die Zeit vergehen soll.

Mit Anita hatte ich viel mehr gemeinsam als mit Mick. Anita und ich lasen uns tagelang Passagen aus *Die weiße Göttin* vor. Und redeten mit Begeisterung über Mondphasen, Dolmenalphabete und die Fingergedichte der keltischen Barden. Das war unser Ding. Mit anderen redeten wir nicht darüber.

Anita ging von dem Göttinnenzeugs schließlich einen Schritt weiter, zur Zauberei. Zu der Zeit trat der Filmer und selbsternannte Hexenmeister Kenneth Anger auf den Plan. Überhaupt liefen eine Menge verrückte West-Coast-Magiertypen herum. In Kalifornien war dieser okkulte Kram seit Ewigkeiten en vogue. Er existierte auch in England, aber sehr im Verborgenen, schaurig und geheim, in Crowley versteckt und viel dunkler, gräßlicher.

Kenneth war von den Stones besessen. Er behauptete, er habe Brian Jones' überzählige Hexentitte gesehen und Mick, Keith und Anita hätten auch alle eine. Kenneth war offensichtlich scharf auf Mick, und Mick ließ ihn auch eine Weile lang gewähren. Er war unterhaltsam und ordentlich gespenstisch, aber als seine Thesen kein Echo fanden und er anfing, William-Blake-Bücher zum Fenster im Cheyne Walk hinauszuwerfen, nahm Mick all unsere Zauberbücher und zündete im Kamin einen Scheiterhaufen an.

Ich hatte immer noch die Schauspielerei, Liebesaffären und Drogen. Mittlerweile war auch in London ein bißchen Koks zu haben. Ich zog meine erste Linie in Christian Marquands Wohnung in Kensington, wo ich mit Robert zu einer Party war. Ich hatte noch nie welches gesehen, wußte nichts darüber. Er legte sechs lange Lines aus und gab mir einen Hundertdollarschein. Robert war immer sehr auf der Höhe seiner Zeit. Ich fragte: »Und was mach ich jetzt?«

Und er antwortete: »Du sniefst es durch die Nase.« Ich kniete mich hin und zog alle sechs Linien. Sein Gesicht war zum Schreien, halb erstaunt und halb entsetzt, daß ich alles genommen hatte. Ich kannte ja die Drogenetikette nicht. Lernte aber schnell.

Manchmal wird Kokain besonders wichtig, wenn alles zu gut läuft. Meine Unzufriedenheit mußte mit etwas gefüllt werden, ergo mit Koks. Ich tat ja die ganze Zeit so, als sei alles in Ordnung, die Anstrengung des ständigen So-tun-als-ob brachte mich gewissermaßen an Koks. Und die vielen Affären mit Männern und Frauen.

Heroin nahm ich das erstemal, als Mick und ich mit Christopher Gibbs und Mason Hoffenberg Stargroves anschauten, ein großes, grimmig aussehendes viktorianisches Haus, das Mick später in dem Jahr kaufte. Auf dem Rückweg nach London mußten wir mehrere Male anhalten, weil es Mason sehr schlechtging. Das letztemal hielten wir in Newbury im Soundso-Arms an, damit Mason »neue Kraft tanken« konnte.

William Gaskills Inszenierung der *Drei Schwestern* lief mittlerweile, fürs Make-up und Umkleiden mußte ich um halb sieben im Theater sein, und ich war sicher, daß ich meinen Auftritt verpaßte. Ich geriet in Panik. Deshalb fand ich, ganz logisch, daß ich eine Nase haben mußte.

Mason sagte immer wieder: »Hör zu, Baby, du brauchst das echt nicht!«

»Doch, Mason, wirklich.«

»Nein, glaub mir. Warum bist du so scharf drauf, du blöde Kuh?«

»Weil ich zu spät komme. Und wenn ich zu spät komme, sterbe ich.«

Marianne, immer emsig auf der Suche nach neuen Erfahrungen! Scheiß auf die Kosten! Es reichte nicht, einem unbekannten Universum entgegenzuwirbeln. Ich wollte noch einen draufsetzen, ein kleines Extra. Mir wurde so übel, daß ich beinahe die ganze Vorstellung schmiß. Jedesmal, wenn ich von der Bühne kam, mußte ich mich in einen Eimer in den Kulissen erbrechen. »Was genug ist, weißt du erst«, um die unsterblichen Worte William Blakes zu zitieren, »wenn du weißt, was zuviel ist.«

Schon bald stellte ich fest, daß ich auf Heroin ein neugieriges, aber distanziertes Interesse an allem hatte, was um mich vorging, als schaute ich mir einen Film über mein eigenes Leben an, während es gleichzeitig stattfand. Einerlei, was passierte, es schien mit mir persönlich nichts zu tun zu haben.

Heroin war anders als alle Drogen, die ich je probiert hatte. Die hatte ich ja auf der Suche nach Gefühlen genommen, Heroin aber war das Ende aller Gefühle. An Heroin ist so verführerisch, daß überhaupt kein Schmerz existiert – weder physischer noch sonstwelcher. Doch der Haken ist, daß es richtig toll nur beim erstenmal ist. Danach wird es nie wieder so, und folglich versucht man immer, dieses Gefühl wieder einzufangen – und schafft es nie.

Der Regisseur Tony Richardson hatte mich in den *Drei Schwestern* gesehen und fragte, ob ich die Ophelia in seiner *Hamlet*-Inszenierung im Roundhouse spielen wollte, die im März 1969 Premiere haben sollte. Tony Richardson war, wie alle Welt, in Mick verliebt.

Er hatte etwas Machiavellistisches. Er war nicht einfach ein bisexueller Narziß, der leben und leben ließ, er war Regisseur – was ihm einen Freibrief gab, sich ein bißchen ernsthaftes Spielespielen zu gönnen. Er war zickig, sarkastisch und rücksichtslos, mit anderen Worten, der typische Regisseur.

Regieanweisungen gab er mir kaum – er ließ mich einfach nur auf die Bühne hinaustreten und vibrieren. Aber er manipulierte mich nach Strich und Faden. Regisseure sind zu allem fähig, um genau die Reaktionen von ihren Schauspielern zu kriegen, die sie haben wollen. Der verheerende Schaden, den sie in deren Leben anrichten... wen kratzt's? Ich habe mich zum Beispiel immer gefragt, wie ich zu der Affäre mit Nicol Williamson kam, bis ich begriff, daß Tony das natürlich eingefädelt hatte. Nicol spielte den Hamlet, und Tony wollte auf der Bühne die echte Spannung zwischen uns beiden haben. In Nicols Garderobe schliefen wir zusammen, bevor wir auf die Bühne gingen.

Nicol war sehr verrückt und sehr fanatisch und half mir bei den fünffüßigen Jamben und dem ganzen Zeug. Er sprach seinen Text in einem fortlaufenden nordenglischen Singsangmetrum, damit das aber funktionierte, mußten wir übrigen in Blankversen sprechen.

Während ich die Ophelia spielte, nahm ich immer mehr Drogen, sehr zu Micks Verzweiflung. Und obendrein geriet ich in eine lange

Affäre mit Tony Sanchez, Spanish Tony, dem königlichen Hofdealer der Stones. Heute ist mir das unbegreiflich. Ich bekam nicht genug Taschengeld von Mick und hatte überhaupt kein eigenes Geld. Wie hätte ich mir also Drogen besorgen können? Auf dieser Ebene dachte ich damals. Kein sehr schmeichelhaftes Bild. Ich hatte Kundenkonten in allen Läden, aber kein Bargeld. Also begann ich eine Affäre mit Tony, und er gab mir alle Drogen, die ich wollte. Heute weiß ich, wenn man Drogen will, muß man eigenes Geld verdienen, um sie kaufen zu können. Um außerhalb der Gesetze zu leben, muß man ehrlich sein, aber das kapierte ich damals noch nicht. Jahrelang machte ich nur einen auf charmant, blendete die Leute und verführte sie, um zu bekommen, was ich wollte.

Tony war schrecklich. Man mußte ihn nur essen sehen, dann wußte man, wie abscheulich er war. Er war ein mieser Typ, ein Westentaschenschieber und gleichzeitig ein Waschlappen. Er war genauso gefangen wie alle anderen auch, ein Opfer seiner eigenen Macken. Es ist ein komisches Gefühl, wenn man begreift, daß jemand nur mit einem geschlafen hat, weil man Mick Jaggers Freundin ist. Oder war. Tony war ein Starfucker.

Mick erfuhr nicht allzuviel über diese Affäre. Wenn er es erfahren hätte, hätte er sich in seiner Verachtung für Frauen vollkommen bestätigt gefühlt.

Jahrelang hatte ich in Interviews über den Tod gesabbelt, aber das war bloßes Theater. Doch dann kam eine Zeit, in der es darüber hinausging. Der kombinierte Effekt, Ophelia zu spielen und Heroin zu nehmen, brachte mich, gelinde gesagt, in einen reichlich morbiden Seelenzustand, und ich begann in Erwägung zu ziehen, mich in der Themse zu ertränken. Ich verhielt mich wie ein Kind. Ich wurde Ophelia, ich verschmolz mit meinem Part wie Anita mit ihrem in *Barbarella.* Mit dem Unterschied natürlich, daß Anita eine Drachenlady aus einem Comicbuch spielte, eine Rolle, die letztendlich dann doch zu übertrieben war, als daß sie einen im Alltag wirklich hätte anstecken können (selbst Anita nicht!). Ich dagegen spielte eine pubertierende Selbstmörderin. Ich frönte düsteren präraffaelitischen Phantasien, in denen ich mit einer Blumengirlande ums Haupt die Themse hinuntertrieb. Ich genoß die Todesqualen und vergaß, daß das *eine* Art ist, wahnsinnig zu werden.

Ganz allmählich und in solch winzigen Schritten, daß ich es nicht einmal bemerkte, zerstörten die Drogen mich. Nach der ersten Kostprobe mit Mason war es ein Prozeß von Jahren. Es gab Phasen, in denen ich überhaupt keine Drogen nahm, besonders, wenn Mick und ich verreisten. Als ich anfing, in *Hamlet* zu spielen, nahm ich immer noch nicht viel. Aber dann tauchte Spanish Tony jeden Abend in der Pause auf und gab mir was Weißes. Vor der Wahnsinnsszene.

Für die Leute war es leicht, meine Eigentümlichkeit und Distanziertheit während dieser Zeit den Drogen zuzuschreiben. Dabei war es umgekehrt, die Drogen erleichterten es mir immens, mich nicht ins Leben einklinken zu müssen. Ich fühlte mich ja ohnehin nicht eingeklinkt. Die Fähigkeit, da zu sein und doch nicht da zu sein, hatte ich ja schon lange vor den Drogen gelernt. Der kleine steinige Ort, an den ich mich zurückzog. Die Drogen gaben mir nur das Argument, meinen Rückzug zu erklären, aber dahinter lag viel mehr.

Mick und ich hatten Keith und Anita so von unseren wilden Abenteuern in Brasilien vorgeschwärmt, daß sie auch dorthin wollten. Wir alle zusammen in den Tropen! Der Trip verlief dann in viel geordneteren Bahnen und war natürlich viel weniger interessant. Im Grunde war es wie in London oder irgendwo anders. Unsere kleine Gruppe war auf einer anderen Bühne, nur die Kulissen hatten sich geändert.

Aber die Insekten dort, die waren erstaunlich. Wir hatten grauenhafte Probleme mit Moskitos. Sie waren riesig, daumengroß. Sie attackierten uns immer heftiger, bis sie uns völlig beherrschten. Gegen sechs Uhr abends nahm Keith eine zusammengerollte Zeitung und eröffnete den Moskitoblitzkrieg quer durchs Haus, aber zum Schluß kapitulierte selbst er. Über und über bedeckt von den Viechern saßen wir auf der Veranda.

Die Moskitos schossen zur Decke hoch, flogen einen Kamikazeangriff gegen die Glühbirnen und fielen halbtot zu Boden. Dort zuckten sie mit den Flügeln und Beinen und summten schrecklich im Todeskampf. Es gab so viele, daß man, wenn man auf die Veranda ging, unvermeidlich auf sie trat. Es knirschte erbärmlich.

In einem Akt der Notwehr hüllte ich mich von Kopf bis Fuß ein, trug große Hüte mit Schleier, langärmelige Kleider, die über den Boden schleiften, und hohe rote Stiefel. Und so wanderte ich dann im Dschungel herum, eine Geistererscheinung mit einem hartnäckigen Husten.

Es gab wunderbare Augenblicke – zu Nicholas' Geburtstag füllte ich den Swimmingpool mit kleinen schwimmenden Kerzen –, aber die Stimmung war komisch. Es war kurz nach *Performance.* Vorgeblich eine Chance, die Wunden heilen zu lassen (und unsere immer wilderen Drogensüchte einzudämmen). Keith und ich waren wegen Micks und Anitas Affäre auf dem Set immer noch ziemlich mitgenommen. Anita war emotional völlig draußen. Wie alle ihre Affären war es nur ein Fling, was vorbei war, war vorbei. Mick empfand offensichtlich anders, *Performance* warf einen düsteren Schatten über die ganze Reise. Mick versuchte unentwegt, Anita heimlich anzumachen, aber für sie war die Sache gegessen.

Sie ließ es mit Drogen nun auch langsamer angehen, weil sie mit Marlon schwanger war, aber Keith und ich langten weiter zu. Wir rauchten das starke brasilianische Gras, *macuña,* kippten uns die Hustensäfte hinter die Binde, alles, was uns in die Hände fiel. Auf dieser Reise nach Brasilien schrieb Mick »You Can't Always Get What You Want«. Er sah, daß alles aus den Fugen geriet, und wußte, wenn ich weitermachte wie bisher, blieben wir garantiert nicht mehr lange zusammen. Aber er redete nie mit mir darüber, außer in seinen Liedern.

Nach etwa einer Woche wurde Nicholas krank, und ich flog mit ihm zurück nach England. In einem der Stonesbücher, die ich gelesen habe, sagt Anita: »Marianne konnte das Klima nicht vertragen, deshalb ist sie abgehauen und hat mich mit Mick dort gelassen.« Aber es waren weder die Moskitos noch das Wetter, ja, nicht einmal die Drogen, die mir zu schaffen machten, es waren der übliche Druck und die Unwägbarkeiten des Lebens mit Mick, Keith und Anita.

In Brasilien schien die Situation zwischen den dreien zu einem tödlichen Gebräu aufzukochen. Ich habe nie verstanden, was ablief. Ich dachte, ich sei aus einem übersinnlichen, magischen Grund dort. Sei's drum, ich habe es nie begriffen.

Nach unserer Rückkehr aus Brasilien begannen wir, das Haus im Cheyne Walk zu renovieren und einzurichten. Es stammte aus dem sechzehnten Jahrhundert, hatte einem Schiffsbauer gehört und wunderbar wackelige Böden und eine schiefe Treppe. Es war längst nicht so vornehm wie das typische Cheyne-Walk-Haus aus dem achtzehnten Jahrhundert, das Keith und Anita ein bißchen weiter in der Straße besaßen. Ich versuchte,

Dinge zu finden, die zur Atmosphäre des Hauses paßten. Wir hatten zum Beispiel keinen Teppichboden, nur Holzböden mit Orientteppichen. Die Wände waren in blassen Farben gestrichen. Sehr schlicht. Es war kein typisches Löwe-Haus. Es war karger und weniger feudal als die Häuser, die Mick später hatte, Stargroves zum Beispiel. Es hatte etwas solide Handwerkliches.

Als erstes kaufte ich einen Kronleuchter. Bildschön, geschliffenes, aber nicht poliertes Kristall, wie es im achtzehnten und neunzehnten Jahrhundert üblich war. Er kostete uns 6000 Pfund. Mick war entsetzt und gleichzeitig entzückt. Ich bin sicher, er hat ihn heute noch.

Ein ernsthafter Bruch in meiner Beziehung mit Mick ereignete sich wegen »Sister Morphine«. Ich glaube, nach »Sister Morphine« verlor ich mich.

Als Popsängerin stand ich vor dem Dilemma, daß meine Karriere in eine Sackgasse geraten war. Ich steckte in der schieren Banalität des Materials fest. Mir fehlte es aber sowohl an eigenen Ideen, etwas anderes zu machen, als auch an der Entschlossenheit, etwas Besseres auf die Beine zu stellen. Meine Karriere war ein Glücksfall gewesen, und ich hatte mitgespielt, so gut ich konnte. Nun blieb mir nichts, als das immer gleiche Thema in allen möglichen Varianten durchzuleiern. Bestenfalls war ich eine kuriose Anomalität in der Popmanufaktur. Als Livekünstlerin war ich nur Durchschnitt.

Mein letzter Popsong, »Is This What I Get For Loving You?«, wurde im Februar 1967 veröffentlicht. Da hatte ich aber schon jegliches Interesse an dem Lied und an dem lausigen Popmusikbusiness insgesamt verloren. Zwischen meinen diversen Managern Andrew, Tony Calder, Gerry und mir gab es endlose Streitigkeiten und Prozesse. Gräßlich. Ich produzierte Talmi, und ich haßte es. Kaum hatte ich mich in Mick verliebt, faszinierte mich seine Arbeit, und ich begann, Popmusik auf einer ganz anderen Ebene, ja sogar als große Kunst zu betrachten. Da ich nicht arbeiten mußte, konnte ich meinen eigenen Kram einfach fallenlassen.

Ich glaubte, ich könne das triviale Niveau von Popsongs nie überschreiten, hätte aber nichts anderes gelernt, als Pop zu trällern. Wenn ich meine eigenen inneren Geschichten jemals erzählen würde, dann durch Pop, den verlorenen Bastard, den meine Generation zu hoher Kunst entwickelt hatte. Ich beneidete Mick und Keith. Sie hatten die Grenzen, innerhalb derer ich immer noch eingeschlossen war, weit überschritten, sie hatten ihr Ziel schon erreicht. Bei den Stones sah ich, was aus Popmusik werden konnte. »Sister Morphine« war mein Versuch, aus einem Popsong Kunst zu machen.

Die meisten Leute meinen, daß »Sister Morphine« aus einer Begebenheit in meinem Leben entstand, daß es eine Parabel über die letzten Stunden eines Junkies ist. Aber als ich es geschrieben habe, hatte ich erst ein einziges Mal Heroin genommen, war also vom Junkiedasein noch weit entfernt. »Sister Morphine« war in meinem Kopf – vielleicht eine Geschichte darüber, wie es ist, wenn man süchtig ist.

»Sister Morphine« handelt von einem Mann, der einen schrecklichen Autounfall hat. Er stirbt, und er hat grauenhafte Schmerzen. Er spricht mit der Schwester.

Als es 1972 auf *Sticky Fingers* herauskam, war ich die Gestalt in dem Lied. Man muß bei dem, was man schreibt, sehr vorsichtig sein, ein Lied ist wie eine Pforte, und was auch immer man herbeiruft, es könnte durchkommen. Das ist ja Mick und Keith mit dem ganzen Satanskram passiert.

Mick begann die Musik zu »Sister Morphine« zu schreiben, als wir mit Keith und Anita in Rom waren. Im wesentlichen war es erst einmal ein Riff. Dann lief er mit der Melodie ein halbes Jahr im Haus herum und klampfte sie vor sich hin. Schließlich begriff ich, wenn nicht jemand den Text dazu schrieb, würden wir sie noch die nächsten zehn Jahre zu hören bekommen. Mick schien keine Idee zu haben, was für ein Text zu der Musik passen würde. Es würde mich auch gar nicht überraschen, wenn er nur gewartet hat, daß ich ihn schrieb. Die Gitarrenmelodie allein war schon traurig, aber es wurde noch elegischer. Als Vorbild benutzte ich John Miltons »Lycidas«.

Ich glaube fest an plötzliche Inspirationen. Diese Dinge gehen durch einen durch. Wie viele Male traf es Mick – er war der reinste Blitzableiter –, aber an diesem Tag traf der Blitz mich. Eine lebendige Bilderfolge nahm in meinem Kopf Gestalt an, und ich schrieb eine Geschichte über einen Morphiumsüchtigen. Es hatte was mit Keith und Anita zu tun, obwohl sie zu der Zeit genausowenig abhängig waren wie ich. Sie freundeten sich gerade erst ein bißchen mit Smack an. Aber ich glaube, ich schrieb diesen Text auch, weil ich wußte, daß er Keith gefallen würde. Vielleicht habe ich Anita für eine der Rollen ausersehen. Was würde passieren, wenn Keith der Mann mit dem Autounfall war und Anita die Krankenschwester?

Die Idee für den Song (und »the clean white sheets stained red«) stammt vielleicht von einem Vorfall auf dem Schiff nach Brasilien mit Mick, Keith und Anita. Anita war ja schwanger, und nach ein paar Tagen auf See fing sie ziemlich an zu bluten und geriet in Panik. Sie rief den Arzt, und der gab ihr schließlich einen Schuß Morphium. Ich erinnere mich, daß Keith und ich auf diese idiotische Junkie-Art sehr stolz auf sie waren: »Wow! Du hast es geschafft, dir einen Schuß zu ergattern!«

Ich war ein großer Velvet-Underground-Fan. Zu Hause spielte ich dauernd ihre Platten. Ich kannte »Sister Ray« und »Waiting For The Man«, die müssen mir auch im Kopf hängengeblieben sein und sich tief eingegraben haben.

Mick war der erste, dem ich den Text zeigte. Er war beeindruckt. Und erschreckt. Erst dann wagte ich, ihn Keith und Anita zu geben, und zum Schluß Robert. Ich wollte unbedingt Bestätigung, und ich bekam sie.

Von Anfang an war es vollständig da. Ich hörte es in meinem Inneren und schrieb es auf. Es war offensichtlich ein Augenblick, wo alles zusammenkam. Aber, wie das so oft bei mir ist, ich verstand es damals nicht. Diese mühelose Kreation bestärkte mich nicht darin, mehr Lieder zu schreiben, sondern mehr Drogen zu nehmen. Ich wurde ein Opfer meines eigenen Liedes.

Mick wußte, wenn ich mich nicht aktiv betätigte, würde ich bald nervös und nörgelig werden. Es war auch wichtig, daß wir beide die Beziehung mit Leben erfüllten. Er lehrte mich viel über schwarze Musik und den Blues, er eröffnete mir Dimensionen in Musik, Natur und Emotionen, die mir bis dahin völlig unbekannt gewesen waren. Ich wiederum begeisterte ihn für Bücher, Kunst und Ideen. Es gab einen Austausch von Erfahrung und Energie. Und dann vertiefte er sich mehr und mehr in seine Arbeit, und die wurde immer besser.

Ich konkurriere durchaus, ich will immer an der Spitze sein, aber eine Beziehung ist von Natur aus ein Kompromiß. Keiner ist der Gewinner, und das konnte ich nicht akzeptieren. Ich wurde sehr neidisch auf Mick. Er tat sein Bestes, die Situation, soweit er sie verstand, in den Griff zu kriegen. Er wußte, ich brauchte meine Arbeit, und ermutigte mich, weiterhin Platten zu machen.

Und mir dämmerte langsam: Wenn ich Mary Shelley war, wo war dann mein Frankenstein? Ich verachtete Frauen zutiefst, die einfach nur um Gruppen wie die Stones herumhingen. Und nun tat ich selbst auch überhaupt nichts. Ich begann mich bitter zu beklagen, deshalb beschloß Mick, »Sister Morphine« mit mir aufzunehmen.

Er hatte die Idee, Jack Nitzsche dazuzubitten. Die Tatsache, daß er sich diese Mühe gab, während sie *Let It Bleed* abmischten, zeigt, wie wichtig es ihm war.

Wir nahmen die Instrumentaltracks in Los Angeles auf (den Gesang in London). Mick produzierte, und Ry Cooder, Jack Nitzsche, Mick und Charlie Watts spielten.

Jack Nitzsche war ein sehr witziger, neurotischer Bursche, der Eheprobleme hatte und dauernd über die Erdspalten und -beben in Kalifornien redete. Unaufhörlich quatschten sie darüber. Alle, die dort wohnten, waren damals von der Theorie besessen, daß halb Kalifornien jeden Moment ins Meer rutschen könnte.

Jack war sehr ernst und arrogant. Als er sah, daß ich trank und eine Menge Koks konsumierte, wurde er stinkwütend. »Wie kannst du dich als Sängerin bezeichnen und Koks nehmen? Weißt du denn nicht, was das Zeug deinen Stimmbändern und Schleimhäuten antut? Vergiß, was Keith und Anita machen, in einer Band können alle kaputtgehen, nur Drummer und Sänger nicht.«

Ich sagte: »Alles klar, Sir, ich tu's nicht wieder, Sir.« Und ich tat es auch nicht wieder, bis die Aufnahmen beendet waren.

»Sister Morphine« kam im Februar 1969 in England heraus. Es war gerade mal zwei Tage draußen, da flippte Decca aus und riß es kurzerhand aus den Regalen. Ohne Erklärung, ohne Entschuldigung. Mick suchte Sir Edward Lewis bei Decca auf und protestierte, aber er erreichte nichts. Ich war am Boden zerstört. Es war, als hätte man wieder eine Razzia bei mir gemacht. Ich nahm an, daß Decca mir nicht erlauben wollte, den jungen Menschen das Hirn zu vernebeln. Als es zwei Jahre später auf *Sticky Fingers* herauskam, krähte kein Hahn mehr danach, vielleicht lag es doch an der Zeit. Oder daran, daß die Stones Männer waren. Oder an meinem verfluchten Image.

Der Song muß die lieben Altchen bei Decca doch unsanft überrascht haben. Mein letztes Album, *Love In A Mist,* drei Jahre zuvor, hatte nicht im geringsten zu der Vermutung Anlaß gegeben, daß ich so abdriften würde. Dieser seltsame, dunkle Song traf sie wie ein Blitz aus heiterem Himmel. Aber einerlei, warum »Sister Morphine« zurückgezogen wurde, ich fühlte mich in der Falle. Man erlaubte mir nicht, aus meinem Image auszubrechen. Man gab mir unmißverständlich zu verstehen, daß man mir nicht gestatten würde, das billige Püppchen hinter mir zu lassen. Wenn ich bei meinen hübschen folkigen Liedern blieb, durfte ich weiter Platten machen, sonst nicht.

»Sister Morphine« war mein Frankenstein, mein Selbstporträt in einem dunklen Spiegel. Aber im Gegensatz zu Mary Shelleys Kreatur durfte meine das Tageslicht nicht erblicken. Mein Frankenstein war ein Pop-Frankenstein, bloß ein Lied, aber in Gedanken hatte ich ein schauerliches Miniaturmeisterwerk geschaffen, auf meine Art den Tod zelebriert. Daß sie es ohne mit der Wimper zu zucken zurückzogen, war vernichtend. Ich gab Mick die Schuld, ich glaubte, er habe nicht genug dafür gekämpft. Fast ein Jahr lang stritt er sich mit Decca über das Klobild für das Cover von *Beggars Banquet,* für mich ging er einmal hin, und damit hatte es sich.

Ich wurde mutlos. Ich hatte das Gefühl, daß »Sister Morphine« meine innere Vision war und niemand je davon erfahren würde. So deprimiert war ich nie wieder. Da begann unsere Beziehung auseinanderzubrechen. Gegen meinen Willen war ich nun in der sich zusammenbrauenden düsteren Stimmung der späten Sechziger gefangen.

Ich sah, daß der unangefochtene Champion und Gewinner des großen Rock 'n' Roll-Rennens Mick sein würde. Ohne jede Frage. Nie im Leben würde ich dem Moloch Rolling Stones gewachsen sein. Mit ihnen konnte ich nicht konkurrieren, ich hatte mein Schicksal zu akzeptieren und Micks Muse zu sein. Die Rolle der Muse billigt man Frauen ja zu, aber sie ist schrecklich. So zerstörerisch für alle, die selbst Künstlerinnen sein wollen. Mick war nicht schuld, so war es damals einfach.

Meinem Frankenstein war ein eigenes Leben versagt worden, und ich begann mit ihm dahinzuschwinden. Ich kam nicht darüber hinweg. Es war ja auch nur eine Katastrophe in einer ganzen Reihe, wie *Performance* und der Verlust des Babys. Ich fragte mich allmählich, wie lange wir es noch machen würden, denn wenn unsere Beziehung erst einmal in Scherben fiel, war sie nicht mehr zu kitten.

Seit Anfang 1968 hatten Mick und Keith daran gearbeitet, etwas zu kreieren, das Keith die »Stones 2 Mach« nannte. Sie sahen, daß alles in ihrer Reichweite lag, mit doppelter Schallgeschwindigkeit sollte es darauf losgehen. Es würde eine neue Inkarnation sein – ohne all die Elemente aus der Vergangenheit, die sie nun hemmten. Sie hatten Blut geleckt.

Nach dem Ausstieg Andrew Oldhams war der nächste logische Schritt, Brian loszuwerden. Und zum Schluß würden sie sich auch noch Allen Kleins entledigen. Brian war natürlich sehr behilflich, indem er sich selbst eliminierte. Allen Klein erwies sich als zählebiger.

Micks Strategie, mit Allen Klein fertigzuwerden, war ziemlich diabolisch. Er drehte Klein den Beatles an. Mick rief John Lennon an und sagte: »Weißt du, wen ihr euch als Manager nehmen solltet, Mann? Allen Klein.« Und John, der für gemeinsame utopische Projekte wie zum Beispiel Bündnisse zwischen den Beatles und den Stones immer zu haben war, sagte: »Wahnsinn, was für eine glänzende Idee!« Es war schon ein schmutziger kleiner Trick, aber als Mick Kleins Aufmerksamkeit erst einmal abgelenkt hatte, indem er ihm ein heißeres Eisen zu schmieden gab, konnte er sich daranmachen, die Bindungen der Stones an Klein zu kappen. Es war nur noch eine Frage der Zeit.

In meiner selbstgewählten Rolle als mystisches Wesen (die ich unglaublich ernst nahm) warf ich ständig das I Ging. Übrigens oft mit Anita zusammen! Was für ein Duo... Das ist alles maßlos aufgeblasen worden, damit es möglichst satanisch klingt, als wären wir im berühmt-berüchtigten Hellfire Club. Immer hereinspaziert! Zaubererei! Schwarze Kunst! Dabei bedienten wir uns nur der üblichen Hippierequisiten, Tarotkarten, Ouija-Bretter und dergleichen.

Im Verlauf des Jahres 1969 machte ich mir zunehmend Sorgen um Brian. Das betrachtete ich als meinen Job – die Beben im Feld zu spüren. Und weil ich ahnte, daß mit Brian etwas sehr Übles passieren würde, schlug ich Mick vor, daß wir für Brian das I Ging warfen, um zu sehen, was wir tun sollten.

Es herrschte frühe Abenddämmerung, als ich die drei Münzen warf. Die Botschaft, die ich bekam, lautete: Tod durch Wasser. Ich drehte mich zu Mick um und sagte: »Das ist aber komisch, findest du nicht?« »Mein Gott«, sagte er, »wirf noch mal.« Ich warf noch einmal und kriegte dasselbe. Wir sahen uns nur an. Endlich sagte ich: »Das sieht aber überhaupt nicht gut aus. Wir müssen etwas tun.« »Am besten rufen wir mal an, um zu sehen, wie es ihm geht.« Und Mick rief wahrhaftig an. Aus Schuldgefühl vielleicht.

Brian war mit Tom Keylock in Redlands. Er muß erstaunt gewesen sein, daß Mick ihn anrief, der zynische, spöttische Mick, den er haßte. Aber Mick hatte auch eine andere Seite, und dieser Mick sagte nun am Telefon zu Brian: »Wie geht es dir, Mann, was treibst du die ganze Zeit?«

Brian war überglücklich. Er war immer mitleiderregend dankbar für jeden noch so winzigen Krumen Freundlichkeit und reagierte überschwenglich. Er öffnete sich wie eine Blume: »Mick, wie nett, komm doch zu uns zum Essen.« Also fuhren wir hin. Wir stiegen in den Bentley, und los ging's. Mit durchaus guten Absichten.

Wir kamen in Redlands an. Suki Poitier war bei Brian. Sie war sehr schön, hatte die üblichen langen blonden Locken mit Pony und so. Aber sie war so was von kindisch. Ein nettes armes kleines Ding. Sie war sehr mißtrauisch und befürchtete offenbar, daß unsere plötzliche Besorgtheit ein Danaergeschenk sei. Ich glaube, wir hatten sogar Geschenke dabei.

Sie kochten gerade. Aber urplötzlich hatte Mick einen seiner gelegentlichen, schrecklichen Stimmungswechsel, er drehte sich zu mir um und sagte: »Wenn ich diesen Fraß schon sehe. Komm, wir essen draußen.« Da waren wir also hergekommen, um Brian in aller Freundschaft einen Besuch abzustatten, und es endete damit, daß wir ihn tödlich beleidigten.

Ich wünschte, ich könnte das Gegenteil behaupten, aber ich tat das einzige mir damals Mögliche – ich fügte mich. Ich hätte sagen können: »Warum gehen wir nicht alle zusammen?« Aber soviele Dinge liefen auf einmal ab, so viele Faktoren waren zu berücksichtigen! Ich glaube, Brian war sowieso zu krank, um auszugehen. Das wäre total typisch gewesen, er war ein Wrack. Möglicherweise hatten sie deshalb überhaupt zu Hause essen wollen.

So war Brian am Schluß; vieles packte er einfach nicht mehr. Und ich sage das, ohne mich zum Richter aufzuspielen, denn ich bin selbst oft in dem Zustand gewesen. Mick kennt das nicht, Mick wird schlimmstenfalls richtig betrunken. Dann ist er schrecklich, aber er wird nicht wirr im Kopf.

Mick und ich gingen also zum Essen aus, ob Sie es glauben oder nicht. Es war grauenhaft, wir redeten kaum miteinander. Als wir wieder ins Haus kamen, war Brian außer sich vor Wut. Die Beleidigung brannte in ihm wie Säure. Schrecklich, zum Schluß prügelte er sich mit Mick. Wegen allem, nehme ich an. Sie sagten beide kein Wort, sie fuchtelten nur wild mit den Armen durch die Luft und schlugen aufeinander ein. Wahrscheinlich wollte Mick diese körperliche Form der Auseinandersetzung, weil er sehr sportlich war. Es hatte geradezu etwas Höfliches, als fordere er Brian zu einem Fechtkampf heraus. Es kam dann allerdings zu einem reichlich tolpatschigen Box- und Schubskampf.

Es war aberwitzig. Mick war in perfekter physischer Verfassung, während Brian, der sich normalerweise kaum bewegen konnte, nun, rasend vor Zorn, doch ganz wendig wurde. Im Kampfgetümmel fiel Brian in den Wassergraben. Ende der Vorstellung.

Und ich war überzeugt, daß die Botschaft »Tod durch Wasser« nur symbolische Bedeutung hatte. Mir fiel ein Stein vom Herzen!

Zwei Wochen später bekam ich einen Anruf von Tom Keylock. Brian war im Pool der Cotchford Farm ertrunken. Still und leise war er entschlüpft.

Brian starb im Alkoholchaos, und niemand hatte ernsthaft versucht, sich um ihn zu kümmern. Aufgequollen, verwirrt, zornig, deprimiert, er war total kaputt. Wenn um vier Uhr morgens das Telefon klingelte, war es immer Brian. Eine leise schwache Stimme und angestrengtes Atmen, als stünde ein Geist in einer Telefonzelle und hätte sich die Nummer im Telefonbuch herausgesucht. Er verging vor unseren Augen. Wenn man so ins Schleudern gerät, hält einen ja manchmal wenigstens noch das Gefühl aufrecht, daß es den anderen nicht gleichgültig ist. Das ist dann wie ein Lebensfaden. Aber bei Brian interessierte es keinen mehr. Er testete immer aus, wie weit er die Geduld anderer strapazieren konnte, und keiner hatte mehr Geduld mit ihm. Aber Brian konnte es nicht lassen. Für ihn verliefen die Beziehungen zu anderen Menschen in Extremen. Die einzige Art von Zuneigung oder Freundschaft, die er tolerierte, war bedingungslose Liebe. Von Männern, Frauen, Freundinnen, Chauffeuren, Kellnern. Aber selbst wenn er die bekam, packte er es kaum. Alles darunter war ihm zu kompliziert.

Natürlich hat niemand einen Killer auf ihn angesetzt. Die schreckliche Wahrheit ist, daß das gar nicht nötig war. Wenn ich an Brians Sterben denke, sehe ich vor meinem inneren Auge immer wieder eine grausige kleine Szene. Ich sehe jemanden, der total abgefuckt ist, in seinem

Swimmingpool, er weiß aber noch nicht mal, warum er da drin ist, und dann sehe ich, wie Roadies ihn mit dem Kopf untertauchen und unter Wasser festhalten – sehr witzig, Rock 'n' Roller unter sich! –, und sie tun es einmal zu oft, und er ist tot.

Brians Tod machte mir schwer zu schaffen, vielleicht weil ich mich so stark mit ihm identifizierte. Stellvertretend wurde er zum Opfer der Sechziger, des Rock, der Drogen, von Mick und Keith. Es hätte auch mich treffen können.

Brian war immer fragiler geworden, bis er zum Schluß regelrecht zerfiel. Als er starb, war er im Grunde genommen schon gar nicht mehr da. Ich hatte erst irgendwann 1968 gemerkt, wie es um ihn stand. Da verschwand der engelsgleiche Brian, und statt dessen erschien diese aufgeschwemmte, Pan ähnliche Gestalt, die permanent ein benommenes Grinsen zur Schau trug.

Brian war genausowenig fähig, zu artikulieren, was mit ihm geschah, wie alle anderen auch. Er redete mehr als Keith, aber nie über seine Gefühle. Höchstens in nichtverbalen Situationen, wie zum Beispiel mit den Musikern aus Joujouka, sie spielten einfach nur auf ihren Instrumenten zusammen. Brian liebte alle Art von Musik. Er war einer dieser außergewöhnlichen Menschen, denen man einen Korb mit vierundzwanzig verschiedenen Instrumenten aus vierundzwanzig Ecken der Welt in ein Zimmer stellt und die dann die Instrumente zur Hand nehmen und in einer Minute herausfinden, wie sie funktionieren und klingen müssen. Er entlockte ihnen die schönsten Töne. Am besten war er, wenn Worte unnötig waren.

Ich habe mich oft gefragt, was Brians Zusammenbruch verursacht hat. Vielleicht begann alles an dem Tag in Tanger, als Anita ihn wegen Keith verließ. Aber es hätte sonstwas sein können. Natürlich Drogen. Und das Konkurrenzding – in einer Gruppe zu spielen. Wer ist der Chef, wer hält die Fäden in der Hand? Die Spannung zwischen Brian, Mick und Keith – aber besonders zwischen Brian und Mick – rührte her aus der uralten, seit Jahren währenden Fehde zwischen ihnen. Sie lief sogar schon, bevor Andrew auf der Bildfläche erschien. Brian hatte einmal einem Reporter erzählt, er sei der Chef der Band, irgend so etwas Kindisches. Es war nicht sehr klug, denn offensichtlich hatte Mick sich auch immer als solcher verstanden, und Keith hielt die Stones auch für sein persönliches Projekt. Für Brian hätte es absolut tabu gewesen sein müssen, sich so hervorzuwagen, denn alles lief ja wie am Schnürchen, solange niemand etwas sagte. Da konnte sich jeder einzelne weiterhin einbilden, der Chef zu sein. Aber nachdem Brian es nun hinausposaunt hatte, war die Schlacht eröffnet.

Am Anfang war Brian Mick und Keith meilenweit voraus gewesen. Als sie noch oben auf der Bühne zu lernen versuchten, wie man ein Sexobjekt wird, hatte Brian schon zwei uneheliche Kinder! Brian war viel fixer als die anderen; er wußte, was er wollte. Am Anfang waren ja Mick und Keith noch Schuljungs. Brian war derjenige, der die Klinken putzte, die Leute zusammenbrachte und überzeugt war von dem, was sie vorhatten. Mick konnte sich damals noch nicht einmal entscheiden, ob er nicht doch Steuerberater werden wollte. Brian aber sagte: »Mann, das wird was!« Und er hatte es auch in der Hand, voll unter Kontrolle. Er hatte das Zeug dazu. Und als sie merkten, daß er recht hatte und sie es wirklich schafften, waren sie sauer, anstatt anzuerkennen, was er geleistet hatte. Da begann Brians Untergang. Sie rächten sich, Mick und Keith, sie rächten sich bitter.

Obwohl wir es alle hatten kommen sehen – eine Überdosis oder einen Autounfall –, waren wir dennoch sprachlos bei seinem Tod. Aber er schien so unvermeidlich, daß keiner große Gewissensbisse hatte. Ohnehin liegt es weder in Micks noch in Keiths Natur, sich zu lange mit so etwas aufzuhalten. Brians Tod bedeutete sogar eine gewisse Erleichterung für sie, ein schrecklicher Konflikt löste sich von selbst.

Ich allerdings dachte, nun stecken wir alle tief im Schlamassel. Ich wußte nicht, daß ich es war, die drin steckte.

Bei dem Konzert im Hyde Park am 5. Juli – Mick widmete es Brian – ging es mir hundsmiserabel elend. Ich war drogenkrank, auf Entzug von Smack, magersüchtig, bleich und elend und über und über mit Pickeln besät. Ich sah aus wie der Tod. Ich hätte gar nicht hingehen sollen, ich war so offensichtlich eine Frau, die tief in der Patsche saß. Und Marsha Hunt war dort und barst aus ihrer weißen Lederhose. Sie war umwerfend. Nach dem Konzert ging ich mit Nicholas nach Hause, Mick mit Marsha. Wenn ich Mick gewesen wäre, hätte ich genau dasselbe getan.

Ich glaube, damals erfuhr ich gar nichts davon. Jahre später spielte ich in einem Stück im West End. Ich war mit dem Make-up beschäftigt und bereitete mich darauf vor, hinauszugehen, da marschierte Marsha

Hunt herein. In ihrer ernsthaften amerikanischen Art setzte sie sich und fing an, sehr offen zu reden über ihre Affäre mit Mick und ihre Tochter Karis, die von Mick war. Sie erzählte mir, wie sehr Mick mich geliebt habe, wie kaputt er gewesen sei, als ich ihn verließ, und daß sie wegen mir nie zu ihm durchgedrungen sei.

Mick und ich versuchten ja immer noch, es zusammenzuhalten, trotz allem. Das war ein Grund, warum wir uns entschieden, nach Australien zu fliegen und *Ned Kelly* zu machen. Als Tony Richardson Mick die Rolle von Ned Kelly anbot und mir die der Schwester des Outlaws, war ich begeistert. Wir konnten zusammen sein und waren weit weg von all den Versuchungen in London – Drogen, was mich betraf. Und das machte ich ja auch am liebsten mit Mick, irgendwohin weit weggehen, nur wir beide.

Also flogen wir nur sechs Tage nach Brians Tod nach Australien. Ich war völlig weggetreten, als das Flugzeug landete. Ich hätte Flugangst, hatte ich dem Arzt erzählt.

»Ich habe einen langen Flug vor mir und brauche ein paar Beruhigungspillen ... und ich bin drei Monate weg.« Er gab mir eine Dreimonatspackung Tuinal. Fünfzehn muß ich während des Fluges genommen haben. Als wir im Hotel ankamen, war ich in Trance. Im Zimmer schlief ich sofort ein.

Als ich wieder erwachte, wußte ich nicht mehr, wer ich war.

Selbstmord wegen Personenverwechslung

ICH HATTE NICHT NUR vergessen, wer ich war, sondern auch, wo ich war. Ich schaute in den Spiegel. Ich sah ein sehr dünnes, angsterfülltes Gesicht. Ich hatte mir die Haare abgeschnitten, ich war magersüchtig, meine Haut war leichenblaß. Ich sah buchstäblich jemanden auseinanderfallen, jemanden mit blondem Haar, der große Angst hatte. Völlig benommen von den Medikamenten, erkannte ich das zerrüttete Gesicht von Brian Jones. Es starrte mich an. Ich war Brian, und ich war tot.

Vielleicht glauben Sie, daß ich nun dermaßen hinüber war, daß ich den Tiefpunkt meines Abstiegs in die vorsätzliche Selbstzerstörung erreicht hatte, aber Sie irren sich. Es war erst der Beginn.

In dem Augenblick war Brian mein Zwillingsbruder. Ich identifizierte mich mit ihm, weil er der Öffentlichkeit zum Opfer gebracht worden war, die Rolle verstand ich.

Es war alles total plausibel, wie die Dinge eben plausibel sind, wenn man den Verstand verliert. Ich glaubte, da ich Brian war und Brian tot war ... müsse ich den Rest der Pillen schlucken, damit ich auch tot war. Ich schluckte die Pillen.

Mick schlief. Ich lief umher. Ich schaute aus dem Fenster. Unser Zimmer war im fünfundvierzigsten Stock mit Blick auf den Hafen von Sydney. Ich versuchte, das Fenster zu öffnen, aber es ging nicht. Sonst wäre ich gesprungen. Die Tuinal brauchten eine Ewigkeit, bis sie kamen.

Ich beugte mich vor und sah Dinge auf der Straße, die nicht dorthingehörten. Ich erkannte einige Leute und winkte ihnen. Und dann sah ich Brian Jones. Und fiel in ein Koma, das sechs Tage dauerte.

Als ich Brian zuerst erblickte, war er weit unten auf der Straße, aber sehr vergrößert. Eine Vergrößerung von sich selbst. Dann wurden sein Gesicht und seine Hände noch größer, streckten sich in meine Richtung, und während er mit mir sprach, erhob er sich wie auf einem Luftzug, bis er direkt vor unserem Zimmerfenster stand. Er sah eckig aus, hatte ein bleiches Gesicht und trug sein mittelalterliches King's-Road-Outfit: Spitzenbesatz und Pelze, rot-gelb gestreifte Hosen. Sein Haar war grün, und auf die Handflächen hatte er buddhistische Blitze tätowiert. Als er mir die Hände entgegenstreckte, grinste er sein Pan-Grinsen.

Er winkte mich zu sich, wie in Filmen immer die Geister die Lebenden zu sich winken. Ich ging durch die Glasscheibe und befand mich draußen. Aber anstatt nun schwebend über der Straße zu stehen, befand ich mich in einer beweglichen Landschaft, die pulsierte und sich verschob, während wir miteinander sprachen. Ich nahm an, daß ich auf die andere Seite übergewechselt war.

Es gab kein Wetter, weder Wind noch Regen, Sonnenschein oder Dunkelheit. Es war überhaupt nichts Erkennbares da. Die Pracht und das ungeheure Ausmaß des Ortes erzeugten die phantasmagorische Atmosphäre einer Edmund-Dulac-Illustration oder der Dürerholzschnitte. Als wir so daherwanderten, merkte ich plötzlich, daß Brian genausowenig klar war, wo es hinging, wie mir. Offenbar war er tot aufgewacht, hatte nicht gewußt, wo er sich befand, und sich entschlossen, mich zu rufen!

So nett hatte ich übrigens noch nie mit ihm geplaudert. Er erzählte mir, wie er aufgewacht war und die Hand nach seinem Glas mit dem Valium ausgestreckt hatte und in Panik geraten war, als er nichts fand. Er sagte, er sei einsam und verwirrt gewesen und habe mich zu sich gebracht, weil er jemanden zum Reden brauchte, den er kannte.

Wir schritten munter einher, da bröckelte die bebende Erde zu beiden Seiten weg. Er erzählte mir von seinen Miniaturfiguren von der Krönung, mit den Beefeatern und den Kutschen und Pferden. Er sagte, er möge Bücher über Eisenbahnbrücken, Pläne von Weichenstellanlagen, George MacDonald's Märchen und John Foxe' Buch über die englischen Märtyrer. Ich sagte, ich würde sie ihm besorgen, wenn ich wieder in London wäre.

Dann wurde er weinerlich wie die Falsche Suppenschildkröte in *Alice im Wunderland* und sagte, es täte ihm sehr leid, mir soviele Umstände zu bereiten. Er schien nicht zu wissen, daß er tot war. Ich bin sicher, das passiert Menschen, die eines gewaltsamen, überraschenden Todes sterben. Sie wissen nicht, wo sie sind, deshalb gibt es Geister. Es war ja gut möglich, daß ich selbst schon ein Geist war.

»Brian, mein Lieber, ist das nicht schön?« sagte ich und versuchte wie üblich, ihn von der grausamen Realität abzulenken. Aber mein plötzlicher Abstieg in Small talk muß ihm verraten haben, daß etwas nicht stimmte. Ich sprach in dieser freundlich-herablassenden Art mit ihm, wie man mit Verrückten oder Kindern oder jungen Hunden redet. Trotzdem legte er in typischer Brian-Manier los.

»Der Tod ist das nächste große Abenteuer«, sagte er pathetisch. (Das hatte ich doch immer aller Welt kundgetan, also nickte ich weise mit dem Kopf.)

»Ja, genau, das finde ich auch«, sagte ich voller Begeisterung, als redeten wir über eine neue Religion oder eine neue Droge. Seine Stimmung änderte sich abrupt. Ahnte er allmählich, wo er war? Hatte ich ihm den Gedanken vielleicht telepathisch übermittelt? Er drehte sich um und legte mir die Hände auf die Schultern.

»Willkommen im Tod«, sagte er fröhlich.

So ganz konnte ich mich indes für unsere Situation noch nicht erwärmen und versuchte, alles ins Scherzhafte zu ziehen.

»Ach, da sind wir also?« fragte ich.

»Ja, aber Hotels suchst du hier vergebens, Darling, auch Restaurants. Du wirst sie auch gar nicht brauchen.«

Das Gespräch nahm eine Richtung, die mir gar nicht gefiel.

Wir kamen an den Rand der Dulac-Landschaft. Sie brach plötzlich vollkommen ab. Es war also ein sehr deutlicher Punkt, an dem man sich entschied, ob man hinübergehen wollte oder nicht. Brian sagte: »Kommst du?« und glitt von der Klippe. Ich trat zurück. Ich hörte, wie mich ein Chor von Stimmen rief, aber ich war noch nicht soweit. Ich wollte noch ein bißchen mehr sehen.

Der Rückweg dauerte sehr lange. Ich blieb in einer verlassenen Stadt hängen, in der aus allem die Farbe gesogen worden war. Die Häuser waren leer. Ich war in Albanien! Und wanderte lange menschenleere Alleen mit Namen wie Straße des 17. Oktober entlang. Total abwegig, aber Leute, die ich kannte und liebte, schwebten vorbei (ihre Füße berührten nicht ganz den Boden). Ich rief sie, aber sie eilten an mir vorbei, als hätten sie mich nicht gesehen.

Ich verirrte mich auf einem Flughafen. Leute kamen zu mir und stellten mir Fragen, als sei ich ein Kind, das auf einem Bahnhof verloren gegangen ist. »Hast du dich verlaufen, mein Liebes?« »Weißt du, wie du heißt?«

Und ich antwortete: »Ich warte auf Mick. Er kommt und holt mich ab.« Was er ja wohl auch tat. Wenn er nicht aufgewacht wäre und mich so schnell ins Krankenhaus gebracht hätte, wäre ich wahrscheinlich mit Brian hinübergegangen.

Als ich sechs Tage später die Augen aufschlug, kam ich in einem auf den Kopf gestellten Land zurück ins Leben. Australien. Egal, was für eine Jahreszeit in England ist, in Australien ist es immer umgekehrt. Die Bäume in Australien verlieren nicht ihre Blätter, sondern ihre Rinde. Als Kind hatte man mir immer erzählt, wenn ich einen geraden Tunnel durch die Erde grübe, käme ich in Australien wieder heraus, wo alle Menschen auf dem Kopf herumliefen und alles verkehrt herum geschehe. Ich war in einem Land erwacht, wo alles umgestülpt war. Der erste Mensch, den ich sah, war Mick. Er hielt meine Hände und sagte: »Du bist zurückgekommen!«

»So leicht wirst du mich nicht los«, antwortete ich (in jedem Scherz steckt ein Körnchen Wahrheit).

»Sei nicht albern, Darling. Gott, ich hab gedacht, diesmal hätte ich dich wirklich verloren.«

»Mich bringen keine zehn Pferde hier weg«, sagte ich. *Wild horses wouldn't drag me away…*

Meine Mutter war auch da. Ich glaube, sie war die gesamten sechs Tage bei mir. Mick war zwischen mir und den Dreharbeiten hin- und hergerannt. Von der Arbeit läßt sich Mick nicht abhalten, nicht einmal durch einen Selbstmordversuch! Etwas anderes würde ich auch nicht erwarten. (Wenn es umgekehrt gewesen wäre, hätte ich garantiert genauso gehandelt.)

Mick war sehr lieb und mitfühlend und schrieb mir jeden Tag vom Drehort einen wunderschönen Brief. Die Briefe waren voller Reue: »Bitte vergib mir, daß ich Dir soviel Kummer bereitet habe … ich bin schockiert. Erst jetzt begreife ich, daß es Dir so entsetzlich schlechtging, daß Du meintest, Du müßtest Dich umbringen.«

Ich habe in meinem Leben nicht oft psychotisch reagiert. Normalerweise bin ich voll da – auf meine Weise –, selbst wenn ich total abgefuckt bin. Und ich weiß, als ich die hundertfünfzig Schlaftabletten nahm, nahm ich sie aus Rache. Ich erinnere mich, wie ich sie geschluckt habe und warum – es war die einzige Art und Weise, wie ich mir Gehör verschaffen konnte. Es hatte etwas mit Brian zu tun, Herr im Himmel, sein Tod war an ihnen allen spurlos vorübergegangen. Wartet, dachte ich, ich zeig's euch! Wollt ihr Schmerz und Leid? Könnt ihr haben!

Brian hat zwar nicht direkt Selbstmord begangen, aber die ganze Zeit lief es genau darauf hinaus. Er manövrierte sich langsam in einen Zustand hinein, der nur zum Tod führen konnte, und er tat nichts, um sich daraus zu befreien.

Die Umstände seines Todes hatten in mir all die morbiden Gedanken über mein eigenes Schicksal wachgerufen. Ich dachte, ich sei als nächste dran, nachdem Brian geopfert worden war. Damit das Ganze aber funktioniert, muß das Opfer willig sein, und Brian war willig gewesen. Ich hatte offenbar großes Selbstmitleid – das hasse ich heute zuzugeben. Aber es war keine rein theatralische Geste. Man nimmt nicht hundertfünfzig Tuinal, wenn man es nicht ernst meint.

Ich habe Jahre gebraucht, um zu begreifen, daß es ernsthafte Konsequenzen haben kann, wenn man sich gedankenlos in Situationen fallen läßt. Ich mußte sterben – zweimal –, bevor ich auf die Idee kam, daß es auch andere Wege gibt, mit den Dingen fertig zu werden.

Seit ich siebzehn war – bis vor gar nicht allzulanger Zeit – habe ich das Leben einer Schlafwandlerin geführt. Mutwillig planlos, ich fiel in dies, ich fiel in das, getragen von meiner unausrottbaren Überzeugung, daß zum Schluß schon alles gut wird. Aber wenn man so sehr aus dem Unterbewußten heraus handelt, läuft man Gefahr, andere Leute für einen entscheiden zu lassen.

Manager, Promigeile, die Presse, die Öffentlichkeit. Was sie in einem sehen, ist man vielleicht wirklich, man könnte aber auch ganz jemand anderer sein. Doch das tut nichts zur Sache, es läuft auf dasselbe hinaus: Ein Teil von einem schläft ein. Das Image, das sie einem aufdrücken, klebt so fest, daß es die Macht hat, einen selbst und die Menschen, die einem nahestehen, zu hypnotisieren. Selbst Menschen wie Mick.

Im Kampf um meinen eigenen Weg begann ich alle wegzuschubsen. Ich sagte immer nur »Nein, nein, nein« – zu Menschen, zu Situationen, schließlich zum Leben selbst. Ich bin dies nicht, ich bin das nicht, ich bin jenes nicht. Ich dachte immer, daß mit mir etwas nicht stimmte, weil ich nicht glücklich war mit dem, was ich hatte. Meine Mutter war ganz entschieden dieser Ansicht. Schließlich war ich jung und schön, Mick Jaggers Freundin und Mutter eines phantastischen Kindes. Aber manchmal fühlte es sich nicht wie mein Leben an, es war, als lebte ich das Leben einer anderen.

An die Möglichkeit, einen Hirnschaden davonzutragen, dachte ich gar nicht, als ich die Überdosis nahm. Ich war sechs Tage lang bewußtlos, und die Chancen standen gut, daß ich von da an nur noch vor mich hinvegetiert hätte.

Ich glaube schon, daß ich einen Verlust erlitten habe! Die sechs Tage Bewußtlosigkeit schärften meine übersinnlichen Fähigkeiten – wie alle Todeserfahrungen –, aber man zahlt den Preis.

In einer leidvollen Beziehung wie Micks und meiner ist es immer einfacher und befriedigender für alle Beteiligten, wenn derjenige, der meine Rolle spielt, stirbt. Dann hat man einen hübschen, glatten Schnitt. Alle können klagen und trauern und dann weitermachen.

Ich hätte mich in eine Heilige, eine mystische Gestalt verwandelt – wie Brian –, und wäre für niemanden mehr eine Bedrohung gewesen. Und wichtiger, ich wäre niemandem mehr auf die Nerven gegangen. Marianne, die Märtyrerin. Vielleicht hatte ich auch das im Kopf.

Aber so unbequem es für manch einen auch war, meine Zeit war offenbar noch nicht gekommen. Obwohl ich auf ein bestimmtes Ende meiner Geschichte absolut geeicht war, akzeptierte ich über die Jahre, daß es vielleicht ja auch noch etwas anderes gibt. Es ist ein Klischee, aber Menschen, die vom Tod »zurückkommen«, sagen alle dasselbe: »Es muß einen Grund geben, warum ich nicht gestorben bin.« Genau das kapierte ich. Ich mußte noch etwas tun, das ich bis dahin noch nicht getan hatte, schon deshalb mußte ich am Leben bleiben.

Wenn ich hinsichtlich der Vorteile, die mein Tod für andere haben mochte, noch Zweifelt gehegt hätte, so wurden sie schnell zerstreut. Binnen weniger Tage nach meiner Überdosis hatte Andrew Oldham ein »Greatest Hits«-Album aus meinen Platten zusammengestellt. Das

Cover hatte einen schwarzen Rand und der Titel war in gotischen Lettern gedruckt.

Eine unvermeidliche Folge der Geschichte in Australien war die breiter werdende Kluft zwischen Mick und mir. Der Reiz des Neuen, das Romantische meiner Rückkehr unter die Lebenden verschliß sich schnell, und Mick zog sich zurück. Im Grunde hatte er keine Wahl – nachdem meine Mutter einmal da war, ließ sie Mick keine Luft mehr zum Atmen, für ihn blieb kein Raum mehr.

Meine Mutter mochte Mick immer, aber das, was sie an ihm mochte – daß er reich und mächtig war –, war das, was ich am wenigsten mochte. Die kleinen Extras dieses Lebens wußte ich ja durchaus zu schätzen. Doch was Mick für mich liebenswert machte, waren seine Freundlichkeit und seine Intelligenz. Er hatte auch die Art psychischer Macht, die mich immer angezogen hat. Ich verliebte mich (auf LSD) in den Gott, den ich tanzen sah, Shiva. Schließlich verliebte ich mich auch in das reale menschliche Wesen, aber da war es zu spät. Und als sich die »Sache in Australien« ereignete, hatte ich mich schon entschieden zu gehen – einerlei, wie.

In fast jeder Hinsicht verhielt Mick sich vorbildlich. Er war gut zu Nicholas und wunderbar zu meiner Mutter. Er hatte ihr ein reetgedecktes Haus, Yew Tree Cottage, in der Nähe von Aldworth überlassen, wo sie wohnen konnte. Es gab nichts auszusetzen. Vielleicht ärgerte mich das. Ich sah keinen Ausweg, außer dem, den ich nahm. Zu meiner Schande muß ich gestehen, daß an diesem Ausweg – dem Selbstmord – unter anderem so attraktiv war, daß ich wußte, wenn ich es schaffte, würde Mick ganz besonders alt aussehen. Das Komische war aber, daß die Leute ohne jede Berechtigung sowieso schon dachten, er sei ein Ungeheuer. Die Polizei in Sydney hatte ein so diabolisches Bild von ihm, daß sie sogar glaubten, Mick hätte mir die Pillen in den Hals gestopft. Sie fragten mich allen Ernstes: »Haben Sie sie selbst genommen, oder hat sie Ihnen jemand durch Zwang eingeführt?«

»Was? Wer?« fragte ich.

Und sie antworteten: »Hm, wir meinen, wenn es dieser, äh, Mick Jag – Sie können es uns ruhig sagen, Miss.«

Was mich an der ganzen Story aber bis aufs Blut ärgerte, war nicht das Böse-alte-Mick-Ding, sondern mein Image als die unglückliche Maid. Ich war ja vielleicht eine verantwortungslose Zweiundzwanzigjährige, aber unzurechnungsfähig war ich noch nicht. Wenn ich Pillen nahm, konnte ich sie immer noch leicht selbst schlucken, besten Dank.

Ihre Auffassung spiegelte das beinahe pornographische Bild wider, das die Öffentlichkeit von mir hatte. Engelsgleiche Unschuld von ruchlosem, degeneriertem Satyr zerrüttet. Ich hatte zwar das rührende Popengelchen längst mit einer tragischen Kreatur à la Elizabeth Siddal vertauscht, aber das hatten die Aussies noch nicht ganz gerafft.

Meine Mutter drehte voll auf und wurde fromm. (Während des Komas ließ sie mir die letzte Ölung verabreichen.) In meinem geschwächten Zustand war ich machtlos, mich ihr zu widersetzen. Als ich aus dem Krankenhaus entlassen wurde, schaffte sie mich in ein Hospital, das von Nonnen geleitet wurde. Die Religion sollte mich heilen. Mir brachte der katholische Glaube damals schon nichts mehr, aber meine Mutter wußte keinen anderen Weg, mir meine Dämonen austreiben. Nach den Nonnen zogen wir schließlich in die Nähe der Ranch, wo sie *Ned Kelly* filmten – in den wildesten schönsten Teil Australiens. Ich verliebte mich in das Land und fühlte mich zum erstenmal seit meiner »Rückkehr« wieder lebendig.

Mick tat in all diesen Wirrnissen das Übliche: Er zahlte. Nach etwa einem Monat in Australien flog ich in die Schweiz und ging dort zu einer sehr guten Ärztin, einer Psychiaterin, die mir wirklich half. Aber kein einziges Mal schlug irgend jemand vor, ich solle mit den Drogen aufhören. Die Cops hätten es sicher empfohlen, wenn man sie um Rat gefragt hätte, aber unter meinen Freunden herrschte die Auffassung, ich sei ohnehin unfähig, aufzuhören.

Nach Monaten der Abwesenheit flog ich schließlich zurück nach London. Kurz zuvor schickte Kenneth Anger Anita (und anderen Freunden) ein Telegramm folgenden Wortlauts: »Achtung, Marianne radioaktiv/Stop/kehrt heim an unsere Gestade.« Als ich also wieder da war und darauf brannte, meinen Freunden meine wundersamen Erlebnisse im Koma zu schildern, wollte natürlich niemand etwas davon wissen. Heute begreife ich, warum Anita nicht so erpicht war zu hören, daß ich des langen und breiten mit dem toten Brian Jones parliert hatte! Ich gebe zu, es war ein wenig taktlos von mir, aber ich dachte, sie als meine beste Freundin würde von diesem seltsamen Abenteuer im Jenseits entzückt sein. Keith war auch nicht sonderlich neugierig. Mick ebenfalls nicht. Christopher und Robert war es nun schon ganz einerlei, sie betrachteten es, glaube ich, als Indiskretion meinerseits – ein Exempel parapsychologischen Kitsches! Brian war passé. Sein Tod kam einer Reihe von Leuten sehr gelegen, und jeder hatte ein Motiv, wie in einem Agatha-Christie-Krimi.

Brians Tod wirkte wie eine Bombe, aber in Zeitlupe. Mit verheerenden Folgen für uns alle. Die Toten sind weg, doch die Überlebenden sind verdammt. Anita ging wegen ihrer Schuldgefühle als Überlebende, und weil sie sich auch sonst schuldig fühlte, durch die Hölle. Sie entwickelte grausige Zwangshandlungen. Sie schnitt zum Beispiel Bilder von Brian aus, klebte sie an die Wand und riß sie am nächsten Morgen alle wieder ab. Sie wiederholte, was Brian immer mit seinen Tonbändern gemacht hatte. Solche psychotischen Sachen stellen Leute an, wenn sie den Verstand verlieren; sie erschaffen etwas und zerstören es dann wieder. Camille Claudel zum Beispiel, sie schuf nachts wunderschöne Skulpturen und schlug sie am nächsten Morgen in Stücke.

Keith reagierte auf Brians Tod, indem er Brian wurde. Er übernahm genau das Image des strauchelnden, total bedröhnten Junkies, ständig auf der Schwelle zum Tod. Aber Keith war eben Keith, aus anderem Holz geschnitzt. So sehr er auch Brians Selbstzerstörung nachahmte, er zerbrach nicht.

Mein Selbstmordversuch und mein posthumer Spaziergang mit Brian wurden von allen Beteiligten in dieselbe Kategorie wie Brians Tod gesteckt. Es machte sie nervös, sie wollten nichts damit zu tun haben, bei so etwas hielt man sich besser nicht zu lange auf. Zu der Zeit fingen die Leute an, mich für vollkommen plemplem zu halten, seit der Geschichte mit dem untoten Brian bin ich als verrückte Alte abgestempelt worden. Es ist mir einerlei. Es ist geschehen, und ich ändere meine Geschichte nicht, weil sie nicht im Einklang mit der Realitätssicht der anderen steht.

In Familien gibt es immer ein Mitglied – fast immer eine Frau –, das für die Rolle der Verrückten ausersehen ist. In meinem Kreis war ich die Auserwählte, und da wir ja unser Leben alle auf den Seiten der Boulevardpresse lebten, wurde ich damit berühmt.

Let It Bleed

Ich war in einem grauenhaften Zustand, als ich im Sommer 1969 nach L. A. flog. Phil Kaufman, Gram Parsons Roadie, holte mich am Flughafen ab. Er sah bestimmt diese seltsame weiße Erscheinung aus dem Flugzeug stolpern und dachte: Himmel, Arsch und Zwirn, so kann ich sie nicht auf Babylon loslassen! Er wußte, was uns in Los Angeles blühte, was die Leute von den Rolling Stones erwarteten.

Er verordnete mir eine drei-, viertägige Schlafkur, und dann ging's mir wieder gut. Offenbar war ich noch nicht so im Eimer, sonst wäre ich ja nicht so schnell wieder so putzmunter gewesen. Keith und Anita waren ähnlich drauf wie ich. Wir waren Feierabendjunkies. Noch war es eine Freizeitdroge; noch war keiner in größerem Maße abhängig. Aber auf mich hatte Smack eine besonders bösartige Wirkung, mehr als auf irgend jemanden, den ich kannte.

Mick wußte genau, was ich trieb, und hatte Phil offenbar gebeten, mich am Flughafen abzuholen und dafür zu sorgen, daß ich wieder in Form kam. Nicht in dem Sinne, wie wir heute von Form reden – Gymnastik, Joggen und Aerobic –, ich mußte zurück ins Leben gebracht werden. Phil half mir auf die Beine. Er setzte mich auf eine Diät aus Obstsaft, Vitaminen, Percodan und Massagen, bis ich ins Reich der Lebenden zurückkehrte. Das war das erstemal, daß jemand so etwas für mich tat (aber leider nicht das letztemal). Mick sah ich nicht – ich war in einem kleinen Bungalow in den Hollywood Hills. Als ich mich erholt hatte, wurde ich ihm feierlich zugeführt.

Die Zeit in L.A. war wunderbar. Die Stones beendeten *Let It Bleed.* Mick hatte ein wunderschönes Haus gemietet, und er und Keith ließen Anita, die später kam, und mich dort, damit wir uns in der vielen freien Zeit, die wir hatten, amüsierten. Das ließen wir uns nicht zweimal sagen. Für Anita stand vor dem Haus vierundzwanzig Stunden am Tag ein Wagen mit Chauffeur, der sie hinbrachte, wo sie hinwollte. Sie stolperte ins Auto, fuhr los, holte LSD, kam zurück, und dann konnte die Reise losgehen. Ich unternahm viel mit Pamela Mayall und Andee Cohen. Wir aalten uns am Pool, schwammen, ließen uns bräunen, snieften ein bißchen Koks und spannen ziemlich rum. Smack gab's nicht. Weil ich nicht fahren konnte, chauffierte Andee mich. Wir tranken in vollklimatisierten Bars Cocktails und machten gut einen drauf.

Aber einerlei, wo wir hingingen, meinen Namen erwähnte ich nie. Ich wußte, die Stones wurden in L.A. als göttliche Erretter angesehen. Zu Beginn der Tournee 1969 hatten sie den Status von Mythen erreicht. Die Leute hatten den Glauben an die Beatles verloren, sie schienen unecht und hohl. Die Stones waren als einzige übriggeblieben (außer Hendrix, Janis und Morrison). Einmal kriegte ich den Wahnsinn der Fans hautnah mit. Als ich mit Mick, Keith und Anita ins Roxy ging, traf es uns voll Stoff. Mick und Keith hatten ein paar Stunden frei. »Was machen wir, Mann?« »Ich weiß was, wir gehen in einen Club.« Ich habe vergessen, wer spielte, ich kann mich nur erinnern, daß es eine schwarze Gruppe war. War es garantiert, ich kenne doch Mick und Keith! Wir gingen hinein, und es war, als sähen die Azteken zum erstenmal Pferde. Ein Schweigen senkte sich über den Raum, die Band hörte auf zu spielen. Es war wie dieser eine Moment in *Der Tag, an dem die Erde still stand.* Mick, der sich in solchen Situationen immer zu helfen wußte, vollführte eine lustige kleine Verbeugung, alle lachten, und wir konnten wieder atmen.

Wir setzten uns, bestellten einen Drink und schauten uns um. Mick und Keith beobachteten die Mädchen, nahmen die Szene in sich auf und gingen stante pede zurück ins Studio, um »Parachute Woman« zu machen. So war es damals.

Die Stones bestimmten die »Vibes«. Ich wußte, diese Tournee würde epochemachend für sie sein, aber ich hätte mich ums Verrecken nicht angehängt. Mick wollte, daß ich mitkam, er sagte immer wieder: »Warum kommst du nicht mit? Es gefällt dir doch so, warum willst du jetzt weg? Es wird toll!« Aber ich wollte nicht. Ich haßte Tourneen. Immer noch. Ich fühlte mich wie gefangen. Wenn sie Platten aufnahmen, war ich frei. Ich konnte ins Studio kommen und gehen, wie ich wollte, und ansonsten tun, was mir beliebte. Auf Tour konnte ich das nicht. Ich hätte überhaupt kein eigenes Leben gehabt. Außerdem waren die Rolling Stones auf Tour, und entgegen der landläufigen Meinung gehörte ich nie zu den Rolling Stones. Anders als Anita habe ich mich nie als den »sechsten Rolling Stone« gesehen.

Ich war aber auch viel zu unorganisiert, um mitzureisen. Man muß irgendwo verankert sein, um eine Tournee durchzustehen. Packen, Auspacken, Kostüme, Make-up, Packen, Auspacken und so weiter – darauf läuft's hinaus. Ich glaube sogar, ich hätte es noch gebracht, wenn nicht ein weiteres Problem hinzukommen wäre. Ich war eifersüchtig. Natürlich eifersüchtig auf die Groupies, aber auch auf die Stones.

Michael Cooper kam für eine Weile, und wir fuhren alle hinaus in die Wüste und nahmen Meskalin. Es war wunderbar. Wir fuhren die ganze Nacht bis nach Joshua Tree und liefen dann dort in der Morgendämmerung herum. Wir ließen das Auto irgendwo stehen und liefen einfach los. Ich weiß nicht, wie wir das geschafft haben, denn wir hatten nichts dabei. In dem Zustand hätten wir uns in die falsche Richtung bewegen und für alle Ewigkeit im Kreis gehen können, aber aus irgendeinem Grunde blieb uns das erspart. Wir fanden zurück zum Auto und fuhren am nächsten Tag wieder nach L. A. Normalerweise gingen wir immer nur ein Stückchen in die Wüste und verliebten uns unsterblich in irgend etwas, einen Kaktus oder sonstwas. Wenn wir in einer geraden Linie gelaufen wären, hätten wir uns verirren können, aber auf Meskalin gibt es keine geraden Linien. Es dauerte nicht lange, und wir versanken völlig in einem Gesicht auf einem Stein, ein Felsbrocken verwandelte sich in den Kopf von Sitting Bull. In Joshua Tree ist viel heiliger Boden.

Mitten in der Nacht erreichten wir eine hohe Felsenklippe. Wir zündeten ein Feuer an, der Mond ging auf, und plötzlich vernahm ich aus der tiefschwarzen Dunkelheit einen geradezu unirdischen Laut, so etwas hatte ich noch nie gehört. Er ging einem durch Mark und Bein, als wäre man in Indien und die Wölfe heulten. Und ich erinnere mich, wie ich mich zu Gram Parsons umdrehte und sagte: »O Gott, was ist denn das?« Und er sagte mit seinem ulkigen Südstaatenakzent: »Aber Marianne, weißt du denn nicht, daß das nur ein dummer kleiner Kojote ist?«

Michael Cooper machte ein sehr gespenstisches Bild von mir, auf dem ich einen schwarzen Kaftan aus Marokko trage, weil es so kalt war. Das Merkwürdige an dem Foto ist, daß es etwas aufnimmt, das mir noch gar nicht geschehen war. Es zeigt mich als die Schattengestalt, als die ich ja auch endete – das lag also vor mir. Nun war die Karte aufgedeckt, und ich machte mit. Ich ging auf den Boden des Meeres und ertrank nicht.

Let It Bleed wurde abgemischt und unter Dach und Fach gebracht. Sie hatten die meisten Tracks schon in London aufgenommen. Charlie und Bill fügten noch ein bißchen Baß und Schlagzeug hinzu, und Ry Cooder und andere, die vorbeikamen, machten jede Menge Overdubbing. Mir ging es nicht um die Sessions. Ich war nach einer Stunde sowieso hinüber, ich sah nur, wie Keith den Baß aufnahm. Immer wieder von neuem, und Mick zirpte ab und zu dazwischen: »Ein bißchen schneller, meinst du nicht? Wir wollen sie ja nicht gleich am Anfang einschläfern.« Keith spielte bei den Platten immer den Baß. Ich glaube, sie hatten Bill Wyman nur in der Band, weil sie auf den Tourneen jemanden für den Baß brauchten.

Let It Bleed ist meine Lieblingsplatte von den Stones. All die tollen Stücke: »You Got The Silver«, »Moonlight Mile«, »Salt Of The Earth«, »Prodigal Son«, »Monkey Man« und natürlich »You Can't Always Get What You Want«. Jedesmal wenn ich das Lied hörte, brach ich in Tränen aus. Es war über meine Romanze mit den Drogen. Ein paar andere Leute kamen auch drin vor, zum Beispiel Jimmy Miller, der Produzent der Stones: »Mr. Jitters«. Er war auch schon ganz schön abgeschwirrt, noch nicht in so schlechter Verfassung, aber in Micks Augen war das, was Jimmy mit sich machte, schrecklich.

An *Let It Bleed* ist unter anderem bemerkenswert, wie sehr es seiner Zeit entspricht. Nach Altamont war »Gimme Shelter« so gruselig in Übereinstimmung mit dem Zeitgeist, daß es schon übernatürlich wirkte. Die Leute waren erstaunt, wie prophetisch es war, dabei kam es aus der Vergangenheit. Das meiste war ja schon ein Jahr zuvor aufgenommen worden, und Mick und Keith wußten eigentlich gar nicht mehr, was sich auf der Straße abspielte. Wir waren doch alle ein wenig entrückt, um es freundlich zu formulieren.

»Gimme Shelter« kam aus der Hölle, die Keith während *Performance* durchlitt, und all dem anderen Zeugs, das in den letzten Jahren abgegangen war: der Razzia, den Festnahmen, dem Prozeß, Brians Tod. Das Album wurde zufällig Ende der Sechziger veröffentlicht, als sich alles Gerede um die angeblich bevorstehende Apokalypse drehte, aber viele Songs waren viel früher geschrieben worden. Was Mick und Keith in Redlands zugestoßen war, geschah jetzt im weitesten Sinne der Kultur selbst. In L. A. herrschte eine Atmosphäre wie kurz vor einem Vulkanausbruch, Keith nahm sie voll auf. Die wirkliche Finsternis kam erst viel später.

Mick und Keith verstanden es immer vorzüglich, sich in die Zeitströmungen einzuklinken. *Let It Bleed* war so etwas wie eine Bestätigung, wie genau ihre Antennen ausgerichtet waren. Wenn man so eingestimmt ist, muß man vorsichtig sein, worüber man schreibt. Selbst die beiden, die ja scheinbar so abgebrüht waren und voll durchblickten, gerieten durch die Erfahrungen der Jahre zuvor mit all den sprunghaften Veränderungen ganz schön durcheinander.

Die Zeiten hatten sich gewaltig geändert, seit sie mit Andrew dagesessen und auf die Presseausschnitte gewartet hatten. Wie sagte doch Keith Altham im *New Musical Express*? Es ging ihnen total am Arsch vorbei, was die Leute von der Platte hielten. Die Meinung anderer war irrelevant. Sie waren aber auch schon zu sehr mit der nächsten Platte beschäftigt, um sich darum zu kümmern, was für eine Wirkung die gerade erschienene hatte.

Jahrelang hatten Mick und Keith von dem Tag phantasiert, an dem sie die Beatles überrunden würden, und nun geschah es. Nach *Let It Bleed* ging einfach alles wie im Fluge. Sie bestimmten den Kurs nicht nur, sie hielten ihn auch. Ich glaube, wir waren in L. A. auch deshalb so glücklich, weil wir alle das erregende Gefühl hatten, völlig im Einklang mit der Zeit zu stehen, ja das Gefühl, als fließe der Geist der Zeit durch uns hindurch. Wir wußten, daß etwas Bedeutendes geschah.

Ich bin überzeugt, das Chaos in Altamont passierte unter anderem deshalb, weil keiner mehr aufpaßte. Sie dachten nur noch an das Nächstliegende, nämlich wie sie in *Gimme Shelter* aussehen würden, dem Dokumentarfilm, den die Brüder Maysles über die Tour machen wollten.

Mick und Keith fühlten sich da ohnehin schon unsterblich und unantastbar, als könnten sie keinen falschen Schritt tun. Sie dachten nicht mehr an die Folgen ihrer eigenen Botschaften, die willkürlichen Akte des Wahnsinns.

Sie hatten vergessen, daß auch heftige Turbulenzen Teil der Zeitströmung waren und von starken Emotionen hervorgerufen wurden. Sie hatten ja keine Ahnung von den dämonischen Kräften, die sich sammelten. Sie rissen sogar noch Witze über das Gefasel, weil in England die Apokalypse nur in der Bibel vorkommt. In den Staaten, angesichts der Mixtur von Phantasie- und wirklichem Leben, besonders in der Hippiekultur, schien sie eine reale Möglichkeit zu sein. Die Stones nahmen nichts davon ernst. Mick und Keith fanden Kenneth Anger lachhaft, sie verachteten seinen Hokuspokus-Fidibus-Satanismus zutiefst und hielten ihn für ausgemachten Stuß. Deshalb konnten sie ja auch so locker damit herumspielen. Anita und ich waren da als Frauen weniger zynisch.

Als der Horror in Altamont geschah, muß es für viele Leute so ausgesehen haben, als fielen die Dämonen nun über ihre Erzeuger her. Die Stones sahen das nicht so. Sie spielten nur ein gefährliches Spiel, das plötzlich ins Leben überschwappte. Erst nach *Let It Bleed* passierte ihnen Seltsames.

Das unauslöschlichste Mißverständis, das durch *Let It Bleed* hervorgerufen wurde, war die alberne Idee, daß Mick ein Satansjünger sei. Ein Satinfetischist vielleicht! Mick ist viel zu vernünftig und normal, als daß er sich ernsthaft mit Schwarzer Magie beschäftigen würde. »Sympathy For The Devil« war reiner Pappmachésatanismus. Ich hatte Mick Michail Bulgakows *Meister und Margarita* zu lesen gegeben – daraus entstand »Sympathy For The Devil«. Das Buch handelt von Magie, und die Hauptfigur ist Satan, aber es hat mit Dämonenkult und Schwarzer Magie nicht das geringste zu tun. Wenn überhaupt, dann mit Licht. Die Handlung besteht aus zwei Geschichten, die gleichzeitig ablaufen: Der Satan kommt nach Moskau, um einen Ball zu veranstalten, und Matthäus ist mit Christus auf dem Weg nach Golgatha. Der tollste Teil, Satans Ball, ist schrecklich witzig, wunderbar geschrieben, absolut brillant. Mick nahm aus diesem sehr komplexen Buch die allerwesentlichsten Elemente, verdichtete sie und schrieb einen Dreiminutensong daraus. Indem er sich selbst in die Hauptfigur hineinversetzte, war er in der Lage, die labyrinthische, weitschweifige Handlung lebendig vor uns erstehen zu lassen. Er fand die Gestalt des Teufels reizvoll, denn der ist natürlich die unterhaltsamste Figur in dem gesamten Buch. Das ist der Teufel doch in jedem Kunstwerk, in dem er auftaucht! An Bulgakows Satan gefiel Mick der Glamour, die Rolle, die er spielte. Er erkannte sofort, daß das auch ein großer Part für ihn war. Ich weiß, die Leute hören das nicht gern, aber wie jeder Künstler ist Mick ein richtiger Aasgeier, ein Lumpensammler, dauernd hebt er Dinge auf und probiert, ob sie ihm passen. An die Konsequenzen denkt er nie.

Die Auffassung, daß Ikonen das sind, als was sie erscheinen, ist sehr naiv. Im Grunde eine bäuerliche, religiöse Einstellung. Amerikaner sind viel religiöser als wir in England. Ihre Filme sind alle wie Passionsspiele, und sie finden, daß sich die Akteure auch im Leben entsprechend verhalten sollen. Das sieht man jede Woche im *National Enquirer.* Die ganzen Stories über Soundso und die Blondine im Hotelzimmer entspringen im Endeffekt der Überzeugung, daß der Schauspieler gefälligst auch der Mensch sein soll, den er spielt. Ich sehe ja ein, daß die Leute das gern lesen. Aber bei Mick befanden sie sich im Irrtum. Keith und Anita stürzten sich später in Schwarze Magie, aber Mick hatte letztendlich mit Magie genausowenig zu tun wie mit Drogen. Da ist er Dilettant.

Die Stones haben die Ideen, mit denen sie spielten, überlebt, ohne ihnen zum Opfer zu fallen, weil sie sie nie so ernst genommen haben wie ihre Fans. Mick glaubte nie, keine einzige Sekunde lang, er sei Luzifer. »Das ist doch nur Theater«, hieß es immer. Zum Schluß wurde aus dem Spiel böse Wirklichkeit. Zumindest für Keith und Anita, besonders für Anita. Jetzt liest sie nur noch okkulte Belletristik. Zum Schreien, daß der ganze Flirt mit den Schwarzen Künsten damit endet, daß sie Romane von Dennis Wheatley liest. Jetzt ist sie damit zufrieden und wäre es vermutlich auch damals gewesen. Sie war niemals eine fanatische Gläubige, aber mit den Drogen kann man so aufgeblasen werden, daß man selber glaubt, man hätte Geheimkräfte.

Es war vielleicht die beste Zeit der Stones, aber zwischen Mick und mir lief es überhaupt nicht gut. Ich erinnere mich, wie ich mit Mick in dem Haus in L. A. die Aufnahmen von »Sister Morphine« und »Sympathy For The Devil« hörte. Ich saß im Schlafzimmer, und Mick kam sehr verloren herein und legte seinen Kopf auf meine Knie wie ein Kind. Er versuchte, mich festzuhalten. Ich sah, wie sehr er mich liebte, es brach mir das Herz. Ich tätschelte ihm den Kopf, als wäre er ein kleiner Junge. Ich empfand sehr stark mit ihm, aber ich war nicht mehr in ihn verliebt, er im Grunde auch nicht mehr in mich. In einer Beziehung ist immer einer ein bißchen mehr verliebt. Er erreichte mich nicht mehr, ich hatte mich in den Teil meiner selbst zurückgezogen, der von ihm getrennt war.

Damals wußte er, glaube ich, auch nicht mehr, wo sein Image endete und der echte Mick Jagger begann. Ich wußte es ja genausowenig. Ich geriet ja auch deshalb in dieses Chaos, weil Mick unfähig war, sich von seinem Image zu unterscheiden, weil er zwanghaft das Leben als ewige Sonntagsbeilage sah. Man schaut sich selbst zu, wie man sein Leben lebt, empfindet aber nichts. Gespenstisch. Und was mir damals nicht klar war, heute aber sehr wohl: Von an Anfang war das Arrangement so und nicht anders. Das wunderschöne Mädchen, das hübsche Haus, die wohlgeratenen Kinder, Schubidubidu. Es muß immer so aussehen, als ob alles wunderbar liefe. Von außen muß alles tipptopp aussehen. Der Deal ist aber viel härter, als es den Anschein hat. Ich meine, er muß hart sein, wenn selbst Bianca es nicht mehr aushielt, denn sie ist ja schließlich für ein solches Leben erzogen worden.

Sein verdammtes Image durchdrang alles. Heute sehe ich es so, daß selbst die Art, wie er mit der Razzia in Redlands umging, die Fortsetzung seiner Obsession mit seinem Image war. Das Theatralische daran setzte sich beinahe sofort durch. Die Show war ja mit Geld nicht zu bezahlen. Er konnte edel sein und leiden und sich zum Märtyrer stilisieren und wunderbare Fotos von sich machen lassen. Er in Rüschen und Samt und mit Handschellen an den ultracoolen, ultrahippen Robert Fraser gekettet. Charles I., der Idiot, auf dem Weg zum Schafott! Mick kriegte die ganze Publicity, und alle freuten sich. Hurra!

Die Redlandsgeschichte verlieh seiner Person eine Bedeutung, die sie gar nicht hatte. Mick ist verspielt und phantasievoll, aber sehr normal. Wie Ronald Reagan hat er gelernt, eine komplexere Persönlichkeit zu spielen, als er selbst ist. Als er den neuen Mick brauchte, der zu den neuen Stones von *Beggars Banquet* und *Let It Bleed* paßte, übernahm er einfach seine Rolle aus *Performance.* So war er aber gar nicht. Turner war ein künstlicher und sehr komplexer Charakter. Mick wählte seine neue Persönlichkeit so sorgfältig aus wie einen neuen Anzug. Und er hat einen sehr guten Geschmack, und es war die perfekte Rolle für ihn.

Im Grunde ist er auch deshalb so ein faszinierender Künstler – er ist viele verschiedene Dinge. Mick ist sehr wandlungsfähig. Was Paul McCartney über ihn sagte, stimmt. »Mick hat sich nie total in eine Sache oder einen Menschen hineinbegeben. Er flatterte immer nur herum. Ich glaube nicht, daß er je richtig besessen von etwas war. Aber ich bin sicher, er hat alles ausprobiert, sich genommen, was er gebrauchen konnte, und den Rest liegen lassen.«

Als Mick der Jumpin' Jack Flash-Gestalt überdrüssig wurde (vielleicht vermutete er schon, daß er dadurch mit unbequemen Anforderungen konfrontiert werden würde), schuf er eine neue Gestalt. Nach dem Hyde-Park-Konzert wuchs der Panzer um ihn wie eine Schutzhülle, die ihn umschloß. Ich hatte allmählich das Gefühl, ich sei mit einem Monster zusammen, vielleicht war ich ja auch selbst eins, aber in dem letzten Jahr wachte ich morgens auf – ich weiß, ich nahm zu viele Pillen und zu viele Drogen – und spürte intuitiv, daß ich mit einem Vampir zusammenlebte. Einem hohlen, gefräßigen Wesen, das fortwährend neue Dinge, Menschen, Ideen, Seelen verschlang. Es gibt Menschen, meistens sind es Künstler, die einen psychisch aussaugen. Sie eignen sich an, was immer sie brauchen, und ziehen weiter. Es war eine schreckliche Erfahrung. Das wollen die Leute nicht hören, aber es ist die Wahrheit.

Micks Genialität lag in seinen Texten, sein großes Talent aber in seiner Geschicklichkeit, sich aufzublasen und zu protzen. Schritt für Schritt entwickelte er seine mittlerweile wohlbekannte, luftgefüllte Persönlichkeit, eine flexible, karikaturhafte Hülle, die schließlich sein Allzweck-Ich wurde. Am Ende werden alle Berühmtheiten Karikaturen ihrer selbst. Mick hat seine Lippen, Dolly Parton ihre Titten. Ich habe es lange Jahre beobachtet und überlegt, wie ich es selbst anstellen könnte, und dann wurde mir klar, ich wollte es gar nicht.

Mick fiel es nicht nur schwer, den Überblick über seine verschiedenen Ichs zu behalten, auch ich verwirrte ihn immer mehr. Als ich mit John Dunbar zusammen war, hatte ich meine Künstleridentität separat halten können. Bei Mick schaffte ich das nicht mehr, es wurde sehr anstrengend. Als ich mit Koks anfing, trieb das eine weitere Kluft zwischen uns. Ich schlug über die Stränge, flippte aus, und er war der Tugendhafte. Mick behielt immer das rechte Maß – auch bei Drogen.

Daß ich mit Heroin anfing, war für Mick ein Alptraum. Aber er tat nichts, um mich davon abzubringen. Er sagte höchstens einmal:

»Meinst du nicht, du nimmst ein bißchen viel von dem Zeug?« Dann belog ich ihn und behauptete, ich nähme nur ab und zu was, und er glaubte mir.

Zu meiner Schande und zu meinem Bedauern benutzte ich Heroin, weil ich mich betäuben wollte. Und natürlich funktionierte es, aber es führte mich auch weiter weg von allem, was ich liebte. Zum Schluß verlor ich alles. Ich verlor Mick. Und schließlich Nicholas. Ich verlor alles, was ich nur verlieren konnte. Es ist, als hätte man einen See unter dem Haus.

Richard Hell sagt in seinem kleinen Buch *Artifact* über Heroin etwas sehr Interessantes: »Heroin verscheucht Gefühle und Schmerzen, aber dann begreift man, daß das nicht unbedingt gut ist.« Für mich jedenfalls war es nicht gut, und garantiert nicht für Nicholas. Auch nicht für mich und meine Mutter oder für mich und meinen Vater. Für niemanden. Und die ganze Zeit, als ich es nahm, dachte ich, ich fügte nur mir selbst Schaden zu.

Drogen – besonders psychedelische und Speed – waren einmal die treibende Kraft der Szene gewesen, ja, der Motor des sogenannten Swinging London. Schließlich aber ersetzten sie die Szene. Sie saugten sie auf. Und die harten Drogen (im wesentlichen die Lieblingsdrogen der englischen Romantiker) brachten ihr eigenes dunkles Zwangsregime. Viele kreative Wochenendjunkies gerieten in die Fußangeln, stürzten in die Fallgrube. Und was mich betrifft: Meine selbstzerstörerischen Tendenzen sind nicht gerade gering.

Ich liebte Mick auf meine eigene Weise, aber aus irgendeinem Grunde wurde ich, je mehr ich ihn liebte, um so grausamer. Entsetzlich. Als Altamont passierte, brannte ich mit Mario Schifano durch.

Ich erinnere mich vage, daß meine Affäre mit Mario Schifano von Anita eingefädelt wurde. Aber ich war offensichtlich nicht abgeneigt. Warum, frage ich mich, landete Mario Schifano, als er nach London kam, ausgerechnet bei mir zu Hause? Ich kannte ihn ja nicht einmal.

Er war ein alter Lover von Anita. Sie rief mich an und fragte: »Kann er bei dir pennen?« Vermutlich dachte sie, die arme Marianne, sie ist einsam und braucht einen guten Fick. Also wohnte Mario in Cheyne Walk, und natürlich schliefen wir zusammen. Er war wunderbar. Mick war auf Tournee, und mir ging es zu dem Zeitpunkt saudreckig. Die Situation war nicht mehr zu retten, aber ich hielt offenbar nur noch deshalb aus, weil ich nicht wußte, wie ich mich herauswinden konnte. Nicht, daß Mick mich vernachlässigte, er war bezaubernd – selbst auf der Tournee durch Amerika. Er rief mich zu allen Tages- und Nachtzeiten an, sagte mir, er liebe mich, und ließ mich kleine Besorgungen machen, damit ich mich einbezogen fühlte. Ich kaufte ihm auf dem Antiquitätenmarkt in Chelsea den paillettenbesetzten Gürtel, mit dem er bei »Midnight Rambler« auf den Boden schlägt. Ich war entzückt, daß ich das für ihn tun konnte, und stolz, daß er ihn auf der Bühne benutzte. Wie einen Talisman.

Als ich Pamela Des Barres' Buch *Light My Fire* las, erfuhr ich, daß Mick und sie während dieser Zeit eine heiße Affäre hatten. Leute, die Mick anmachten – Frauen, Männer, Groupies, höhere Töchter, meine besten Freundinnen –, das war auch so etwas, das an unserer Beziehung nagte, bis sie sich in ständigen Vergeltungsschlägen erschöpfte. Das geschieht unweigerlich, wenn Untreue Bestandteil einer Beziehung ist. Hatte er eine Affäre und ich fand es heraus, dachte ich: »Alles klar, das zahl ich ihm heim.« Nach kurzer Zeit waren wir in ein endloses, zerstörerisches Spiel verstrickt, in dem es nur noch darauf ankam, wer es wem heimzahlte. »Ach, du hast sie gevögelt? Gut, das wirst du büßen. Bis bald, und ich erhöhe um eins.« Es begann mit Micks Affäre während *Performance.* Das war wirklich Verrat. Sie war meine engste Freundin. Sie war meine einzige Freundin.

Ich ging mit Mario und Nicholas nach Rom, und natürlich schrien die Schlagzeilen es heraus. Die Zeitungen druckten lauter saudumme Sätze, die ich gar nicht gesagt hatte. Interessant daran ist, daß sie das Märchenimage von mir weiterspannen und mir Sachen in den Mund legten wie: »Ich bin immer noch auf der Suche nach dem Ritter auf dem weißen Roß.« Eine Erklärung habe ich wirklich abgegeben, die war sogar ganz vernünftig: »Die Menschen in Großbritannien bilden sich ein, sie hätten eine Art Recht an mir. Sie müssen begreifen, daß ich nicht ihr Eigentum bin, und was ich sage, tue oder denke, geht sie absolut nichts an... Im Grunde ist das Interesse der Leute an mir morbid. Für sie bin ich das Mädchen, das versucht hat, sich umzubringen. Sie sehen nie eine Frau mit einem Körper und einer Seele und eigenen persönlichen Schwierigkeiten. Einen solchen Menschen würden sie gar nicht zulassen. Ich bin glücklich. Ich habe keinen Pfennig. Ich fange ganz von vorn an. Die Leute können mir helfen, indem sie mich einfach vergessen.«

Mick, der immer noch in den Vereinigten Staaten war, mußte das alles über die Presse erfahren. In Altamont. Als er zurückkam, war ich gegangen und hatte Nicholas mitgenommen.

Mario war ein toller Maler und ein noch tollerer Koksfreak. Aber ich bin überzeugt, daß ich ihn auch deshalb mochte, weil er eine große Liebe von Anita gewesen war. Ich glaube, Anita wollte mir nur ein nettes Weihnachtsgeschenk machen, sie hat wohl nie gedacht, daß ich wirklich mein Bündel schnüren würde. Es hat nicht geklappt, doch damals war es eine gute Idee. Ich hätte diesen Mann lieben können, aber das Schicksal war gegen uns.

Nicholas ging es immer schlechter. Er liebte Mick, und daß ich Mick verriet, war schrecklich für ihn. Der entscheidende Moment kam, als Nicholas einmal allein in seinem Zimmer war und wir in einem anderen Teil des Hauses. Es war ein riesiges Haus auf dem Land, es war Winter, und ein Elektroöfchen war an. Mario hatte mir einen Nerzmantel geschenkt (oder dafür gesorgt, daß jemand mir einen schenkte). Nicholas nahm den Mantel, legte ihn auf das Öfchen, stellte sich daneben und sah zu, wie er ankokelte. Gott sei Dank kam unser Kindermädchen Helen rechtzeitig herein. Danach wurde mir schlagartig klar, daß ich mich ausschließlich auf Nicholas konzentrieren mußte. Am nächsten Tag flogen wir nach England, um Weihnachten mit meiner Mutter in Yew Tree Cottage zu verbringen. Ich, Mario und Nicholas.

Auch Mick war wieder in England und rief mich ununterbrochen an: »Komm zurück! Ich weiß nicht, was passiert ist, aber ab jetzt wird es anders, ja? Dafür sorge ich. Du hast mein Wort. Ich meine, wir müssen doch wenigstens noch einen Versuch machen, findest du nicht?« Womöglich hatte er sogar recht, aber ich sagte zu allem nein. Ich fand, es war wirklich an der Zeit, loszulassen. Auch Mick wußte, daß es zu Ende war, aber er wollte nicht, daß es so aussah, als hätte ich ihn verlassen. Wenn wir uns schon trennten, dann wollte er mich verlassen.

Mick tauchte in Yew Tree Cottage auf. Es gab eine Menge opernreifer Szenen zwischen Mick und Mario, aber am Ende siegte Mick. Er verbrachte die Nacht mit mir. Mario schlief auf der Couch, ging am nächsten Morgen weg und kehrte niemals wieder. Ich zog mit Mick zurück in das Haus im Cheyne Walk, und er war sehr zufrieden mit sich. Er hatte Mario in die Flucht geschlagen.

Ahmets Fluch

Mick war lange in Los Angeles gewesen, wo die Groupies zuhauf um ihn herumscharwenzelt und seine wildesten Träume wahr geworden waren. Die Mädchen dort machten einfach alles. Er war Mick Jagger, der Rockstar par excellence, ihm zu Gefallen zu sein, nur darum ging es.

So muß es für ihn doch eine arge Ernüchterung gewesen sein, als er in das Alltagsleben mit mir zurückkehrte – na ja, was man bei mir Alltagsleben nennen konnte. Als er wieder im Cheyne Walk war, fragte er sich natürlich, ob er zu Hause nicht auch das kriegen könnte, was er draußen geboten bekam. Aber, Pech für Mick, ich war immer noch ein richtiges Sixtiesmädchen, wenn ich mir auch noch die Beine rasierte (indes überlegte, ob ich damit aufhören sollte). Ich hatte gerade Germaine Greers *Der weibliche Eunuch* gelesen und gelernt, daß Sinn und Zweck der Veranstaltung im Orgasmus bestanden. In meinem, nicht seinem.

Kurz nach seiner Rückkehr schlug Mick eines Abends vor, ich solle Spülungen mit Erdbeergeschmack benutzen. Fix, wie ich war, begriff ich rasch, woher der Wind wehte. Zwei und zwei zusammengezählt habe ich aber erst, als ich Pamela Des Barres' Buch las, in dem ein ganzer Abschnitt den Spülungen mit Erdbeer- und Pfirsichgeschmack gewidmet ist.

Ich war perplex. »Hör zu, Liebster«, sagte ich zu ihm, »die kriegst du ja vielleicht bei deinen Groupies in Amerika, aber dir ist hoffentlich klar, wen du hier vor dir hast. Verpiß dich!« Sehr verführerisch, ich weiß.

Insgeheim war ich natürlich neugierig auf diese Spülungen mit Eiskremgeschmack, doch so etwas bekam man natürlich in England überhaupt nicht. Als ich den örtlichen Apotheker konsultierte, gab er mir eine Art Prothese – aus Gummi. Sie war riesig und die dazugehörige Spülung schmeckte nach Medizin (so etwas hatte Miss Pamela in L.A. offenbar nicht benutzt). Schließlich verwendete ich Jasminbadeöl, aber Mick bemerkte es, glaube ich, nicht einmal.

Selbst wenn ich etwas über seine Affären herausfand, sagte ich kein Wort. Sich über ein bißchen Herumvögeln aufzuregen war nicht hip, sondern spießig. Außerdem war er Mick Jagger. Trotzdem fühlte ich mich langsam inadäquat. Ich wußte, ich konnte ihm nicht das geben, was er von diesen Mädchen bekam. Bevor ich Ende zwanzig war, habe ich zum Beispiel keinem Mann einen geblasen, was ziemlich bemerkenswert ist.

Aber Sex war sowieso schon lange nicht mehr das, was Mick und mich verband. Nicht, daß ich Mick als Liebhaber unbefriedigend fand, aber nach dem ersten halben Jahr oder so schien er das Interesse zu verlieren. Es war nicht allein seine Schuld. Für mich war Sex immer ein Problem, und es muß schon ein feuriger Fremder wie Tony Kent daherkommen, der meine Barrieren durchbricht. Einerlei, ein guter Fick reicht mir eben nicht. Ich brauche viel mehr. Ich bin an Sex im Grunde nicht so interessiert – was Männer irritiert, ist mir aufgefallen. Wenn es nach ihnen ginge, sollten die Frauen immer an das eine denken und es dauernd wollen. Manchmal will man ja auch. Selbst im reifen Alter von siebenundvierzig überkommt es mich noch manchmal.

Die Siebziger hatten begonnen, der weltweite Erfolg war da, und Mick war wild entschlossen, ins große Leben einzusteigen. Sein Terminkalender für private Verabredungen quoll nun über von Veranstaltungen, für die er sich noch ein paar Jahre zuvor nur ein Hohnlächeln hätte abringen können: Debütantinnenbälle, Blumenshows, Ölmillionärsbrunches und Galadiners mit von Hinz und von Kunz aus *Burke's Peerage.* Ich verkehrte immer gern mit den King's-Road-Aristos, aber Mick hatte an der Aristokratie per se einen Narren gefressen. Er folgte Einladungen von jedem noch so albernen Ding, Hauptsache, es hatte einen Titel und ein Schloß. Er war auf diese einschläfernde Szene so scharf wie die amerikanischen Millionärinnen im Film. Da wurde alles doch ziemlich schräg.

Und es war nicht mehr zu übersehen, daß Mick zwar in diesen Kreisen verkehren wollte, ich aber mitnichten. Wichtiger noch, ich war ungeeignet. Ich hatte nicht die gesellschaftlichen Ambitionen, die man dazu braucht. Ich paßte nicht in Micks Pläne und wollte es auch gar nicht erst versuchen. Small talk mit humor- und hirnlosen Langweilern war meine Vorstellung von Hölle. Noch dazu die von jemand anderem. Herzlichen Dank, da suchte ich mir schon lieber meine eigene. Gesagt, getan.

Aus Scheißsturheit und Eigensinn fand ich immer Wege, Micks Wunsch, mich zu diesen faden Ereignissen mitzuschleppen, zu enttäuschen. Wenn wir zum Beispiel seine Eltern besuchten – eine Situation, mit der ich nie umgehen konnte, so lieb Joe und Eva Jagger waren –, legte ich ein extrem passiv-agressives Verhalten an den Tag. Ich nahm eine Handvoll Mandrax und trat weg. Dann lud Mick mich für ein paar Tage bei Pamela Mayall ab. Pamela wohnte mit ihren vier Kindern in Lee Green, Mick mochte sie sehr und vertraute ihr.

Wenn er es aber doch schaffte, mich zu einer dieser Angelegenheiten mitzuschleppen, folgte die Katastrophe auf dem Fuß. Wie in Warwick Castle. David Brooke, der Earl of Warwick, liebevoll Brookie genannt, hatte Mick und mich zum Dinner eingeladen. Die Einladung war Mick schrecklich wichtig. Dinner in einem Schloß! Also, los ging's. Es war das Nobelste, was wir je erlebt hatten. Hinter jedem Stuhl postierte sich ein Lakai in voller Uniform (aus Seide!). Aber es war ein unerträglich steifer Abend, und bald wurde mir schwindlig vor Langeweile (und ein paar anderen Sachen).

Ich hatte nicht die leiseste Ahnung, wer der Earl of Warwick war. Ich mochte ihn nicht, und er war mir scheißegal. Er entpuppte sich als rasender Langweiler, und wenn ich damals in Verzweiflung geriet, nahm ich, was immer ich kriegen konnte, um meinen Seelenzustand zu verändern. Ich warf fünf Mandrax und kollabierte in die Suppe. Und das bei einem Dinner, bei dem es schon fatal war, das falsche Messer zu benutzen. Mick mußte mich nach oben tragen.

In meiner Erinnerung ist das die erste Situation, in der deutlich zu Tage trat, daß ich nicht die Frau für seine Seite war. Ich war nicht gesellschaftsfähig. Es langweilte mich zu Tode, würde es wahrscheinlich immer noch, und besser zerbreche ich mir über solche Dinge gar nicht den Kopf.

Nach dem Gesicht-in-der-Suppe-Fehltritt bestand Mick nicht mehr darauf, daß ich ihn begleitete. Anstatt bei teuren Galas umzukippen, nahm ich eine Handvoll Mandrax, ging zu Pamela Mayall und kippte dort um! Am nächsten Morgen kam ich wieder zu Bewußtsein und war putzmunter. Mick fuhr in seinen Landedelmannclub oder zu einer Party für die Supremes bei Lord Wasweißich oder zur Taufe eines neuen Enkelkindes eines unterbelichteten Peers.

Ich war die Falsche für den Job, für die feineren Dinge dieses Lebens hatte ich keinen Sinn. Habe ich nie gehabt. Mick wollte eine repräsentative, glamouröse Frau, die ganz anders war als ich. Jemanden wie Bianca.

Für Mick ist die Frau ein kleines Fenster. Die Welt sieht den Mann, beurteilt aber die Frau. Für Mick ist das wichtig, und als er sich in mich verliebte, schien ich das richtige Fenster zu sein. Aber das änderte sich. Es kam ein Punkt, da machte ich nicht einmal mehr den Versuch, mich zum Abendessen umzuziehen. Was Kleider betrifft, war ich sowieso nie gut, und ich wollte mich schon gar nicht anziehen, um anderen zu gefallen. Nur wenn ich auf die Bühne gehe, ziehe ich mich gern schön an, als Künstlerin weiß ich, daß es für das Publikum ein wichtiges Zeichen ist. Ein Ritual, eine Art, seinen Respekt zu erweisen.

Mick glaubt, er ist der Star in einem nicht endenden Film. Er glaubt, für den großen Himmelsregisseur muß er die ganze Zeit gut aussehen. Wenn sie überraschend die Kameras hineinrollen und die Szene beleuchten, würden wir dann alle wunderbar aussehen.

Ich fand immer, daß Micks Obsession mit dem Aussehen etwas mit seiner Bisexualität zu tun hat. Wenn man bisexuell ist und sich von Männern angezogen fühlt, will man von einer Frau, daß sie Männern so unähnlich ist wie möglich. Man will, daß die Frau so richtig feminin ist – mit allem Drum und Dran, Make-up, Frisur –, ich aber bewegte mich in Richtung einer viel simpleren Existenz.

Ich rächte mich besonders heimtückisch an Mick. Denn er idealisierte mich, und jedesmal, wenn er einen weiteren Makel an mir entdeckte, brach er schier zusammen. Ich wußte, daß ich ihn nicht schlimmer quälen konnte, als mich selbst zu zerstören. Ich wollte mein Gesicht zerstören. Mich systematisch, kaltblütig selbst entweihen. Da er mich als Verlängerung seiner selbst sah, lief das natürlich darauf hinaus, *ihn* zu entweihen.

Wenn ich an die Dinge denke, die ich bedaure – die Liste ist lang! –, meine ich immer: keine Drogen zu nehmen, das wäre das einzige, was ich anders machen würde, wenn ich noch einmal von vorn anfangen könnte! Ich war blöde, vom Tage eins an wußte ich doch, daß Smack Gift für mich war (Kunststück, das hätte jeder gewußt). Ich reagierte immer entsetzlich darauf. Meine Haut wird ganz schnell komisch, ich bekomme widerliche Pickel, alle möglichen bizarren Dinge geschehen mit mir. Ich weiß nicht, warum es mir gefiel. Wahrscheinlich, weil es mir so hundeelend ging und auf Drogen eben nicht mehr. Aber ich wurde sehr krank, ich verlor meine Lebenskraft und dann auch alles andere. Mit einem Zombie zu leben war jedoch das Letzte, was Mick wollte. Ich hatte immer noch nicht begriffen, daß ich eigentlich gar nicht in der Lage war, Drogen zu nehmen. Ich nahm immer noch nicht viel Heroin, aber sobald die Beziehung in die Brüche ging, warf ich alle Hemmungen über Bord. Jetzt wollte ich nur noch high sein.

Mein Drogenkonsum stieg langsam, aber unaufhörlich. Ich zerfiel entsetzlich. Ich glaube sogar, daß ich einfach nur deshalb so viele Drogen nahm, weil ich eine Menge Drogen nehmen wollte! Als ich dann richtig loslegte, geriet Mick völlig ins Schwimmen (obwohl er mich viel zu sehr respektierte, als daß er etwas zu meinem Zustand gesagt hätte). Ihm war klar, daß ich auf eine komische Art genau wußte, was ich tat. Irgendwann machte sich meine Mutter solche Sorgen, daß sie mich in die Klapse steckte. Ein Anruf bei Mick, und er holte mich heraus – das wollte er nun nicht zulassen.

Ich zerstörte mich, weil Mick mich nur so würde gehen lassen. Ich beobachtete mich ja selbst, wie ich es tat: in Zeitlupe. Ich stieß Mick immer wieder weg, bis er erschöpft war. Er gab aber immer noch nicht auf.

Im Frühling saßen wir im Garten in Cheyne Walk. Andee Cohen war zu Besuch. Mick wanderte munter plaudernd zwischen Haus und Garten hin und her. Freundlich, umgänglich, wie immer, aber in der Luft lag eine Spannung. Zum einen hatte ich ihn die ganze Zeit ignoriert.

»Willst du ein Glas Wein, Andee?« fragte Mick.

»Natürlich will sie«, sagte ich.

»Wie wär's mit einem Joint? Einer Linie? Einem guten Fick?«

»Ach, bitte, bring mir doch das Angebot des Tages.«

Mick verschwand im Haus. Ich wandte mich an Andee.

»Warum nimmst du Mick nicht mit zu dir?« sagte ich. »Wenn du ihn willst, kannst du ihn haben. Ich habe nichts dagegen. Nimm ihn.«

Andee war schockiert. »Was redest du denn da? Warum behandelst du ihn so?«

»Ach, ich weiß nicht, ich hab das unbestimmte Gefühl, daß es meine Pflicht als Hausgespenst von Cheyne Walk ist.«

Es war der Beginn meiner Weltüberdrußphase. Wie die Lady von Shalott hatte ich »es flüstern hörn/Ein Fluch liegt auf ihr, wenn sie bleibt ...«

Eines Tages hatte ich nämlich mitbekommen, wie sich Mick und Ahmet Ertegun, der Boss von Atlantic Records, dem neuen Label der Stones, unten im Haus unterhielten. Da ich mittlerweile buchstäblich ein Tabuthema war, war ich überrascht, meinen Namen zu hören. Wahrscheinlich dachten sie, ich sei nicht da. Ich schlich zum obersten Treppenabsatz und spitzte die Ohren.

Ahmet sagte: »Doch, doch, Mick, wir müssen über Marianne reden.«

»Herr im Himmel!«

»Ich weiß, es ist hart für dich, aber wir können uns niemanden leisten, der so kaputt ist. Sie könnte alles gefährden.«

»Aber was tun, Mann, was tun?«

»Da gibt's nur eins. Ich habe schon die herzzerreißendsten Geschichten mit Junkies erlebt, Mick, glaub mir, alter Freund, sie zerstören das Leben aller Beteiligten. Es ist ein Faß ohne Boden, und Marianne zieht dich hinein, wenn du sie nicht gehen läßt.«

Ich hörte, wie Mick sagte: »Ja, ich weiß, Mann, ich weiß.«

»Wenn wir dreißig Millionen Dollar hinblättern, wollen wir in etwa die Garantie, daß das Ding nicht wegen Marianne platzt. Das verstehst du doch, oder?«

»Du hast mein Wort, Ahmet. Aber laß mich mal einen Moment zur Besinnung kommen. Ich muß nachdenken.«

Ahmet und Mick diskutierten in meinem Wohnzimmer mein Schicksal, als sei es ein Geschäftsposten wie Vertrieb, Prozentanteile oder Auslandsrechte! Als ich da so oben auf der Treppe saß und sie belauschte wie ein Kind seine Eltern, wurde mir meine prekäre Situation schlagartig klar. Die Schrift an der Wand konnte sogar ein Junkie lesen.

Ich erzählte Mick nie, daß ich über seinen Pakt mit Ahmet Bescheid wußte. Wenn ich nur einmal ganz normal, von Mensch zu Mensch sozusagen, zu ihm gesagt hätte: »Du Arschloch, ich habe gehört, wie du mit Ahmet darüber geredet hast, wie du mich loswirst«, wäre vielleicht alles ganz anders gekommen. Vermutlich hatte ich die Schnauze voll. Es war nur die Frage, wann.

Der geschäftliche Druck wuchs. Als der neue Finanzmanager der Stones, Prinz Rupert Lowenstein auf der Bildfläche erschien, wußte ich, daß meine Tage gezählt waren. Man legte keinen Wert mehr auf mich, weil ich nicht mitzog. Nach der neuen Ordnung der Stones gehörte ich nicht »zur Mannschaft«.

Schon ganz zu Beginn des neuen Regimes gab Lowensteins Gattin, Prinzessin Rupert oder weiß der Geier, wie sie hieß, einen Weißen Ball, zu dem alle in Weiß erwartet wurden. Ich, mal wieder auf Konfrontationskurs, tauchte von Kopf bis Fuß in Schwarz auf. Ich dachte, es wäre lustig, aber es kam leider gar nicht an. Sie waren stinksauer. Sie nahmen alles sehr ernst. Es war ein Weißer Ball, und wenn sie weiß sagten, meinten sie auch weiß. Schwarz war unerwünscht. Ein unerträglich humorloses Paar. Auf so einer symbolischen, banalen Ebene brach zum Schluß alles auseinander. Das schwarze Outfit war der Anfang vom Ende.

Kurz danach beschloß der Stones-Troß auf Prinz Ruperts Rat hin aber sowieso, mit Kind und Kegel gen Südfrankreich zu ziehen. Ich wußte, nun war es Zeit auszusteigen, und nach dem, was mir Anita inzwischen über das Leben in Keiths Château Nellcôte erzählt hat, wäre es die Hölle gewesen. In Südfrankreich ging alles in die Binsen. Die Drogen, die wir in London nahmen, waren nichts im Vergleich zu dem, was in Nellcôte ablief. Die Stones verdienten noch viel mehr Geld, sie lebten auf noch größerem Fuße. Damals begann der Konsum harter Drogen in großem Stil. Ich wäre binnen weniger Monate tot gewesen.

Ich hatte auf keinen Fall vor, mit Mick aus England wegzugehen. Ich wäre so isoliert gewesen, daß ich überhaupt nicht mehr hätte arbeiten können, ja, gar kein eigenes Leben mehr gehabt hätte. Ich hatte ein kleines Kind, und ich wollte nicht so weit von meiner Mutter weg sein. Letztendlich muß ich ihn nicht genug geliebt und ihm auch nicht genug vertraut haben. Im Grunde glaubte ich auch nicht, daß Mick meine Interessen wirklich am Herzen lagen. Ich hatte das Gefühl, daß er mich irgendwann verraten und verlassen würde, es war also besser, es so schnell wie möglich hinter mich zu bringen – und zwar in England.

Mick wußte, daß ich ihm entglitt, er machte eine letzte höfliche, romantische Geste, um mich zum Bleiben zu veranlassen. Mick ist Löwe, ein Meister des Rituals und der Symbolik. Jedesmal wenn wir uns trennen wollten, schrieb er mir ein Lied.

Diesmal sagte er: »Ich habe etwas, das du dir anhören mußt.« Er ging zur Stereoanlage und legte ein Band ein. Dann kniete er sich vor mich hin, ergriff mich bei den Händen, schaute mir in die Augen, und es erklang – »Wild Horses«.

Graceless lady, you know who I am
You know I can't let you slide through my hands

Ich war überwältigt. Ich nahm ihn in die Arme und weinte. Um das, was hätte sein können. Aber es bedurfte mehr als eines Liedes, um Humpty Dumpty wieder zusammenzusetzen – das verstand Mick nicht. Er war hilflos. Er wußte nicht, was er tun sollte. Für ihn waren mein Zustand und Verhalten eine Belastung, und ich hasse es, eine Belastung zu sein. Da hau ich lieber ab und bin für mich allein eine Belastung.

In den turbulenten Ereignissen um die Stones gab es immer einen Sündenbock. Nun war ich dran. Von Anfang an beruhte die Stabilität der Gruppe darauf, daß Mick jemanden aus dem inneren Zirkel verteufelte. Zuerst Brian, dann Andrew, nun passierte es mir. Nachdem ich draußen war, wurde Anita plötzlich die böse Hexe. Nicht zu glauben, wie sie verteufelt wurde. Bis zum heutigen Tage glauben die Leute all das finstere Zeugs über Anita. Lächerlich. Nachdem Anita raus war, war es nur eine Frage der Zeit, wann Keith dran war.

Wenn ich Mick nicht so gut kennte und die Sache einmal von außen betrachten könnte, würde ich sagen: »Der Mann handelt so, weil er in der Liebe bitter enttäuscht worden ist.« Ich glaube, daß das stimmt, aber wann und von wem, weiß ich nicht.

In den Augen aller war ich schon die treulose Isebel und Junkiefrau, als im Sommer 1970 der brutale Prozeß zwischen John Dunbar und mir anlief. John beantragte die Scheidung und führte als Grund meinen

Ehebruch mit Mick an. Wieder ließ sich die Presse nicht entgehen, mich dreist zu diffamieren: »MARIANNE FAITHFULL – TREULOS!« Beinahe über Nacht wurde ich vom hilflosen Opfer zunächst zur Dirne »Miss X« und dann zur Hexe der Nation. Der Erzbischof von Canterbury las Fürbittgebete für mich, als wäre ich ein weiblicher Dämon, der ausgetrieben werden mußte.

Später aber schnallte ich, daß man diesen Mist durchaus auch zu seinem eigenen Vorteil manipulieren kann. 1973 gab ich dem *New Musical Express* ein Interview, in dem ich mich als die skrupellose Abenteurerin darstellte mit schlagzeilenträchtigen Statements wie: »Ich habe mit drei Rolling Stones geschlafen...« Natürlich war es pervers, aber ich sagte es, weil ich die mir zugeschriebene Rolle haßte, die des Opfers, des bedauernswerten wahnsinnigen Wesens in Micks Seifenoper.

Jahrelang habe ich Mick wahrscheinlich immer wieder zur Weißglut getrieben. Bis er sich schließlich vor sich selbst rechtfertigen mußte. Ich bin sicher, daß er dann deshalb gemeint hat, ich sei verrückt. In vieler Hinsicht sah es ja auch so aus, als hätte ich den Verstand verloren, irgendwie stimmte es ja. Aber jemanden als verrückt zu bezeichnen ist eine bequeme Art und Weise, sich seiner zu entledigen. In dem Moment, in dem man jemanden für verrückt erklärt, hört er auf, menschlich zu sein. Genauso wurden im Mittelalter Frauen zu Hexen gemacht. Alte Frauen, die das Dorf wirtschaftlich belasteten und allein lebten, wurden in dämonische Wesen verwandelt, und dann beseitigte man sie ohne jegliches Schuldgefühl.

Hier kommt der Schatten hinein. Zu allem Hellen, Schönen, das wir nach außen abstrahlen, gibt es etwas Dunkles. Es gehört zusammen. Ich kenne die dunkle Seite von Mick, aber die Kehrseite der Medaille ist eine legendäre große Liebesgeschichte. Ich begreife, warum Mick mich für eine Teufelin hält, und ich verstehe sogar, warum er sagte: »Nicht ich habe Marianne beinahe umgebracht, sondern sie hat mich beinahe umgebracht.« Ich habe ihm das Leben zur Hölle gemacht. Ich entwickelte all diese negativen Eigenschaften, ich verursachte nichts als Probleme. Und immerfort verhielt er sich praktisch wie ein Heiliger (was mich nur noch mehr provozierte).

Die letzte Phase mit Mick ist schwer zu beschreiben, weil ich mein schlechtes Verhalten nicht rechtfertigen will, niemandem die Schuld zuweisen will, aber auch weiß, daß ich nie so beschissen war, wie alle dachten. Ich war in einem schlechten Traum gefangen, der um so mehr durch die Illusion zum Alptraum wurde, daß ich – für Außenstehende – in einem Märchen lebte.

Jedes kleine Mädchen möchte wissen, wie es in einem Märchen ist, wie es ist, eine Märchenprinzessin zu sein, die Freundin von Mick Jagger. Das Leben mit Mick war aber nie ein Märchen. Zum Schluß weinte ich die ganze Zeit. Ich hatte unerklärliche Momente der Angst. Ich erinnere mich, daß ich einmal im Kino nach *Candy* aus unerfindlichen Gründen in Tränen ausbrach. Es ging mir hundeelend, und keiner ertrug es, es verstand ja auch keiner, am wenigsten ich selbst. Ich erzählte meiner Mutter, wie unglücklich ich war, und sie wurde stinkwütend auf mich!

Die Leute hatten ein immenses Interesse daran, zu glauben, mein Leben mit Mick sei eine lange Idylle von Liebe und Glück. Es schien ihnen entsetzlich wichtig zu sein, daß es so war. O.K., es war Schicksal, aber nur in dem Groschenblattsinn des Wortes. Und als ich Mick verließ, war es, als hätte ich in den Augen der Presse, Micks und der ganzen Welt ein entsetzliches Verbrechen begangen.

Mich von Mick loszureißen, bedeutete im Grunde, mich selbst zu retten. Ich wollte nicht das nächste Rolling-Stones-Opfer werden. Ich weiß nicht, was man von mir erwartete, aber ich hielt diese Aussicht für sehr wahrscheinlich. Wenn ich schon zum Menschenopfer werden sollte, dann bitte schön, für etwas anderes!

Das Schlimme für Mick war, daß ich ihn nicht wegen irgend jemand Berühmtem verließ. Ich verließ ihn sowieso aus keinem ihm ersichtlichen Grund. Er wußte nicht, daß ich das Gespräch mit Ahmet gehört hatte. Ich verließ ihn wegen eines romantischen Ideals. Ich wollte lieber ein Junkie als mit ihm zusammen sein. Das war meine Vorstellung von Glamour!

Die Mauer

Heute ist wahrscheinlich alles wieder aufgebaut, aber 1972 gab es in Soho immer noch ein paar vom Blitzkrieg übriggebliebene Häuserruinen. Auf einer zerstörten Wand eines dieser Häuser verbrachte ich meine Zeit. Ich saß auf einer Mauer, die einst die Wand eines Hauses war, und lehnte mich an eine angrenzende Wand. In dem hohlen Inneren des Gebäudes lagen Schutt und Trümmer, und die Obdachlosen und Methyl-Alkis machten sich abends immer ein Feuerchen dort. Reiner Äthylalkohol, dieser heimtückische Stoff, ist der billigste Alk, den man kriegen kann, praktisch gratis. Aber selbst auf den untersten Stufen der Gesellschaft gab es Klassenunterschiede. Die Junkies und die Alkis. Wir lebten in getrennten Welten. Wir schnorrten Zigaretten voneinander und winkten uns auch mal zu, blieben aber jeder in seinem eigenen Bereich.

Ich tat nichts. Soweit man nichts tun kann. Tag für Tag saß ich hackedicht da. Ich muß eine seltsame Erscheinung in den Ruinen gewesen sein, denn ich trug immer noch die erlesenen Klamotten aus meinem früheren Leben. Handgearbeitete Stiefel von Deliss, entzükkende viktorianische Kleider, die Madame Deliss für mich entworfen hatte. Eine vergammelte Weiße Königin, deren Staatstracht allmählich verschliß und zerlumpt und fadenscheinig wurde, weil sie soviel auf Mauern saß und in wer weiß welchen Löchern pennte. Ich war dünn wie eine Bohnenstange. Ich hatte das Gefühl, daß ich unsichtbar wurde.

Seit ich *The Naked Lunch* gelesen hatte, wollte ich Straßenjunkie werden. Und es bestand kein Zweifel (und keine Frage), daß ich mein Ziel auf drastische Weise erreicht hatte. Ich lebte auf der Mauer, und das war meine Art, meine Opiumesserphantasien auszuleben. Aber meinen literarischen Ambitionen lag natürlich eine andere Geschichte zugrunde. Es ging mir grauenhaft schlecht. Ich war tiefunglücklich, zerstört und besiegt. Doch wenn ich high war, kam mir alles nicht so schlimm vor.

Ein paar Monate zuvor, im Mai 1971, hatte Mick seinem Narzißmus endlich nachgegeben und geheiratet. Ich war zur Hochzeit nicht geladen, aber ich feierte mit. In Micks und Biancas Hochzeitsnacht landete ich auf der Polizeiwache von Paddington.

Es begann mit einem meiner kleinen Trips nach London. Ich lebte damals in Yew Tree Cottage, und ungefähr einmal in der Woche fuhr ich mit dem Zug nach London zu einem Arzt, der mich mit Valium vollpumpte. Dann nahm ich wie eine stinknormale Pendlerin den Fünfuhrzug zurück nach Goring. An dem Tag war ich auf dem Weg zum Bahnhof Paddington, als ich durch das Taxifenster die riesigen Schlagzeilen sah: MICK UND BIANCA – HOCHZEITSSPEKTAKEL IN FRANKREICH.

Stante pede begab ich mich in die Bahnhofskneipe und kippte drei Wodka-Martini. Ließ mich besinnungslos vollaufen. Ich wußte leider nicht, daß man nicht trinkt, wenn man auf Valium ist.

Stolpernd und torkelnd erreichte ich ein indisches Restaurant in der Praed Street. Aus unerfindlichen Gründen glaubte ich, mir könne nichts passieren, wenn ich in der Nähe der Eisenbahn blieb, aber ich war so daneben, daß ich meinen berühmten Trick vollführte: wie man in ein Curry fällt. Der Restaurantinhaber rief die Bullen, und sie buchteten mich ein. Nur für die eine Nacht, sagten sie, ich sollte meinen Rausch ausschlafen.

»Da ham Sie sich aber einen ganz schönen Kater angelacht, Miss«, sagte der Polizist, als ich am nächsten Morgen aus der Zelle taumelte. Ich war sehr wackelig auf den Beinen. Ich hatte nicht nur einen Kater, sondern auch eine Medikamentenvergiftung. Mein armer Bruder Chris mußte mich abholen.

Es war eine neue Polizeiwache, sie war gerade von Prinzessin Margaret oder weiß der Henker wem, eröffnet worden, worauf sie sehr stolz waren. Als ich gehen wollte, kam der Polizist zu mir, präsentierte

In der Souterrainwohnung in der Danvers Street, während ich *Broken English* machte

OBEN: Von links nach rechts: Bob Potter, Ben, ich und Joe Mavety in der Danvers Street, kurz bevor das Meisterwerk *(Broken English)* 1979 herauskam

RECHTS: Die Bude in der Lots Road, wo Ben und ich 1978 wohnten

LINKS:
Ben und ich heiraten. *Broken* ist fertig, vor uns die große Liebe, im Standesamt von Chelsea 1979

OBEN: Im Dominion Theatre 1980

LINKS: Eva und ich im Garten von Yew Tree Cottage 1979

OBEN: Wo sich so vieles in meinem Leben abgespielt hat: Embankment Blues, Albert Bridge. Dort lebte ich mit Mick Jagger und Ben (1979), und Anita wohnt heute dort

RECHTS: Mit Allen Ginsberg in der Jack Kerouac School der körperlosen Poetik, Boulder, Colorado 1987

Auf Tournee mit Barry, clean und nüchtern 1990

Mit Joe Cocker und Robert Palmer (am liebsten mochte Joe immer Guinness)

Und der irische Elch schaut herab und sagt: Hätte nie gedacht, daß ihr beide es bis hierher schaffen würdet. Mit Anita in Shell Cottage 1993

OBEN: Mit Nicholas, Carole und Oscar

O.: Mit einem meiner engsten Freunde, Frank McGuinness

LINKS: Keith und ich 1994. Den Bourbon in der Hand, das Messer im Stiefel, die Gitarre auf dem Rücken und das Gesetz im Nacken – Keith Richards ist der Rock 'n' Roll

Endlich zu Hause

mir höchst feierlich das »Gäste«buch und sagte: »Miss Faithfull, wie Ihnen vielleicht bekannt ist, wurde diese Polizeiwache erst kürzlich eröffnet, und da Sie unser zweiter berühmter Gast sind, würden wir es als große Ehre betrachten, wenn Sie sich darin verewigen würden.« Ich dachte, ich träumte, schrieb aber meinen Namen hinein.

Als ich an dem Morgen ins Tageslicht stolperte, mußte ich an eine Zeile aus De Quinceys *Bekenntnisse eines englischen Opiumessers* denken: »O Oxford Street, du Stiefmutter mit dem steinernen Herzen!« Bis dahin hatte ich nie bemerkt, wie grau London ist. Als habe sich ein Vampir auf die Stadt geworfen und ihr alles Leben ausgesaugt. Ein paar Meilen entfernt in Chelsea wurde allen erdenklichen Lustbarkeiten garantiert so ungeniert gefrönt wie eh und je, aber meine Welt zerfiel.

Es ging rapide bergab. Die Horrorgeschichten überstürzten sich, es wurde einfach immer schlimmer.

Denn ich hatte schlicht und ergreifend das Unerlaubte getan. Ich hatte meine Rolle nicht richtig gespielt. Ich hatte meine Sachen gepackt und den Palast verlassen.

Mick wollte sich nicht trennen, ein narzißtischer Charakter wie Mick akzeptiert nicht, daß der andere geht. Das ist tabu. Aber da ich mindestens so narzißtisch war wie Mick, begriff ich das nicht. Ich fand, ich hatte das einzig Richtige getan. Ich war gegangen, bevor sie mich zwangen zu rennen.

Mehr als ein Jahr vor Micks und Biancas Hochzeit hatte ich schon beschlossen zu gehen. Ich suchte nur nach einem »ehrenwerten« Ausweg. Da lernte ich Paddy Rossmore kennen. Ich benutzte Paddy, aber ich dachte, er sei erwachsen und wüßte, was gespielt würde.

Mick und ich besuchten Glin Castle am Shannon River in Irland, den Knight of Glin, einen guten Freund mit einem der liebenswürdigsten und ältesten anglo-irischen Titel. Dort lernte ich den reizenden Lord Rossmore kennen. Was war er anglo-irisch! Die langen Beine, die er auf diese englische aristokratische Art übereinanderschlug ... ein bißchen wie eine alte Dame. In einem Satz: Einen solchen Ehemann hätte sich meine Mutter immer für mich gewünscht. Er war sehr klug und belesen. Er liebte Blake, wir redeten stundenlang über Blake. Er schenkte mir »Lieder der Unschuld und Erfahrung«. In unserer Begeisterung schafften es die beiden William Blakes – Paddys präraffaelitischer und mein entschieden psychedelischer –, mühelos zu koexistieren. Auf der Ebene lief unsere Beziehung.

Unter normalen Umständen hätte ich mit Paddy nur geflirtet, aber die Umstände waren nicht normal, und aus dem Flirt wurde Verliebtheit. Ich weiß nicht, ob ich ihn wirklich liebte oder nur einen Ausweg suchte. Einen respektablen Ausweg. Mick und ich waren noch zusammen, aber alles hing nur noch an einem seidenen Faden. Und hier war Paddy Rossmore, der in mich verliebt zu sein schien. Das benutzte ich, um mich zu befreien. Damals hatte ich weder den Mut noch den Anstand, aufzustehen und den Sprung ins Ungewisse zu wagen. Paddy war völlig anders als Mick. Er hatte etwas Mönchisches und Vergeistigtes, er war das Produkt einer jahrhundertealten Zivilisation! Endlich hatte ich jemanden gefunden, mit dem ich reden konnte.

Wäre ich mit Mick zusammengeblieben, wäre es, wie gesagt, ein hübscher kleiner Flirt gewesen. Weil ich aber so verzweifelt war, beschloß ich, das mußte es jetzt sein. Ein paar Wochen später verkündeten Paddy und ich unsere Verlobung.

Als wir uns kennengelernt hatten, wußte Paddy nichts von meiner Drogensucht. Er verstand überhaupt nicht, was mit mir los war. Es war ja nicht nur das Heroin – bei dem Versuch, meine Heroinsucht unter Kontrolle zu bekommen, hatte ich mir immense Probleme mit Barbituraten zugelegt. Ich ersetzte Smack durch Alkohol und Schlafmittel. Der arme Paddy hatte sich mit einem Zombie verlobt. In dem Jahr war ich wegen der Schlaftabletten im Dauerkoma. Das ganze Unternehmen war der komplette Wahnsinn.

Paddy versuchte, das Problem auf pragmatische Weise zu beheben: Warum gehst du nicht zum Arzt? Also pilgerte ich zu einem Spezialisten in der Harley Street, wo mich zweimal in der Woche eine Frau – ohne zu reden, wir wechselten kein einziges Wort! – mit Valium vollfixte. Der Schuß kostete achtzig Pfund – der reinste Nepp! –, und der arme Paddy blechte. Ich hatte keine Ahnung, wie eine Drogentherapie auszusehen hätte. Es gibt ja eine Reihe verschiedener Methoden, Süchtige von Heroin herunterzukriegen, aber selbst damals war mir sonnenklar, daß es wohl nicht das Gelbe vom Ei war, einen zweimal in der Woche mit Valium vollzupumpen. Aber ich beschwerte mich nicht.

Paddy war übrigens von meiner Drogensucht und der herrschenden Quacksalberei, sie zu kurieren, so schockiert, daß er nach unserer

Trennung in Irland wahrhaftig ein Drogenrehabilitationszentrum namens Coolemine gründete.

Unsere Beziehung war aber auch in anderer Hinsicht schräg. Wir lebten nicht zusammen. Ich wohnte mit meiner Mutter und Nicholas in Yew Tree Cottage und Paddy weiterhin bei seiner Mutter. Sehr schwierig das alles, und ich hatte zusätzlich das Gefühl, daß es gar nicht an mir lag. Eva ließ mich einfach nicht gehen. Sie agierte immer noch ein seltsames inneres Drama mit mir aus, ich habe nie erfahren, um was es eigentlich ging. Bei meiner Mutter zu Hause war ich damals gar nicht mehr ich selbst; ich wurde die vollkommen passive Tochter. Ich hatte keine Persönlichkeit mehr, und das sollte lange Jahre so bleiben. Meine Schrift wurde zum Beispiel immer kleiner und verkrampfter. Und dann mußten wir uns auch noch gegen Paddys Mutter – die siebenundachtzigjährige Matriarchin Lady Rossmore – behaupten. Auch sie eine rechte Tyrannin. Es war die Herrschaft der Drachenmütter!

Ab und an verbrachte ich katastrophale Wochenenden mit Lady Rossmore, und zuweilen durften Paddy und ich auch in Ferien fahren. Wir flogen nach Ibiza und mieteten uns auch einmal einen Zigeunerwagen, aber das war immer gräßlich. Ständig waren wir auf der Suche nach Kodeinhustensaft und Schlafmitteln, klopften wir zur heillosen Verwirrung Paddys, der nicht aus noch ein wußte, ständig an Apothekentüren.

Es löste sich dann von selbst. Paddy war dem allem nicht gewachsen und verließ mich etwa neun Monate später. Ich hatte ja auch genug. Und den bildschönen Verlobungsring von Paddy schob ich später natürlich irgendeinem Dealer in den Rachen.

Nachdem ich also Mick verlassen und Paddy verloren hatte und zu meiner Mutter gezogen war, geriet ich vollständig unter ihre Fuchtel. Sie übernahm alles, einschließlich der Verantwortung für Nicholas (der bei ihr lebte) und den Haushalt. Ich wurde ein unnützes Wesen, das die ganze Zeit herumlag. Ich hatte nichts zu tun, keinen Grund zu leben.

Eine lustige Sache passierte noch mit Mick, bevor er mich endgültig aufgab. Auch lange nach unserer Trennung rief er dauernd an, schrieb mir Briefe, bat mich inständig um ein Treffen. Da war ich aber nicht mehr ganz die, die er sich vorstellte. Ich trank heftig und hatte unglaublich zugenommen, mindestens zwanzig Kilo. Ich erinnere mich, daß ich das durchaus bewußt tat, ich legte mir eine Schutzschicht zu. Mit dem ätherischen Elfchen war endgültig Schluß. Als nächstes schnitt ich mir die Haare ab. Das alles wußte Mick nicht, und als er eines Tages wieder einmal anrief, willigte ich ein, ihn zu treffen. So, dachte ich, mal sehn, wie ihm das behagt. Ich wußte, in dem Moment, wo er mich sah, war alles vorbei. Ich fuhr mit dem Zug nach London. Als ich im Cheyne Walk ankam, wuselten dort all diese Mädchen herum, sogenannte Haushälterinnen und Köchinnen und dies und das, Groupies verschiedenster Couleur. Ich erstarrte zu Stein. Er warf einen Blick auf mich – einen Blick blanken Entsetzens – und schnappte nach Luft. Wer ist die Tussi? Das ist doch nicht meine Lady. Mit einer sechzig-Kilo-Mamsell wollte er nichts zu tun haben. Das war's dann. Die Anrufe und die Briefe hörten auf. Für immer. Ich fuhr zurück zum Yew Tree Cottage, trank einen Schnaps und lachte bitter über die Absurdität des ganzen.

Irgendwann befinde ich mich in Paris mit Jean de Breiteuil. Das war ein fürchterlicher Typ, wer weiß, aus welchem Loch gekrochen. Ich hatte ihn bei Talitha Getty kennengelernt, der Frau von John Paul Getty junior, die später an einer Überdosis starb. Sie war die erste aus meinem alten Leben, die ich besucht hatte. Zufällig war Jean de Breiteuil dort. Er war Talithas Lover, und aus irgendeinem Grunde landete ich bei ihm. Er hatte ein gelbes und ein grünes Auge, das mochte ich. Und er hatte jede Menge Dope. Es ging eh nur um Drogen und Sex. Auf der menschlichen Entwicklungsskala stand dieser Herr eine Stufe über Spanish Tony. Er war sehr französisch und sehr bedacht auf seinen gesellschaftlichen Status, mit mir war er nur zusammen, weil ich mit Mick Jagger zusammen gewesen war. In dieser Hinsicht hatte er eine totale Macke. Für ihn war ich *très le type* Rock 'n' Roll. Diese Spezies war mir ja nicht unbekannt, aber wie ich schon erwähnte, er hatte jede Menge Drogen.

Ich wohnte mit ihm in Anitas und Keiths Haus im Cheyne Walk. Sie waren in Nellcôte in Südfrankreich und hatten Jean ihr Haus überlassen. Er war mit Unmengen Smack bei ihnen aufgetaucht, woraufhin sie natürlich überglücklich waren. »Wunderbar! Hör zu, Mann, wenn du in London bist, kannst du im Cheyne Walk wohnen.« Wir lebten monatelang dort, und dann fuhren wir für ein Wochenende nach Paris.

Wir mieteten uns im L'Hôtel ein, da bekam er einen Anruf von Pamela Morrison und mußte plötzlich dringend weg.

»Jean, ich will mit«, sagte ich. »Ich will Jim Morrison kennenlernen.«

»Das geht nicht. Ich bin sowieso in ein paar Stunden wieder da.«

»Bitte, Jean, bitte.«

»Jetzt nicht. *Je t'explique* später, alles klar?«

Schon schlug er die Tür hinter sich zu.

Ganz früh am nächsten Morgen kam er völlig aufgelöst zurück und weckte mich. Ich war total im Arsch, weil ich so viele Tuinal genommen hatte. Damals drückte ich kein Heroin, schmiß aber eine Menge Downers. Ohne jeden Grund verprügelte er mich plötzlich. Mir ist aufgefallen, daß besonders Männer auf Heroin gewalttätig werden (auf eine merkwürdig distanzierte Art). Meine unmittelbare Reaktion war dann immer der Gedanke, ich hätte es auch verdient. Vielleicht in einer anderen Inkarnation.

Nachdem er mich geschlagen hatte, zündete ich mir eine Zigarette an und fragte: »Na, war's schön? Erzählst du mir nicht, warum du so prächtiger Stimmung bist?«

»Los, pack deine Sachen.«

»Wieso? Wo wollen wir hin?«

»Nach Marokko.«

»Sehr witzig. Wir sind doch gerade erst hier angekommen.«

»Ich will, daß du meine Mutter kennenlernst. Beeil dich!«

»Schon gut … Was ist denn passiert?«

»Halt die Klappe!«

»Au, Scheiße!«

»Ja, beschissen.«

Er hatte eine Todesangst; Jim Morrison war an einer Überdosis gestorben, und das Heroin war von Jean. Auf einmal war er nur noch ein kleiner Heroindealer, der in der Scheiße steckte. Dabei sah er sich als Dealer der großen Stars. Wenn er nicht gestorben wäre, hätte er sich vielleicht noch in ein menschliches Wesen verwandelt, aber er war so jung und ahnungslos. Noch wußte ja niemand, welcher Preis zu zahlen war.

Ich war in einem schlimmen Zustand. Hektisch warfen wir unsere Sachen in die Koffer. Eben wie Leute auf der Flucht. Jean brachte mich nach Tanger, damit ich seine Mutter, die Comtesse de Breiteuil, kennenlernte, und ich war auf Tuinal. *Formidable!* Es endete in einer Katastrophe. Wir blieben eine Woche, waren natürlich beide auf Entzug, denn er hatte in seiner Panik in Paris alle Drogen weggeworfen, und das einzige, das wir im Haus fanden, war ein bißchen Äther.

Im *Esquire* las ich dann später, daß ich bei Morrison war, als sie die Badezimmertür einschlugen und seine Leiche mit einem großen purpurfarbenen Bluterguß über dem Herzen in der Badewanne schwimmen sahen. Oder (wahlweise), daß ich ihm den goldenen Schuß gab. Ich habe in meinem ganzen Leben niemandem einen Schuß gesetzt. Ich lernte ja erst in den letzten Monaten meiner Sucht, wie ich mir selbst einen Schuß setzen mußte. Beim Lesen solcher Ergüsse fällt mir immer nur ein, daß die Presse meinen Namen offenbar zu reizvoll findet und zu erpicht darauf ist, ihn in die Legende zu schmuggeln, besonders da alle anderen tot sind. Pamela ist tot, Breiteuil auch. Das ist meine Rolle im Reich der Sagen und Märchen: Sister Morphine.

Das Leben mit Mick hatte ich schwer gefunden, aber die ersten Jahre ohne ihn waren härter. Ich hatte ja keine Ahnung, wie sehr ich von Mick beschützt worden war und wieviel Kraft ich von ihm bezogen hatte. Aber dann wiederum: Wenn ich ihn nicht verlassen hätte, hätte ich nie herausgefunden, welche Kraft ich selbst besaß.

Der systematische Prozeß, in dem ich zur bösesten Frau Englands gekürt wurde, lief ja schon seit Jahren, aber nun hatte ich meinen letzten Schutz verloren. Damals war man nur geschützt, wenn man mit einem starken männlichen Wesen zusammen war. Ich dachte, mir könnte nichts passieren, aber dann begann der Horror, die Verleumdungsscheiße überall in der Schmierenpresse. Leute, die ich aus der Zeit mit Mick kannte, beteiligten sich plötzlich emsig daran, mich selbst, meine Arbeit und all das, woran ich glaubte, zu zerstören.

Ich war zum Freiwild geworden, jeder sadistische kleine Wichser in England fühlte sich befugt, seine widerwärtigen Aggressionen an mir auszulassen. Endlose Demütigungen und Niederträchtigkeiten. Menschen können wirklich schrecklich sein. Viele Jahre lang war ich in der Lage, die Zähne zusammenzubeißen, zu lächeln und eine nette Fassade aufrechtzuerhalten. Ich war entschlossen, mich nicht aus dem Gleichgewicht bringen zu lassen. Ich tat alles, was ich tun mußte, um da durchzukommen, aber es war hart.

Nun fing ich wirklich ernsthaft mit Heroin an. Und obwohl ich immer gesagt habe, ich hätte Heroin genommen und sei Junkie geworden, weil ich es wollte, ist das natürlich nur die halbe Wahrheit. Ich fixte, weil es mir total dreckig ging und ich alles ausprobiert hatte. Sogar

Selbstmord, was auch nicht funktioniert hatte. Dann versuchte meine Mutter, sich umzubringen. Da betrat ich die Vorhölle und blieb dort. Jahrelang.

Ich kriegte sehr selten Besuch von jemandem, den ich kannte und liebte. An einem Abend kam Andee zum Essen nach Yew Tree Cottage. Ich betrachtete das Haus mit ihren Augen. Als hätte Arthur Rackham es gezeichnet, überdimensionale dunkle Eichenmöbel in dieses winzige Cottage gestopft. Nach dem Essen ging ich ins Schlafzimmer und fiel aufs Bett. Zwischen Andee und mir bestand eine riesige Kluft, die sie nicht überwinden konnte. Ich war irgendwohin gegangen, wo sie mir nicht folgen konnte. Ich floh einfach den Tunnel hinab.

Auch ein amerikanischer Journalist besuchte mich in Yew Tree Cottage, und als er wieder in den Staaten war, schickte er mir die gesamten Aufnahmen von Robert Johnson und Hank Williams. Damit und mit Janis Joplins *Pearl* und einem James-Brown-Album überlebte ich. Das waren die einzigen Platten, die ich bei meiner Mutter hatte, und ich spielte sie Tag und Nacht, immer und immer wieder. Und vertrieb Eva schließlich. Sie konnte es nicht mehr ertragen, nun hieß es, sie oder ich. Sie besorgte sich einen Job, und wenn sie arbeitete, hörte ich die ganze Zeit Robert Johnson und Hank Williams, grübelte und dachte nach. Und Jahre später entstand daraus *Broken English.*

Eines Tages tauchte in meinem freudlosen Einerlei eine schillernde Figur aus meiner Vergangenheit auf. Kenneth Anger, ein Undergroundfilmemacher und selbsternannter Zauberer. Er war von Anita und mir besessen, angeblich von den satanischen Kräften der Stones. Er nahm an, daß ich an Schwarze Magie glaubte und reif sei, sein Lehrling zu werden. Er wollte mich als Lilith für seinen Film *Lucifer Rising.*

Ich hatte nie geglaubt, daß Kenneth irgendwelche Kräfte besaß. Aber ich war willens zu glauben, daß er ein großer Filmemacher war. Auch das vielleicht ein Irrtum, denn als ich begann, mit ihm zu arbeiten, schien mir, als wisse er auch in diesem Metier nicht, was er tat. Wohl nur durch ein Versehen machte er einen tollen Film, *Scorpio Rising,* einen frühen, schwulen Hippiefilm. Manchmal stolpert man ja in Sachen, und er hatte immerhin soviel drauf, um daraus was zu machen. Die berühmten fünfzehn Minuten Ruhm. Aber nach den fünfzehn Minuten wird es riskant. Man sollte sich nicht darauf verlassen, daß einen jedesmal glückliche Umstände mitreißen.

Ich identifizierte mich gründlich mit meiner Rolle als Lilith. Lilith hat nicht vom Baum der Erkenntnis gegessen, sie wußte nichts von Gut und Böse und konnte Richtig und Falsch nicht unterscheiden. Sie ist die Ur-Unschuld. Sie verließ den Garten Eden und schuf ihr eigenes Land, in dem es nie Männer gegeben hat. Sie ist eindeutig eine der klassischen weiblichen archetypischen Gestalten, auch eine Verkörperung der Großen Mutter, wie Ischtar und Astarte, Diana, Aphrodite und Demeter. Vom Standpunkt des Patriarchats aus ist sie natürlich die pure Inkarnation des Bösen.

Ich flog mit Kenneth und meinem Bruder Chris, der Kameramann war, nach Ägypten. Chris Jagger sollte den Luzifer spielen. Kenneths Filme sind immer über Sexualität, und wie Cocteau (oder jeder andere Regisseur, nennen Sie mir, wen Sie wollen) hatte er immer Leute in seinen Filmen, die er gevögelt hatte oder vögeln wollte. Eigentlich wollte Kenneth Mick für die Hauptrolle, aber Mick interessierte sich nicht dafür.

Da kriegte Chris sie. Und weil Chris nun einmal so ein alberner kleiner Junge ist, konnte er sie nicht ernst nehmen. Er hat eine riesengroße Klappe und ist ein besserwisserischer Rüpel, und weil es ihm nicht halb so schlecht wie mir ging, gab er ständig Widerworte. Er machte sich über alles lustig, was Kenneth sagte. Das nahm Kenneth einen Tag hin, dann saß Chris Jagger im Flugzeug zurück nach London, was ich wunderbar fand. Beim Filmen muß sich jeder einordnen. Kenneth übernahm Chris' Part, das hätte er von vornherein tun sollen. Wenn jemand Luzifer spielen mußte, dann Kenneth.

Meine Szenen wurden in Giseh gedreht mit der Sphinx. Als wir in Ägypten ankamen, sah ich, daß Kenneth von Tuten und Blasen keine Ahnung hatte, weder als Regisseur noch als Magus.

Ich wußte aber, daß er trotz seiner Inkompetenz sehr gefährlich war, und darüber hinaus wußte ich, daß ich mich durch die Arbeit in diesem Film in einen Zauber begab, der weit mächtiger war als Kenneths Hokuspokus-Fidibus-Satanismus.

Es war der reine Irrsinn, daß ich mich morgens um fünf mit Max-Factor-Blut vollschmierte, und wenn die Sonne über den Pyramiden aufging, auf einem arabischen Friedhof herumkroch. So passiv zu sein, einem solchen Typen zu gestatten, daß er mich dazu brachte, einen so makabren rituellen Akt zu vollziehen, war einfach hirnrissig.

Kenneth suhlte sich natürlich in meiner Schwäche. Hätte ich meine fünf Sinne beieinander gehabt, hätte ich einfach nur gelacht, aber ich war ja längst ein hoffnungsloser Junkie. Ich habe immer empfunden, daß der Film viel Unglück in mein Leben gebracht hat. Wenigstens das habe ich, glaube ich, kapiert.

Die Szene am Sternberg in Deutschland sollte als letzte gedreht werden, weil sie ja auch die letzte sein sollte. Der Sternberg ist eine uralte Kultstätte aus der Jungsteinzeit. Zweihundert Steinstufen sind in den Berg gehauen, und wenn am Tag der Sonnenwende die Sonne aufgeht, fallen die Strahlen durch eine Öffnung und treffen auf eine heilige Stelle.

Wir filmten am Morgen der Wintersonnenwende, die Sonne ging auf. Auf Turkey kletterte ich den Berg hinauf. Als ich oben ankam, daran erinnere ich mich, sah ich die Sonne durch die Öffnung scheinen und den Felsen treffen, und dann wurde ich ohnmächtig. Das lag natürlich daran, daß ich kein Smack mehr hatte und ein kleiner Blackout fällig war. Ich verlor eine Sekunde lang das Bewußtsein, und als ich wieder zu mir kam, merkte ich, daß ich den Berg hinunterfiel. Ich segelte durch die Luft, aber mittendrin fiel mir ein, wenn ich ein paar Purzelbäume schlug, würde ich auf den Füßen landen. Und so geschah es dann auch. In Windeseile brachten sie mich ins Krankenhaus, wo sie eine Million Tests machten, aber mir war nichts passiert. Sie dachten, ich müßte doch zumindest eine Gehirnerschütterung haben. Aber nein. Nichts. Also bitte, Kenneth Anger! Mein Zauber war stärker als deiner!

Kenneth hätte seine wahre Freude daran gehabt, wenn ich vom Berg gefallen und gestorben wäre. Das wäre ein grandioser Höhepunkt für seinen Film gewesen. Außerdem ein passendes Ende für mich und das, wofür ich stand.

Ich erzähle diese Geschichte eigentlich nie, weil sie so unglaublich ist. Nach den posthumen Gesprächen mit Brian, für die ich so angeschissen wurde, hatte ich gelernt, daß man den Leuten so etwas nicht erzählt. Sie meinen sonst, man deliriert.

Etliche Jahre nach *Lucifer Rising* schickte Kenneth mir eine Biographie von Frances Farmer und einen Brief, in dem stand, ich sei genau wie Frances Farmer und Eva genau wie Frances Farmers Mutter. Da wurde mir so richtig klar, was er war – ein Hexerich aus der Hollywoodklatschpresse. Okkulter Kitsch.

Die Filmerei mit Kenneth war ja schon schlimm genug, aber sie sollte weiterreichende Folgen haben. Die Zeitungen brachten Bilder von mir, auf denen ich in dem grauen Make-up und dem Nonnenhabit wie der Tod aussehe, dazu die Pyramiden im Hintergrund. Was natürlich alles prächtig dazu angetan war, dieses teuflische Image der Satansanbeterin von mir zu erschaffen. Nun hatte ich buchstäblich infernalische Reiche betreten. Selbst Fotos von mir vor Yew Tree Cottage gewannen einen sinistren Aspekt, dieses urenglische Cottage sah allmählich wie ein kleines Hexenhaus aus.

Bei mir wird immer auf alles eine Phantasieschicht gelegt. Es gab mich, wie ich bin, und es gab mich in einer imaginierten Sphäre, die nichts mit mir zu tun hatte. Die gehört der Öffentlichkeit. Und in diesen Morast plumpste ich in den Sechzigern und frühen Siebzigern kopfüber. Tief im Mahlstrom der Stones ließ ich mich in eine Situation hineinmanövrieren, in der ich stellvertretend sehr tiefe kollektive Hoffnungen, Ängste, Träume und Wünsche ausagierte. Ich geriet in eine Art Lotterie, in der die Leute ausgelost werden, die die guten und die bösen Eigenschaften verkörpern. Ich hatte Glück, daß ich lebend herauskam, aber ich werde mich nie wieder in eine solche Stellvertreterrolle hineinmanipulieren lassen.

Nach *Lucifer Rising* wurde ich ein Junkie und landete auf der Mauer. Ich empfand mich als unsauber und gefährlich für die Menschen, die ich liebte. Die Mauer war ein sehr guter Ort, weil ich dachte, daß ich dann niemandem schaden konnte. Wenn in einem Rudel Wölfe einer schwerkrank ist, geht er weg, um die anderen nicht anzustecken. Ich kannte William Burroughs Mantra auswendig: »Die einzige Heilung liegt in der Krankheit.« Um sich selbst zu heilen, muß man zum Ursprung der Krankheit gehen. In Burroughs Kosmologie ist der Straßenjunkie das mythische Zentrum dieser Welt. Wir wissen, daß Bill das nicht war. Bill verbrachte keinen Tag auf der Straße und zog Anzug und Schlips nur aus, wenn er ficken wollte, aber für mich waren seine Texte das Evangelium.

Der Kummer, als ich Mick verließ, Paddy verlor, von John geschieden wurde, in diese unerträgliche Situation mit Eva geriet, war unerträglich – alles lief auf einmal falsch. Ich hatte die Schnauze voll. Ich nahm den Zug nach London und kehrte, außer ab und zu zum Baden, zwei Jahre lang nicht zurück.

In Anbetracht der Umstände fand ich meine Handlungsweise durchaus legitim. Mich lockte die totale Anonymität, etwas, das ich seit meinem siebzehnten Lebensjahr nicht mehr gekannt hatte. Als Süchtige, die in London auf der Straße lebte, bekam ich sie. Ich hatte mich entschlossen, auf der Straße zu leben, und es war eine der besten Zeiten meines Lebens, weil ich kein Telefon und keine Adresse hatte. Ich hatte nichts, und obwohl niemand wußte, wer ich war, behandelten sie mich doch wie ein menschliches Wesen, dafür bin ich ewig dankbar. Von außen betrachtet, erscheint meine Zeit auf der Straße wie die Vertreibung aus dem Paradies, aber ich wußte, ich hatte meinen Weg gefunden.

Nachdem ich nicht mehr in Yew Tree Cottage wohnte, lebte ich bei Freunden, aber schließlich erschöpfte ich die Geduld selbst der Langmütigsten. Eine Zeitlang wohnte ich bei Pamela Mayall und schoß eine Menge Heroin. Da torkelte ich ihren Vorgartenweg hinauf, kollabierte in die Fliederbüsche, im Schlepptau den Taxifahrer, der mit ausgestreckter Hand zu Pamela sagte: »Das macht 3,75 Pfund, Madam.« Pamela versuchte, vier Kinder großzuziehen, und ich trieb sie in den Wahnsinn. Ließ schmutzige Nadeln auf dem Abtropfbrett liegen, fixte auf ihrer Bettkante. Das einzig Gute an meinem grauenhaften Benehmen war, daß diese Kinder mit einem absoluten Horror vor harten Drogen aufwuchsen.

Ich jagte Pamelas Kindern Angst ein und erschreckte ihre Gäste. Einmal hatte sie ihren sehr etepeteten Anwalt (mit arroganter französischer Gattin) zum Abendessen geladen. Bevor sie kamen, bat Pamela mich inständig, sie nicht in Verlegenheit zu bringen: »Marianne, ich bitte dich, führ dich so manierlich wie möglich auf, nur dieses eine Mal.« Auf ein solches Stichwort hin benahm ich mich immer total daneben. Wir hatten noch nicht Platz genommen, da entschuldigte ich mich schon dringend, ging pinkeln, und natürlich, einen Druck machen. Auf dem Klo blieb mein Kleid in der Unterhose stecken. Meiner lächerlichen Erscheinung völlig unbewußt, torkelte ich zurück ins Eßzimmer, nonchalant eine Zigarette schwenkend, blieb in der Tür mit einer (wie ich fand) supercoolen Geste stehen und sagte: »Hallo, Darlings!« Die Gäste kriegten einen leicht glasigen Blick. Halb so schlimm. Denn es war amüsant im Vergleich zu der Posse, die folgen sollte.

Trotz gelegentlicher Rückfälle hatte ich mich gebessert, und Pamela dachte eines Tages, sie könne nun gefahrlos einkaufen gehen und mich allein im Haus lassen. Ich nutzte die Gelegenheit, mir einen Schuß zu setzen und ein schönes warmes Bad einlaufen zu lassen.

Als Pamela zurückkam, floß dampfend heißes Wasser in Strömen die Flurtreppe herunter. Sie rannte hoch zum ersten Treppenabsatz, nur um festzustellen, daß von der Treppe nach oben das Wasser noch heftiger herunterschoß. Es ergoß sich oben von dem Absatz wie ein kleiner Wasserfall. Als sie schließlich das obere Badezimmer erreichte, lag ich voll weggetreten in der Wanne, mein einer Arm hing über den Rand. Sie versuchte, den Stöpsel herauszuziehen, aber das Wasser war so heiß, daß sie den Arm nicht lange genug drin behalten konnte. Es war siedendheiß, ich wurde ja auch schon wie ein Hummer langsam gargekocht. Ich spürte nichts. Pamela dachte, wenn sie mich aus der Wanne hievte, würde der Wasserstand sinken und sie käme an den Stöpsel. Sie faßte mich am Arm und begann zu ziehen, aber mein Arm war so glitschig, daß er ihr aus der Hand rutschte. Sie fiel nach hinten, schlug mit dem Kopf auf das Bidet und ging k.o. Zwanzig Minuten verstrichen, bis sie wieder zu sich kam. Noch zwanzig Minuten flossen also die Wassermassen durchs Haus, zur Haustür hinaus und durch den Garten bis zur Straße. Als Pamela wieder bei Bewußtsein war und den Stöpsel heraushatte, waren die Teppiche ruiniert, der Verputz vom Treppenabsatz heruntergebrochen, die Wände der Kinderzimmer kurz vorm Einstürzen und Pamelas Gesicht blau und grün, voll häßlicher abgeschürfter Beulen.

Da schmiß sie mich endgültig raus. Als ich mich durch das Gartentor verdrückte, hörte ich sie hinter mir herschreien (und es klang wie eine Mantra): »Jetzt reicht's! Jetzt reicht's! Jetzt reicht's!«

Nun hatte ich nur noch die Wahl, zurück zu meiner Mutter oder auf die Straße zu gehen, und glauben Sie mir, die Straße erschien mir als das kleinere Übel.

Mein neues »Zuhause« war eine Mauer im St. Anne's Court. Die suchte ich mir aus, weil mein Freund Gypsy, der auch meine Connection war, in einem der seltsamen labyrinthischen Gebäude dort in Soho ein winziges Zimmer über einem Restaurant hatte. Im St. Anne's Court saß ich stundenlang auf meiner Mauer und wartete auf Gypsy, um mein Dope zu kaufen. Durch ihn lernte ich viele Straßenleute und Ladenbesitzer aus der Gegend kennen, und sie waren alle erstaunlich freundlich.

Soho war damals ein sehr komisches Viertel, lauter anrüchige Clubs und schäbige Hotels. Zwielichtig. Hier lebte ein Haufen »Randgruppentypen«: Junkies, Prostituierte, Musikbusinessfritzen, tolle Maler und Unterweltfiguren. Das war genau das Richtige für mich. Von Chelsea und anderen Stadtteilen, in denen ich mich bewegt hatte, war es weit entfernt. Dazwischen lagen Welten. Hier traf ich weder Mick noch Keith noch sonst jemanden aus meinem alten Leben. In eine solche Gegend verirrten sie sich nicht. Ich hing immer an einem Stand herum, wo um zwei Uhr morgens die Taxifahrer zu einer Tasse Tee hinkamen. Alles sehr Dickenssianisch, mit einem Hauch Burroughs natürlich.

Von meinen alten Freunden sah ich niemanden. Wenn ich wirklich mal von meiner Mauer wegwanderte, traf ich ab und zu den Schriftsteller Brion Gysin. Er war unheimlich lieb zu mir, ihm war es einerlei, ob ich mit Mick Jagger oder dem Mann im Mond zusammen war. Aber außer Brion versuchte kein Mensch, mich zu finden, oder kam vorbei, um zu sehen, wie es mir ging. Warum sollten sie auch? Ehrlich gesagt, konnte ich mir auch gar nicht vorstellen, daß Robert oder Christopher mich auf einem Trümmergrundstück in Soho gesucht hätten. Außerdem war Robert mittlerweile viel zu beschäftigt, er war Biancas bester Freund geworden.

Ich wußte verdammt gut, daß ich in Acht und Bann fallen würde, wenn ich Mick verließ. Wenn ein Paar sich trennt, wird die Frau ausgestoßen. Was Picasso zu Françoise Gilot in *Leben mit Picasso* sagt, ist die bittere Wahrheit: »Wenn du mich verläßt, bist du ein Nichts. Deine Freunde werden nicht einmal mehr mit dir sprechen.« Genauso war es auch bei mir. Ohne Mick war ich eine vernachlässigbare Größe. Da ich wußte, daß mir ohnehin ein solches Schicksal beschieden war, setzte ich mich nicht in irgendeine poplige Wohnung und wartete, daß das Telefon klingelte, sondern ging gleich wohin, wo es keine Adressen und Telefone gab. In meinem psychopharmakabedröhnten Zustand erschien mir das absolut plausibel.

Auf der Straße erlebte ich, wie freundlich und mitfühlend Menschen sein können. Die Junkies und Alkis gaben mir meinen Glauben an die Menschheit wieder. Die Leute meinen immer, daß meine Zeit mit Mick der glorreiche Moment meines Lebens war, das viele Geld, der Ruhm und die blinde Verehrung. Es stimmt, ab und zu liebe ich ein wenig Glamour, aber ich wußte immer, daß das Leben, das Mick und ich führten, nicht die Realität war, das wirkliche Leben spielt sich auf der Straße ab.

Ich lieferte mich auf Gedeih und Verderb den Straßenleuten aus, und sie waren phantastisch. Sie hatten keinen blassen Schimmer, wer ich war. Auch ihnen war scheißegal, ob ich Mick Jaggers Ex-Freundin oder die Königinmutter persönlich war. Sie sahen nur, daß ich klapperdürr und hilflos war und gern high wurde. Ich probierte wirklich alles aus. In der Wohnung einer Hure starb ich fast an einer Überdosis Pethidin (einem Narkosemittel), aber sie liefen mit mir durch das Zimmer, bis ich wieder zu mir kam. Das Zeug hatte natürlich nichts gekostet, jemand hatte es in einer Apotheke geklaut.

Nachts nahm mich jemand mit, wo ich pennen konnte, und wenn ich dann doch zu vergammelt war, fuhr ich zu meiner Mutter und machte große Wäsche. Wenn es kalt war, brachte mir immer jemand eine Tasse Tee oder deckte mich zu. Ich hatte nur eine Garnitur Kleidung, die trug ich die ganze Zeit. Bisweilen nahm Gypsy mich mit in ein Chinarestaurant, wo sie mich in eine Decke wickelten und meine Sachen in der Waschmaschine wuschen.

Die Leute meinen immer, ich hätte mich prostituieren müssen, um an Drogen zu kommen. Das mußte ich Gott sei Dank nie, denn ich hätte es gar nicht geschafft. Ich war unglaublich fragil. Ich wog nicht einmal fünfundvierzig Kilo. Ich aß nie. Ich sah überhaupt nicht mehr schön aus, denn meine Art Schönheit ist davon abhängig, daß man gesund ist, und über das Stadium war ich längst hinaus. Das Kriminellste, das ich mir zuschulden kommen ließ (außer dem Drogenkonsum), war mit einer Gruppe herumzuhängen, die Apothekeneinbrüche verübte.

Die ganze Zeit kamen schreckliche Neuigkeiten durch. »Hast du gehört, gestern nacht ist Jimi Hendrix gestorben.« Es waren Berichte von einem weit entfernten Schlachtfeld. Hendrix, Jim Morrison, Janis Joplin, Sharon Tate, Charles Manson, die Kent-State-Sache. Ich schien in gruseliger Übereinstimmung mit einer auseinanderbrechenden Welt zu sein. Wir traten in eine Ära der Desillusionierung, der Selbstzerstörung, der Tragödien ein. Ich kann nicht beschreiben, wie schockierend die Nachricht von Hendrix' und Janis' Tod selbst für mich verzweifelten Junkie war. Sie starben einfach so, einer nach dem anderen. Das schreckliche Gefühl nahm überhand, daß wir es in den Sand gesetzt hatten. Die Manson-Morde sprechen ein Urteil über uns alle.

Es war der größte, steilste Sturz meines Lebens. Im freien Fall. Damals begannen alle Leute, die ich kannte, mit harten Drogen, um den Schmerz zu vertreiben, oder mit Alkohol und Schlaftabletten, um sich auszulöschen. Die Tage der bewußtseinserweiternden Drogen waren zu Ende, die Welt war aus den Fugen geraten. Die Tonart hatte sich gewaltig geändert, es war, als werde eine Mahlersymphonie immer schneller, schneller, schneller gespielt

Ich tauchte aus den Sechzigern mit einem Haufen Gepäck von anderen Leuten auf, und es hat mich verdammt viel gekostet, es loszuwerden. Aber mein Leben hing davon ab, daß ich diesen Ballast abwarf. Die Imagegeschichte ist höchst kompliziert. Nichts und niemand beschützte uns mehr. Der Kultur wurde jegliches Leben entzogen, Jimi und Janis begriffen nicht, was mit ihnen geschah. Sie gerieten in den Strudel.

Da ich kein Geld hatte, kam ich nur unter Schwierigkeiten an Drogen. Ein Freund von Pamela Mayall erbarmte sich meiner und machte mich mit dem Schriftsteller Alexander Trocchi bekannt. Er war sehr schottisch, und da er selbst süchtig war, begriff er meine Misere sehr gut und fühlte mit mir. Er war genau, was ich nun brauchte – ein großer Drogenguru. Er brachte mich zu seinem Arzt im Bexley Hospital, der mich als Patientin nahm und als drogensüchtig registrierte. Alex hat mir geholfen, daß ich in das Programm des staatlichen Gesundheitsdienstes kam. Ich muß eine der letzten Patienten gewesen sein, kurz danach hörten sie damit auf. Aber wenn man sich in den glorreichen Zeiten registrieren ließ, bekam man ein Rezept für die kleinen weißen Heroinpillen, die man in Wasser auflöste und dann drückte.

Ich begab mich also jeden Morgen zur Apotheke John Bellencroyden und holte mir meinen Stoff. Dann ging ich zu Alex, und er setzte mir den Schuß. Ich war immer ein ungeschickter Junkie, selbst darin eine Katastrophe. Manchmal traf ich in der Morgenkälte Eric Clapton auf Alex' Schwelle.

Nun hatte ich meine Rezepte, war nicht mehr von Gypsy abhängig und mußte auch nicht mehr durch die Gegend rennen, damit ich einen Schuß kriegte. Ich bekam meine Dosis und blieb auf meiner Mauer. Ich tat nicht viel. Ich hatte ja ein Rezept für vierundzwanzig Pillen pro Tag, und das hielt mich den Großteil der vierundzwanzig Stunden in Trance. Tausend Gedanken und Bilder gingen mir durch den Kopf. Ich ließ sie vorbeiziehen, ohne auch nur über ein einziges nachzudenken. Sie waren mir so fremd, als seien sie interessante Exemplare in einem Schaukasten. Ich war von allem losgelöst. Ich war Basho in seiner Strohhütte auf dem Berg und dichtete Haikus aus Luft.

Immer wenn ich nach Hause kam, gab es schreckliche Szenen mit meiner Mutter. Damals redeten wir nicht mehr miteinander. Es war einfach zu entsetzlich, es gab nichts mehr zu sagen. Ich fuhr nach Yew Tree Cottage, machte mir etwas zu essen und ging wieder weg. Ich sagte weder Guten Tag noch Auf Wiedersehen.

Ich muß in einem grauenhaften Zustand gewesen sein, wenn ich nach Hause ging. Meine Mutter konnte es nicht ertragen. Warum tat ich mir das alles an? Ich wußte es nicht. Es gipfelte darin, daß ich mir in einer Kokainpsychose mit einer Rasierklinge das Gesicht zerschnitt. Meine Erscheinung, mein Gesicht, ja, Schönheit selbst haßte ich zutiefst. Schönheit hatte mich in diesen Schlamassel gebracht, Schönheit war ein Fluch, sie stand zwischen mir und derjenigen, die ich war. Sie hinderte die Leute daran, zu sehen, was wirklich wertvoll war. Wenn überhaupt etwas Wert hatte! Aber ich ließ mich nicht in die Form pressen, zu der wir erzogen wurden und die der männlichen Erwartung entsprach. Erdbeerspülungen! Die makellos schöne Gefährtin, die perfekte Freundin, die perfekte Muse, die perfekte Ehefrau.

Seit ich auf der Mauer lebte, versuchten die Dunbars, John und seine Familie, mir Nicholas wegzunehmen. Und im Frühjahr 1972, als Nicholas sechs war, ging John vor Gericht, um das Sorgerecht für ihn zu bekommen. Ich kämpfte unglaublich, um ihn nicht zu verlieren, aber in dem Chaos, in dem ich mich da schon befand, hatte ich keine Chance. Ich stand vor den Richtern, kämpfte um mein Kind, und als Zeugen für meine Unfähigkeit, mich um mein Kind zu kümmern, traten nicht nur John und seine Familie und Freunde auf, sondern auch ein paar meiner eigenen Freunde. Dagegen war ich machtlos. Seine Eltern sagten ebenfalls gegen mich aus, was für mich extrem bitter und schmerzhaft war. Nun bin ich darüber hinweg, aber ich will sie nie wiedersehen. Selbst meine liebe Pamela Mayall sagte gegen mich aus. Sie brachten mich zur Strecke.

Das dreistete Ding in der Schlacht um das Sorgerecht leistete sich John, als er sich im Gerichtssaal hinstellte und sagte, ich sei als Mutter ungeeignet, weil ich drogensüchtig sei. Das war besonders deshalb so gemein und heuchlerisch, weil John selbst ein kleines, aber feines Suchtproblem hatte. Wie konnte er sich unterstehen, das gegen mich zu verwenden? Ich tat mein möglichstes, um Nicholas zu behalten, aber wie üblich tat ich alles, um ihn zu verlieren. Andere Menschen trafen Entscheidungen, angeblich zu meinem und Nicholas' Bestem. Johns Eltern waren nicht nur der Ansicht, daß ich unfähig sei, für Nicholas zu sorgen, sondern daß auch Eva nicht gut für ihn sei. Es stimmte ja, Eva war da schon etwas aus der Spur. Aber sie liebte Nicholas über alle Maßen, es hätte nie darum gehen dürfen, ob sie Nicholas behielt. An all das erinnern Nicholas und ich uns heute noch mit Entsetzen. Die traurigste Folge des Prozesses war, daß Nicholas dachte, ich liebte ihn nicht mehr, weil ich nicht mehr mit ihm zusammenlebte.

Also wurde mir Nicholas genommen und lebte nun bei John und seiner damaligen Freundin, Jean Shrimpton. Ich erinnere mich, wie er einmal mit ihr nach Yew Tree Cottage kam, warum, weiß ich nicht mehr. Ich hatte immer das Gefühl, daß die Leute nur kamen, um mich wie ein Tier im Käfig zu bestaunen. Grotesk!

Jahrelang sah ich Nicholas kaum. Mit dem Prozeß hatte John den Spieß nun umgedreht. Er war ja sehr verbittert gewesen, als Nicholas bei Mick und mir lebte, und obwohl er Nicholas recht oft gesehen hatte, war Mick praktisch dessen Vater geworden.

Der Verlust von Nicholas war ein Grund, warum Eva versuchte, sich umzubringen. Das gab ihr wirklich den Rest, es war der Tropfen, der das Faß zum Überlaufen brachte. Und so sehr ich auch hasse, es zuzugeben, ich habe keinen Gedanken daran verschwendet, wie sich mein Verhalten auf meine Mutter auswirkte. Das ist das Problem bei solcherart Selbstsucht – der Drogenselbstsucht. Nie denkt man: »Wie ist das für meine Mutter?«

Kurz nach dem Prozeß nahm Eva eine Überdosis Morphiumtinktur. Nach dem Tod meiner Großmutter hatte sie einen hübschen Vorrat gehortet, für den Fall eines Falles. Für welchen Fall, Mutter? Falls einer mal einen Schuß brauchte? Ein bißchen Krebs in der Nacht?

Sie wollte sich wirklich umbringen. Aber kurz nachdem sie die Überdosis genommen hatte, erhielt ihre Freundin Carol mitten in der Nacht eine übersinnliche deutliche Botschaft, in der ihr befohlen wurde, so schnell wie möglich zum Yew Tree Cottage zu fahren, weil dort etwas nicht stimmte. Wohl wahr, da stimmte ganz und gar was nicht. Eva hatte das Morphium genommen, ihre Abschiedsbriefe geschrieben und war auf dem Boden zusammengebrochen. Carol kam gerade noch rechtzeitig, um sie ins Krankenhaus zu schaffen und zu retten. Als Eva erwachte, war sie unglaublich gemein zu Carol. Sie war stinkwütend. Wenn man sich wirklich umbringen will, hat einem so ein Idiot, der sich in alles einmischen muß und daherkommt und einen rettet, natürlich gerade noch gefehlt.

Ich kehrte zu meiner Mauer zurück und blieb so high wie möglich. Wenn man derartig abhängig ist, kümmert einen praktisch nichts mehr. Man spürt keinen Schmerz, keine Kälte. Man erkältet sich auch nicht. Ich erkältete mich erst wieder, als ich clean wurde.

Die Zeit stand still, lief rückwärts, hüpfte vorwärts in eine verschwommene Zukunft. Kleine Fetzen aus meiner Vergangenheit trieben an die Oberfläche.

In Gedanken kehrte ich immer wieder zu der Zeit an der Klosterschule zurück, in eine Phase meines Lebens, in der ich noch nicht in all das verstrickt war. Ich wollte sehen, wie es begonnen und ob es einen Punkt gegeben hatte, an dem ich ihm hätte Einhalt gebieten können. Ich dachte viel an die Klosterschule. An meine beste Freundin Sally Oldfield ... verbotene Bücher in braunem Packpapier ... an Mrs. Simpson.

Ich kriegte die fixe Idee, daß Mrs. Simpson mich retten könnte. Ich suchte nach einem Schlüssel für den Ausgang, und eines Abends wurde mir schlagartig klar, daß vielleicht sie diesen Schlüssel in der Hand hielt. Sie würde einen Ausweg wissen: Mrs. Simpson, meine Englischlehrerin, die ich geliebt hatte, seit ich zwölf war. Sie war eine dieser wunderbar inspirierenden Lehrerinnen. In der Schule hatten wir ein Buch mit dem Titel *Prester John* gelesen und einen Aufsatz darüber geschrieben, wie der Roman aufgebaut war. Mein Aufsatz hieß »Der Höhepunkt«, und Mrs. Simpson fand ihn so gut, daß sie ihn der Klasse laut vorlas. Da beschloß ich, ihr einen Ring zu schenken. Peinlich, peinlich. Die arme Frau! Aber sie hatte mir all dieses wunderbare Wissen vermittelt. Sie weckte meine Liebe zu Shakespeare, Keats, zu Büchern. Sie stieß all diese Türen auf! In meinem wirren Zustand zog ich eine Verbindung zwischen einem Ausweg für mich und der Erinnerung, daß Mrs. Simpson Türen öffnete. Natürlich wußte sie nicht, was sie mit mir anfangen sollte, sie war ein nette, bürgerliche Frau, die Junkies nur aus Büchern kannte. Kaum war sie am Telefon, wußte ich, daß ich einen schrecklichen Fehler begangen hatte. Ich sagte: »Hallo, hier ist Marianne Faithfull. Erinnern Sie sich an mich, Mrs. Simpson? Ich war in Ihrer Klasse an der St. Joe.« Sie war sprachlos und hatte natürlich keinen blassen Dunst, was sie mir sagen sollte. Nach etlichen krampfigen Minuten legten wir beide – sehr erleichtert – auf.

Als ich eines Tages auf meiner Mauer saß, spürte mich mein alter Produzent Mike Leander auf. Er wollte, daß ich eine Platte machte, und ich habe wohl gesagt: »Geht in Ordnung, aber ich brauche eine Bleibe.« Woraufhin mir Gem Music eine Wohnung am Russell Square besorgte, am Britischen Museum, einem sehr eigentümlichen Teil Londons. Bloomsbury. Es war das Jahr mit den Stromsperren und der Drei-Tage-Woche. Jeden Abend gingen von sieben bis elf die Lichter aus. Edward Heath war Regierungschef; mit diesen Maßnahmen (und anderen) wollten sie in den frühen Siebzigern die Arbeiterklasse brechen. Schon seit Monaten waren Streiks und die Energiekrise gelaufen, doch ich hatte natürlich alles verpaßt, denn ich lebte auf der Mauer ohne Fernsehen und elektrisches Licht. Ich hatte nichts mitgekriegt.

Dann ging ich mit Ginger, Michael Coopers Freundin, in eine schreckliche Privatklinik. Es muß ein verzweifelter Versuch in letzter Minute gewesen sein, vor den Plattenaufnahmen clean zu werden. Ich verbrachte anderthalb Tage dort. Während ich angeblich entgiftete, überredete ich jemanden, mir Smack hereinzuschmuggeln, und wurde prompt von meinem Pfleger hochkant rausgeschmissen, wobei ich zwei Schneidezähne einbüßte. Kurz danach machte ich die Platte bei Mike Leander in der Denmark Street.

Sie ist sehr seltsam und gespenstisch, aber angesichts meiner damaligen Situation ist der Titel am bizarrsten: *Rich Kid Blues.* Die Leute, selbst die, mit denen ich Tag für Tag an der Platte arbeitete, sahen mich weiterhin hartnäckig als glitzernde, reiche Schickimickimieze, obwohl sie sich mit eigenen Augen vom Gegenteil überzeugen konnten. Ich war weitergezogen. Ich wohnte nicht mehr in Chelsea, ich trieb mich auf einem Trümmergrundstück in Soho herum. Mir fehlten zwei Schneidezähne. Ich begriff einmal mehr, wie unauslöschlich mein Image war. Das Bild von mir auf dem Cover zeigt, wie ich damals aussah. Blaß, dünn und krank. Ich sah aus wie der Tod, und sie nannten mein Album *Rich Kid Blues!*

Meine Stimme ist darauf so schwach, daß ich sie nicht hören kann. Sie ist fast gar nicht da. Es ist die Stimme von jemandem, der total high ist, kurz davor, den Abgang zu machen. So klingen sie immer. Johnny Thunders Stimme klingt so. Es ist keine Energie drin. Jeder, der die Platte hörte, mußte doch sagen: »Hm, das war's dann ja wohl. Die sehen wir nie wieder.«

Die Platte war im Handumdrehen fertig, und ich ging zu meiner Mauer zurück.

James, ein Freund von mir, hatte einen Laden mit marokkanischen Teppichen. Ab und zu besuchte ich ihn, setzte mich auf die Teppiche, rauchte einen Joint und war in Chelsea. Einmal kam ich hin, da zog er gerade einen Koksdeal durch. Er schenkte mir einen Haufen Stoff, was mich inspirierte, einen King's-Road-Bummel zu machen.

Vor Granny Takes A Trip traf ich Mick, der mich so leidenschaftlich umarmte, als seien wir gerade nach einer kurzen Trennung wiedervereint. Wir hielten uns an den Händen und schauten uns in die Augen. Als er meinen Rücken zu streicheln begann, kapierte ich, daß er mit mir schlafen wollte. Er fragte den Ladenbesitzer, ob wir das Zimmer oben benutzen könnten. Wir gingen hinauf und schliefen miteinander. Dann zogen wir uns wieder an, küßten uns zum Abschied und gingen jeder unserer Wege.

Am komischsten war, daß wir beide kein Wort dabei redeten. Vielleicht liebte er mich immer noch, aber liebevoll hatte es sich nicht angefühlt. Vielleicht war es eine sprachlose Art, Kontakt zueinander zu finden. Aber eher hatte ich den Eindruck, als habe Mick seine Macht ausüben wollen, oder sein Eigentumsrecht. Und ich war das willige Opfer.

Binnen einer Woche nach meiner Begegnung mit Mick kam das neue Stonesalbum heraus. *Sticky Fingers* war allgegenwärtig, und mein Song »Sister Morphine« war darauf. Als ich eines Nachmittags mit stolzgeschwellter Brust in einen Plattenladen eilte, um einen Blick auf meinen Namen zu werfen, stellte ich fest, daß hinter meinem Song »M. Jagger/K. Richards« prangte. Die ultimative Demütigung, mein Name sogar aus meinem eigenen Song getilgt! Ich witterte einen hinterhältigen Trick, mich um meine Tantiemen zu bringen, deshalb schrieb ich einen empörten Brief an Allen Klein und suchte ihn auf. Aber es war weniger gräßlich, als ich gedacht hatte.

Allen erklärte mir, daß mein Name wirklich nicht aufgrund eines teuflischen Komplotts fehlte. Er zeigte mir einen Brief von Mick und Keith von Anfang 1969, in dem stand, ich solle ein Drittel der Tantiemen bekommen. Sie hatten meinen Namen nicht genannt, weil ich zu der Zeit, als »Sister Morphine« entstand, noch bei Gerry Bron unter Vertrag stand, und wir wollten alle nicht, daß er die Kohle kriegte. Es wurde also vereinbart, daß ich das Geld bekam, mein Name aber nicht genannt wurde. Egal, der Song hat mir viel Gutes getan. Mehrere magere Jahre lang lebte ich von dem Geld von »Sister Morphine«.

Oliver Musker holte mich raus. Ohne ihn wäre ich heute nicht mehr am Leben.

Ich trieb so dahin, sehr dünn, schoß eine Menge Dope. Und dann wagte ich mich mal wieder nach draußen und ging auf eine Party in Chelsea. James hatte mir im Teppichladen davon erzählt, und plötzlich verspürte ich das dringende Bedürfnis hinzugehen. Zu so was war ich seit Ewigkeiten nicht gewesen.

Mick war mit Suki Poitier dort. Die meiste Zeit nahm ich im Badezimmer Koks und redete mit Mick und Suki, aber der Ritter in der glänzenden Rüstung war an dem Abend Oliver. Ich sah gar nicht übel aus, jedenfalls so gut, daß Oliver Musker sich in mich verliebte. Er war entzückend, jung, gutaussehend und stark. Ein Old Etonian, der einen kleinen Antiquitätenladen besaß.

Mit Olivers Eintritt in mein Leben änderte sich alles. Er war entschlossen, mich zu retten. Was er auch tat, mit großer britisch-imperialer Geste. Mit frischer Energie kam er herbei und fegte wie ein sauberer Wind durch mein Leben. »Wir müssen dich sofort aus diesem Spuk befreien. Wir müssen etwas tun.« Und bevor ich wußte, wie mir geschah, war ich im Bexley Hospital.

Dort gab es einen Arzt, der bei Süchtigen aller Couleur Wunder wirkte, aber um es milde auszudrücken: Seine Methoden waren höchst unorthodox. Er sagte einem weder, man solle aufhören, noch nahm er einem die Drogen ab. Ganz im Gegenteil, mich zum Beispiel ließ er nehmen, soviel ich wollte. Verordnete mir mehr und mehr. Und wartete, was passierte. Irgendwann ging ich zu ihm und sagte: »So, ich habe genug Smack für mein ganzes Lebens gehabt, und jetzt will ich runter.«

Woraufhin er antwortete: »Gut, Marianne, das ist ein bewundernswerter Entschluß, aber zum jetzigen Zeitpunkt schaffen Sie es, glaube ich, noch nicht.«

Da stellte ich mich auf die Hinterbeine. Nun war ich entschlossen, runterzukommen. Sie reduzierten meine tägliche Dosis ein ganz kleines bißchen, ein Gran pro Tag. Die langwierigste Entgiftung, die die Menschheit erlebt hat. Eine harte Angelegenheit.

Oliver besuchte mich jeden Tag. Er wollte unbedingt, daß ich es schaffte und herauskam. Ich war acht Monate dort, um vom Dope loszukommen. So was brachte nur der National Health Service fertig. Langsam ging es mir besser, und ich wurde ihre Musterpatientin. Der Arzt fand, ich könne den anderen Suchtkranken vielleicht helfen, und bat mich, mit ihnen zu reden.

Er lehrte durch Beispiele, gute und schlechte. In der Klinik war eine Kokserin, eine Amerikanerin, die nach England gekommen war, als man Koks noch auf Rezept kriegte. Sie war ein abschreckendes Beispiel. Eine einstmals bildschöne, intelligente Frau und jetzt nur noch ein menschliches Wrack. Aber der Süchtige, der von den Drogen herunterkommt, ist ein mächtiger Ansporn.

Ein Junge in Bexley vergötterte mich. Er war sehr krank. Und eines Nachts – er muß gewußt haben, daß er starb – bat er mich, seine Hand zu halten, und ich weigerte mich. Es war so was von niederträchtig. Die ganze Nacht rief er meinen Namen, aber ich ging nicht zu ihm. Ich war von meiner Sucht geheilt, aber ich hatte noch nichts begriffen.

Aus diesem Teil der Geschichte geht Oliver als wahrhaft ritterlich hervor. Leider blieb das nicht so. Es blieb einer der heroischen Momente, in denen man erlebt, wie jemand – der Cop, der Dealer, der Manager – all den Mist, den schrecklichen Eigenutz, mit dem wir alle leben müssen, überwindet und etwas wirklich Nobles tut. Das hatte Oliver getan. Nachdem er mich in Windeseile in die Klinik geschafft und auch wieder herausgeholt hatte, nahm er mich mit nach Indien, Bali und Singapur. Er war eine Lichtgestalt, bildschön, wie Siegfried mit seinem blonden Haar.

Wir verbrachten eine wunderbare Zeit miteinander. Zum erstenmal flogen wir nach Indien, weil ich dort einen Film drehte, der *Rache aus dem Reich der Toten* hieß. Ich spielte ein Mädchen, das aus der Klinik flieht und seinen brutalen Bruder ermordet. Wir landeten in Bombay und wohnten im Taj Mahal Hotel. Das war ein verrücktes Gebäude! Von einem französischen Architekten im neunzehnten Jahrhundert erbaut, sein Glanzstück. Ein bildschöner Hotelpalast an der Bucht. Die grandiose Fassade sollte eigentlich dem Hafen zugewandt sein, damit die Passagiere auf den Ozeandampfern aus Europa sein schmuckes Meisterwerk sofort erblickten. Aber beim Bau kamen die Inder durcheinander und errichteten es verkehrt herum. Jetzt schaut es auf eine schäbige kleine Seitenstraße hinaus. Das ist typisch für die Mißverständnisse, die in Indien passierten. Der arme Architekt war so aufgebracht, daß er vom obersten Stockwerk des Hotels in den Tod sprang.

Während langer Phasen war Oliver großartig, aber entscheidende Dinge fehlten, ich wußte, daß ich nicht für den Rest meines Daseins mit ihm leben konnte. Einmal fuhren wir mit dem Zug von Bangalore nach Delhi, um Robert Fraser zu besuchen, der damals dort wohnte. Oliver wurde immer reizbarer. Wir hatten eine lange Eisenbahnfahrt vor uns, und ich wollte meinen Roman lesen. Er dagegen langweilte sich und wollte sich mit mir unterhalten. Immer, wenn ich mich in mich selbst zurückzog, empfand er das als feindlichen Akt. Oliver ist lieb, aber eigentlich ein Barbar, sehr vornehm, aber total unerzogen. Ich war in *Howards End* versunken, es handelt davon, sich in Familien zu verlieben, ich konnte es gar nicht aus der Hand legen. Oliver nun wieder klatschte für sein Leben gern über Bekannte, und mein Lesen ging ihm so gegen den Strich, daß er irgendwo in den indischen Tiefebenen mein Buch nahm und es aus dem Fenster warf. (Ein Buch aus der Bibliothek!) Ich war baff.

Ich sollte ihn nicht kritisieren, denn ich weiß ja, wie schrecklich es ist, wenn man für das, was man ist, niedergemacht wird. Klatsch und Tratsch waren sein Lebensinhalt. Aber wenn mir so etwas passiert, reagiere ich erst einmal überhaupt nicht. Schweige. Ich denke nur: Das verzeihe ich dir nie! Und Ewigkeiten danach – übrigens typisch Steinbock – sage ich zu mir: Eines Tages werde ich nicht mehr mit ihm zusammen sein, und er wird begreifen, was für ein großer Fehler es war, *Howards End* aus dem Zug nach Delhi zu werfen.

Wieder zu reisen versetzte mich in Hochstimmung, und ich freute mich furchtbar, meinen Robert wiederzusehen und meinen guten Freund Oliver Boelen! Robert war wohlauf, voll auf dem spirituellen Trip und in weiße Gewänder gekleidet, aber immer noch boshaft lustig. Als seine Mutter Cynthia zu uns stieß, machten wir eine Wanderung. Wir erklommen die Ausläufer des Himalaja. Cynthia war wunderbar, reiste durch den Himalaja mit einem kleinen Kosmetikkoffer voll Elizabeth-Arden-Make-up und Gesichtscremes. Und jeden Morgen saß sie da und schminkte sich, und jeden Abend schminkte sie sich wieder ab. Sie gehörte zu den Christian Scientists, und da sie all das Geist-über-Materie-Zeug auf Lager hatte, fand sie immer das rechte Wort, wenn ich ins Wanken geriet. Immerhin war ich vor achtzehn Monaten noch registrierter Junkie gewesen, und obwohl ich clean war, waren meine Muskeln doch noch nicht wieder aufgebaut.

Wir trekkten durch das Kulu-Tal und hinauf in die Berge. Es war himmlisch, echte Berge im Himalaja zu erklettern. Mir ist zwar schleierhaft, wie, aber ich schaffte es und bekam ein gutes Gefühl für meine innere Stärke, das ich mir auch bewahrt habe. Immer wenn ich jetzt meine, ich mache schlapp, sage ich mir: »Nun aber los, du bist im Himalaja geklettert! Da schaffst du das jetzt auch!« Es war weit mehr als eine Therapie, es war überwältigend. Und ganz nach Olivers Geschmack: Action! Er hat die Dinge nie großartig analysiert. Lesen und über den Sinn des Lebens zu reden hat ihn nicht interessiert, sein Metier war praktisches Handeln.

Oben stand ein kleines Teehaus. Robert und Oliver waren schon dort, sie spielten Billie-Holiday-Kassetten. Sie verstanden sich prächtig. Sie waren zusammen in Eton gewesen. Es war eine der schönsten Zeiten meines Lebens.

Im Himalaja spürte man die unglaubliche Kraft, irgend etwas – was auch immer es ist – nahe zu sein. Den Himalaja kann ich nur empfehlen, wenn man das Gefühl haben möchte, man kommt mit etwas sehr Elementarem und Göttlichem in Berührung. Ich weiß, der Gedanke, je höher man kommt, desto näher kommt man Ihm, ist sehr kindisch, aber so empfanden wir es alle. Die Berge des Himalaja sind gewaltig, die Erfahrung schlägt einen in ihren Bann.

1974, als es mir besserging, bat mich David Bowie, mit ihm in seiner »1980 Flower Show« aufzutreten. Ich sang »I Got You, Babe« im Nonnenhabit. Das war Davids Idee. Das beste Lied, das ich sang, war aber Noel Cowards »Twentieth Century Blues«.

David lud mich zu einem Rolling-Stones-Konzert im Wembley-Stadion ein. Wir hatten keine Affäre, aber es hätte so ausgesehen, wenn David Bowie mit Marianne Faithfull dort aufgekreuzt wäre. Deshalb beschloß ich, mit seiner Truppe zu gehen. Bowie schäumte.

Oliver nahm es sehr gelassen. Alles, was recht ist, er versuchte nie, mich von etwas abzuhalten. Ich hatte mich in Schale geworfen, sah wie der junge Mozart aus, und sagte: »Also, dann geh ich mal und schaue, was passiert.«

Worauf er nur erwiderte: »Gut, Liebes.«

Irgendwie kam ich hinter die Bühne, aber alle mieden mich wie eine Aussätzige. Ich war eben schon ein Paria. Nur Anita und Keith waren entzückt, mich zu sehen. Anita stürzte sich auf mich. »O Marianne, wie schön, dich zu sehen. Wir haben dich so vermißt! Laß dich anschauen! Wie einem Watteau entsprungen, mein Liebes.«

Mick verhielt sich grauenhaft. Ich muß verrückt gewesen sein. Ohne nachzudenken marschierte ich schnurstracks in seine edle Garderobe, setzte mich hin, als sei nichts gewesen, und fing an zu plaudern. Da sagte er: »Marianne, ich bitte dich, du solltest es doch nun wirklich besser wissen. Du kannst nicht einfach hier hereinspazieren und losreden. Ich bin gerade in der Maske.« Ich ging ein wie eine Primel. Und war zu Tode erschrocken, als ich sah, wie elegant Bianca gekleidet war und wie altmodisch ich daherkam. Nun verstand ich, wie Chrissie Shrimpton sich gefühlt haben mußte, als Mick höhnte: »Your're obsolete, my Baby, my poor old-fashioned baby.« Nur war ich nicht altmodisch, sondern einfach anachronistisch!

Nach dem Konzert stand ich vor dem Haupteingang des Wembley-Stadions. Völlig im Arsch, ich hatte kein Geld, ich war angezogen wie Mozart, und es goß in Strömen. Der Regen spritzte mir von den Schuhen, und zwanzig Limousinen fuhren an mir vorbei zur Rolling-Stones-Party. Die letzte, eher bescheidene, hielt an. Andrew saß drin. Er nahm mich mit zurück in die Stadt.

Oliver und ich waren viel mit David und Angie Bowie zusammen. Als wir eines Abends bei ihnen zu Hause alle ein bißchen beschwipst waren, fing David an, mich anzumachen. Wir gingen in den Flur. Ich zog den Reißverschluß seiner Hose auf und wollte ihm einen blasen, aber David hatte eine Todesangst vor Oliver. Der nun wirklich etwas von einem Gestapo-Offizier ausstrahlt. Früher hat er gerudert, er ist ein muskulöser, zäher Bursche. Englisch ausgedrückt, gehört er zur Herrenrasse. Aber David schätzte Oliver völlig falsch ein. Über so etwas hätte Oliver sich nicht aufgeregt. Er hätte darüber gelacht.

Oliver war nicht wahnsinnig wie Brian, aber er konnte schrecklich ausrasten. Unter anderem deshalb hätte ich nie mit ihm zusammenbleiben können. Ihn packte der heilige Zorn, wenn wir allein waren und ich abschaltete. Ich wußte dann gar nicht, was ich verbrochen hatte. Damals konnte ich meinen Körper hinter mir lassen, fast wie beim Meditieren. Es sah aus, als sei ich da, aber ich war weg. Das brachte den armen Kerl auf die Palme. Oliver holte mich aus meinem Dasein als Straßenjunkie, kriegte mich vom Smack herunter, nahm mich mit um die ganze Welt, aber etwas in mir kam noch jahrelang nicht zurück. Meine Lebenskraft – sie kam zurück, als ich wieder zu singen begann.

Wenn ich so wegdriftete, gab es immer schreckliche Auseinandersetzungen. Deshalb rauche ich ja zum Beispiel auch. John Lennon sagte immer, Rauchen erdet einen. Das leuchtete mir immer ein. Jedesmal wenn ich versucht habe, mit dem Rauchen aufzuhören, hatte ich das Gefühl, als schwebte ich weg. Ich arbeite ganz bewußt daran, mit den Füßen auf dem Boden zu bleiben. Denn das ist nicht mein Normalzustand. Für den Teil in mir, der fliegt, den Teil, der immer zu entkommen versucht, ist offensichtlich die Bühne, das Theater, das Richtige. Seit ich mein Leben wieder unter Kontrolle habe – so weit unter Kontrolle, wie ich es schaffe –, muß ich mir Sandsäcke an die Füße binden. Ich nehme sie nur ab, wenn ich auftrete.

Ich liebte Oliver, aber ich hatte Angst vor ihm. Ich bin versucht zu sagen, daß ich es provozierte, weil ich weiß, daß ich die Leute rasend machen kann. In meiner Liebe zu ihm lag etwas Masochistisches, und in seiner zu mir etwas Sadistisches. Der masochistische Zug meines Urgroßonkels Leopold von Sacher-Masoch tauchte nicht in Eva auf, doch in mir sehr wohl. Es geht nicht um etwas Physisches (ich brauche keine Prügel oder dergleichen, um zum Orgasmus zu kommen), es ist psychisch.

Während ich mit Oliver zusammen war, trat ich in einigen Theaterstücken auf. Ich hatte schon versucht, meine Schauspielkarriere zu reaktivieren, als ich noch auf Heroin war, aber jeder Versuch endete in einer Katastrophe. Ich schmiß es immer. Ich wußte ja sehr genau, daß ausgerechnet ich kein Smack nehmen sollte. Kaum tat ich es, passierten die absurdesten Dinge. Ich stellte mich für etliche Rollen vor. Desaströs. Jack Good machte *Othello* als Musical. Es hieß *Catch my Soul,* und Jerry Lee Lewis sollte der Jago sein und ich die Desdemona. Zur Feier des Tages knallte ich mich bis obenhin zu, ging zum Vorsprechen – und kippte um. Für die Sterbeszene wäre das ja in Ordnung gewesen, aber sie fanden wohl, daß sie mich zumindest für den ersten Teil des Stücks lebendig brauchten. Das war's dann gewesen.

Im Hampstead Theatre Club spielte ich das Opfer in *Der Sammler.* Aber da war Oliver meine Theaterkarriere schon ein Dorn im Auge. Er meinte, ich hätte ja bewiesen, daß ich es könnte, und nun sei es an der Zeit, daß ich mich mit Anstand zurückzog und ihn heiratete. Das fand ich auch, bis ich begann, mit Bowie zu arbeiten und wieder Lieder zu schreiben. Nichts davon wurde je benutzt, aber ich war von Bowies Art zu schreiben, wie er autobiographische Elemente mit fiktionalen Charakteren verschmolz, sehr fasziniert.

Oliver schenkte mir einen bildschönen Verlobungsring, ein Familienstück, und eine Zeitlang zog ich ja auch durchaus in Erwägung, ihn zu heiraten. Aber im letzten Moment schaffte ich es dann doch nicht.

Ich liebte Oliver, weil er soviel für mich getan hatte, sein Wunsch nach einem normalen Leben und einer normalen Beziehung war ja auch verständlich. Doch ich wußte, ich war dazu nicht fähig. Wohlgemerkt, das war Jahre vor *Broken English,* Jahre, bevor in meinem Leben irgend etwas passierte. Ich hatte Glück, so einen netten Mann wie Oliver zu haben, der mich liebte und für mich sorgen wollte, aber ich wußte, ich hätte in seinen aristokratischen Kreis nie hineingepaßt, und auch er würde es früher oder später bereuen.

Selbst die mir am nächsten stehenden Menschen glaubten, daß ich am Ende sei. So sah es ja auch aus. Oliver war meine letzte Chance. »Was hat sie für ein Glück. Sie kann Oliver heiraten, und dann müssen wir uns keine Sorgen mehr um sie machen.« Für die Leute war es ja auch schwierig gewesen, als ich in meinem magersüchtigen Heroindschumm durch London trieb. Ich war das Gespenst, das in ihr Leben schwebte, auf ihrer Couch schlief, in ihrem Badezimmer umkippte. Ich war ein böser Spuk.

Ich weiß noch, daß hauptsächlich meine schwulen Freunde, die Oliver kannten, mir das alles in grimmigen Einzelheiten auseinanderklamüserten. Was war ich wütend und ärgerlich und beleidigt! Einer sagte wahrhaftig: »Du mußt ihn heiraten. Eine solche Chance bekommst du nie wieder, Liebes.« Ich konnte es nicht fassen. Ich bin eine Außenseiterin, und ich gehöre an den Rand. Ich glaube, damals mit Oliver, begriff ich zum erstenmal richtig, daß ich mich nie mehr, auch nicht teilweise, einfach irgendwo einpassen lassen würde.

Und dann verhielt ich mich so gemein wie immer, wenn ich mich von jemandem trennen will. Ich werde auf einmal sehr nett und gehorsam, kümmere mich um die Wohnung, gebe Dinnerpartys und bin ganz die vernünftige Lebensgefährtin. Und bevor sie wissen, wie ihnen geschieht, bin ich auf und davon.

Kurz vor dem Ende aß ich einmal abends in einem berühmten französischen Restaurant in Soho, und plötzlich fiel mir auf, daß es direkt neben meiner Mauer war. Ich mußte einfach hinaus und einen Blick darauf werfen. Ich verließ das Restaurant, ging zu der Mauer und setzte mich einen Moment lang darauf, nur um zu sehen, wie es sich anfühlte. Da kam ein großer stämmiger Mann vorbei, ein Polizist in Zivil. Als er mich sah, drehte er sich abrupt um und sagte: »Was machen Sie denn hier? Wieder zurück? Alles in Ordnung?«

»Ja, mir geht's gut«, sagte ich. »Ich bin zum Essen im Chez Victor. Ich wollte nur die Mauer mal wiedersehen. Ich komme nie mehr zurück.«

»So ist's recht, Marianne«, sagte er. »Viel Glück! Alles Gute!«

Da wurde mir klar, daß sie die ganze Zeit gewußt hatten, wer ich war. Vermutlich hatten sie auf mich aufgepaßt und mich beschützt. Alle sind sie nicht schlecht, die Bullen.

Denn es war schon sehr komisch, daß mir nie etwas passiert ist. Ich besorgte mir Dope, ich fixte, ich war die meiste Zeit praktisch bewußtlos, aber ich wurde nie vergewaltigt, ausgeraubt, angegriffen oder verprügelt, nicht einmal bedroht. Die Polizei durchsuchte mich auch nie und nahm mich nie fest. Ich wog noch vierzig Kilo, als ich auf der Mauer lebte, ich wurde ja regelrecht unsichtbar. Niemand, der auch nur noch einen Funken Menschlichkeit in sich hatte, hätte mir weh tun wollen, damals jedenfalls nicht.

Broken English

Das Adelstöchterlein, der Popstarengel, die Rockstarfreundin – diese dämonischen Puppen meines Ichs verschwanden nicht, ich konnte noch so auf sie einprügeln. Es hatte nichts genützt, daß ich mir die Haare abschnitt und fett wurde. Selbst Verhaftungen oder ein Junkiedasein brachten es nicht. Das Image änderte sich nicht, es wurde nur modifiziert. Ich wurde der gefallene Popstarengel. »Tochter der Baroneß: Anklage! Wegen Trunkenheit und Erregung öffentlichen Ärgernisses«, »Jaggers Exfreundin: Mit den Drogen ist Schluß«. Solche unauslöschlichen Bilder kann man nicht ändern, sondern nur durch noch einprägsamere ersetzen.

Mitte der Siebziger kam ich langsam, aber sicher zu dem Schluß, wenn ich meine Vergangenheit je ausradieren wollte, mußte ich meinen eigenen Frankenstein erschaffen und diese Kreatur auch werden.

Die Wiederherstellung von Marianne begann mit dem Lied »Dreaming my Dreams«. Das half mir wieder auf die Beine. Seit Jahren schon putzte ich eifrig Klinken bei Plattenfirmen. Ein Geschäft, daß die Seele aufißt. Ich war ja schon längst eine Unberührbare, niemand wollte mir zu nahe kommen. Die Ablehnungen waren freundlich, wenn auch lachhaft. Warner Brothers entblödete sich nicht, sich damit herauszureden, sie wollten gerade Emmylou Harris unter Vertrag nehmen, und wir seien zu ähnlich für das gleiche Label. Da mußte ich mir doch ein bitteres Lachen abringen. In Wirklichkeit dachten sie: Das arme Ding, wir müssen nett zu ihr sein, sonst bringt sie sich wahrhaftig noch um.

Schließlich gab mir Tony Calder, mein alter Manager, einen Vertrag. Er arbeitete nun mit Patrick Mehan bei NEMS Records zusammen. Wahrscheinlich nahmen sie mich aus Mitleid, wegen meines Namens (und seiner traurigen Berühmtheit) und weil sie trotz allem immer noch auf die Möglichkeit hofften, daß ich noch einmal ganz groß herauskäme. Einerlei, ich war Tony sehr dankbar. Ich wußte zwar weder, was ich singen, noch, mit wem ich arbeiten wollte, aber ich war soweit, daß ich wieder Platten machen wollte. Ich durfte nur nicht zu sehr unter Druck gesetzt werden, denn ich mußte mein Handwerk ja erst wieder lernen und herausfinden, was ich in den Jahren mit den Stones gelernt hatte.

NEMS verwaltete die europäischen Verlagsrechte etlicher amerikanischer Songschreiber, unter anderem von Allen Reynolds, der für Crystal Gayle und Waylon Jennings geschrieben hat. Und eines Tages kam ein Song von ihm, der »Dreaming My Dreams« hieß. Tony Calder erkannte den potentiellen Hit und nahm ihn mit mir auf.

Durch diesen Song wurde die erste Inkarnation der neuen Marianne eine Art Country-and-Western-Marlene-Dietrich. So in dem Stil, Marlene singt Liebesschnulzen im Dodge City Saloon – da kam wahrscheinlich mein deutsches Blut durch. Die Dietrich hatte ja einige Cowgirl-Rollen gespielt, und so überzogen es war, es hatte funktioniert. Ich hatte die Filme im Kopf, ich liebte die Mischung aus Camp und Kitsch.

»Dreaming My Dreams« ist mitteleuropäischer Weltschmerz und Country-Melancholie; ein Schmachtfetzen von Countryballade im Walzertakt. Zu den schmalzigen Klavierklängen kann man perfekt in sein Bier weinen. (Die Band nannte ihn immer »Creaming My Jeans«.) Ich wollte, daß der Song etwas Zögerndes, Schwebendes kriegte, als bleibe die Zeit stehen, während man ihn hörte. Instinktiv neige ich sowieso dazu, die Songs langsam anzugehen. Da hört man mehr, kann in dem Sound versinken. Mick hatte immer die Tendenz, die Dinge zu beschleunigen.

»Dreaming My Dreams« wurde in Großbritannien veröffentlicht – Schweigen im Walde. Und dann spielte es ein irischer Diskjockey namens Patrick Kenny in seiner Show, es schoß auf Platz eins in den irischen Charts und blieb dort sieben Wochen lang. (Für einen Walzer sind die Iren doch immer zu haben …). Gut, es war verdammtes Glück, aber ich schöpfte Hoffnung. Dieser Erfolg war so etwas wie ein Verzeihen. Uns ist egal, was du getan hast, wir mögen es. Ich weiß nicht, ob's an der Kirche liegt oder am Trinken, aber die Menschen in Irland wissen, wie man verzeiht.

Jetzt hatte ich die Chance, ein Album zu machen, und es sollte ein Countryalbum nach meinem Geschmack werden. Im Cottage hatte ich nicht nur James Brown und Otis Redding gehört, sondern auch schrecklich viel Hank Williams und Jimmy Rodgers. In den Sechzigern wollten alle schwarze Musik machen, ich aber wollte jetzt wissen, was der weiße Blues war und kam zu der Erkenntnis, daß er wie Hank Williams klingen würde. Nach dieser Offenbarung wollte ich eine neue Art Countryplatte machen, nicht Waylon oder Willy nachahmen, sondern ein echtes Countryalbum mit keltischen Elementen. Da kommt mein walisisches Blut durch, auch in mir stecken jede Menge Melancholie und die Sehnsucht der alten Druiden.

Also, mit der Absicht begann ich *Faithless*: es sollte ein englisches Countryalbum werden. Übrigens lange vor dem Countryboom. Es wäre ein interessantes Experiment gewesen, sich der Countrymusik aus einem derartig schrägen Winkel zu nähern, und es hätte funktioniert. Ich habe immer noch vor, eines Tages ein solches Album zu machen, denn *Faithless* wurde nichts dergleichen. *Faithless* wurde, was NEMS wollte. Ich befand mich in der Zwickmühle, daß ich viel von dem Material mit drauf bringen mußte, für das NEMS die europäischen Rechte hatte. Der typische faule Tony-Calder-Kompromiß. So sang ich doch wahrhaftigen Gotts »Vanilla O'Lay«, sülziges Pop-Gedudel.

Faithless kam also absolut halbgar heraus. Bei NEMS hatten sie keine klaren Vorstellungen und keinen Stil. Trotz Tony Calder war es die unbedarfteste, ungeschickteste Plattenfirma, die man sich vorstellen kann.

Aber wenigstens begann ich wieder, selbst Lieder zu schreiben. Ich hatte ja seit Jahren nichts geschrieben. »Lady Madeleine« war das erste Lied nach »Sister Morphine«. Für mich war es auch eine neue Art Song, realistischer, persönlicher. Er basierte auf dem vergeudeten Leben einer engen Freundin, Madeleine D'Arcy.

Seit einigen Tagen hatte ich nichts von ihr gehört. Ihr Telefon war immer besetzt, und ich befürchtete schon das Schlimmste. Ich hatte Angst, daß sie sich eine Überdosis verpaßt hatte und ich ihre Tür einschlagen müßte. Für den Fall also, daß ich einen starken Arm brauchte, wenn ich nach Maida Vale fuhr, wo sie wohnte, nahm ich einen kräftigen maltesischen Drogendealer und einen weiteren Freund aus dem Gewerbe mit. Wir klopften und klopften. Nichts rührte sich. Dann schlugen wir schließlich die Tür ein und fanden Madeleine in einem langen Kleid auf dem Bett im Schlafzimmer. Offensichtlich war sie tot, sie hatte überall Blut und Blutergüsse, als sei sie verprügelt worden. Die beiden Dealer machten auf dem Absatz kehrt. Ich mußte fünf Stunden bei der Leiche warten, bis die Bullen kamen. Ich warf alle Drogen weg, ich nahm kein Stück davon, so widerte mich an dem Abend die ganze Drogenszene an. Ich spülte alles die Toilette hinunter, ich hätte kotzen können.

Obwohl Madeleine ganz anders war als ich, Dealerin und Hure, identifizierte ich mich mit ihr. Im Jahr davor hatte sie es in die Schlagzeilen der *News of the World* geschafft. MISS GOLDGRÄBERIN 1972. Mit der Story, daß sie als Ex-Hure nun mit Spanish Tony, Keith und Anita in Südfrankreich in Saus und Braus lebte. Das waren die Zeiten, als Spanish und Madeleine zum Wochenende nach Nizza flogen und ich mit Eric Clapton auf Alex Trocchis Türschwelle stand und auf meinen Schuß wartete.

Als Madeleine starb, schaffte sie in Brighton längst wieder für 15 Pfund die Nacht an. Ein krasser Wandel, es brach mir das Herz. Ihre Kombination von miesem Leben und noblem Namen hatte mich immer an die Tess of the D'Urbervilles erinnert. Als ich mit ihrer Mutter, einer kleinen katholisch-irischen Frau aus der Nähe von Dublin, sprach, begriff ich, daß für sie am allerwichtigsten war, daß Madeleine ein kirchliches Begräbnis bekam. Jeder Geruch nach Skandal hätte das verhindert, so ist es in Irland. Schon der Verdacht auf Selbstmord bedeutete die Katastrophe, und ähnlich schädlich wäre eine polizeiliche Untersuchung wegen des Verdachts auf Mord gewesen. All die daraus resultierenden Probleme und Verwicklungen hätten auch einen Skandal verursacht.

Als der Kripobeamte in die Wohnung kam, lief er auf und ab und machte sich Notizen. Keine Widerrede duldend, sagte ich zu ihm, es müsse als »Unfall« durchgehen, und erzählte ihm, warum. Zufällig war der Mann mitfühlend und verständnisvoll.

In dem Song wollte ich mich nicht darüber auslassen, wie erbärmlich Madeleines Lebensumstände waren und wie sie zuletzt noch entwürdigt worden war. Ich schrieb über ihre Schönheit und meine Liebe zu ihr.

Während dieser Jahre wurde ich ständig an meinen parasitären Status in der Popwelt erinnert. Einmal ging ich zum Tanzen in einen Club, und Rod Stewart kam mit mir nach Hause. Er dachte, ich gehörte zu den Mädels, die um Popstars herumschwänzeln, und versuchte mich auf dieser Ebene anzumachen. Popstars sind ständig auf der Pirsch. Sie suchen ihren speziellen Typ, die Kleinmädchenfrau mit hübscher Unterwäsche und Klamotten und den ganzen weiblichen Phantasien im Kopf. Und in mir, dachte er, hätte er das rechte gefunden. Was für ein Frust! Ich lachte und schmiß ihn raus. Urkomisch! Normalerweise nahm ich es nicht so humorvoll. Er hatte sich gründlich geirrt, er verwechselte mich mit etwas, was ich nicht war. Und das passierte mir ja nicht zum erstenmal.

Meinen zweiten Ehemann, Ben Brierly, lernte ich 1976 kennen. In dem Jahr wurde Thatcher Parteivorsitzende der Tories. Ich wollte mit einer bunt zusammengewürfelten Band nach Irland zur »Dreaming My Dreams«-Tour aufbrechen. Damals wohnte Ben nicht weit von der Fulham Road, und wahrscheinlich bin ich vorbeigegangen, weil ich mir Smack besorgen wollte. (Meine Heilung war nur von kurzer Dauer gewesen.) Er dealte nicht selbst, wußte aber, wo ich was kriegen konnte. Er hatte gerade eine Hepatitis hinter sich und sah in dieser lederjackendrogensüchtigen Art blaß und interessant aus. Ben war eine Entdeckung. Er war witzig, charmant, verletzlich, und ich verliebte mich in ihn.

Als ich aus Irland zurückkam, rief ich ihn an und besuchte ihn. Wir sangen den alten Everly-Brothers-Song »When Will I Be Loved«. Unsere Stimmen verschmolzen.

Bald zog ich zu ihm in die Wohnung, die er aber auch nur geborgt hatte. Doch eine Zeitlang konnten wir uns der Illusion der Geborgenheit eines normalen gemeinsamen Lebens hingeben. Die Wohnung war ziemlich edel, sie gehörte einem Freund von einer Exfreundin von Ben. Es war ein Landhaus mitten in Fulham. Sehr elegant, schöne alte Möbel und Teppiche. Eines Tages kam Vivienne Westwood vorbei. Sie hat dieses Outfit mit den kaputten T-Shirts und den Ketten für das Sex auf der King's Road, das Mekka der Punks, entworfen und gehörte mit Malcolm McLaren zu den Mitverschwörern der entstehenden Punkszene. Sie stellten gerade die Sex Pistols auf die Beine. Vivienne schaute sich in der Wohnung um und nölte aufgesetzt pikiert: »So also wohnt ihr alten Hippies.«

Aber die Wohnung gehörte Ben nicht, und wir mußten schließlich ausziehen. Wir wußten nicht, wohin, und waren ständig pleite. Ich bekam 100 Pfund die Woche von NEMS, und die waren schnell alle. Selbst 1976 konnte man in London nicht von 100 Pfund die Woche leben. Wir hatten gerade genug Geld für die Drogen!

Wir zogen in ein besetztes Haus in der Lots Road, am Rand von Chelsea. Sehr romantisch, mit Kerzenlicht, Apfelsinenkisten und der Matratze auf dem Boden. Ben und ich hatten zwei Dinge gemeinsam: Musik und Sex. Es war die leidenschaftlichste Beziehung meines Lebens und natürlich die schmerzlichste.

In dieser Phase war Ben für mich ideal, das erkannte auch meine Mutter. Sie mochte Ben, sie begriff, daß ich jemanden brauchte, der in einer ähnlichen Situation wie ich selbst lebte. Er erinnerte Eva an einen ihrer alten Zigeunerfreunde von vor dem Krieg. In den Dreißigern war sie Tänzerin in Berlin gewesen und hatte so manche Beziehung mit reichen Herren gehabt, die ihr Blumen schickten und teure Kleider kauften. In die Kategorie steckte sie Mick Jagger. Aber sie war auch eine wilde Romantikerin, und als solche sah sie Ben und mich.

Während der ersten glücklichen Zeit hörte ich mit Ben James Brown, Otis Redding, Bessie Smith und Janis Joplin, Reggae und Lou Reeds Album *Berlin.* Und jede Menge Country. Ben liebte es, er begriff total, was sich in mir abspielte. Ich sang Waylon Jennings, Hank Williams und Willie Nelson.

Wenn ich damals zu Rockkonzerten ging, war ich von dem anlagenschindenden, mißtönenden Tohuwabohu völlig überwältigt. Nur Krach und Wut. Andererseits weiß ich noch, wie überrascht ich bei einem Led-Zeppelin-Konzert darüber war, wie etabliert die Musik geworden war. Und dann kam kurz danach der Punk, und alles änderte sich. Es war ein solcher Gegensatz zu den Exzessen der Rockszene der späten Sechziger – Rick Wakeman, der König Artus auf Eis gab.

Wir waren viel mit den Punks zusammen, ich nahm die Energie auf, fütterte sie in meinen eigenen Kreislauf und wartete ab, was passieren würde. Die Punkrotzigkeit speiste wie durch Direktübertragung die Wut in *Broken English.* Sid Vicious und ich hatten denselben Dealer, und einmal sollte ich sogar in Russ Meyers Sex-Pistols-Film Ma Vicious spielen, Sids Mama. Ich kann mir lebhaft vorstellen, was für eine Flut neuer

Haßbriefe mir das eingebracht hätte: »Du dreckige kleine Hure, da haben wir alle geglaubt, du hättest dich gebessert. Und nun das!«

In der Präpunk-Ödnis hatte ich jedoch keinen Ausweg gesehen. Da sah ich mich sogar kurzfristig als Kneipensängerin. »That Was The Day (Nashville)« auf *Faithless* ist der Song über meine Country-Phantasien. Ich als Honky-tonk-Angel, als Mary Lou mit hochtoupierter Blondhaarfrisur.

Die Bude in Chelsea war in Wirklichkeit ein Loch. Kein Strom, kein heißes Wasser. Außerdem waren wir total blank. Ben verdiente etwas mit Baßstunden, die er dem Typen gab, der Adam Ant werden sollte. Aber wir fühlten uns wohl, und es ging uns gut. Eine Weile lang zogen wir in die Wohnung über uns, die besser als unsere war und die uns ein Astrologe und Allzweckmystiker und -wahrsager überlassen hatte, weil er auf dem Land ein Buch schreiben wollte. Die Wände waren alle mit Tierkreiszeichen und Runen bemalt. Überall Kerzen und Pentagramme. Das war unsere glücklichste Zeit, die Sterne müssen richtig gestanden haben. Es war Sommer. Wir mußten für unser Abendessen singen; oft nahmen wir die Gitarre mit in die Wohnungen der Leute und sangen, und sie gaben uns dafür zu essen. Wie in einem Märchen von zwei bettelarmen Troubadouren, ganz nebenbei lernten wir eine Menge Leute kennen.

Nacheinander wohnten wir in diversen besetzten Häusern. Als es langsam kalt wurde und wir wußten, daß unsere Absteige im Winter der pure Horror sein würde, meinte Ben, nun müßten wir wirklich etwas unternehmen: »Paß auf, wir stellen eine Band auf die Beine und verdienen auf dem Festland ein bißchen Geld. Wir können nicht weiter herumsitzen und Däumchen drehen. Wir werden hungern und frieren.« Also gingen wir zu NEMS, und sie organisierten eine Tour durch Holland. Sie gaben uns die Hälfte des Geldes im voraus und sechs Wochen, um die Band zusammenzukriegen.

Wir ließen die Musiker in einem Proberaum in der Nähe des Cheyne Walk vorspielen. Es war meine erste eigene Band. Und als wir die Leute zusammensuchten, fand ich den unvergleichlichen Barry Reynolds. Er gehört zu den großen Rhythmusgitarrenspielern, einer aussterbenden Rasse. Kaum hatte ich ihn kennengelernt, wußte ich, daß er ein toller Musiker war, jemand, mit dem ich zusammenarbeiten konnte. Mit Barry schrieb ich die meisten Songs für meine nächsten drei Alben.

Als wir die Band mit Ben am Baß zusammen hatten, fuhren wir nach Amsterdam, um im Paradiso zu spielen, und als wir in unserem Kleinbus ankamen, war gerade eine Messerstecherei im Gange. Direkt vor dem Club hatte sich eine große Menschenmenge versammelt. Sie schienen weit mehr an dem blutigen Spektakel interessiert zu sein als daran, uns zu hören. Irgendwie ein böses Vorzeichen für unseren ersten Gig. Wir waren die Vorband für Southside Johnny and the Asbury Jukes. Am ersten Abend stand ich hinter der Bühne und sah kaputt und bedröhnt zu, wie meine Band das Intro zu »Sweet Jane« spielte. Dam, dam dam, dam-da-dah-dam, dam, dam, dam, dam-da-dah-dam. Ich weiß noch, daß ich dachte, wie komisch! Sie spielen ja die ganze Zeit diese zwölf Takte. Was zum Teufel soll das? Dann dämmerte mir, daß sie vielleicht darauf warteten, daß ich herauskam. Mit großer Geste (aber ziemlich betrunken) schwebte ich auf die Bühne, stolperte prompt über die Stromkabel und fiel flach auf die Schnauze. Ein perfekter Laurel-and-Hardy-Auftritt. Wenn man es absichtlich versuchte, würde man es nie so hinkriegen. Ich rappelte mich auf, drehte ich mich zu meiner ziemlich verblüfften Band um und fragte: »Alles klar bei euch, Darlings?«

Schließlich war das Paradiso ein Haschischbasar. Ich wußte, sie würden mich verstehen. Und erfreulicherweise waren sie von meinem großen Entrée auch so beeindruckt, daß sie während des gesamten Gigs wie angenagelt stehen blieben. Perplex, als wollten sie sagen: »Was ist denn das für eine Braut?«

Hinterher in der Garderobe war Ben stinkwütend.

»Scheiße, Marianne, was bildest du dir ein?« schrie er mich mit seinem dicken Lancashire-Akzent an. »Du bist hingefallen.«

»Ich glaube, ja, Ben.«

»Verdammt noch mal, du bist auf allen vieren über die Bühne gekrochen!«

»Ben«, sagte ich, »das verstehst du nicht. Das ist die hohe Schauspielkunst.«

Darauf wußte er dann nichts mehr zu sagen und hielt sich forthin fein raus. Ich mochte nie, wenn meine Freunde sich als meine Manager versuchten!

Ben schrieb großartige Songs, aber als Baßspieler taugte er nichts. Er war gerade gut genug für eine Punkband, das war's dann aber auch schon. Ein bißchen besser als Sid Vicious. Auf dem Niveau spielte er. Ich wollte ihn nicht mehr in meiner Band haben und legte auch keinen allzugroßen Wert darauf, daß er auf meinen Platten spielte. Kein gutes Omen für unsere Beziehung.

Die Tournee war so grauenhaft, daß ich gar keine Lust mehr hatte zu arbeiten. Auch das Leben mit Ben war mittlerweile zur Hölle geworden. Er hatte eine Liaison mit einer anderen Frau. Besser gesagt, er hatte immer Affären. Monatelang ging es mir total elend. Nach einer kleinen Ewigkeit rief urplötzlich Barry Reynolds an und sagte: »Komm, wir stellen eine Band auf die Beine und machen ein paar Gigs.« Und so geschah's. Diesmal holte ich Steve York als Bassisten. Langsam, langsam kriegte ich die richtige Band zusammen.

Ben spielte gelegentlich auf meinen Platten, und er schrieb mir ein paar tolle Stücke, aber wir tourten nie wieder zusammen. Er ging sowieso seinen eigenen Weg, und das war für uns beide das Beste. Er spielte in einer Band namens Blood Poets. Ben sang und sein Kompagnon, Drew Blood, sang auch. Mehr war nicht. Drew war Pole und heiratete Angie Bowie.

Außerdem spielte Ben noch bei den Vibrators. Aber jedesmal, wenn er eine Band zusammen hatte, passierte etwas, und sie ging in den Arsch. Er vertrug sich nicht mit Leuten. Und er begriff das Gesetz der Popmusik nicht, das da lautet: Wenn du was haben willst, mußt du eine Menge geben. Wenn du nicht bereit bis, auf beinahe alles zu verzichten, kriegst du gar nichts. Das tickte Ben nie. Er verlangte alle möglichen Sonderrechte und stellte Bedingungen, die völlig indiskutabel waren. Ich mache mir über derlei überhaupt keinen Kopf, es bringt nichts. Mit wievielen Leuten habe ich schon zusammengearbeitet, die mich nicht die Bohne interessierten, und trotzdem keine endlosen Horrorgeschichten verbreitet, wie sie mich über den Tisch ziehen wollten!

Ben brachte immer Leute mit nach Hause, und eines Abends lernte er in einem Pub Tim Hardin kennen. »Mann, Tim, du mußt Marianne einen Song schreiben«, sagte er zu ihm.

Und Tim, ganz auf Zack, sagte: »Alles klar, Mann, kann ich bei euch pennen?« Damit er also den Song für mich schrieb, zog er ein, vielleicht war es auch umgekehrt. Ich vertrug mich mit Tim überhaupt nicht. Wir waren beide Steinbock. Ich fand nicht einmal seine Songs so toll. Ich hielt ihn immer für einen unglaublich selbstmitleidigen Schreiberling. Er reizte mich bis aufs Blut, aber er hatte ein Händchen für Ohrwürmer.

Damals war Tim auch schon reichlich angeknackst. Wenn man ihn zum Beispiel fragte: »Willst du was trinken?« antwortete er: »Ja, bitte, einen dreifachen Southern Comfort mit Pillen, bitte.« Schließlich schrieb er das Lied. Aber es war offenbar nicht der Song für mich. Er hieß »Unforgiven«. Joe Cocker machte ihn, und später auch Eric Clapton. Dann war Schluß mit Tims plötzlicher schöpferischer Anwandlung. Vierundzwanzig Stunden am Tag war er total abgefahren auf den berüchtigten Brompton Cocktail, die Heroin/Kokain-Mixtur, die man damals auf Rezept bekam. Da blieb er hübsch durcheinander. So interessiert ich ja an stimmungsverändernden Substanzen war, nachdem ich zuerst Gregory Corso und nun Tim auf dem Stoff erlebte, geriet ich nie in Versuchung, ihn selbst anzurühren.

Aber wo bleibt mein Song, Tim? Er hatte eine Idee. Das heißt, zwei Worte: »Brain Drain«. Das waren der Titel und zunächst auch der gesamte Song. Ein angemessenes Thema, wenn man Tims Zustand bedachte. Die Wochen verstrichen, der Song kam nicht vorwärts. Dann meinte Tim, er könne ihn vielleicht »irgendwo am Strand« beenden. Erwartungsfroh flogen also Ben und Tim mit John Porter nach Antigua. Porter hatte mit Clapton an »Lay Down Sally« gearbeitet und (das nur im Interesse der Rock-Familiengeschichte) heiratete Keiths alte Freundin, Linda Keith.

Tim nahm zwei riesige Apothekengefäße Brompton Cocktail mit. Die braunen Töpfe erregten natürlich die Aufmerksamkeit der Zöllner in Antigua. »Was, bitte schön, befindet sich in den Gefäßen, Sir?« fragten sie.

Und Tim sagte ganz sachlich: »Ach, die? Hustensaft, Kollege.« Und sie ließen ihn durch. Zum Schluß benahm sich Tim selbst für Ben zu sehr daneben. Ben hatte ihn vergöttert und war nun desillusioniert und erschreckt, wie dieser große Songschreiber vor die Hunde ging. Er war so kaputt, daß er sich keine zehn Sekunden lang konzentrieren konnte und schon einen Partner dafür brauchte, die Worte in die richtige Reihenfolge zu bringen. Zehn Jahre später sollte Ben sich in demselben Zustand wiederfinden.

Das einzig Gute an der Tim-Hardin-Episode war (außer »Brain Drain«, das Ben zu Ende schrieb), daß wir uns mit der Grease Band zusammentaten, Tims alter Gruppe. Wir nahmen vier Songs auf, die dann auf einer Mogelpackung von Album landeten. Es hieß *Dreaming My Dreams,* und außer »Wait For Me Down By The River«, »That Was The

Day (Nashville)«, »I'll Be Your Baby Tonight« und »Honky Tonk Angels« war es identisch mit *Faithless.* Es wurde acht Jahre später veröffentlicht, als sei es völlig neu. Auch so ein fieses Ding in den Schwindelgeschäften von NEMS.

Ben brachte mich wieder in Kontakt mit Musikern, mit Leuten, die in Musik dachten und die ganze Zeit spielten. Und genau das brauchte ich.

Meine Liebesaffäre mit Ben war hochromantisch, und die Intensität dieser schmerzerfüllten, großen Liebe zog auch die Menschen um uns herum tief in Mitleidenschaft. Er war ein überaus attraktiver Typ, dauernd machten ihn schreckliche Frauen an. Für mich war es eine einzige Qual. Früher hatte ich so etwas nie bemerkt. Offenbar hatte ich mich in all den Jahren zuvor hinter einer Glaswand aus Narzißmus vor solchen Erfahrungen abgeschirmt. Ich hatte Micks Affäre mit Anita mitgekriegt, aber was er ansonsten mit Frauen trieb, ging glatt an mir vorüber. Vermutlich, weil ich nicht damit hätte umgehen können. Zum erstenmal in meinem Leben empfand ich nun schreckliche, glühende Eifersucht, die ihren herzzerreißenden Höhepunkt während der Aufnahmen zu *Broken English* fand. Als ich an dem Album arbeitete, flog Ben nach Los Angeles, um an einem seiner Projekte zu arbeiten, und hatte dort eine lange, heftige Affäre, die mich in die schlimmste Verzweiflung trieb.

Da bekam ich einen Anruf von Denny Cordell. Denny war ein sehr anerkannter Mann in der Musikbranche. Er gründete Ende der Sechziger Shelter Records, entdeckte J.J. Cale, Tom Petty und Leon Russell und produzierte Joe Cocker. Er war ein alter Freund von Chris Blackwell (und von mir). Denny sagte mir, ich solle den Dichter Heathcote Williams aufsuchen (den er aus irgendeinem Grunde Jasper nannte).

»Marianne, Jasper hat ein irres Gedicht, und er will, daß jemand einen Rocksong daraus macht. Das perfekte Lied für dich.«

»Wunderbar, ich rufe ihn an.«

»Nein. Du gehst besser hin. Und zwar ein bißchen dalli, er droht damit, es Tina Turner zu schicken oder Mick Jagger.«

»Verdammte Axt, wie soll ich denn mit denen konkurrieren?«

»Es ist weder für Tina noch für Mick, es ist für dich, Marianne. Das weiß Jasper aber noch nicht. Los, Marianne, geh hin und bieg ihm das bei.«

»Yes, Sir!«

Seit Jahren schon hatte ich hier und dort nach Sachen gesucht, immer überzeugt, daß ich sie finden würde. Und bevor ich noch einen Fuß in Heathcotes Wohnung gesetzt hatte, wußte ich, daß dieser Besuch entscheidend war.

Heathcote las mir sein Gedicht vor. Es hieß »Why D'Ya Do It?«, und nach zwei Zeilen stand für mich fest, das war mein Frankenstein. Hier nahmen meine Qualen Gestalt an. Endlich, endlich gab es den Text, der mein unentzifferbares inneres Leben in Worte übersetzte.

»Ich würde alles tun, Heathcote, um dieses Gedicht zu singen«, sagte ich zu ihm. Er wiederholte aber sehr höflich, was Denny mir schon erzählt hatte.

»Ich bin tief gerührt, Darling, aber ich denke an Tina Turner.«

Gott! Was mach ich jetzt, dachte ich. Mit Tina, das war eine fixe Idee bei ihm. Und ich kapierte, wenn ich meine Sicht der Dinge durchsetzen wollte, war ein wenig Theater vonnöten. Ich brach in schallendes Gelächter aus.

»Wenn Tina es macht, geb ich auf!«

»Noch wissen wir das ja nicht«, sagte Heathcote, als handele es sich um ein Streitgespräch.

»Schau, Heathcote, den Song macht Tina nie. Da friert eher die Hölle zu, als daß Tina so ein Lied singt. Laß mich es singen, und ich zieh's voll durch, das weißt du. Für den Echtheitsstempel brauchst du keine schwarze Sängerin, das hier ist schon das Echte.«

Ich wußte, Tina würde um nichts in der Welt einen so direkten, dreckigen Song machen, aber ich wußte auch, daß es hier nicht um nackte Logik ging. Heathcote lechzte nach Seinsbestätigung durch die schwarze Seele. Wie Mick ließ er nur gelten, was schwarz war. Er wollte Tina, weil Schwarze authentisch waren. Und falls das nicht klappte, wollte er Mick als authentischen Schwarzendarsteller.

Meiner Meinung nach raubte es einem den eigenen Blues, aber es war eine Doktrin aus den Sechzigern.

Ich brauchte entsetzlich lange, ihn zu überzeugen. Vier Stunden, zum Mäusemelken! Ich mußte schon mit ein paar sehr guten Begründungen aufwarten, langen, verwickelten philosophischen Argumenten, und ihm mächtig um den Bart gehen und alle meine Überredungskünste anwenden. Später bereute er es, aber Denny ließ nicht locker, und zum

Schluß gab er sich geschlagen. Er blickte ja überhaupt nicht durch, er verkaufte einfach die Rechte, er war so was von naiv.

Ganz aufgeregt, weil ich nun meinen Stein von Rosette gefunden hatte, begab ich mich zu unserem schäbigen kleinen Proberaum in Acton und las der Band das Gedicht voll Inbrunst vor, deutlich Wort für Wort.

Totenstille. Sie können sich ja nicht vorstellen, was für ein Entsetzen sich dieser angeblich hippen, emanzipierten Jungs bemächtigte, als ich zu der Zeile kam, »Every time I see your dick I imagine her cunt in my bed«. Barry Reynolds als Vernon der Viktorianer, sank praktisch in Ohnmacht. Sie waren so erschreckt und schockiert, weil auch sie dieses merkwürdige Bild von mir als »Lady« hatten, die Worte wie »ficken«, »Schwanz« und »Möse« nicht singen darf. Es war zum Totlachen, wie prüde sie auf einmal waren. Ben natürlich nicht. Zigeuner, der er war, hatte er keine Vorurteile. Ben lebte weit außerhalb der anständigen Gesellschaft, deren Sitten und kleinliche Moralvorstellungen interessierten ihn nicht. Und er glaubte an mich.

Nach dem Anfangsschock versuchten wir, einen Riff zu finden, auf dem die Worte loswirbeln konnten. Und merkwürdigerweise kam es von Hendrix. Der Leadgitarrist Joe Mavety war Hendrixfan. Er konnte alle Hendrixsachen spielen, und als wir mit den Worten herumalberten, spielte er den Riff von »All Along The Watchtower«. Er paßte perfekt: »Why d'ya do it – dun, dun.« Barry legte einen Raggaerhythmus darüber, damit es kein direkter Hendrixriff mehr war und nicht mehr so bleischwer.

Aber die stärkste Zutat bekam ich von Ben. »Why D'Ya Do It?« hätte mir absolut nichts bedeutet, wenn ich mit Ben nicht genau diese Gefühle durchlitten hätte. Den inneren Aufruhr, der einen schier zerreißt, die kochende Eifersucht. Der Song ist über Ben. Ich war erstaunt, als ich durch die Gerüchteküche hörte, daß Mick den Song sehr mochte. Wie fast alle, mit denen ich verbandelt war, glaubte er, der Song sei über ihn. Was natürlich genau zu Micks Theorie über Frauen paßt. Man erzählt ihnen: »Der Song ist über dich, Darling«, und sie glauben es.

In der Zeit arbeiteten wir außerdem an »Broken English«. Der Song wurde von der deutschen Terroristin Ulrike Meinhof inspiriert. Die Mitglieder der Baader-Meinhof-Gruppe waren gerade verhaftet worden. Die Wendung »Sag es in gebrochenem Englisch« kam kurz in einem russischen Film vor, den ich in der Glotze sah. Auf dem Bildschirm erschien ein mysteriöser Untertitel: »gebrochenes Englisch ... gesprochenes Englisch...« Ich weiß nicht, worauf er sich bezog, aber ich schrieb ihn in mein Notizbuch.

Ben hatte auch schon überlegt, einen Song über die Baader-Meinhof-Gruppe zu schreiben. Er hatte sich sogar schon ein Buch über sie gekauft – aber ich kam ihm zuvor. Ich identifizierte mich mit Ulrike Meinhof, denn es sind dieselben blockierten Emotionen, die manche Leute zu Junkies und andere zu Terroristen machen. Die Wut ist gleich. »Nicht mit mir! Das nehme ich nicht hin! Das ist völlig inakzeptabel!« Eine Form des Idealismus, der einen auf verschiedene Wege führt. Der Text von »Broken English« diktierte die Stimmung. Sie ist dunkel und bedrohlich, dung, dung, dung dung. Steve Winwood spielt ein tolles Keybord darauf.

Broken English wurde unter anderem deshalb so gut, weil ich zwei Jahre lang mit der Band arbeitete, bevor wir die Platte aufnahmen. Jeden Tag fuhren wir nach Acton, um zu proben. Es wurde ein Juwel. Jeden Tag fingen wir um elf Uhr mit den Proben an. Als ich merkte, daß wir immer am besten arbeiteten, bevor wir ins Pub gingen, versuchte ich die guten Sachen alle in den Morgen zu packen.

Wir bekamen regelmäßige Gigs im Dingwalls und der Music Machine in Mornington Crescent und wurden richtig gut. Und es verbreitete sich in London. »Why D'Ya Do It?« und »Broken English« waren die Highlights in unseren Sets. Wir begannen immer mit einer Parodie auf »As Tears Go By«. Ich tat so, als sänge ich, aber Barry sang es mit tiefer Baßstimme. Eines Abends kam der Produzent Mark Miller Mundy (der mit Steve Winwood gearbeitet hatte) in die Music Machine, um uns zu hören. Er erbot sich, »Why D'Ya Do It« und »Broken English« auf Platte aufzunehmen und zu finanzieren.

Wir waren in und wußten es. Die Band war toll, ich mochte sie sehr, aber Bands können der reinste Grusel werden. Und so kam es denn auch zum obligatorischen Krach, kurz bevor wir ins Studio gehen wollten. Widerlich, sie ließen mich voll im Stich. Als wir auf Tournee in Irland waren, verpißten sie sich plötzlich. Bis kurz vor Schluß hatten sie's gepackt, und dann meuterten sie. Sie waren sauer, weil sie kein Geld verdienten und wir alle zuwenig schliefen und in Castletown wohnten, einem wunderbaren alten Landhaus auf einem weitläufigen Anwesen außerhalb Dublins, das dringend reparaturbedürftig war, ein undichtes

Dach, knarzende Treppenstufen und weder Strom noch Zimmerservice hatte. Ich liebe so was, aber sie fanden es gräßlich. Um vier Uhr morgens kamen wir todmüde vom Gig und hatten nicht einmal Licht, um in diesem riesigen alten Haus in die Betten zu finden. Im Nichts gestrandet zu sein, in einem zugigen alten Herrenhaus, weit weg von den Dingen, die ihnen lieb und teuer waren – Clubs, Kinos, Mädchen, Hamburger und Plattenläden –, das war nicht die Idealvorstellung der Band vom Highlife auf Tour. Sie wollten ins Holiday Inn in Belfast. Nein, das noch nicht einmal! Die Feiglinge trauten sich nicht nach Belfast! Ich zwang sie in den Bus, indem ich ihnen das Gewehr vor die Brust setzte und sie laut beschimpfte, was für Angsthasen sie wären.

Um die Stimmung ein bißchen aufzubessern (wie ich dachte), schlug ich am Abend vor dem Auftritt vor, daß wir alle Pilze nähmen. Es war der schlechteste Gig – absolut! –, den ich je gespielt habe. Der Schlagzeuger konnte den Takt nicht halten, Barrys Gitarre zog ihn mit wie ein Hund an der Leine, ich konnte mich ums Verrecken nicht erinnern, welches Lied ich sang, und wir waren hier nicht im Avalon Ballroom.

Trotz der verschärften Bedingungen wußte ich, daß uns die Tour etwas brachte, das unbezahlbar war: die einzigartige Erfahrung, sechs Wochen live vor Publikum zu spielen, bevor wir ins Studio gingen. Als die Band abhaute, weigerte sich der Promoter, zu zahlen, wenn ich die Tour nicht zu Ende durchzog. Ich rief Ben an, und er kam und trommelte eine Gruppe Musiker zusammen, und wir machten die restlichen Gigs. Zum Abschied schleppte ich Packen von Fünfpfundnoten durch den Flughafen in Dublin.

Auf dem *Faithless*-Album hatte keine feste Band gespielt. Ich hatte Studiomusiker genommen. Sie waren zwar gut, aber das Album hatte keine Kohärenz, kein Herz, und ich wußte, daß ich *Broken English* mit meiner eigenen Band machen wollte. Bei meinem ersten Treffen mit Miller Mundy leierte er eine ellenlange Liste von Stars herunter, die er auf dem Album versammeln wollte. »Was meinst du, Marianne? Wir nehmen Keith Richards an der Gitarre, am Schlagzeug bla-bla-bla, Stevie Winwood an den Keyboards, Robbie und Sly an …« Diese illusorische Träumerei mußte ich leider unterbrechen, bevor sie gänzlich ausuferte: »Einen Scheißdreck werden wir! Wir nehmen die Band, meine Band. Wenn du Musiker puschst, spielen sie dir alles. Und genau das werden wir tun.« Danach hielt er zwar die Klappe über den Superbandscheiß, versuchte aber immer, doch noch einen Superstar reinzuschmuggeln. Von Devo schleppte er einen Gitarristen an, der einen jämmerlichen Leadgitarrentrack hinlegte. Aber so grauenhaft der auch war, er brachte uns doch auf eine Idee: Wir brauchten eine wahrhaft wahnsinnige Gitarre, die durch den Song schlingerte. Barry kam und machte ihn mit einem Take.

Als einzigen Star auf dem Album ließ ich Stevie Winwood zu, und selbst bei ihm war ich mir nicht sicher. Die Rohmixe von mir und der Band fand ich toll. Ich hatte Angst, daß Stevie das Ganze versüßlichen würde, zuviel elektronische Klänge und Synthi reinbringen würde. Als er dann kam, saß ich ihm im Nacken. Ich gab Stevie Winwood Anweisungen! Miller Mundy ließ ich nicht zu Wort kommen. Zwischen Mundy und Steve herrschten offensichtlich auch Spannungen, man merkte, daß er das nicht zum erstenmal erlebte.

Als wir die beiden Songs aufgenommen hatten, ging Mundy damit zu Chris Blackwell, dem Inhaber von Island Records. Er fand sie wunderbar und sagte: »Jetzt machen wir Nägel mit Köpfen.« Mein Gott, wir hatten's geschafft. Den Rest des Albums nahmen wir für sehr wenig Geld bei Matrix, in einem trüben, fensterlosen Studio auf. Das war auch ein Grund, warum Blackwell *Broken English* so mochte. Die Produktion war spottbillig.

Mundy enttäuschte als Produzent und war obendrein ein widerliches Arschloch. Die Brillanz von *Broken English* kommt zum Gutteil von Bob Potter, dem Toningenieur, der mit Joe Cocker und der Grease Band zusammengearbeitet hatte.

Eine der tollsten Erfahrungen bei dem Album war mit Barry Songs zu schreiben. Es floß einfach. Wenn man mit anderen Leuten Lieder schreibt, arbeitet man zum Schluß doch meistens unabhängig voneinander. Man schreibt den Text, sie nehmen ihn mit nach Hause und arbeiten damit, und dann hört man die Musik und überarbeitet den Text. Mit Barry ging es sofort ab. Ich zeigte ihm einen Text, er sagte: »Yeah, das kann ich spielen«, griff zur Gitarre und spielte ein paar Akkorde. Manchmal kam er mit ein paar fertigen Songs ins Studio, die ihm gerade eingefallen waren. »Guilt« ist Barrys Song. Als ich ihn fragte, wo er herkam, sagte er, er sei erkältet und nehme reichlich Hustensaft (mit einer Menge Kodein drin, nehmen wir mal an). Ich identifizierte mich sofort mit

»Guilt«. Das ist meine Mantra, und ich wußte, woher es kam. Barry war nämlich mal katholisch, und Schuld ist ein integraler Bestandteil dieser Religion.

Alle Songs auf dem Album sind aus einem spezifischen Grund darauf. »What's The Hurry« leuchtet unmittelbar ein, es ist über die Angst, mit der man lebt, wenn man auf Drogen ist. »The Ballad Of Lucy Jordan« ist weniger offensichtlich. Lucy Jordan bin ich, wenn mein Leben anders verlaufen wäre, wenn ich zum Beispiel Mrs. Gene Pitney geworden und in einem großen leeren Haus in Connecticut gelandet wäre. Es ist ein Lied, das sich mit den Frauen identifiziert, die gefangen sind in den verborgenen wahren Schrecken des »sicheren Lebens«, das ihnen als erstrebenswertes Ziel eingetrichtert wird.

Einen Song von Ben habe ich auf der Platte gemacht. »Brain Drain« hat er mit Tim Hardin geschrieben. Als Tim starb, ließ Ben Tims Namen einfach weg, was mir immer besonders eklig aufgestoßen ist. Tim hat diesen unglaublichen Aufhänger in »Brain Drain« gebracht. »You're a brain drain. You go on and on like a blood stain.« Der Übergang macht den Song. Aber es war typisch für Bens Krämerseele. Er ist so wenig großzügig. Das bißchen, was er an Großzügigkeit besaß, hat er wahrscheinlich auf mich verschwendet. Doch wie ich eben bin, ich schlabbere es einfach auf und merke es nicht mal. Ich nehme, was mir geboten wird, und ziehe weiter. Gedankenlos. Ich gab es ihm wahrscheinlich zurück, indem ich ihm teure Gitarren und Klamotten kaufte. Es wäre mir nie im Leben in den Sinn gekommen, daß er etwas anderes von mir wollte. Wie in einem Countrylied, stimmt's?

»Witches' Song« ist mein Lied über Schwesterlichkeit. Es ist meine Ode an die wilden, heidnischen Frauen, die ich kenne und immer um mich gehabt habe. Es steckt sogar ein Stückchen von meiner Mutter darin, denn wenn ich je eine Hexe gekannt habe, dann war es meine Mutter. Sie kam aus einer verhexten Zeit und aus einem Land, in dem man glauben konnte, daß es immer noch Hexen gibt und sie immer noch zaubern, wie im Schwarzwald oder den Karpaten. Eva hatte eine sehr lichte, liebende Seite und das unheilvolle Pendant dazu, eine wirklich sehr dunkle Seite. Die dunkle Seite kam besonders heftig zum Vorschein, wenn ich ihr zuwiderhandelte. So wurde sie ziemlich bedrohlich, als uns Nicholas weggenommen wurde. Ich hatte Unheil über Eva gebracht. Ich hatte sie in ein Leben verwickelt, mit dem sie nach dem Krieg abgeschlossen hatte. Das Bohemeleben, als sie auf die Moral pfiffen und alles wagten. Eva hatte sich für einen sehr bürgerlichen Weg entschieden, sich die Unholde und Dämonen einer schöpferischen Existenz wohlweislich vom Leibe gehalten. Ich aber hatte sie alle zurückgebracht. Selbst heute, wenn ich zum Beispiel etwas anziehe, das Eva vielleicht nicht gutheißen würde, muß ich unwillkürlich an sie denken.

»Witches Song« zeigt beispielhaft, wie lange ich brauche, um einen Song zu verwirklichen. Die erste Idee dazu hatte ich auf einer der Reisen mit Mick nach Marokko. Wir fuhren in dem Bentley und blieben unterwegs in Madrid, um uns im Prado eine Sonderausstellung von Goyas Hexensabbathgemälden anzuschauen. Ich überredete Mick und Alan Dunn, zwei Tage in Madrid zu bleiben, und lief durch die Ausstellung und machte mir im Kopf Notizen von der düsteren Atmosphäre der Bilder.

Ich beziehe meine Lieder aus allen möglichen Orten, wenn ich sie dann auch gern tarne. Und Coverversionen mag ich gern, weil sie zu meinen Liedern werden (und manchmal werde ich sie). An »Working Class Hero« faszinierte mich das Trauma der Kindheit: Was widerfährt dem Künstler, wenn er aufwächst, was behält er von dem Kind in sich? Und daß man lernen muß, es ganz bewußt auf sich zu nehmen, daß man ein Außenseiter ist, denn was immer man tut, man wird nie akzeptiert. Und das will man ja letztendlich auch gar nicht.

Für mich ist es auch ein Lied der Bewunderung für John Lennon, Mick und Keith, Iggy Pop und David Bowie. Für sie als »Helden der Arbeiterklasse«. Eine Verbeugung vor ihnen: »Ich begreife, was ihr gemacht habt, ich weiß, was ihr geschafft habt, was ihr überwinden mußtet. Es ist wunderbar. Ich bin aber genauso; ich habe dieselbe Erfahrung gemacht.«

Ich sang »Working Class Hero«, weil ich versuchen wollte, mein Leben real zu machen, ich wollte die Wahrnehmung der Leute von mir zurechtrücken und nicht länger dieses dämliche Phantasiegebilde von Andrew Oldham sein, das Engelspüppchen. Ich dachte, ich hätte das Image mit *Broken English* endlich in Stücke zerfetzt, aber noch gibt es einiges zu tun. Neulich schlug ich in einer dieser Schundbiografien über Mick den Teil über mich auf (wir werden ja alle mal schwach) und stieß prompt auf den üblichen Quark: »... die aristokratische Marianne Faithfull, in Luxus und Geld geboren ...«

Am 8. Juni 1979 heirateten Ben und ich in Anwesenheit der obligatorischen Punk-Crème-de-la-crème (Johnny Rotten et al.). Im November kam *Broken English* heraus. Endlich, endlich hatte ich meinen Frankenstein. Um das Album zu promoten, gab Chris Blackwell drei Videoclips bei Derek Jarman in Auftrag. »Broken English«, »Lucy Jordan« und »Witches' Song«. Sie wurden natürlich wahnsinnig gut und waren ihrer Zeit weit voraus. Blackwell verabscheute sie. Mittlerweile sind sie in den Rang großer Videokunstwerke erhoben worden.

Broken English räumte mit der Vergangenheit auf und begründete meinen Ruf als eigenständige Künstlerin. Es war für mich ein so entscheidender Rettungsanker, daß ich glaube, wenn ich es nicht gemacht hätte, wäre ich vollkommen verrückt geworden oder hätte mir die Kehle aufgeschlitzt. Die Punkära war auf dem Zenit, und *Broken English* schlug mit dem Puls der Zeit. Mit meiner getreuen Meckerband war ich nun bereit, die Welt zu erobern.

Dylan – eine Nummer kleiner

IM SOMMER 1980 tauchte Dylan erneut in meinem Leben auf. Offenbar hatte *Broken English* sein Interesse erregt, und er begann, Erkundigungen nach mir anzustellen. Leider hatte ich gerade wieder geheiratet. Ich heirate immer, wenn ich nicht weiß, was ich tun soll. Meine Panikentscheidungen. Alles gerät außer Kontrolle, und ich schreie: Aaaahhhh, mein Leben bricht über mir zusammen, mir wird alles zuviel, ich muß was tun, um den Zug anzuhalten – vielleicht sollte ich heiraten. Und genau das tat ich.

Dylan steckte auch in einer schlimmen Krise. Er war von Sara geschieden, aus seinem Haus in Malibu rausgeflogen, sein Film *Renaldo und Clara* war verrissen worden. Nun war er dick und fett und tief unten. In solchen Augenblicken erscheinen einem die kurzen Perioden der Herrlichkeit, die man in seinem Leben gehabt hat, sehr verführerisch, und in der Finsternis muß ich ihm wie ein leuchtender Engel der Erlösung aus ferner Vergangenheit erschienen sein. Daß ich nicht lache! Aber Bob wußte natürlich nichts von meinem reichlich unerquicklichen Leben. Er hatte mich zuletzt als standhafte Jungfrau im Savoy Hotel erlebt, als er auf dem Gipfel seiner Macht war.

Das Treffen fand in der Wohnung meiner Heroindealerin Diana in der Kensington High Street statt. Diana war eine der tollen Hexen von Chelsea, die Dealerkönigin. Sie und ihre Mitbewohnerin Demelza waren lesbisch. Als ich Demelza kennengelernt hatte, sah ich gleich an den geheimnisvollen Tätowierungen auf ihrem Gesicht, daß sie irgendwie mit Valli, der Hexe in der Höhle über Positano, verwandt war. Ich hatte mich in Demelza verliebt, ein paar Jahre lang hatten wir immer mal wieder was miteinander.

Demelza spielte Congas, und als Dylan 1978 mit einer neuen Band nach England kam, hatte er eine phantastische schwarze Congaspielerin mit, die Demelza unbedingt kennenlernen wollte. Also rief sie Dylan im Royal Garden Hotel an und sagte, sie käme gerade aus den Staaten und Mac Rebennack (Dr. John) habe ihr gesagt, sie solle sich melden. Davon war natürlich kein Wort wahr. Aber Demelza kannte Mac Rebennack. Kein Wunder, sie mit ihrem Druidenkram und den Wünschelruten und Dr. John mit seinem *gris-gris* und »walk on gilded splinters«.

Dylan lud sie sofort ins Hotel ein. Sie besuchte ihn dort mit ihrer Schwester Jenny, in die sich Dylan prompt verliebte, obwohl sie ihn keines Blickes würdigte. Der arme Bob! Bevor Demelza wieder ging, gab sie ihm ihre Telefonnummer, ohne natürlich im geringsten zu erwarten, daß sie jemals wieder von ihm hören würde.

Ein Jahr später indes war Dylan wieder in England und gab etliche Konzerte in Earl's Court. Aus heiterem Himmel rief er Demelza an und fragte, ob er sie zu Hause besuchen könne. Daß er, aus welchem Grund auch immer, in ihre winzige Behausung kommen wollte, verwirrte sie zwar ein wenig, aber sie sagte: »Natürlich, komm her.« Er hatte etliche Bitten, die er ihr dann penibel der Reihe nach vortrug. Ob sie ins Hotel kommen und ihn abholen könne? Ob sie ihn wo hinbringen könne? Und zum guten Schluß, ob sie Marianne Faithfull kenne? Wie er auf die Idee verfiel, daß Demelza und ich uns kannten, ist mir schleierhaft. Vielleicht aufgrund der alten Hipstertheorie, daß es nur neunzehn Menschen in London gibt, und die kennen sich alle. Demelza erzählte ihm also, daß sie mich ganz gut kenne. Woraufhin er ihr vorgreinte: »Ich habe sie schon so lange nicht gesehen, Demelza. Könntest du sie fragen, ob sie sich mit mir bei dir zu Hause trifft? Es ist wirklich sehr wichtig.« Ein seltsames Gespräch, doch schließlich war es Bob Dylan, nicht wahr? Seltsam wie der ganze Mann. Er sagte zwar nicht direkt: »Marianne sollte allein kommen«, aber das blickte Demelza sofort. Ein kleines Stelldichein offenbar.

Demelza rief mich an. Wieder folgte ein seltsames Gespräch. Sie tat sehr geheimnisvoll und flüsterte fast: »Du mußt herkommen, Marianne. Sofort.«

»Warum? Was verschafft mir die Ehre?«

»Das kann ich dir nicht sagen.«

»Ich kann sowieso nicht, Darling. Ben ist hier, und ich hab Verschiedenes zu tun.« Doch sie ließ sich durch nichts erschüttern. Sie bestand darauf, daß ich kam.

»Komm aber allein, ich verspreche dir, es wird richtig nett. Pillen, Koks, Shit, was dein Herz begehrt. Nimm ein Taxi. Ich bezahle. Komm, ich weiß doch, daß du kannst.«

Je luxuriöser die Bestechungsgaben, desto mißtrauischer wurde ich.

Da griff sie zu Telefonhypnose: »Zieh deinen Mantel an. Geh aus der Tür. Ruf ein Taxi. Gib ihm meine Adresse. Ich stehe unten. Bitte, Marianne, bitte, bitte, komm, es ist – ich kann es nicht erklären. Komm bitte. Es ist wichtig.«

»Oh«, sagte ich postwendend, »es ist wichtig? Wer ist denn da?« Nun war ich neugierig geworden, und natürlich siegte meine Neugierde.

Bei derartigen Abenteuern entstand mittlerweile das Problem, daß Ben eifersüchtig wurde. Ich konnte nirgendwo ohne ihn hingehen. Wenn er Wind davon kriegte, daß ich zu einem Geheimrendezvous schlich, würde er komplett ausrasten.

Demelza fuhr zum Hotel, um Dylan abzuholen. Als sie dort ankam, fand sie das Foyer voll Fans, die sich bis auf die Eingangsstufen zurückstauten. Sie rief im Zimmer an. Dylan bat sie, ihn am Lift zu treffen. Der Lift schnurrte herunter, und heraus spazierte Dylan, verkleidet. Und wie! Sonnenbrille, langer Mantel, Schal, Fingerhandschuhe, eingewickelt wie eine Mumie. Demelza und er stiegen ins Auto, da kratzten die Fans auch schon an den Fensterscheiben. Er fragte sie, ob sie ihn in die Harley Street fahren könne. Sie hielten vor einer Arztpraxis, und Dylan erledigte dort seine mysteriöse Besorgung. Er hatte einen freien Tag, die Konzerte hatten noch nicht angefangen.

Demelza wohnte neben einer Glitzerschuhboutique namens Reflections, die spektakulär häßliche Sachen verkaufte. Stiefel mit Plateauabsätzen und Sternen und Monden darauf. Bob blieb stehen und starrte lange in die Schaufenster.

»Ich brauche ein paar neue Klamotten«, sagte er, und dann gingen sie zu der Wohnung hinauf. Der Treppenflur war schmuddelig, eng und niedrig, und als sie den ersten Absatz erreichten, bekam Bob es auf einmal mit der Angst zu tun.

»Weißt du, ich könnte keine Ahnung haben, wo ich hingehe«, sagte er.

Demelza versuchte ihn zu beruhigen. »Mag sein, aber du weißt ja, wo du hingehst.«

Davon war er noch nicht überzeugt und sagte: »Ja gut, aber nicht, wo ich bin, und du könntest mich nun überall hinführen, stimmt's?«

Sie schafften es dann doch bis ganz oben und standen plötzlich vor der massiven, mit Stahlplatten versehenen Tür zu Dianas und Demelzas schier uneinnehmbarer Wohnung. Sie hatten so oft Haussuchungen gehabt, daß sie die Tür schließlich mit allen möglichen Riegeln und Schlössern gesichert hatten. Es bereitete schon große Mühe, sie aufzuziehen. Bob muß gedacht haben, daß er nun ganz gewiß gekidnapt würde, denn es dauerte eine Weile, bis er sich hinsetzte.

Demelza fragte ihn, ob er einen Drink wolle. Und er antwortete, nein, aber könne er vielleicht einen Zitronentee haben. Als Diana das Tablett mit der Kanne Earl Grey und den guten Porzellantassen hereintrug, muß er dann kapiert haben, daß er nicht in den Teppich gerollt und mit einem Lieferwagen weggeschafft werden würde, und er entspannte sich.

Ich kam eine halbe Stunde danach. Kaum sah ich Dylan dort sitzen, wußte ich, was hier eingefädelt worden war. Ich war wie vor den Kopf geschlagen. Meine erste Reaktion war akuter Schock. Ich wurde kreidebleich. Ich war so überrascht, daß ich beinahe auf dem Absatz kehrtgemacht hätte und wieder gegangen wäre, aber dann setzte sich die feine englische Art durch. Ich wurde Prinzessin Margaret bei einer (leicht schrägen) Gartenparty und hörte mich selbst sagen:

»Hal-lo! Dich habe ich ja seit Ewigkeiten nicht gesehen. Wie geht's dir?«

Aber Bob ließ sich nicht mit Höflichkeitsfloskeln abspeisen. Er nahm meinen Arm und starrte mir in die Augen.

»Marianne! Endlos lange schon will ich dich wiedersehen. So viele Jahre sind vergangen, aber ich habe den Tag nie vergessen, an dem wir uns zum erstenmal begegnet sind.«

»Das war damals im Savoy, was? Mein Gott, wie die Zeit vergeht, Bob.«

Er hatte sehr lebhafte und romantische Erinnerungen an unser Kennenlernen. Er sagte, er sei ein wenig in mich verliebt gewesen und habe den Vorfall mit dem zerrissenen Gedicht immer bedauert. Das zerrissene Gedicht wurde nun zum Refrain.

»Und seit dem Tag warte ich darauf, dich wiederzusehen.« Er war sehr ernst. »Ich erinnere mich an dich als diese perfekte kleine Schönheit, die plötzlich aus dem Nichts auftauchte, und alle verliebten sich in dich. Als du weg warst, fragte Penny immer wieder: ›Wo ist Marianne?‹ Und ich sagte: ›Yeah, eines Tages finde ich sie wieder.‹«

Er holte ein Foto von mir mit siebzehn heraus. Das hatte er die ganze Zeit mit sich herumgetragen. Es war ein Bild von mir vor einem Bus, wahrscheinlich von einer Tournee, es war ganz zerknittert und hatte Eselsohren.

Wir setzten uns auf den Boden vor den Kamin. Er nahm meine Hände und sagte: »Ich habe dich wirklich immer geliebt und dachte, ich sehe dich nie wieder.«

Ich war ein unerforschter Teil seiner Vergangenheit, in den man alles hineingeheimnissen konnte. Dylan liebte Frauen abgöttisch. Sie bevölkerten seine Phantasien, waren die kleinen Göttinnen in seinen Liedern, die Queen Janes und Johannas und die Ladies mit den traurigen Augen, die die Atmosphäre jedes Raums verändern, den sie durchschreiten, und die Schlüssel zur Vergangenheit in Händen halten. Eine Vergangenheit, die er verloren hatte. Für einen Augenblick war ich eine dieser Frauen geworden.

Als er versuchte, mich anzumachen, geriet ich in schiere Panik. Den diesbezüglichen Teil der Konversation überging ich so geflissentlich wie möglich. Er schien es ganz aufrichtig zu meinen, aber je mehr er betonte, wie sehr er sich von mir angezogen fühle, desto nervöser wurde ich. Er war sehr liebebedürftig, und ich wußte ehrlich nicht, wie ich reagieren sollte. Er starrte mich tiefsinnig an und folgte mir jedesmal, wenn ich aufstand, mit den Augen. Langsam kam ich mir wie eine Jagdbeute vor. Selbst als ich einmal in die Küche ging, lief er hinter mir her.

Ich vergötterte Dylan, aber von Dylan vergöttert zu werden, ist etwas ganz anderes... sehr bedrohlich. Angst und bange wird einem, als habe der Minotaurus seine Liebe für einen entdeckt. Dabei war Dylan nicht im mindesten einschüchternd. Sondern sehr liebenswürdig.

Als wir uns wieder hinsetzten, sagte er: »Es war eine abgebrochene Begegnung.«

»Stimmt, Bob, es war wirklich Pech.«

»Ich habe deine Platte gehört, als sie in den Staaten herauskam. Ich war echt erstaunt. Ich habe sie mir besorgt, und bei ›Broken English‹ mußte ich an unsere Begegnung damals im Savoy denken.«

Die abgebrochene Begegnung und das gebrochene Englisch. Er meinte, die Platte habe in einer übersinnlichen Weise mit ihm zu tun. Ganz schön komisch. Nach all den Jahren, in denen ich Dinge in Dylans Songs hineingelesen hatte, las Dylan plötzlich Botschaften in meine.

Mir fiel ein Stein vom Herzen, als wir auf *Broken English* zu sprechen kamen. Dem Herrn sei's gedankt, jetzt hatte ich etwas, worüber ich reden konnte. Diana besaß die Platte, und ich fragte Dylan: »Soll ich sie auflegen?«

»Ich würde sie unheimlich gern hören«, sagte er. »Nach ein paar Sachen wollte ich dich fragen.«

»Ich könnte sie dir erklären, wenn wir sie spielen«, sagte ich. Mit einem Augenzwinkern (denn was gab's da groß zu erklären?), aber er blieb todernst.

»Ach, bitte.«

Und wissen Sie, was ich da tat? Ich spielte ihm *Broken English* nicht nur einmal, sondern mehrere Male vor. Und bei jedem Song fragte ich ihn, ob er wüßte, was er bedeutete. Es verschlug ihm die Sprache. Genau wie mir, als er mir *Bringing It All Back Home* vorgespielt hatte. Ich kehrte den Spieß einfach um. Was ihm natürlich auch klar war. Ich spielte ihm »Guilt« vor. Und wenn es je ein Lied gegeben hat, das unmittelbar verständlich ist, dann das. »Verstehst du das?« fragte ich ihn ein wenig von oben herab und thronte wahrhaftig da und erklärte ihm großartig meine eigenen Lieder. Aus lauter Nervosität redete ich nonstop. Dylan war gezwungen, dort zu sitzen, während ich ihm *Broken English* vorspielte und ihn gewissenhaft und eindringlich nach jedem Stück fragte, ob er verstehe, worüber es sei, und ob er dies und ob er jenes mitgekriegt habe. Und er fand's toll!

In toparroganter Form und von Bandmitgliedern und Höflingen umgeben, wäre er nie in diese Situation geraten. Aber die Barrieren waren unten. Ich glaube, deshalb war er da, um mich zu beobachten, während ich der Platte zuhörte. *Broken English* – die weiblichen Verletzungen werden bloßgelegt. Um das zu hören, war er gekommen.

Als wir halbwegs durch diese Marathonsitzung waren, wurde ich so aufgeregt, daß ich wirklich etwas brauchte, das mich ein wenig dämpfte.

Also fragte ich ihn höflich, ob er auch was haben wollte: »Möchtest du etwas, hm, etwas für deinen Kopf, Mann?«

Wir wollten, daß er sich wie zu Hause fühlte, oder wenigstens so high war wie wir. Aber er lehnte alles dankend ab. Während Demelza und ich die ganze Nacht die Treppe hoch- und runterliefen, Zeug nahmen und high wurden, rührte Bob nichts an. Keinen Tropfen Alkohol, keinen Joint, keine Zigarette. Nur Earl Grey-Tee. Dabei offerierten wir ihm alles, was wir hatten: Wein, Whisky, Shit und (ein wenig zögernd) Kokain. Aber er wollte nichts.

Smack boten wir ihm allerdings nicht an, denn wir wollten nicht wie die ausgewachsenen Drogies aussehen, die wir ja waren. Mir wäre es egal gewesen, aber Diana und Demelza wollten den Schein aufrechterhalten. Dealer haben höhere Maßstäbe als wir normal Sterblichen. Bob enthielt sich jeglichen Kommentars. Offenbar war er auf einem Reinheitstrip oder wollte zumindest so tun, als ob.

Immer und immer wieder spielten wir die Platte. Zum Schluß wäre ich beinahe in Tränen ausgebrochen, weil ich die Lieder, die so autobiographisch und kathartisch für mich waren, so oft hörte.

Wir begannen gegen acht Uhr abends und machten die ganze Nacht durch. Es war so irre, daß ich nicht wußte, ob ich es mir nur einbildete oder ob es wirklich geschah. Letztendlich glaube ich, wir beide konnten nicht fassen, was hier ablief. Für ihn war es merkwürdig, in dieser Puppenstube zu hocken, und für mich, mich wieder in dieser Position zu befinden. Ich mußte weinen, er verhielt sich so wunderbar. Eine Nacht lang wurde mir in meinem ansonsten erbärmlichen Leben Achtung entgegengebracht.

Aber es wurde sehr innig. Wir saßen vor dem Kamin, hielten Händchen, die Welt war zum Stillstand gekommen, niemand anderes existierte. Als mir die Situation dann schlagartig klar wurde, zog ich mich in mich zurück. Ich erstarrte. Diana kam ins Zimmer und checkte die Situation mit einem Blick. Ich war in einem grauenhaften Zustand, völlig hinüber. Ich flirrte vor Angst. Diana war toll. Sie nahm ihn mit nach oben ins Schlafzimmer, verwickelte ihn in ein Gespräch über seine Klamotten und nahm Maß bei ihm für neue Sachen. Er wußte nicht, was er anziehen sollte, deshalb ging Diana später los und kaufte sein Outfit für den ersten Abend in Earl's Court. Ich saß nur da und weinte.

Etwa vierzig Minuten später kam er herunter, da hatte ich mich wieder in der Gewalt. Er stürzte sich erneut ins Gespräch. »Wo warst du denn die ganze Zeit? Was hast du getrieben?«

»Ach, dies und das. Ich habe mich als Junkie registrieren lassen und bin eigentlich verschwunden«, sagte ich, wie man normalerweise vielleicht erzählt: »Das war's mehr oder weniger, was ich gemacht habe, seit ich dich zuletzt gesehen habe, Liebster.«

»Hm, das würde es erklären«, sagte er. »Du schienst vom Erdboden verschwunden zu sein. Egal, wen ich fragte, niemand wußte, wo du warst.«

»Klar, weil ich jahrelang auf einer Mauer gelebt habe und niemand wußte, wo ich zu finden war.«

»Du hast auf einer Mauer gelebt?«

»Ja, in St. Anne's Court. Das ist in Soho.«

»Aha, so, hm, hm, du hast auf einer Mauer gelebt.« Ganz offensichtlich kapierte er kein Wort, aber er mochte den Klang. Dinge, die sich reimen, bedeuten dasselbe …

Er hörte sich alles mit einem bedauernden Lächeln an, als wolle er sagen: »Wäre ich bloß hier gewesen.« Ich hatte ihm beileibe keinen Schrecken eingejagt, sondern war in die Dostojewskische Unterwelt seiner Mythologie hinabgestiegen, wo alle wahren Heiligen residieren. Wie Giacometti und Kerouac ist Bob besessen von der heiligen Unterwelt: Nutten, Huren, Junkies und ewige Verlierer.

Er erkundigte sich, wie ich es geschafft hatte, wieder Platten zu machen. Selbst Dylan weiß, daß man nicht schnurstracks vom Leben auf einem Trümmergrundstück in ein Studio geht und eine Platte aufnimmt.

Und so begann ich meine Geschichte zu erzählen: »Dann hab ich so einen Typen kennengelernt und bin in Indien gewesen, eine Weile lang habe ich in Madame Curies Keller gewohnt, und dann hatte ich einen Hit in Irland und habe eine Band gegründet, und eines Tages kam ein Gedicht mit der Post, und als ich das las, wußte ich, es war ein Song, den ich singen mußte.«

Allmählich klang es wie eine der endlos sich windenden Dylanschen Balladen: »Went to Italy inherited a million bucks …«

Zum Schluß war er total lieb. »Wenn du mich jemals brauchst oder ich dir helfen könnte. Wenn es nur einen Weg gäbe …« Das sagte er wie eine Zeile aus einem seiner Lieder. In der Morgendämmerung fuhren wir ihn zurück in sein Hotel. Vielleicht in einem anderen Leben, dachte ich. Eines Tages kommt schon das Richtige dabei heraus. Aber es war wirklich Pech, denn ich vergötterte Dylan. Was soll ich groß sagen? Wenn in der griechischen Mythologie die Sterblichen den Göttern begegnen, gehen sie benommen und verwirrt von dannen.

Die verlorenen Jahre

BROKEN ENGLISH war zugleich abgründig und high-tech, deshalb glaubte ich, es würde in Deutschland gut ankommen. Binnen sechs Monaten bekam ich Platin. Wir hatten viel Zeit und Sorgfalt darauf verwendet, daß die Platte auf einer guten Anlage so sauber wie möglich klang, und 1979 wohnten nur in Deutschland und Skandinavien Leute, die genug Geld hatten, schnieke Stereoanlagen zu kaufen, auf denen sie auch die Schichten darunter hören konnten. In Großbritannien spielte das keine Rolle, denn sie hörten alle Radio One auf kleinen blechern klingenden Geräten.

Dann ging's los in die Staaten. Seit Jahren mein erster Ausflug nach New York. Es war ein phantastisches Gefühl, denn ich kam, getragen vom Erfolg einer wunderbaren Platte. Aber ich hatte auch eine Todesangst. Auf dem Kennedy-Flughafen war ich unfähig, meine Einreisepapiere auszufüllen; Ben mußte es für mich erledigen. Aber nicht wegen Drogen! Selbst ich wußte, daß man nicht haufenweise Drogen nehmen und eine Tour machen und eine Platte promoten kann. Zum erstenmal in meinem Leben stand ich kurz davor, akzeptiert zu werden als die, die ich war, und ich wurde extrem ängstlich. Anders als bei »As Tears Go By« blickte ich diesmal durch.

Nach den Jahren der Armut und des Kampfes war es eine Zauberreise für Ben und mich. In allen New Yorker Radiosendern spielten sie

»Why D'Ya Do It?«, mit Pieptönen bei gewissen Worten. Island Records brachte uns im Berkshire Place Hotel unter. Anita besuchte uns. Sie freute sich schrecklich über meinen Erfolg, sie identifizierte sich damit und nahm an meiner Freude teil.

Dann kam der Moment meines Triumphes. Ich sollte bei *Saturday Night Live!* auftreten! Bis zum Abend war auch alles wunderbar, selbst die Kostümprobe verlief einwandfrei. Ich sah gut aus, ich fühlte mich großartig. Dann aber lagen auf einmal alle meine Nerven blank, ich war wie gelähmt, und Miller Mundy hatte nichts Besseres zu tun, als mir wie der Leibhaftige giftige kleine Spitzen ins Ohr zu zischen: »Heute abend kommt's drauf an. Warner Brothers ist komplett hier! Die Leute sind aus Kalifornien hergeflogen. Sie sind einzig und allein da, um dich zu sehen. Alle. *Tout* New York. Wenn du das schmeißt, ist deine Karriere zu Ende!«

Ich taumelte noch von diesem Beschuß, da bekam ich eine Nachricht von Mick, der mir alles Gute wünschte und fragte, ob er hinterher backstage kommen könne. Gott, nein! Bei dem bloßen Gedanken, daß er im Publikum saß, wurden mir die Knie weich. Jetzt könnte ich ein bißchen künstliche Energie gebrauchen, die mir durchhalf, dachte ich und fragte eine der Back-up-Sängerinnen, ob sie wüßte, wo ich Koks herkriegen könnte. Sie war die letzte, die ich hätte fragen dürfen, sie hatte mich ja schon auf den ersten Blick gehaßt und verstand eh nicht, was ich überhaupt hier wollte. Aber ich war verzweifelt. Sie brachte mich zu jemandem, und der kleine Wichser verkaufte mir Prokain, das einem die Stimmbänder betäubt. Als ich den Mund öffnete, um zu singen, kam ein seltsames, ersticktes Flüstern heraus. Ich hatte meine Stimme verloren. Es war ein Augenblick schieren Entsetzens.

Es gibt Leute, die behaupten, es sei eine der faszinierendsten Livesendungen gewesen, die je im Fernsehen ausgestrahlt worden sind. Das reinste Living Theatre. Und das verdammte Ding wird auch noch dauernd wiederholt! Aber so wollen mich manche Leute eben gern sehen. Die irre, hoffnungslose Junkiefrau. Selbst wenn man es großzügig betrachtete, ich hatte es spektakulär geschmissen.

Miller Mundy hatte die Rolle des persönlichen Folterers und päpstlichen Gesandten des arrogant-autoritären Patriarchats übernommen. Man sagte mir nichts anderes, als daß ich der letzte Dreck sei, und langsam glaubte ich es selbst. Wütend und verzweifelt wandte ich mich an die Göttin, und das war in diesem Augenblick zufällig Anita, wie meistens damals, wenn auch in ihrer Manifestation als Kali. Bis zu dieser Nacht hatte ich mich von Smack ferngehalten. Nun kam's auch nicht mehr drauf an.

Nach einem solchen Desaster bleibt einem doch nichts anderes übrig als zu sagen: »Ich wollte es! Und ich tue es, verdammt noch mal, wieder, wenn ich Lust dazu habe!«

Was mir Anita so lieb und teuer macht, ist, daß sie auf so etwas total abfährt. In der Garderobe bei *Saturday Night Life!* lief sie zu grandioser Form auf: »Ja, ja, Darling! Jetzt mußt du aber auch bis zum Letzten gehen! Vergiß die Scheißplattenfirmenidioten mit ihren Scheißgolfkarren und ihren heißen Badewannen! Du bist eine Punkdiva, und wie Mohammed mußt du nun zum Mecca des Punk gehen.«

»Hm, ja, Anita, Darling, aber ...«

»Kein Aber! Heute abend gehst du in den Scheiß-Mudd Club, Mann, das versteht sich doch von selbst!«

»Bitte, Anita, das fehlt gerade noch! Erbarmen!«

»Überleg nicht lange, Baby. Es wird irre, Mann. Ich will dein Höllenengel sein. In dem Augenblick, in dem du ›Sister Morphine‹ singst, gehe ichs auf Damenklo und setze mir einen Schuß.«

Entsetzlich, aber lustig! Und Miller Mundy würde es endgültig den Verstand rauben. Auf der Stelle nahmen wir ein Taxi und fuhren in den Mudd Club. Ich wackelte auf die Bühne und klammerte mich an eine der Säulen. Bei *Saturday Night Live!* war ich zu horrormäßig drauf gewesen, um zu hören, wie meine Stimme klang. Nun konnte ich sie hören. Sie war völlig in Ordnung, weder quakig noch heiser, nur sehr schwach. Ich flüsterte den Text, als riefe ich meine verlorene Stimme, bestellte sie zu mir. In dem ehrfurchtgebietenden Ambiente des Mudd Club klang es wie eine Beschwörung. Nicht jeder wußte das zu schätzen. Miller Mundy, der am Mischpult saß, stürmte nach dem ersten Song hinaus wie eine gereizte Ratte. Nach ein paar Liedern kam ich zu »Sister Morphine«. Als die Band die ersten Takte des Intro spielte, hörte ich eine laute teutonische Stimme von irgendwoher hinter der Bühne rufen: »So, und jetzt setze ich mir einen Schuß!« Es war die Hölle.

Nach der Show ging ich mit Anita nach oben. Wir ließen uns auf einer abgewetzten viktorianischen Couch nieder und schauten uns auf einem großen Sonybildschirm Videos von alten Stoneskonzerten an, wie Schulmädchen, die ihre Lieblingsband angucken. Wir genossen es ja auch beide, mit der Presse zu spielen. Ich war und blieb die Frau, die Mick Jagger zerstört hatte und sich immer danach verzehren würde, daß ihr Märchenprinz zurückkam, und Anita spielte eine ähnlich schrille Rolle: die Vorstadtscheidungswitwe, die sich ständig beklagt, daß sie nicht genug Unterhalt für die Kinder kriegt.

Broken English veränderte mich in den Augen des Betrachters, aber es änderte wenig an meinem alltäglichen Leben. Ben und ich kehrten nach England in unsere Mistbude zurück. Es dauerte zwei Jahre, bis wir das erste Geld von der Platte sahen.

Meine Beziehung zu Ben verschlechterte sich drastisch. Am Anfang hatten wir uns prächtig verstanden. Wir waren gleich pleite, gleich abgefuckt, gleich ratlos. Und dann wurde in ein paar Jahren alles radikal anders. Der Erfolg, die Aufmerksamkeit, alles konzentrierte sich auf mich, was jede Menge Spannungen zwischen uns verursachte. Es war albern und unreif, aber Ben war sogar noch alberner und unreifer als ich (wenn das möglich ist).

Beziehungen haben die widerliche Angewohnheit, sich umgekehrt zu wiederholen; was einem in einer Beziehung angetan wird, läßt man nach Kräften an dem Menschen aus, mit dem man danach zusammen ist. Ich behandelte Ben weitgehend so, wie Mick mich behandelt hatte, und zum Schluß sah Ben mich als die Tyrannin, die mehr Geld, mehr Macht und mehr Einfluß hatte als er, und dafür haßte er mich.

Nach dem Erfolg von *Broken English* muß ich mich Ben gegenüber absolut rücksichtslos verhalten haben. Und nur weil zufällig ich jetzt die Oberhand hatte. Ich benahm mich immer noch wie ein Kind, obwohl ich doch durch haargenau die gleiche Situation gegangen war.

Den Alltagskram packte ich überhaupt nicht, zum Teil, weil ich permanent breit war. Die ganze Zeit ging es nur um Musik, und auch die versank in unserer Drogenlethargie. Wir gingen kaum aus, hätten aber im Grunde dringend eine Verbindung zur Außenwelt gebraucht – jemanden, der sich mit Plattenfirmen und Supermärkten auskannte.

Da tauchte eines Tages ein hübsches Mädchen namens Kate Hyman auf meiner Türschwelle auf. Sie hatte *Broken English* gehört und war wahrhaftig aus L.A. gekommen, um sich mir zu Füßen zu setzen. Sie behauptete, sie würde alles tun. Ob sie für mich arbeiten könne? Ich gab ihr eine lange Liste von Büchern – *Madame Bovary, Kusine Lisbeth, Rot und*

Schwarz, Gefährliche Liebschaften – und schob sie zur Tür hinaus. »Wenn du die gelesen hast, kannst du wiederkommen und für mich arbeiten.« Das fand ich reichlich grotesk, aber ich mußte herausfinden, ob wir aus gleichem Holz geschnitzt waren. Eineinhalb Wochen später kam sie zurück und bestand den Test. Nachdem wir also ihre literarischen Qualifikationen für ausreichend befunden hatten, machten wir sie mit unserem Medizinschränkchen bekannt, das mittlerweile im wesentlichen aus Smack und Koks bestand. Sie wurde bald von Island angestellt – angeblich, um sich um mich zu kümmern, in Wirklichkeit, um ein wachsames Auge auf mich zu halten. Wir zogen ein paar Linien und lachten uns ins Fäustchen. Island gab mir damals vierhundert Pfund in der Woche. Kates Job war es, sie jeden Freitag abzuholen. Am Samstagnachmittag oder spätestens Sonntagmorgen waren sie weg.

Kurz bevor ich meine nächste Platte *Dangerous Acquaintances* begann, bekam ich einen neuen Manager, Alan Seiffert. Wahrscheinlich dachten sie, er sei der ideale Agent für mich, weil er einige der schwierigsten Frauen auf Erden managte – unter anderem Sarah Miles und Vanessa Redgrave. Er machte seinen Job gut, aber in jeder anderen Hinsicht war er schrecklich. Ein dröger, bürgerlicher Popmusikmensch. Als er sah, wie (und mit wem) ich lebte, war er schockiert. Er besorgte mir einen Vorschuß und eine Wohnung in Battersea. Und von nun an gestalteten sich die Dinge mit Ben wirklich fies.

Seiffert sah nicht ein, warum Ben überhaupt dabei war. Die Leute hielten Ben alle für einen Schmarotzer, eine Belastung. Er wurde immer ausgeschlossen. Wenn wir etwas von Bens Sachen auf eine Platte haben wollten, mußten wir es draufschmuggeln, und allmählich hieß es immer wieder: »Gut, aber als erstes mußt du ihn abstoßen.« Am laufenden Meter wurde Ben gedemütigt. Chris Blackwells Sekretärin buchte mich im Flugzeug in der Business Class und Ben in der Economy! Es ging immer weiter bergab mit ihm, anständig hätte er sich gar nicht mehr aus der Affäre ziehen können. Und ich rührte keinen Finger, um ihm zu helfen. Der einzige Ausweg für Ben war (genau wie für mich), zu gehen. Aber wegen unserer Drogenabhängigkeit lag das in weiter Ferne.

Chris Blackwell hatte uns eine Tonne Geld als Vorschuß für mein nächstes Album gegeben, und wir hatten alles auf den Kopf gehauen. Hauptsächlich für Drogen und Klamotten. Unsummen für Drogen. Und wir hatten keine Note zum Herzeigen. Wir saßen in unserer Souterrainwohnung vor dem weißen Blatt Papier und mußten am nächsten Tag ein Demoband abgeben. Kate mußte drei neue Songs zu Island bringen, sonst hätten sie uns keine Vorschüsse mehr gegeben. Wir besorgten uns eine Flasche Whisky von Roy, Keith Richards' Aufpasser. Dann setzten wir uns in die Küche, schmissen die TEAC-Bandmaschine an und hatten binnen weniger Stunden drei Songs im Kasten. Schlecht aufgenommen, aber appetitanregend. Die ersten beiden waren »Intrigue« und »In The End«. Bei dem letzten lese ich zu musikalischer Hintergrundbegleitung Valmonts berühmten Brief aus den *Gefährlichen Liebschaften,* in dem er sagt: »Ist Ihr Herz gebrochen, so ist es nicht meine Schuld. Nehmen Sie sich einen anderen Liebhaber, so wie ich mir eine neue Liebhaberin genommen habe ...« Wir waren höchst zufrieden mit uns.

Kate lieferte das Band bei Blackwell ab, und er händigte ihr den heißbegehrten Scheck aus. Das war immer toll bei ihm. Er gab einem immer erst den Scheck und hörte sich dann das Band an. Als er ein paar Stunden später die Aufnahmen gehört hatte und überzeugt war, daß er sie grauenhaft fand, rief er an.

»Warte, ich hole mir nur schnell eine Zigarette, Darling. Ich will unbedingt wissen, wie du sie findest.«

»Marianne, ich muß dir sagen ...«

»Oh, Darling, sag nichts. Gefallen sie dir denn kein winziges bißchen?«

»Ich finde sie unerträglich! Grauenhaft!«

»Himmel, warum denn?«

»Sie sind so deprimierend, Marianne.«

»Hm, mein Lieber, *Broken English* war auch nicht gerade lebensbejahend, und es gefiel dir.«

»Da sprühten aber wenigstens noch ein paar Funken. Da waren Energie und Wut drin, Marianne. Das hier ist schlicht und ergreifend deprimierend.«

Da verstand ich, wo das Problem lag. Blackwell wollte, was alle wollten: noch ein *Broken English.* Noch mehr Wut, Zorn, weibliche Haßtiraden. Die Platte verkaufte sich, sie verkaufte sich sehr gut, natürlich wollten sie mehr von dem Zeug. So wie die Beach Boys Sommer und gute Laune waren, sollte ich die geifernde Xanthippe des Pop werden. Aber ich war weitergezogen, ich hatte das Wut-Lust-Stückchen hinter mir und wollte nun andere Emotionen erforschen: Zärtlichkeit, Intrigen, Verrat, Klaustrophobie.

Als Band waren wir allerdings gänzlich lustlos. Wir waren in einer veritablen Flaute. Das sah Miller Mundy sehr deutlich und fürchtete, wenn wir weiterhin so richtungslos dahintrieben, würde sich alles in Wohlgefallen auflösen. Es mußte etwas Drastisches geschehen. Seine Lösung war, uns alle aufs Land zu verschicken. Sehr unpraktisch angesichts unserer fortgeschrittenen Abhängigkeit von chemischen Substanzen. Zwischen London und Oxfordshire setzte ein reger Transportverkehr ein. Um drei Uhr morgens riefen wir unseren Dealer an. »Wir brauchen ein bißchen Kräutermedizin, Mann. Könntest du ..., bitte? Du bist ein Schatz. Wann kannst du hier sein?« Und vergelt's ihm Gott, er stieg ins Auto und fuhr mit allem Notwendigen los, hauptsächlich Koks und Downers.

Außerdem schleppten wir kistenweise den Wodka aus der Bürobar unseres neuen Managers Alan Seiffert ab. Kate als die auserwählte Verantwortliche besaß die Schlüssel. Da hockten wir dann in Chipping Norton, tranken Screwdrivers, lasen Balzac und hauten wie die Wilden unsere Texte raus, wie das dann so ist.

Ich hatte einen bildschönen Kater dabei, er hieß Herodes. Er kam überallhin mit, Herodes war mein Vertrauter. Er schlief immer auf meinem Bett, aber eines Nachts wachte ich auf, und er war weg. In langem, wallendem Nachthemd, eine Kerze in der Hand, tappte ich wie ein Gespenst in Kates Zimmer. Kate schlief den Schlaf der Gerechten.

»Steh auf, Kate, wach auf! Du mußt mir helfen, Herodes zu suchen.«

»Herodes geht's gut, Marianne. Er ist ein Kater, der muß auch mal auf Wanderschaft. Geh wieder ins Bett.«

»Herodes ist weg. Weißt du, was mir passiert, wenn Herodes verlorengeht?«

»Nein, Marianne, was?« Sie war ärgerlich, aber nun wenigstens interessiert.

»Herodes hat meine Seele, Kate, und wenn ich die nicht zurückbekomme, bin ich verloren!«

»Bitte, Marianne, nicht heute nacht. Ich bin todmüde, ich bin betrunken, ich glaube, ich bin tot.«

»Herrgott noch mal, steh auf! Ohne Herodes bin ich verdammt!«

In Nachthemden und Gummistiefeln durchstreiften wir die taunassen Felder, die Kerze warf ein spukhaftes Licht auf das Korn.

»Herodes! Herodes!« schrien und jammerten wir gespenstisch. Nun hatte es auch Kate gepackt. Hunde bellten, Eulen schrien, von Herodes keine Spur. Nach mehr als einer halben Stunde hörten wir plötzlich eine schwache kratzige Stimme.

»Mariaaaanne! Mariaaaanne! Mariaaaanne!«

»Das ist er!«

»Mariaaaanne, ich bin hier!«

»Kate, Kate, ich wußte immer, daß er sprechen kann!«

Kate nickte voller Ernst. »Er ist ein Zauberkater«, flötete sie. (Argumentier nie mit einer Verrückten!) In dem Zustand waren wir damals: sprechende Kater, Fliegende Untertassen und kleine Männchen, die sich mit Färberwaid anmalen.

Ohne ein Wort der Erklärung tauchte am nächsten Morgen ein sehr verdreckter Herodes wieder auf. Fellstückchen fehlten ihm, die Schnurrhaare waren abgeknickt. Offenbar hatte er ausgiebig einen draufgemacht.

Nach kurzem Landaufenthalt drehten wir alle durch. Die schiere Langeweile setzte ein. Die Band – ohne Freundinnen, Clubs, Neonlichter – fühlte sich einsam und wurde sehr verdrossen. Ben war eifersüchtig und unglücklich, und ich verlor meinen Scheißverstand.

Zum Teufel mit der Platte, besuchen wir jemanden. Ich zog los, um verschiedene Freunde, entfernte Bekannte und Royals zu besuchen, die in der Nähe wohnten. Hatten Ben und Sarah Wordsworth nicht gesagt, Prinzessin Margaret werde ein paar Tage bei ihnen in ihrem Haus in Gloucestershire verbringen? Ich mußte sie sehen. Margaret hatte ich immer geliebt, sie war die Unartige. Wie weit mochte es sein? Ich nahm ein Taxi. Der Hinweg allein kostete mich einhundert Pfund. Na ja, dafür sind Spesen schließlich da, oder? Es war ein weiter Weg, aber ich fühlte mich, als sei ein königlicher Befehl ergangen. Ich hege durchaus romantische Vorstellungen über ein England, das vermutlich mit den Tudors und den Plantagenets zu Ende gegangen ist. Shakespeares England und meins.

Als ich ankam, steckte Margaret in dem klassischen Outfit für das Wochenende auf dem Land; Twinset und Perlenkette. Einfacher Kaschmirpullover, Strickjacke darüber und Tweedrock. Sehr fünfziger Jahre, aber das trägt man in Balmoral zur Moorhuhnjagd am Wochenende. An meiner Reaktion muß sie gemerkt haben, daß ich ein wenig enttäuscht war. Ich hatte zwar nicht erwartet, von jemandem in Rüschen, Reifröcken und Siegelringen begrüßt zu werden, aber eine Shakespearesche Königstochter wollte ich schon sehen. Nachdem sie mir einen Gin-Tonic und einen Platz vor dem Kamin angeboten hatte, entschuldigte sie sich, ging nach oben, zog sich um und kam zurück in ihrer königlichen Gestalt. Behangen mit ihrem Smaragdschmuck und Ohrringen, smaragdgrünes Seidenkleid, eine Prinzessin. Ich war entzückt.

Sie schien ganz nervös zu sein, mich zu treffen. Erwartete wahrscheinlich ein vollkommenes Monster. Sie sprach, als hätte sie eine heiße Kartoffel im Mund (wie alle Royals), doch sie war sehr witzig und einen Hauch boshaft. Trotzdem entsetzlich vornehm. Wir redeten über Nurejew und Shakespeare, und sie erzählte harmlose kleine Geschichten, in denen »meine Schwester, die Königin«, Corgies, königliche Stallmeister und die Fauxpas ausländischer Würdenträger vorkamen. Alles in etwas mokantem Ton, aber sie ist bei weitem keine Klatschbase. Sie kaute Fingernägel, das munterte mich doch gleich auf. Ich fand es toll, daß sie, total in Schale geworfen, in einem Stuhl saß und plauderte, als sei es das Normalste der Welt.

In der Zwischenzeit gelangte kein Lick aufs Band, das es wert gewesen wäre, der Nachwelt erhalten zu bleiben. Die Jamsessions mit Steve Winwood waren wahnsinnig, aber wenn es ans Aufnehmen ging, verflüchtigte sich alles. Ob es an der Apathie lag, an Disziplinlosigkeit oder Miller Mundys hirnverbrannten Anweisungen (»Jungs, ich will, daß es eher klingt wie … hm … Lemminge, die ins Meer fallen.«), keiner kriegte etwas auf die Reihe.

Nachdem Miller Mundy die Band an den Rand des Wahnsinns getrieben hatte, ging er selber aus dem Leim. Er fing an, Hände voll Valium zu schlucken. Dann schloß er sich in seinem Zimmer ein, weigerte sich herauszukommen und stieß durch die Tür gedämpfte Drohungen aus. Nach ein paar Tagen tauchte er paranoid und wackelig wieder auf und feuerte ein Bandmitglied nach dem anderen. Jeden Tag kam er ins Studio und setzte jemand neuen an die Luft. Zuletzt Barry, und da war die Band futsch. Und dann, logisch, schmiß er mich raus!

Das war's dann in Chipping Norton gewesen. Wir machten die Platte in dem düsteren, fensterlosen Verließ von Studio in London, wo wir uns alle heimisch fühlten.

Dangerous Acquaintances war das erste Album, auf dem ich die Texte zu allen Liedern selbst geschrieben hatte. Barry komponierte die meisten. Der große Fehler war ironischerweise, daß wir auf unsere eigene chaotische Art versucht hatten, eine kommerzielle Platte zu machen. *Dangerous Acquaintances* kam ungefähr eineinhalb Jahre nach *Broken English* heraus.

Broken English hatte uns zwar (noch nicht) reich gemacht, brachte uns aber haufenweise unerwünschtes Interesse von den Bullen ein. Sie sind wirklich allesamt klammheimliche Plattenrezensenten und Wächter der öffentlichen Moral. Ich bin überzeugt, wäre es ein reuetriefendes oder nettes, kleines Trallala-Folkalbum gewesen, hätten sie uns nicht einmal belästigt. Als sie auf *Broken English* aber Worte vernahmen, die »Ladies« nicht benutzen, sagten sie sich: »Sie führt wieder Übles im Schilde. Besser, wir schaun uns das mal genauer an, Jungs. Denn eins ist sonnenklar, wenn eine Frau schmutzige Worte benutzt, ist garantiert auch anderes im Gange.«

Sie machten ständig Haussuchungen bei uns. Wenigstens einmal im Monat. Das ist schrecklich viel, besonders wenn man nicht dealt und bloß ein bißchen Haschisch raucht und ab und zu was Weißes nimmt. Sie waren überzeugt, daß Ben und ich zuallermindest einen Koksring schmissen. Wenn sie uns überraschten und nichts Inkriminierendes fanden, kamen sie auf die fixe Idee, daß wir unsere Vorräte in der Wohnung über uns aufbewahrten. Die gehörte einem lieben alten Mädchen namens Missy. Und so nahmen sie auch Missys Wohnung auseinander. Missy war aus Knoxville, Tennessee, und hatte in ihrem ganzen Leben noch keine Drogen genommen. Sie war auf Bourbon und Leitungswasser.

Grauenhaft war das, aber nicht so schlimm. Mal fanden sie Haschisch, mal überhaupt nichts, mal Heroinspuren. Winzig kleine Krumen, mikroskopische Spuren, 0,00014 Milligramm Heroin. Ich war User – wenn ich Drogen hatte, verbrauchte ich sie! Dieses winzige Stäubchen hat mir viel Ärger eingebrockt, ich hatte auf Jahre hinaus Reiseschwierigkeiten.

Wenn die Polizisten Bericht über die Razzia erstatten mußten, unterließen sie es vor Gericht nie, ihren Horror angesichts des Zustandes unserer Wohnung zu erwähnen: »Die Wohnung ›der Personen‹ war in einem Zustand der Verwahrlosung, der jenseits meiner Beschreibungsfähigkeiten liegt, Euer Ehren. Ekelerregend war es, sie tun nichts als Drogen nehmen und im Dreck leben. Wirklich, sie leben wie die Tiere.«

Die Polizei schikanierte uns auch deshalb ständig, weil sie immer die Wahnvorstellung hatte, ich müsse im Zentrum aller möglichen großen Rauschgiftdeals und ruchloser Unterweltmachenschaften stehen. Sie suchten eine Schundromanfigur, eine Hippiespinnenfrau, den führenden Kopf der Drogenszene in Chelsea. Und das sollte ich sein!

Eine Zeitlang wohnte ich in Hay-on-Wye an der Grenze zu Wales in dem Haus eines passionierten Buchhändlers namens Richard Booth. Kistenweise wurden Bücher hinaus- und hineintransportiert. Und, wie es der Zufall so wollte, kurz nachdem ich dort hingezogen war, entdeckte die Polizei, daß in Wales LSD hergestellt wurde. Sie brachten meine Anwesenheit in Wales und die LSD-Fabrik in Verbindung, und ich wurde die Acid Queen von Wales! Wahnsinn! Sie glaubten, Richard und ich verschifften bergeweise Acid. Nachdem sie dann wochenlang Bücher über die Astralebene, die Anrufung der Göttin und den Kontinent Mu ausgepackt hatten, gaben sie auf. Es war so tief in ihnen verwurzelt, daß ich begriff, ich konnte dem nur ein Ende bereiten, wenn ich England verließ.

Um *Dangerous Acquaintances* zu promoten, organisierte Alan Seiffert eine Tour durch Amerika, die sehr gut lief. Zum erstenmal, seit wir »Why D'Ya Do It?« und »Broken English« im Dingwalls gemacht hatten, probierte ich Material von *Broken English* auf der Bühne aus. Zu der Platte hatten wir keine Promotionstournee gemacht, weil Chris Blackwell Barry nach Nassau abkommandiert hatte, damit er dort mit Grace Jones, Black Uhuru und Joe Cocker arbeitete, und ohne Barry konnte ich nicht auf Tour gehen. Es stellte sich heraus, daß die Stücke von *Dangerous Acquaintances* live viel besser funktionierten als auf Platte.

Mit England war ich am Ende meiner Geduld. Eines Tages drehte ich den Fernseher an. Auf dem einen Sender zeigten sie die Gefallenenlisten von den Falklandinseln und auf dem anderen den Papst, der im Wembley-Stadion spielte. Da dachte ich nur, ich muß hier raus, keine Minute länger kann ich in diesem Land leben.

Ich ging nach New York und begann ein seltsames Leben mit Ben. Wir fanden eine Wohnung auf der East 18th Street, zwischen Second und Third. Nach anfänglichem riesigen Kulturschock kriegte ich bald mit, daß die Leute in New York sogar verstanden, was ich machte. Das Gefühl hatte ich in England nie gehabt.

Die Sache mit Ben läpperte weiter vor sich hin. Ich erwartete keine Liebe von ihm. In der Welt der Drogensüchtigen ist Liebe nicht die gängige Währung. Ich erhoffte aber Kameradschaft. Ich nahm immer mehr Koks, und Ben wurde im wesentlichen mein Aufpasser. So geht's, wenn die beiden Menschen in einer Beziehung kaputtgehen. Aus Liebe wird gegenseitiges Aufpassen. Wir waren erst ein paar Monate in New York, da wurden die Prozesse wegen der Drogenfunde in unserer Wohnung anberaumt, und ich mußte nach London vor Gericht. Das war wie eine erneute Razzia. Ben ging jeden Tag mit mir hin, weil er eine Heidenangst hatte, daß ich aufstehen und sagen würde, es seien seine Drogen gewesen (was zutraf, aber das würde ich doch niemals vor Gericht sagen.) Ich wurde für schuldig befunden – wegen Haschisch und Heroinspuren. Die Höchststrafe waren 100 Pfund. »Schuldig. Bezahlen Sie 100 Pfund an Soundso. Der Nächste!«

Wieder in New York, überlebten wir mit Koks und Smack. Mir war's recht, ich war so selbstsüchtig. Ich erinnere mich, wie ich einmal nach Hause kam und Ben zusammengerollt auf der Couch lag. Der Schmerz hatte sich in sein Gesicht gegraben, man sah regelrecht, wie er aus ihm herausströmte.

Im Sommer kam Nicholas, der mittlerweile siebzehn war. Schöne Ferien in New York bei seiner Mutter – für ihn muß es der pure Horror gewesen sein. Ich holte ihn mit einem Wagen vom Flughafen ab, und kaum war er eingestiegen, bot ich ihm auf dem Rücksitz eine Linie Koks an. Er zog die Augenbrauen hoch, rümpfte die Nase und sagte: »Marianne, wo denkst du hin? Natürlich nicht!« Während seines gesamten Aufenthalts war ich total zugeknallt. Ich saß von früh bis spät vor der Glotze und kochte abends nur deshalb was zu essen, weil Nicholas da war.

Zwischen Ben und mir wurde es immer schlimmer. Es dauerte ewig, bis es zu Ende ging. Es war unendlich schmerzhaft, beschämend, tödlich. In New York nahmen wir immer mehr Drogen, wir hatten Phasen ohnmächtiger Passivität. Aber ich hatte die Tour gemacht und die

Platte und bereitete nun eine neue vor, *A Child's Adventure.* Da begann Ben mit Christina Monet zu arbeiten. Sie war die Frau von Michael Zilkha, dem Inhaber von Z Records, der sich rühmte, Madonna entdeckt zu haben. Ben vögelte Christina und brach mir das Herz. Entsetzlich, und so demütigend. Es lief schon eineinhalb Jahre, als ich es erfuhr. New York ist ein Dorf, alle wußten es, nur ich nicht. Eines Tages ertappte ich sie in flagranti. Christina war Sängerin, und weil Ben ihr erzählt hatte, er sei der Schlüssel zu meinem Erfolg, dachte sie wahrscheinlich, daß er das auch für sie sein könne. Sie entblödete sich nicht einmal, »Why D'Ya Do It?« zu machen.

Ich wußte, es war zu Ende mit Ben. Aber ich hatte ja immer Probleme gehabt, mich aus Beziehungen zu befreien. Ich lernte nie, auf eine auch nur halbwegs normale Weise loszulassen. Ich dröhnte mich immer nur so hackevoll wie möglich.

Das Elend, unfähig zu sein zusammen zu leben, sich aber auch nicht trennen zu können, wurde immer schlimmer. Ben hat mir später einmal erzählt, er habe oft gehofft, ich stürbe, weil das die Sache einfacher gemacht hätte. Ein sehr verbreiteter Wunsch in einer solchen Situation, weil man dann den Tod des Menschen, den man einmal geliebt hat, betrauern kann. Der Realität dessen, was abläuft, braucht man sich nie zu stellen. Ich bin sicher, Mick hat es auch gehofft.

Bei *A Child's Adventure* begann ich, sehr eng mit Chris Blackwell zusammenzuarbeiten. Produziert wurde die Platte von Barry und Wally Baderou. Ich merkte, daß ich mich mit Chris richtig anfreunden konnte. Und versuchte dann, aus meinem Vertrag mit Miller Mundy herauszukommen. Blackwell mochte mich allmählich, begriff allmählich, daß ich was Sinnvolles machte. Er war bezaubernd, er liebte *Broken English,* wenn ich auch nicht sicher war, ob er es verstand. Aber die Verkaufszahlen waren riesig, und ich verstand meinerseits, daß man sein Zeug nur durchsetzt, wenn es sich verkauft. Die Stones durften einen Haufen Sachen machen, die niemand kapierte, nur weil sie in den Sechzigern bergeweise Platten verkauft hatten.

Blackwell lud mich nach Nassau ein. Nach ein paar Tagen dort kamen Barry und ich uns sehr nahe. (Und Barry gestand mir, daß er mein sprechender Kater oben im Baum gewesen sei.) Dann kreuzte Ben auf. Es gab kein Gespräch, keine Diskussion, doch er wußte Bescheid. Für ihn war es ein Scheidungsgrund – in der Hinsicht ist er sehr altmodisch unter all der Punk-Tünche ein richtiger Arbeiterklassenbursche aus Manchester.

Dann bekam ich endlich einen dicken fetten Scheck von Island. Neunzigtausend Pfund, meine Tantiemen von *Broken English.* Ein paar Dealer in New York jauchzten vor Entzücken. Im Handumdrehen verpulverte ich eine irrsinnige Geldsumme. Erneut gab ich alles für Klamotten und Drogen aus.

Und prompt tauchten die Dämonen wieder auf. Mein Selbsthaß wurde immer heftiger. Ich entwickelte die Wahnvorstellung, daß ich von etwas verseucht war. Eine Kokainpsychose. Eines Nachmittags ging ich ins Badezimmer und schaute mich im Spiegel an. Damals verbrachte ich mein halbes Leben im Badezimmer. Wenn die Leute mit mir reden wollten, mußten sie ins Badezimmer kommen. Das lag an meiner Fixierung auf den Spiegel – die schizophrene Erfahrung mit Brian war nicht umsonst gewesen. Wenn ich mich besonders stark unter Druck fühlte, schaute ich in den Spiegel, um zu sehen, wer ich war.

Wiederholt war ich von der Zwangsidee besessen, daß unter meiner Haut etwas kroch. Im Spiegel sah ich, daß Tausende wimmelnde, unter der Haut lebende Käfer jeden Moment durchbrechen konnten. Die Phobie wurde so schlimm, daß ich meinte, ich müßte die Viecher da herauskriegen, einerlei, wie. Ich nahm ein Rasiermesser und wollte einen Längsschnitt durch mein Gesicht legen, um die Haut abzuziehen. Ich machte nur einen winzigen Schnitt. Das Blut tröpfelte mir übers Gesicht, und ich schrie. In dem Augenblick kam Jay, einer meiner schwulen Freunde, sah, was ich da tat, und brachte mich davon ab. »Gott, Marianne, was fällt dir ein?«

Er schüttete einen Krug kaltes Wasser über mich. Da kam ich zu mir. Ich begriff, daß ich wahnsinnig geworden war, und flog am nächsten Tag nach Jamaika. Wie immer, wenn ich merkte, daß ich total von der Rolle war. Um abzukicken. Außerdem hatte ich eine Vorahnung, daß etwas wirklich Übles abgehen würde, und ich war keineswegs neugierig zu erfahren, was es war. Ich ging zu Blackwell und sagte zu ihm: »Ich muß sofort aus New York raus«, und er sagte: »Kein Problem, am Flughafen liegt ein Ticket für dich.« Ich stieg mit meinem Freund Dickey ins Flugzeug und flog nach Jamaika. Aus den beabsichtigten paar Wochen wurden sechs Monate. Ich kam von den Drogen runter, wurde clean und traf dort meine liebste Freundin Sally O. Und während ich dort war, ging in New York der große Jetset-Drogenskandal über die Bühne.

Etliche Damen und Herren der Gesellschaft waren hineinverwickelt. Und Ben. Im Zentrum der ganzen Chose stand Frin, mein Dealer. Ich geriet nicht hinein, Gott sei Dank, es hätte aber gut sein können, denn immer, wenn Ben in den Zeitungsberichten auftauchte, hieß es: »Marianne Faithfulls Mann in Jetset-Heroinring geschnappt.« Ein Reporter kriegte die Abhörbänder in die Pfoten, die *New York Post* brachte täglich Auszüge daraus. Endlose Mitschnitte von Ben, der am Telefon sagt: »Hi, Frin. Hast du was? Hast du noch von dem braunen chinesischen Stoff, Darling?«

Als ich aus Jamaika zurückkam, mußte ich zur Federal Plaza zum Verhör bei einem FBI-Menschen. Ich wußte nichts über Frins Deals, deshalb hatte ich nichts zu verbergen. Ich wußte nur, daß Leute für ihn zwischen den USA und Indien hin- und herflogen. Zum Glück hatte ich in dieser Zeit nur im Sinn, Lieder zu schreiben und mich mit Pillen zuzudrücken, alles andere interessierte mich nicht.

Ben wurde ausgewiesen. Ich blieb, aber es war eine schwierige Zeit angesichts einer weiteren Beziehung, die in die Brüche gegangen war, und meines ständigen Bedürfnisses, mich selbst zu zerstören. Ich war allein in New York, und dort allein zu leben war damals ganz schön herbe für mich.

Ich zog zu meiner Freundin Cynthia. Um die Dämonen, die mich umkreisten, abzuwehren, veranstaltete ich eine kleine Zeremonie, ich befestigte eine Adlerfeder an der Tür. Trotz der düster werdenden Atmosphäre und des zunehmenden Irrsinns geschah uns nie ein Unglück. Na ja, abgesehen von dem einen oder anderen Episödchen. Ein ausgeflippter Mexikaner zerhackte meine Schlafzimmertür mit einer Axt. Ich hatte mich gelangweilt, ihm was gegeben, und er entwickelte das leidenschaftliche Verlangen, mich zu schänden, was ich nicht wollte. Als die Polizei kam, gab ich ihnen Autogramme und merkte, wie jung sie waren.

So sehr ich auch in meinem faulen Drogenleben versackt war, einer guten Tat kann ich mich rühmen: Ich betätigte mich als Kupplerin. Als meine PR-Agentin Ellen Smith einmal in Cynthias Wohnung kam, um mir ein Flugticket zu bringen, war Frank Lauria, der Autor der Dr.-Orient-Bücher, zu Besuch da. Er kannte Ellen aus Tanger. Was gäben Ellen und Frank für ein nettes Paar ab, dünkte mir doch da. Ellen hatte mich zum Essen eingeladen, und nun bestand ich natürlich darauf, daß sie Frank miteinlud. Bei so etwas bin ich direkt, ich redete wie eine Mutter auf sie ein, die will, daß sich zwei Kinder verstehen.

»Ist Frank nicht intelligent?« sagte ich immer wieder beim Essen. »Ist er nicht interessant?« Und als ich ins Taxi stieg, zu Frank: »Sprich Italienisch mit Ellen!« Ich sah, wie sie zusammen über die Second Avenue gingen und Frank, ohne zu wissen, warum, Italienisch sprach. Und es klappte! Seit zehn Jahren sind sie zusammen.

Ich war viel mit »Baby Mink« de Ville und John Bryan zusammen (dem Typen, der in die Annalen der Geschichte eingehen wird als der Mann, der Fergies Zeh lutschte). Und dann tauchte eines Abends bei einer Party von Cynthia Mick mit Whitney Tower auf. Er war charmant und witzig, und es war, als sei die Zeit zurückgedreht. Aber ich war keine achtzehn mehr, und er war ein abgebrühter Trickser geworden. Er beobachtete mich ein bißchen und ging dann zu einer anderen Party.

A Child's Adventure war symptomatisch für ein tiefes physisches und psychisches Leiden. Es ist meine angstvollste Platte, ein wenig, als wenn ich riefe: »Helft mir! Holt mich hier raus!« Das ganze Album atmet die pure Hoffnungslosigkeit. Ein wenig verborgen von der munteren Produktion, aber sie liegt dicht unter der Oberfläche. Eins meiner Lieblingsstücke darauf, das ich sehr high geschrieben habe, ist »Ashes In My Hand«. Ich war verzweifelt und hatte nach den Vorstellungen des Zen fast die Ebene der Negativität erreicht. Alle Hemmungen, alle Scham waren geschwunden. Es ist genau nach dem Punkt, wo man es knüppeldicke bekommen hat: Alle Träume werden wahr und verwandeln sich sofort zu Asche in der Hand.

Einige Lieder schrieb ich mit Barry. Einmal ging ich voll Ideen, Wörtern und Bildern zu ihm, und als ich ankam, waren sie wie weggeblasen, mir fiel nichts mehr ein. Aber in der Wohnung gab es viele Gedichtbände. Die nahm ich und begann, hier ein bißchen was rauszunehmen und dort ein bißchen was rauszunehmen. Ich spielte mit verschiedenen Wendungen, getreu der Burroughsschen Cut-up-Technik. Es paßte auch perfekt zu meinem fragmentierten Zustand. Ich kleisterte ein paar zusammenhanglose Zeilen aneinander, und aus dem Wirrwarr begann ein Song zu fließen.

Außer für ein Lied schrieb ich alle Texte auf *A Child's Adventure.* »Falling From Grace« entstand aus den Gerichtsverfahren nach den Razzien. Als ich zurück in den Staaten war und zu schreiben begann, kam es heraus. Die Melodie hatte ich im Kopf. Es war in einem ulkigen Tempo, im 6/4-Takt, und es kostete mich einige Mühe, Barry dazu zu überreden. »Morning Comes« war im Grunde aus einem Emily-Dickinson-Gedicht geklaut, ich habe es mit Wally Baderou in Jamaika geschrieben. Ben kam dazu, legte ein bißchen Gitarre darüber und ging. Ich wollte ja, daß er mit meiner künstlerischen Arbeit nur noch so wenig wie möglich zu tun hatte. »Running For Our Lives« ist typisch für meinen Zustand damals, das Leben als endlose Flucht. Mittlerweile rannte ich vor allem davon, vor Ben, vor dem Erfolg, vor mir selbst. »Ireland« kam im Studio zustande, wir brauchten noch einen Song, und Barry begann ihn mit einem Riff.

Ich versuchte aufzunehmen, wie mein Leben damals war, mein Leben in New York. Deshalb ist auch »Times Square«, Barrys Song, auf der Platte, und der Song, den Ben mit Caroline Blackwood geschrieben hat und den ich sehr mag. Er heißt »She's Got A Problem«. »In the end will it matter if you're gone? Would I see whisky as a mother?« Es war eines ihrer Gedichte, die sie zu einem Song für mich umschrieb. Ben vertonte es. Das war das Letzte, was ich mit ihm machte. Dem Herrn sei's gedankt, dann trennten sich unsere Wege. Sonst hätten wir uns umgebracht.

Danach zieht alles sehr schnell an mir vorüber. Über einen Zeitraum von fünf Jahren in New York erreichte mein Selbsthaß den Siedepunkt. Ich war vermutlich ein stammelndes Wrack, meinte aber, ich zöge diese brillante Show ab, eine Drogensüchtige zu sein. Ich war immer kurz vor dem Zusammenbruch und machte doch diese tollen Sachen. Ich kann es kaum glauben, daß ich diesen Drahtseilakt so lange geschafft habe und produktiv geblieben bin. Aber nur allzubald sollte mein Kartenhaus in sich zusammenfallen.

Ich hatte ja schon eine Tonne Drogen genommen, aber erst, als ich in New York lebte, hatte ich Zugang zu so unendlich *vielen* Drogen, und dann auch noch zu welchen, die ich besonders gern mochte! Doch selbst damals – bis zum Ende – hielt ich mich bei Smack, soweit es ging, zurück, denn ich wußte, mit Smack konnte ich nicht umgehen.

Als die Platte erschien, machte ich ein Video zu der Single »Running For Our Lives«. Ich hatte einen gutaussehenden Franzosen in Paris aufgegabelt, er hieß Jean-Pierre und kam nach New York, nur um mich zu sehen. Ich nahm eine Menge Koks. Eines Nachts gingen wir in die Danceteria tanzen. Ich war es überhaupt nicht mehr gewohnt, mit Männern auszugehen; ich hatte so lange mein eigenes Leben gelebt, daß ich mich verhielt, als wäre ich allein – tanzte mit Leuten, lachte, flirtete. Jean-Pierre wurde rasend eifersüchtig und kriegte einen Koller, als wir wieder in meine Wohnung kamen. Er war ein ziemlich primitiver Junge aus Korsika, mit all den bäuerlichen Vorstellungen von Ehre und »seiner Frau«. Dann richtete er seine Wut gegen sich selbst, nahm eine Rasierklinge und schnitt sich in die Pulsadern. Überall war Blut. Ich war nicht sehr mitfühlend. Mit eiskalter Stimme sagte ich: »So geht's nicht!« und tat etwas, für das ich mich zutiefst schäme. Ich nahm zehn Dollar aus meiner Geldbörse, gab sie ihm, schrieb auf ein Stück Papier (er sprach ja kein Englisch): BITTE BRINGEN SIE MICH INS BELLEVUE HOSPITAL, und drängte es ihm mit den Worten auf: »Gib das dem Taxifahrer.«

Ich nahm Koks, schrieb Songs, und wenn mir nichts Besseres einfiel, ging ich ins Badezimmer und fummelte mir im Gesicht herum. Ich kaufte sehr viel ein. Vielleicht weil ich mich nur an weniges erinnern kann, kursiert aus dieser Zeit eine Anzahl Geschichten über meine Eskapaden, die ich auch kaum widerlegen kann. Angeblich war ich zum Beispiel mit Desmond und Penny Guinness bei Claus von Bülow, habe mich dort noch mehr zugedröhnt, ins Schlafzimmer begeben, Sonny von Bülows umwerfende Schuhkollektion entdeckt und angefangen, ein Paar nach dem anderen anzuprobieren. Dann sank ich darnieder und wurde auf dem Bett liegend gefunden, an den Füßen Paar Nummer 57.

Einmal buchte ich eine Loge in der Met und nahm ein paar komplett zugekokste Freunde mit in den *Rosenkavalier.* Ich hielt es für eine hübsche Idee, aber es war ein Spuk – wir konnten alle nicht stillsitzen. Wenn man so high ist, ist es schon Folter, einen Film anzuschauen.

Die langweilige Version von mir aus der Zeit ist eine total dumpfe Marianne, die von Ort zu Ort taumelt und von Leuten in ein Taxi gepackt wird. Ich aber glaubte natürlich, ich käme doch im großen und ganzen ganz nett allein zurecht. Und bezahlte dann voll high die Taxis mit Hundertdollarscheinen, die ich für Zehner hielt, hatte irgendwo einen Filmriß und wunderte mich, wie ich nach Hause gekommen war.

Ich flog oft in die Karibik. Dort nahm ich keine Drogen, kriegte mich wieder in die Reihe und wurde ein bißchen clean. In Jamaika oder Martinique bei José. Auf eine bestimmte Weise war es ja auch eine wunderschöne Zeit.

Als das Geld knapp wurde, mußte ich etwas unternehmen und machte 1983 eine lange Tournee mit dem Bus durch Kanada und die Staaten. Geld für Kleider hatte ich nicht mehr, was aber kein Problem war, denn ich erstand im Trödel einen Smoking und präsentierte mich als die Marlene Dietrich des Pop. Auch die Unterbringung war nicht luxuriös. Wir hatten einen winzigkleinen Bus, und mit dem Schlagzeug, den Verstärkern, Gitarren und Mikroständern war das Quartier doch recht beengt – wir fühlten uns wie in einem U-Boot. In Texas kam Cynthia dazu. Und ach du Scheiße, kam sie nicht mit zehn Koffern (und einem sehr großen Menschen) an? Von Klappbett wollte sie nichts hören, sondern beschlagnahmte prompt mein Schlafzimmer. Es war nicht leicht gewesen, aber ich hatte endlich eine Freundin gefunden, die egozentrischer war als ich.

Die Tournee endete in San Francisco. Am Tag meiner Ankunft buchte Yoko Ono ein Zimmer im selben Hotel. Als ich von dem Gig zurückkam, lagen eine Schachtel Pralinen und eine Nachricht von Yoko da: »Willkommen in San Francisco, Marianne! Ich würde dich so gern sehen, vielleicht können wir Tee zusammen trinken. Würdest du mich bitte anrufen? Ich bin in Zimmer soundso. Gruß, Yoko.« Eine freundliche Nachricht. Zu freundlich, dachte ich. Cynthia sprang auf und ab: »Yoko Ono! O mein Gott, Marianne, Yoko will uns treffen! Ist das nicht toll?«

Woraufhin ich sagte: »Nein, ist es nicht. Es ist ein böser Zauber. Wir müssen sofort hier raus. Pack deine Koffer! Bring die Sachen ins Auto!« In der Nachricht steckte etwas, bei dem ich an Hänsel und Gretel denken mußte, obwohl ich keine Ahnung hatte, ob Yoko uns Drogen gegeben hätte. Das hatte uns gerade noch gefehlt! Wir waren zufällig auf einem Gesundheitstrip, auf dem Weg in einen Kurort! Hätte sie geschrieben, »Ich treffe euch in der Bar« – in dem Hotel war eine tolle Redwood-Jugendstilbar –, hätte die Sache anders ausgesehen.

Später ist Yoko zu meinem Auftritt im Bottom Line gekommen, und ich muß sagen, ich schmolz dahin, als sie nach der Show hinter die Bühne kam und mir erzählte, daß John Lennon meine Version von »Working Class Hero« sehr gefallen habe. Forthin war ich ein großer Fan von Yoko.

Wir mieteten uns ein Auto, und dann hieß es »Gas geben!«, wir schauten nicht zurück. Auf dem Weg zur Sonoma Mission Inn fuhren wir durch ein düsteres Stück Gestrüpp.

»Gott, Cynthia, was ist los? Es ist ja plötzlich so dunkel hier«, sagte ich. »Wo zum Teufel sind wir?«

»Das weißt du nicht? – Sugar, das ist Altamont.«

Howard

Mit einem Mordshunger erwachte ich in der Leroy Street. Ich war voll abgedichtet und erschöpft, und im ganzen Haus gab es nichts außer ein paar zusammengerollten Hundertdollarscheinen und einem großen Vorrat Dope.

Ich wohnte in New York mit einem Musiker namens Hilly Michaels zusammen. Was für eine furchtbare Zeit. Seit über einem Jahr nahm ich Kokain, Freebase, Heroin – und alles in Mengen. Ich muß vollkommen vergiftet gewesen sein. Im allgemeinen schaffte ich es ja, ab und zu wegzufliegen und abzukicken, aber nun hatte ich Reiseprobleme. Wenn ich das Land einmal verließ, kam ich vermutlich nie wieder hinein.

Als ich im Herbst 1985 zurück nach New York zog, war mir wohlbewußt, daß mein Name in gewissen Kreisen etwas galt. »Marianne Faithfull« zu sein, war nützlich um Drogen zu kriegen (und noch dazu sehr gute). Und ich kostete es aus. Bald stand ich bei vielen Leuten ganz schön in der Kreide. Ich schulde einigen Dealern in der Stadt immer noch zwanzig Riesen – jedem. So ist das Leben.

Anita, die mehr oder weniger im selben Schlamassel wie ich steckte, sah ich häufig; sie war sehr drauf. Sie wohnte auf Long Island in einem großen Haus, das einmal Bing Crosby gehört hatte, lag herum und glotzte Fernsehen, »wie ein Parasit, Darling«. Alle paar Tage raffte sie sich auf, besorgte sich einen Fahrer und fuhr in die Stadt, um sich Stoff zu organisieren.

Hilly und ich verbrachten einen absolut grotesken Weihnachtstag bei ihr. Zum Festmahl nahmen wir uns ein Taxi nach Westbury. Als wir ankamen und mehrere Autos in der Einfahrt sahen, bezahlten wir den Fahrer, und er fuhr ab. Dann klopften wir, hämmerten, schrien, aber niemand machte die Haustür auf. Auch die Hintertür nicht. Die Bude war fest verschlossen. Nachdem wir eine Stunde herumgeschlichen waren und vergebens gebrüllt hatten, krochen wir durch ein Fenster und machten es uns gemütlich (Essen im Kühlschrank!). Irgendwann erschien Anita, sie sah sehr groß und klapprig aus, stahl sofort meine ganzen Drogen, schloß sich in ihrem Schlafzimmer ein und kam nicht mehr heraus.

Sie haßte Hilly. (»Verdammte Scheiße, was machst du mit diesem Ekelpaket?«) Es war schon erstaunlich nett von ihr, Hilly überhaupt ins Haus zu lassen. Er war ziemlich schräg drauf. In Raum und Leben gibt es wirklich schwarze Löcher, und fast war Hilly eins.

Oberflächlich gesehen, standen die Dinge gar nicht einmal so schlecht (verglichen mit der Zeit auf der Mauer), denn ich hatte gute Kleider, eine Beziehung und eine hübsche Wohnung. Aber mir kam mein Leben schlimmer vor. Wenn ich mit Männern wie Hilly zusammen bin (und ich war es einige Male), mit denen ich nicht reden kann, lese ich die ganze Zeit. Ich gehe in meine Blase.

Eins der Bücher, die ich las, hieß *Gespräche mit Seth,* meine erste Begegnung mit etwas auch nur entfernt Okkultem seit den Sechzigern. Nach der Episode mit Brian und dem I Ging hatte ich eine Riesenangst vor allem Übernatürlichen. Der Gedanke in den Seth-Büchern, daß wir uns unsere eigene Realität schaffen, war eine Offenbarung für mich. Die Vorstellung, daß man sein kann, was immer man will, war mir vollkommen neu. Ich lebte mit dem alten europäischen Gefühl von zwingendem Schicksal und unabänderlichem Verhängnis.

Dann sagt diese Kreatur in den *Gesprächen,* daß wir die ganze Zeit parallele Leben leben, gleichzeitig auf verschiedenen Ebenen. Wenn man morgens völlig erschöpft aufwacht, ist man irgendwo anders beschäftigt gewesen. Nun wachte ich in der Leroy Street ja jeden Morgen vollkomen ausgelaugt auf, der Schweiß strömte mir übers Gesicht, das Kopfkissen war triefend naß. Das hatte zwar, zugegeben, mehr mit meinem ausgiebigen Alkoholkonsum zu tun als mit meiner Nachtarbeit, aber trotzdem nahm ich es als Zeichen!

Ach, ich wußte ja nicht, daß ich durch den Abgrund krachen und auf der anderen Seite wieder herauskommen würde. Man fällt und fällt und fällt und fällt. Es wird immer schlimmer, bis man den tiefsten Höllenkreis erreicht und weiß, man fällt immer noch weiter, und darunter sind immer noch mehr Kreise. Aber zum Schluß fällt man durch den allerletzten, und dann fällt man ins Licht.

Seit Jahren war ich auf dieser Höllenfahrt. Ich erwachte tagtäglich mit einer tiefen Abscheu, mit Abscheu und Ekel vor mir selbst. Ich haßte meine Situation. Ich haßte den Mann, der neben mir lag. Ich haßte alles; aber am meisten haßte ich mich selbst. Und dachte: Jetzt reicht's. Ich mache Schluß. Es bleibt mir nichts anderes übrig. Es ist hoffnungslos, und ich habe die Schnauze voll. Ich muß aufhören.

Das Komische ist, mir wäre nie in den Sinn gekommen, mit den Drogen aufzuhören. Die klassische Agonie der Sucht – man kann nicht aufhören, und man kann nicht weitermachen, und genau an dem Punkt stand ich. Die Qual, mit Drogen zu leben, war genauso schlimm wie die, ohne Drogen zu leben. Wenn man so mutwillig so viele Drogen nimmt, verstößt man gegen elementare Gesetze – man zerstört sich selbst, und Körper und Seele ziehen sich erschreckt zurück. Das muß einer der Gründe sein, warum es so reizvoll ist; für sich selbst die Verantwortung zu übernehmen und immer alles richtig zu machen ist entsetzlich langweilig. Aber der andere Weg hat offenbar nur einen Ausgang, und das ist der Tod.

Der Freund schlief. Ich mochte ihn kein bißchen, ich kannte ihn ja gar nicht. Mir fällt nichts ein, was ich an ihm mochte – es war schon so weit gediehen, daß ich nur mit ihm schlafen konnte, wenn ich eine Handvoll Schlaftabletten genommen hatte. Ich war am Endpunkt. Ich war ein unsäglich verzweifelter Junkie, und er war nur Ben in anderer Gestalt, ein Kumpel, mit dem man high wurde. Und immer endete es damit, daß ich mich um diese Männer kümmerte, weil sie null Ahnung hatten. Sie verdienten kein Geld, sie arbeiteten nicht, sie konnten nichts. Ich war immer diejenige, die alles managen mußte. Aber von allen Widerlingen, mit denen ich zusammengelebt habe, war Hilly der widerlichste. Die Situation war aberwitzig, es war eine grausige Beziehung gegenseitiger

Abhängigkeit, und alles wegen der Abhängigkeit von Drogen und Sexualität. Er sah aus wie Dracula.

Genau wie Ben glaubte Hilly, ich könne ihm bei seiner Karriere behilflich sein. Etwa zwei Jahre, bevor ich ihn kennengelernt hatte, hatte er einen großen Wurf gelandet, einen Plattenvertrag mit einem wichtigen Label. Und natürlich hatte er den riesigen Vorschuß verpulvert. Nichts war dabei herausgekommen, er steckte tief in der Scheiße. Aber er hatte das für einen Süchtigen typische aufgeblasene Selbstbewußtsein, daß er ein bedeutender Songschreiber sei.

Aber wie konnte ich ihm helfen? Ich kriegte ja nicht einmal meine eigene Platte zusammen. Es lief überhaupt nicht, doch ich war zu benebelt, um vernünftig zu überlegen, wie ich mich da rauswand. Damals wäre mir nie in den Sinn gekommen, einfach zu sagen, daß ich die Platte haßte und sie nicht machen würde. Basta. Hier stimmte etwas ganz gewaltig nicht, aber ich wußte nicht, was. Ich wußte nur, es mußte ein Ende haben. Heute kann ich es nicht mehr fassen – es war doch nur eine Platte! –, aber die einzige Lösung, die mir einfiel, war mich umzubringen. Ich gehe jedesmal durch ein Jammertal, wenn ich eine Platte mache, aber diesmal war es schlimmer als je zuvor. Ich nahm Speedballs und Freebase. Und wie üblich schob ich die ganze Schuld auf meinen Produzenten Mike Thorne.

Durch die Erfahrungen mit Andrew hatte ich ein schiefes Bild von Produzenten, denn er war so irrsinnig manipulativ gewesen. Seit der Zusammenarbeit mit ihm hatte ich die fixe Idee, daß Produzenten eben so seien. Furchterregende Wesen, die dein Talent nehmen und es ausbeuten oder verbiegen. Verflucht, Mann, genau das machen sie doch immer, oder? Aber Mike Thorne war überhaupt nicht so. Er war sehr anständig, sogar ein wenig wie eine Maschine. Trotzdem braute sich meine übliche Krisenstimmung bei Beginn einer neuen Platte immer heftiger zusammen, nun noch schlimmer durch die Drogen. Da griff ich auf meinen alten Spruch zurück: »Gut, wenn ich es nicht mehr aushalten kann, kann ich mich immer noch umbringen.«

Nachdem ich die große Entscheidung einmal getroffen hatte, stand ich auf, rannte wie eine Irre durch die Wohnung und sammelte alles Heroin ein. Es war unglaublich starkes, hochkonzentriertes chinesisches Heroin. Ich tat es in einen Löffel, kochte es und schoß es mir. Und wußte sofort, daß ich mich nun wirklich in die Bredouille gebracht hatte. Es ging direkt in mein Herz. Kaum begriff ich, daß ich starb, wollte ich nicht mehr sterben – da muß sich ein natürlicher Lebenserhaltungstrieb gemeldet haben. Meine Lösung war: Au, Scheiße, ich bin zu weit gegangen. Ich hole mir besser ein bißchen Koks!

Ich machte mich auf den Weg, aber ich schaffte es nicht. Ich wankte und schlingerte vorwärts, versuchte, durch das Zimmer zu gehen. Fiel hin und brach mir den Kiefer. Mein Herz blieb stehen. Es war Der Große Augenblick. In nichts vergleichbar mit den Pillen in Australien, denn obwohl ich dort in ein Koma fiel, war ich doch immer noch mit mir selbst verbunden. Diesmal war ich, nun ja, tot.

Ich war nicht nur außerhalb meines Körpers, ich war in einem Raum, der überhaupt nichts mit dem Körper zu tun hatte. Ein sehr merkwürdiger Ort, vollkommen unpersönlich und gleichzeitig extrem leidenschaftlich und gefühlvoll. Emotional, ohne eine Emotion zu sein – der Lebensfunken vielleicht. (Definitiv nicht mein üblicher Zustand.) Hier war alles unglaublich hell, keine Drogen, keine Konfusion, und da stellte ich mir eine erschreckend klare Frage (angesichts der in mir herrschenden Düsternis): Willst du wirklich an diesem fremden Ort sterben, so weit weg von den Menschen, die dich kennen und lieben und die du liebst? Willst du dein Leben so beenden?

Meine Antwort war gleichermaßen entschlossen: Nein, will ich nicht. Eine klare Entscheidung, etwas, zu dem ich noch Augenblicke zuvor vollkommen unfähig gewesen war. Und nachdem ich nun schon geantwortet hatte, wußte ich, daß ich noch etwas zu sagen hatte. Ich spürte, wie sich die Worte »Helft mir!« in meinem Kopf bildeten, und in dem Moment kam ich zu mir. Mein Herz machte auf einmal wieder »drumpdrumpdrump«, und ich spürte einen pochenden Schmerz im Kiefer. Ich hörte die Worte »Helft mir« in meinem Kopf klingen. Ich wußte, ich mußte jemanden holen, irgendwen. Ich kroch nach oben zu meinem Freund, der apathisch vom Betäubungsmittelmißbrauch (wie es immer so schön heißt) dalag. Ich schüttelte ihn wach und sagte: »Hilf mir.« Dieses Spiel kannte ich ja zur Genüge. Diesmal war es aber so ernst wie nie zuvor. »Bring mich nach draußen«, sagte ich. »Bring mich nach draußen und geh auf und ab mit mir, bis ich wieder zu mir komme.« Und nach einer Weile kam ich wieder zu mir. Danach begaben wir uns zum Arzt, der meinen Kiefer richtete und mein Herz untersuchte, dann ging alles weiter wie gehabt.

Vielleicht denken Sie, dieser Vorfall hätte mir einen Schock versetzt, mich zur Vernunft gebracht, aber weit gefehlt. Er hatte mich ein bißchen aufgerüttelt. Selbst jetzt hörte ich nicht auf, ich machte einfach weiter, als sei nichts geschehen. Kaum konnte ich wieder laufen, ging ich zur West 58th Street zu meinem Dealer. Psychologisch funktioniert der Süchtige wie ein Pfannkuchen, auf der einen Seite bläht er sich auf, da ist er »high«, auf der anderen ist er platt.

Aber wenigstens dämmerte mir, daß ich Hilly verlassen mußte. Zu diesem Schluß kam ich durch meine übliche deduktive Methode – etwas stimmte nicht, *er* stimmte nicht. Ich rief Mike Thorne an und sagte: »Du mußt mich hier rausholen.« Dann lief ich weg, aber ich beförderte nur mich und meine Drogen ins Gramercy Park Hotel und ließ einen natürlich sehr empörten Hilly in der Leroy Street zurück.

Mein armer Produzent! Da arbeitete er an meiner Platte, und ich haßte sie so, daß ich glaubte, mich selbst töten zu müssen, um ihr zu entkommen. Und nur wegen meiner ewigen Scheißambivalenz: Ich weiß, das ist alles, was ich kann, ich weiß, ich muß es machen, aber will ich es denn wirklich? So ist es jedesmal, wenn ich eine neue Platte beginne. Ein Teil von mir ist sich nicht sicher, und was die ganze Sache noch verschlimmert, ich habe eine bodenlose Angst, darüber zu reden. Denn alle Beteiligten würden ja einen Riesenschrecken kriegen. Sie haben mir gerade einen Vorschuß gegeben! Die Plattenfirma, das Album, der Produzent – sie beginnen alle unter der Voraussetzung mit der Arbeit, daß ich es will. Es ist, als würde mitten im Flug der Pilot einer Boeing 747 sagen: »Ich weiß eigentlich gar nicht, ob ich heute fliegen will.« Grauenhaft.

Aber ganz offensichtlich war das Problem nicht die Platte. In *mir* brach etwas zusammen.

Sie kam nie heraus. Ein toller Song war drauf, den hatte ich mit Hilly geschrieben. Er hieß »Park Avenue«. Hilly schrieb gute Lieder, das muß ich ihm lassen. Der Song ist sehr professionell, handwerklich gut gemacht. Er gibt ein lebendiges Bild davon ab, in welchem Zustand ich mich damals befand. Der Text geht:

We were young, so in love
Dreams of future, dreams of fame
I just thought it was a game
Didn't even notice that you'd changed
Park Avenue, I'm missing you
It's where I want to be.

Es war ein Phantasiesong über Mick. Ich war die Jugendliebe eines Typs (Mick), der dann der mächtigste Werbemensch auf Erden wird. Er verläßt sie, und sie denkt auf der Park Avenue an ihn.

Kurz nachdem ich ins Gramercy Park gezogen war, kam Holly von Island Records vorbei. Bei Island wußten sie nichts von meinem Zustand, ich muß ihn ziemlich gut verborgen haben. Sie wußten nur, daß ich mir den Kiefer gebrochen hatte. Und so plauderten Holly (ein nettes, vernünftiges, ein wenig autoritäres Mädchen) und ich über die gefürchtete neue Platte, machten Listen von Dingen und so weiter, da brauchte sie einen Stift. Sie öffnete Schubladen. Und jede Schublade, die sie aufzog, war voll mit allen nur denkbaren Drogen. In einer waren die Pumpen, in einer anderen das Band, in einer dritten Koks, in einer vierten Heroin. Genausogut hätte ich in Lippenstift »Hilfe!« auf den Spiegel schreiben können.

Holly sagte kein Wort außer: »Ich muß zurück zu Island.« Ich wußte, nun war es vorbei. Ich wurde ganz ruhig. Ich blieb in meinem Zimmer sitzen und wußte, nun würde man sich um alles kümmern. Ich wußte, Holly würde Chris Blackwell anrufen, ihm erzählen, was sie gesehen hatte, und sie würden etwas unternehmen. Und das taten sie auch.

Am 18. November 1985 ging ich in die Hazelden Clinic in Minneapolis. Viele Menschen finden es schwierig, mit sich selbst zu leben, wenn sie zurück ins Leben kommen, aber ich brauchte diesen Realitätsschub dringend. Ich mußte wieder ganz von vorn lernen, mich selbst zu versorgen. Das heißt, im Grunde hatte ich es ja nie gelernt. In Hazelden wußte ich, endlich war ich gelandet. Es war, als käme ich aus dem Weltraum zurück.

Hazelden bedeutete Entzug auf die harte Tour. Ich war entsetzlich schwach, als ich dort hinkam, und der Entzug brachte mich beinahe um. Sie dachten, ich würde sterben. Ich wußte natürlich genau, was ich tun mußte – ich hatte es ja schon ein dutzendmal absolviert. Ich bat um zehn Decken, kroch darunter und blieb zitternd und schwitzend eine Woche liegen, bis es vorbei war.

Dann rappelte ich mich auf, begriff, wo ich war, und stürzte mich mit Feuereifer hinein. Es war meine letzte Chance. Ich las die Bücher, die sie mir gaben, und beschloß: So, das ist es jetzt! Das zieh ich durch. Und wenn ich's durchziehe, geht's mir besser. Punkt für Punkt befolgte ich das Programm. Mein Enthusiasmus war vorbildlich. Wie meine Konversion zum Katholizismus war es eine rein soziale Entscheidung. Ich war sechs Monate dort, und vom allerersten Moment an war ich in meinem Element.

Genau das brauchte ich, einen geistigen Kick. Beide Seiten mußten sich ein wenig aufeinander einstellen, ohne das ging's natürlich nicht. Als sie mich fragten, was für mich eine höhere Macht sei, sagte ich: »Der große Gott Pan.« Von dem Programm lernte ich, daß man sich zwar selbst helfen muß, das allein aber nicht reicht. Man nimmt die ganze Tortur auch deshalb auf sich, um anderen Menschen helfen zu können. Das habe ich nun begriffen. Ich begriff, warum ich dem sterbenden Jungen im Bexley Hospital die Hand hätte halten müssen. Um einem anderen Junkie wirklich helfen zu können, muß man selbst einer sein. Man kann nicht auf einem Podest stehen und die Hand hinunterreichen, um dem miesen Süchtigen zu helfen. So verhielt sich Mick im Grunde ja mir gegenüber. Man kann nur jemandem helfen, wenn man sagt: »Ich weiß, was du meinst, ich war auch in der Situation.«

Als es mir besser ging, half ich, neuen Patienten die Angst zu nehmen. Es ist ganz normal, daß sie in den Anfangstagen abhauen wollen. Ich setzte mich in ein Zimmer zu den Neueinweisungen und beruhigte sie durch Reden. Was für eine teuflische Ironie! Sie entdeckten, daß meine Stimme ihnen Sicherheit gab. Genau die Stimme, die mich auf die Berg- und Talfahrt meines Lebens katapultiert und mir den ganzen Ärger eingebrockt hatte, beschwichtigte nun durch ihren Klang panische Neuankömmlinge.

In Hazelden begriff ich zum erstenmal, daß ich in der Zeit, in der ich mit Mick zusammen war, gar keine eigene Geschichte gehabt hatte. Das Programm sieht vor, daß jeder seine Geschichte erzählt. Ich war ratlos, was ich sagen sollte, rief meine Presseagentin Ellen Smith an und bat sie, mir Spanish Tonys *Sympathy for the Devils. Leben mit den Rolling Stones* zu schicken. Und sagte zu meinen Mitpatienten: »Wollt ihr meine Geschichte hören? Hier bitte, lest.« Damals wußte ich wirklich nicht, daß ich auch eine eigene Geschichte hatte. Ich war Teil der Geschichte der Rolling Stones und sah meine eigene nur durch diese Bücher. Als sei das alles jemand anderem geschehen.

In Hazelden sah ich Howard Tose zum erstenmal. Er war einer der am meisten beschädigten Menschen, die ich je kennengelernt hatte, deshalb mochte ich ihn ja auch sofort. Er war in einem grauenhaften Zustand; er zuckte unkontrolliert, stotterte und zitterte und konnte seine Augen nicht fokussieren. Alles Folgen einer Kokainpsychose. Er war unglaublich kaputt, und diesen Menschen mochte ich am liebsten. Ich neige dazu, mich immer mit dem zu identifizieren, der am schlimmsten verletzt ist. Howie war wunderbar, und er war sehr krank. Zusätzlich zu all seinen Süchten war er manisch-depressiv. Davon verstand ich gar nichts, das war für mich ein Buch mit sieben Siegeln. Aber ich wußte, er hatte eine Menge Drogen genommen, und damit konnte ich mich identifizieren. Er war ziemlich verrückt, und das gefiel mir auch sehr. Es war hoffnungslos, aber was soll's, er war entzückend.

Wahrscheinlich lief etwas sehr Typisches ab: Wenn man einer Frau wie mir, die von allem nur Denkbaren neurotisch abhängig ist, Heroin, Koks, Pillen, Alkohol, Sex und Geld – wenn man solchen Menschen all das entzieht, klammern sie sich an das erstbeste ihnen Vertraute. Ich heftete mich an jemanden, von dem ich dachte, er sei wie ich. Ganz augenscheinlich war er psychisch sehr krank, und das dachte ich ja auch von mir. Aber das stellte sich als falsch heraus, ich war nur ein weiteres verwirrtes Närrchen, das sich selbst zerstören wollte, und das ist etwas grundlegend anderes. Wir hatten einzig und allein gemeinsam, daß wir beide süchtig waren, ansonsten war er kein bißchen so wie ich. Seine Süchte waren seine geringsten Probleme; meine Probleme wiederum waren im Vergleich zu seinen ziemlich unkompliziert.

Ich bin im Grunde eine Feld-Wald-und-Wiesen-Süchtige, aber im ersten Jahr der Behandlung wollte ich unbedingt ein schweres Trauma entdecken, auf das ich die ganze Schuld hätte schieben können. Es wäre ja alles viel leichter gewesen, wenn ich hätte sagen können, meine Probleme kämen zum Beispiel daher, daß mich mein Vater als Kind vergewaltigt hätte, doch nichts dergleichen ergab sich. Mein hirnrissiger Abstieg hatte viel mehr damit zu tun, daß ich eigensinnig und ohne Rücksicht auf Verluste meinem Hedonismus frönen wollte. Es klingt so hochgestochen, aber ich bin zutiefst überzeugt, daß ich mich leidenschaftlich einem Dionysischen Leben verschrieben hatte. Das wußte Mick, und wahrscheinlich fand er es toll, und bevor das große Experiment im Chaos endete, lebten wir ja auch wie im Rausch! Erst wenn man sich in jemand anderen verwandelt, kapiert man, zu spät, daß irgendwas schrecklich schiefgelaufen ist. Bei mir geschah es eher langsam. Von dem Moment an, als ich zum erstenmal Heroin probiert habe, wußte ich, daß ich diese Schmerzlosigkeit immer fühlen wollte. Um die Substanz selbst geht es eigentlich nie.

Howie erinnerte mich an John. Er sah sogar ein bißchen aus wie John. Er hatte diese merkwürdige Attraktivität, er sah gleichzeitig sehr jung und sehr alt aus; ein junges Gesicht und lange graue Haare. Er war unheilbar cool. Er war Diskjockey gewesen und machte mir wunderschöne Kassetten, Zusammenstellungen von Liedern, aus denen kleine musikalische Gespräche mit mir wurden. Ich fühlte mich in Hazelden sehr isoliert und lechzte andererseits nach meinem eigenen Raum - allein die vielen Menschen in einem Schlafsaal –, es war beinahe unerträglich. Das einzige, auf das ich mich beziehen konnte, war die Musik.

Aber schließlich blühte ich in Hazelden geradezu auf, während Howie sich immer unwohler fühlte. Als er es nach sechs Wochen einfach nicht mehr aushalten konnte, ging er – gegen ärztlichen Rat. Ich blieb und verwandelte mich in das Sonnenscheinchen. Ich war einmal wieder Mamas kleiner Liebling.

In Hazelden richteten sie meinen gebrochenen Kiefer, er heilte gut. Aber wenn man entgiftet, passiert immer folgendes: Alle Infektionen, die der Körper in Schach gehalten hat, als er sich so anstrengen mußte, am Leben zu bleiben, brechen plötzlich aus. In dem Moment, in dem man keine Drogen mehr nimmt, geht's los, normalerweise an den Zähnen. Als ich etwa zwei Monate in Hazelden war, kriegte ich wahnsinnige Schmerzen an einem impaktierten Weisheitszahn.

Der Arzt riet mir, nichts Hartes zu essen, deshalb nahm ich einen Monat lang nur weiches Essen zu mir. Außerdem sagte er, ich riskierte eine ernsthafte Infektion, wenn ich nicht auf meinen Kiefer aufpaßte. Hazelden begann mich runterzuziehen. Ich wollte raus, wagte aber nicht, es mir einzugestehen. Und so, wie die linke Hand nicht weiß, was die rechte tut, griff ich mir beim Mittagessen ein Stück rohen Broccoli, biß fest auf den Stiel, brach mir einen Zahn durch und infizierte meinen Kiefer von neuem. Prompt ignorierte ich es und tat, als sei nichts geschehen. Der absolute, reine Wahnsinn.

Howard ging in eine offene Klinik in Minnesota und dann nach Boston. Er rief mich dauernd an, was streng verboten war. Wir hatten keinerlei physischen Kontakt, aber das war einerlei. Wir waren wie besessen. Ich glaubte, ich sei in ihn verliebt. (Die Tatsache, daß ich ihn überhaupt nicht kannte, war dem ganzen nur förderlich). Er erschien mir einfach wie jemand, den ich hätte lieben können, wenn ich fähig gewesen wäre, jemanden zu lieben.

Nach etwa zweieinhalb Monaten wurde die Behandlung wirklich hart. Sie nahmen mich auseinander. Es war wie eine Operation am offenen Herzen, das ganze Fleisch war zurückgeklemmt. Sie begannen herumzustochern, um festzustellen, wo es wirklich weh tat, und stießen auf Dinge, an die ich mich nicht erinnern wollte.

Wir mußten Übungen machen, die Abschnitte hießen. Mir gefiel »Prioritäten«, da sollte man beschreiben, worauf man fixiert war: Wann kriege ich meinen nächsten Drink, meinen nächsten Schuß? Für eine andere Übung mußte man einen Tag in seinem Leben beschreiben. Einen typischen Tag als Süchtiger, einfach den Tagesablauf. Ich beschrieb meine Hochgefühle, wenn ich losging, um mir was zu besorgen – wie ich die Treppe zum Dealer hochgehe, mich freue, daß ich gleich high werde, mir den Schuß setze und dann ins Studio gehe. Als ich meinen Bericht schrieb, fiel mir ein bizarrer Vorfall ein. Eines Tages saß ich in einem Taxi auf dem Weg ins Studio, und der Fahrer schmiß mich aus völlig unerfindlichen Gründen raus. Wahrscheinlich dachte er, ich würde mir in seinem Taxi eine Überdosis verpassen. Auf dem Rücksitz eines Autos würde ich nie fixen. In einem Londoner Taxi ginge das sogar, aber in einem New Yorker wäre es sehr schwer. Sie sind zu klein.

Dann überraschten sie mich eines Tages mit einem neuen Abschnitt, den sie noch nie an jemandem ausprobiert hatten. Er war »Gesundheit und destruktives Verhalten« überschrieben, und das paßte ja nun wie die Faust aufs Auge. Er war so auf mich zugeschnitten, daß ich dachte, sie hätten ihn erfunden, nur um mich zu peinigen. Für mich wäre es gut gewesen, mal die Schotten hochzuziehen, denn mein Problem war ja schon immer, daß ich mich verstellte. Aber ich bockte. Punktum.

Ich nahm ein Flugzeug und flog nach Boston. Im Flugzeug trank ich fünf Kognak. Ich hatte die hirnverbrannte Idee, ich müßte mir einen anduseln, damit Howie und ich sozusagen auf dem gleichen Level beginnen konnten. Er war ja nach New York gegangen, rückfällig geworden, wieder nach Boston gekommen und clean geworden. Als ich aus dem Flugzeug stieg, war ich betrunken. Howard war in schrecklicher

Verfassung, aber das schnallte ich nicht. Ich sah, daß er ein bißchen wackelig auf den Beinen war, und meinte, das käme vom Entzug. Der arme Kerl ist ein bißchen klapprig, dachte ich, aber jetzt, wo wir zusammen sind, ist er in Null Komma nichts darüber hinweg. Ich glaubte ja, er sei wie ich, aus wirklich hartem Holz. Das sind aber nicht alle. Ich begriff in keinster Weise, wie absolut hoffnungslos sein Zustand war. Ich habe wahrscheinlich nur gemeint, er solle sich ein bißchen zusammenreißen und einen Job suchen und dann wäre alles in Ordnung. Grotesk.

Sechs Wochen lebten wir in einer wunderschönen Wohnung im sechsunddreißigsten Stock eines Hauses, das auf den Hafen von Boston schaute. Howie verbrachte die gesamte Zeit in Fötalhaltung zusammengerollt auf dem Bett und zitterte. Und was dachte ich? Wenn ich nicht so egoistisch und auf mich selbst bezogen gewesen wäre, wäre ich ja vielleicht mal auf die Idee gekommen, daß er in vernünftige ärztliche Behandlung gemußt hätte. Er hätte ins Krankenhaus gemußt. Er war in einem kritischen Stadium und brauchte Pflege. Die Situation war gefährlich, und ich begriff es nicht.

Ich machte weiter, so gut ich konnte. Am Tag, nachdem ich aus dem Flugzeug gestiegen war, ging es mir sehr schlecht, aber ich besuchte Meetings. Ich blieb clean und ging zu Meetings der Narcotics Anonymous. Dort fand ich in Deb eine neue Freundin und wunderbare Sponsorin. Sie war stark und schön, und ich wußte, daß nichts sie aus dem Gleichgewicht bringen konnte, auch ich nicht. Als ich sie bat, meine Sponsorin zu werden, und ihr sagte, wer ich war, sah ich ein kurzes Zögern in ihrem Blick, und dann willigte sie ein. Deb war mein erster Kontakt zur Außenwelt, und ich merkte, daß Howie eifersüchtig wurde. In dem allgemeinen Durcheinander nach dem Meeting ging Howie zu Deb und fragte sie beinahe abfällig flüsternd: »Glaubst du, das packst du?« Womit er meinte, ob sie glaubte, daß sie mit einer wirklich Abhängigen umgehen könnte.

»Ja«, sagte Deb. »Packst du es denn?« Und sie meinte, ob er mit echtem Cleanwerden umgehen könne.

Dann begann mein Kiefer anzuschwellen. Der Schmerz war unerträglich, seit dem Broccolivorfall rottete mein Kieferknochen vor sich hin. Und ehrlich, ich war überzeugt, daß die Schmerzen nur daherkamen, daß ich ohne Drogen lebte. Ich dachte: Ach, das spüren cleane Leute die ganze Zeit. Als ich ungefähr einen Monat in Boston clean und nüchtern geblieben war, schwante mir, daß der Schmerz in meinem Kiefer offenbar nicht vom Entzug kam. Deb schien auch nicht solche Schmerzen zu haben, und sie lebte drogenfrei, und die anderen Leute, die ich bei den Meetings traf, litten ganz offensichtlich auch nicht unter solch horrenden Schmerzen.

Schließlich wurde es so schlimm, daß ich zu einem Kieferchirurgen ging. Da stellte sich heraus, daß sie ein Stück Knochen abgeschnitten hatten, als sie mir in Hazelden den Weisheitszahn gezogen hatten. Und nun rieben die beiden Knochenteile aufeinander. Wegen meiner Krankengeschichte wollten sie mich nicht operieren, sondern verschlossen meinen Kiefer mit Drähten. Sie befestigten ihn mit Stiften und einem Griff daran, so daß ich wie eine Gitarre aussah. Ich konnte kaum sprechen. Wunderbar, was Drogen einem alles einbringen.

Ich war sehr streng mit Howard. Weil ich auf Entzug war und keine Drogen nehmen wollte, glaubte ich, daß es ihm so schlechtging, weil er rückfällig geworden war. Ich fand, er verhielt sich wie ein Arschloch, Tag für Tag auf dem Bett zu liegen, nur weil er Heroin haben wollte. Und ich träumte davon, daß wir zusammen clean würden und alles gut werden würde.

So verlief denn unser Leben nach meinem eigenwilligen romantischen Bild, Howard war ein süßer Kerl, nur sehr, sehr krank. Charakteristisch dafür ist die Tulpengeschichte. Es war Frühling, und eines Tages kaufte ich ein paar Tulpen und steckte sie in eine Vase. Die Blütenblätter waren noch zusammengerollt. Als wir abends auf dem Sofa saßen, erstarrte er plötzlich, und ein Ausdruck des Entsetzens trat auf sein Gesicht.

Ich sagte: »Was ist los?«

»Die Blumen ... sie wollen mir weh tun, ganz bestimmt, ich weiß es.«

Ich sah, was er meinte, sie waren ein bißchen stachelig. Doch ich behandelte ihn wie einen kleinen Jungen. »Sei nicht albern, Darling, dir passiert nichts, es sind doch nur Tulpen. Bald öffnen sie sich, und dann sind sie wunderschön, wirklich.«

Und ich erinnere mich, als sie dann aufblühten, zeigte ich sie ihm wie einem kleinen Kind und sagte: »Siehst du, du Dummerjahn? Sie tun gar nichts.«

Dann kriegte Howie sogar einen Job in einem Fotolabor. Egal, um was ich ihn bat, er tat es. Ich weiß nicht, wie er es schaffte, arbeiten zu gehen. Wahrscheinlich ging er aus dem Haus, kam um fünf zurück und erzählte mir nur davon. *Die Glasmenagerie.*

Der arme Howie, obwohl er in sechs oder sieben teuren Behandlungszentren war, wollte er sich immer nur mit Drogen zuknallen. Nach dem ersten halben dutzendmal verliert die Behandlung sicher ihren Reiz, aber für mich war alles neu. Ich stand immer noch an dem magischen Punkt, wo Sprüche wie »Ein Schritt nach dem anderen«, »Leben und leben lassen« und »Es wird schon besser« unglaublich weise klangen. Daraus spricht ja eigentlich nur gesunder Menschenverstand, aber für jemanden, der ein Leben wie ich geführt hatte, seit ich neunzehn war, klang es wie eine Offenbarung. Für Howie war es keine solche Bombenüberraschung, für ihn waren es banale Phrasen, keine simplen Mantras, nur leere Redensarten, die er schon tausendmal gehört hatte.

Nun war ich schon eineinhalb Monate clean. Ich wollte mich wirklich von meiner Abhängigkeit befreien und sah, daß es möglich war. Aber nicht mit Howie, das wußte ich. Ich sagte mir: Es wird alles gut, aber nicht mit ihm. Mit ihm funktioniert es nicht. Das muß ich ihm sagen.

Wir aßen wunderbar zu Abend mit seiner Schwester Fran und hatten eine tolle Nacht zusammen. Sexuell war meine Beziehung mit Howie Wahnsinn; unsere letzte gemeinsame Nacht war eine der wunderbarsten in meinem erwachsenen Sexleben. Er goß sein ganzes Sein in diese Nacht. Eine solche Nacht hatte ich noch nie zuvor erlebt, und danach schon gar nicht mehr. Es war mein letzter toller Fick.

Ich bin in Freundschaften gut, aber Liebesbeziehungen sind mir immer ein Rätsel geblieben. Das hatte ich Howard auch schon bei mehreren Gelegenheiten klarzumachen versucht, aber er hatte es einfach nicht zur Kenntnis genommen.

Als er am nächsten Morgen aufstand, sagte ich zu ihm: »Howard, Lieber, ich muß mit dir sprechen.« Wir gingen ins Wohnzimmer, und ich begann, Tacheles mit ihm zu reden, wie ich das ja manchmal drauf habe. Ich weiß nicht, was ich mir dabei gedacht habe, mit jemandem in seinem Zustand so zu reden.

Er saß nackt auf dem Sofa, und ich stand im Morgenmantel in der Tür. Ich zündete mir eine Zigarette an, setzte mich ihm gegenüber und fing an, ihm so freundlich und ruhig wie möglich darzulegen, was ich vorhatte. Das war ungefähr eine Woche, nachdem mein Kiefer verdrahtet worden war, ich sagte also alles durch zusammengepreßte Zähne.

»Ich habe viel über uns nachgedacht, und obwohl ich dich liebe, klappt es nicht. Das wissen wir beide, Darling. Es ist für uns beide nicht gut. So können wir nicht weiterleben, ich meine, wir sollten versuchen, eine Weile lang jeder für sich allein zu leben, und dann vielleicht ...«

Er unterbrach mich. »Und was willst du tun?«

»Hm, Darling, ich habe folgendes beschlossen: Ich besorge mir ein kleines Haus in Cambridge und verlasse dich jetzt. Und du, mein Lieber, mußt ins Krankenhaus, wirklich. Tagelang liegst du auf dem Bett und jammerst. Du hast ernsthafte Beschwerden, und ich kann dir nicht helfen. Siehst du nicht, daß es so nicht läuft? Du machst nichts zu Ende, du funktionierst nicht richtig, du bist nicht glücklich. Du brauchst vernünftige Hilfe. Morgen kommt deine Mutter, und dann tust du, was ich dir gesagt habe.«

Da saß er. Er war sehr schön. Er hörte zu, ohne ein Wort zu äußern. Als ich ausgeredet hatte, stand er auf, und etwas vollkommen Unglaubliches passierte. Sein Herz sprang aus seinem Körper. Ich traute meinen Augen nicht. Der Muskel schob sich nach draußen und formte eine große Beule in seiner Brust. Es war Wahnsinn. Er sah es auch und kriegte Angst. Es war, als habe die Angst Gestalt angenommen und zeige sich als körperliche Kraft.

»Dann sind die Flitterwochen also vorbei«, sagte er.

Ich lachte und sagte: »Ja, ich glaube schon, so wird's wohl sein.« Dann schaute ich auf die Uhr. »Hm, Howard, es ist acht Uhr, du machst dich besser fertig zur Arbeit.«

Er stand schweigend auf und ging ins Schlafzimmer, und ich machte in der Küche Tee. Ich drehte das Radio an, kochte Wasser, brühte den Tee auf, setzte mich hin, rauchte eine Zigarette und wartete darauf, daß Howie ging. Als ich ihn nach geraumer Zeit immer noch nicht durch die Wohnungstür hatte gehen hören, stand ich auf und schaute mich in der Wohnung um. Ich dachte, er läge irgendwo, aber ich konnte ihn nicht finden. Da bekam ich Angst, mein Herz fing an zu hämmern. Ich lief überall herum und rief: »Howard, wo bist du? Howard!« Ich suchte in allen Zimmern. Schließlich ging ich ins Schlafzimmer zurück und sah, daß das Fenster offen stand. Ich ging zum Fenster, stellte mich auf das Sims und schaute hinunter. Es war sehr hoch, sechsunddreißig Stockwerke. Ganz unten auf der Erde sah ich etwas, das wie ein Blumenstrauß aussah, als lägen vor dem Eingang zum

Haus Hibiskusblüten, und dann wurde mir langsam klar, was es war. Es war Howie. Lange, lange blieb ich dort stehen, und dann stieg ich vom Fensterbrett herunter und rief die Polizei an, seine Schwester und Deb, meine Sponsorin.

Am Anfang war Deb sehr feindselig gewesen. Ich glaube, sie meinte, Howie und ich hätten die Drogen nur durch Sex ersetzt und blieben deshalb clean. Als ich sie nun anrief, dachte sie, daß Howie und ich kindische Liebesspiele spielten. Daß er sich im Schrank versteckte und wir zum Schluß lachend aufs Bett fallen und vögeln würden. Schließlich aber hatte ich sie überzeugt, daß es kein Spiel war, und ich setzte mich hin und wartete.

Deb kam und holte mich dort weg. Ich packte meine Sachen und zog zu ihr. Ich ging zur Beerdigung und besuchte seine Mutter. Ich blieb noch ein Jahr in Boston.

Ich wußte, ich hatte gegenüber seiner Familie eine Verantwortung und mußte ihnen helfen, so gut ich konnte. Wir taten alle, als sei das in Ordnung, wie üblich, aber es stimmte ja nicht. Nichts war in Ordnung.

Ich hatte schreckliche Träume. Alle darüber, daß ich etwas verloren hatte, das kostbar für mich war, aber es waren weder mein Mann, noch mein Kind, meine Mutter, mein Vater oder mein Bruder. Ich weiß nicht, wer es war. Zum erstenmal gestattete ich es mir zu trauern – und ich trauerte um alle. Ich begann, meinen Ängsten und Schrecken entgegenzulaufen und nicht mehr vor ihnen wegzulaufen.

Brians Tod hatte mich sehr hart getroffen, aber ich hatte mich nicht direkt verantwortlich gefühlt. Ich war ja nicht so hineinverwickelt gewesen. Bei Howard war das anders. Ich erinnere mich, als ich darauf wartete, daß die Cops zum Harbor Tower kamen, dachte ich: Ob sie meinen, ich hätte ihn gestoßen? Obwohl ich wußte, daß ich ihn nicht umgebracht hatte, war mir nicht klar, welche Rolle ich gespielt hatte. Howard muß zum Schluß in einem sehr ähnlichen Zustand wie Brian gewesen sein, aber nun war ich dabei gewesen, hatte es Tag für Tag mitangesehen und absolut nichts begriffen.

Wie war es überhaupt möglich, daß wir im sechsunddreißigsten Stock wohnten? Unglaublich, aber wahrscheinlich ganz normal für Menschen, die selbst angesichts einer hoffnungslosen Situation meinen, alles ist in Ordnung. Denn das muß ich gemeint haben, ich leugnete rundweg alles, was wirklich geschah. Nachdem mich Deb da rausgeholt hat, habe ich nie wieder einen Fuß in das Haus gesetzt. Ich konnte es nicht ertragen. Sie ging hin und leerte den Kühlschrank aus, der voll richtigem Essen war. Ich hatte immer gekocht, Hühnchen und Suppe. Howie durchlitt eine Kokainpsychose und Gott weiß, welche Höllen noch, und ich kochte Erbsensuppe und deckte den Tisch. Und redete mir die ganze Zeit ein, das ist das normale Leben, richtiges Essen im Kühlschrank und regelmäßige Mahlzeiten. Das bringen sie einem in dem Programm bei, man steht morgens auf, putzt sich die Zähne und macht sein Bett. Das tue ich immer noch, und ich bete immer noch, wenn ich kann. Solche Kleinigkeiten sind sehr wichtig für mich geworden.

Und dann die hartnäckige Illusion, daß die Liebe alle Wunden heilt. Stimmt nicht. Die Liebe ist das Größte, aber sie kann nicht alles reparieren. Ich hatte das Gefühl, als hätte ich ein Kind verloren, als sei mir etwas Kostbares anvertraut worden und ich hätte es verloren.

Das Tragische bei Howie war nicht, daß er betrunken war oder breit oder nüchtern. Er war ein Mensch, der lieber sterben, als ohne Drogen leben wollte. Das grub sich tief in mir ein. Nun verstand ich allmählich, wie abartig die Sucht ist. Es gibt nicht immer einen Ausweg.

Unendlich lange dachte ich nun, für mich sei alles vorüber. Es war eine der schlimmsten Erfahrungen mit Drogenwahnsinn, in die ich je verwickelt war. Hinterher hatte ich das Gefühl, ich müßte ihn doch gestoßen haben. Ich wußte, das war Quatsch, und ich vermißte ihn ja auch so sehr. Aber wenn man so etwas überlebt, meint man immer, man sei schuld. Ich hatte Halluzinationen, ich sah überall Ströme von Blut.

Ich fragte Dr. Bergman, meinen Psychiater im MacLean Hospital: »Was ist los mit mir? Werde ich jetzt verrückt?«

»Nein«, antwortete er, »Sie gehen nur durch eine Reihe verspäteter Reaktionen. Sie erleben all diese Dinge zum erstenmal.« In der Vergangenheit war ich normalerweise immer high gewesen, und wenn etwas so Verstörendes geschah, dröhnte ich mich einfach noch mehr zu.

Dr. Bergman sagte mir, ich solle Freuds Essay »Trauer und Melancholie« lesen. Darin erkannte ich Howie sehr klar, aber auch mich selbst:

> »Wir wußten zwar längst, daß kein Neurotiker Selbstmordabsichten verspürt, der solche nicht von einem Mordimpuls gegen andere auf sich zurückwendet, aber es blieb unverständlich, durch welches Kräftespiel eine solche Absicht sich zur Tat umsetzen kann.«

Und Freud antwortet auf die schier unbeantwortbare Frage, wie das Ich in seine eigene Zerstörung einwilligen kann, folgendermaßen:

> »Nun lehrt uns die Analyse der Melancholie, daß das Ich sich nur dann töten kann, wenn es (...) sich selbst wie ein Objekt behandeln kann, wenn es die Feindseligkeit gegen sich richten darf, die einem Objekt gilt (...)«

Bei schwerer Melancholie werden Schmerz und Wut so intensiv, daß man sich schließlich zweiteilt. Man trennt sich von dem gehaßten, erniedrigten Teil seiner selbst und sagt zu ihm: »Du bist offensichtlich krank und stellst bestimmt noch etwas Schreckliches an, deshalb trenne ich mich von dir und werde autonom.« Man beschließt, es zu vertreiben, es abzumurksen. Und stellt sich vor, daß man zuschaut, wie es aus dem Fenster springt und man es für immer los ist. Das ist der pure Irrsinn, man wird so verrückt, daß man glaubt, es gebe einen physischen Teil von einem, der nicht sterben wird. Der Teil, glaubt man, bleibt zurück und beobachtet, wie das Schlechte Ich in sein Verderben fällt. Man schaut seinem eigenen Tod zu und brüstet sich noch: »Ha, ha, ha! Reingelegt, du Idiot!« Aber auf dem Weg nach unten begreift man, welch schrecklichen Irrtum man begangen hat, es gibt keine andere Hälfte, es bleibt keiner zurück, der sich hämisch freut. Der Witz geht auf die eigenen Kosten, doch man lacht nicht mehr.

In dem Bruchteil der Sekunde zwischen dem Racheakt und der Auslöschung bedauert man es immer. Ich weiß es, denn bei mir war es so, als ich die Schlaftabletten in Australien genommen habe. Man erlebt den Moment der Wahrheit, wenn man seine Geste als das sieht, was sie ist. Als kleinlich. Als feindliche Handlung. Und verrückt, denn man versucht, es den Dingen durch einen radikalen Akt der Rache heimzuzahlen, der ja sogar beinhaltet, daß man sich selbst vernichtet. Und genau in dem Moment schlägt man auf dem Boden auf, und es ist vorüber.

Bei Howies Beerdigung lernte ich noch etwas. Endlich begriff ich, was für einen verheerenden Schaden man im Leben der Familie und der Menschen um einen herum anrichtet. Ich hatte doch keine Ahnung von dem Leid, das alle durchmachen, wenn jemand Selbstmord begeht. Ich hatte nie auch nur den kleinsten Gedanken daran verschwendet. Es aber selber zweimal versucht. Zweimal. Und nie überlegt, wie schrecklich es ist, anderen Menschen das anzutun.

Howies Tod rückte das Leben für mich wieder in eine vernünftige Perspektive. Bis dahin hatte ich es als Spiel betrachtet. Wenn ich die richtigen Züge machte und die Figuren auf den richtigen Platz stellte, würde schon alles gut werden. Durch Howies Tod kapierte ich plötzlich, daß es mitnichten ein Theater war – Proben gibt es nicht, die Aufführung findet sofort statt.

Nach Howies Selbstmord wurde mir auch klar, daß er ihn geplant hatte. Ich fragte mich, ob es Anzeichen gegeben hatte. Und natürlich hatte es welche gegeben. Es war zum Beispiel immer so merkwürdig, wenn er sich hinsetzte und mir die ganzen kleinen Sachen erzählte, von denen er sich wünschte, er hätte sie seiner Familie nicht angetan. All die kleinen Unfreundlichkeiten, besonders gegenüber seiner Mutter. Nach seinem Tod versuchte ich, ihr das alles zu erzählen.

Ich mußte von den Zwangsvorstellungen herunterkommen, aufhören, mich selbst zu beschuldigen, und als ich das schaffte, war das wieder einmal, als sei ich aus der Hölle zurückgekehrt. Ich war wie jemand, der einen Gedächtnisverlust erlitten und vergessen hat, wie man die alleralltäglichsten Dinge tut. So vieles war mir total fremd, ich konnte keine Waschmaschine bedienen und wußte nicht, wie ich mein Konto ausgeglichen halten sollte. (Das weiß ich immer noch nicht.)

Nach Howies Tod zog ich wirklich in ein Haus in Cambridge (diesmal ins Erdgeschoß), und Eva zog zu mir. Das war im Grunde unsere beste Zeit. Deb war natürlich auch da, und mein guter Freund Howard. Ein anderer Howard. Howard Tose war tot, und ich hatte einen anderen gefunden, der Howard hieß. Dieser war ein unglaublich intelligenter William-Burroughs-Anbeter und Unglücksjunkie, aber im Programm.

Ich befand mich in der ersten Phase meiner Genesung, und Deb und Howard vertraten die Ansicht, daß nicht immer ich die Pulle für meine Mutter holen sollte. Sie trank eine halbe Flasche am Tag, alle zwei Tage mußten wir eine neue holen.

Also wurde der liebe alte Howard dazu auserkoren – er ist einer von den Alkoholikern, die neben einer vollen Hausbar sitzen können und nicht trinken. Ich hatte beschlossen, daß Eva, nun, da sie in Amerika lebte, auch den *vin du pays,* nämlich Bourbon, haben mußte, und über so einen Quatsch diskutierten wir stundenlang. Scotch oder Irish, Blended oder Single Malt? Da saßen wir und redeten uns die Köpfe heiß, und ab und zu meldete Eva sich mit: »Ich finde, ihr solltet mich entscheiden lassen, was ich mag.«

Eva war nicht gerade außer sich über mein Cleanwerden. Sie freute sich, daß ich über die schlimmste Sucht hinaus war, aber sie konnte sich nicht verkneifen, ab und zu die Bemerkung fallen zu lassen: »Marianne, du bist wirklich viel zu nüchtern.« Sie meinte, ich würde ein wenig zu normal, sie fand mich langweilig. Komisch, was hatte ich mir immer ein ruhiges, ereignisloses Leben gewünscht, aber nie geglaubt, daß ich diesen Wunsch einmal verwirklichen könnte. Einerlei, ich wurde sehr ernst und streng, ein bißchen wie mein Vater – genau, was Eva sich von einer Gefährtin wünschte! Dabei hatte sie noch Glück, daß ich mich nicht von heute auf morgen in einen Professor für Renaissanceforschung verwandeln konnte (wer weiß, wer weiß).

Ich war so eifrig wie jeder Neubekehrte, liebevoll wie nur ein Mönch hockte ich über dem alten Blauen Buch. Eine meiner Lieblingspassagen ist Schritt zwei, in dem von dem Wahnsinnigen und dem Barbarischen die Rede ist; genau das sind Süchtige und Alkoholiker doch letztlich, man fällt in einen vollkommen barbarischen Zustand zurück.

Einmal da heraus, wird man aber leider nicht automatisch in den Zustand der Gnade geworfen; nur clean zu sein transformiert nicht alles. Denn »alles« im Leben läuft ja mehr oder weniger genauso wie vorher. Die gleiche Scheiße passiert ohne Drogen und Alkohol – die gleichen Geldsorgen, die gleichen Ängste (nein, mehr Ängste).

Eine Folge meiner mutwilligen Selbstzerstörung in der Zeit mit Howie war ja nun, daß ich wegen der Verklammerung an meinem Kiefer immer noch nur durch zusammengepreßte Zähne sprechen konnte. Aus meinem Gesicht guckten ein Griff und zwei Verschlüsse und eine Stange. So ging ich zum Bob-Dylan-Konzert in Boston, er spielte mit Tom Petty and the Heartbreakers. Erst als ich sah, wie er mich anschaute, kapierte ich, was für einen Anblick ich bot, aber ich war in einer solchen Hochstimmung über meine Erholung und das Wiedersehen mit ihm, daß ich mich doch nicht von einer kleinen prothetischen Garnierung stören ließ.

»Hm hm«, sagte er. »Was ist denn mit dir passiert?«

»Oh, Bob, was mit mir passiert ist? Was Unglaubliches!«

»Jede Wette.«

»Ich bin clean!« sagte ich und legte mit meiner Entzugsstory los.

»Ich habe jede Menge Heroin gefixt, wie du dich vielleicht erinnerst, bla, bla, bla. Und dann bin ich zur Behandlung nach Hazelden gegangen und dann nach Boston gekommen, und dann habe ich mich in einen Typen verliebt, und er ist aus dem Fenster im sechsunddreißigsten Stock gesprungen, und jetzt geht's mir gut. Ich gehe jeden Tag zu einem Meeting, und ich fange eine neue Platte an. Ist das nicht toll?«

Er tat so, als löge ich ihm das Blaue vom Himmel herunter. Die einzige Reaktion, die ich von Bob bekam, war: »Was? Du? Nein!«

Und das war typisch für die ganze Rockszene. Sie mochten mich lieber auf Heroin, da war ich gezähmt und leichter handhabbar. Das ist eine bei Rockstars weit verbreitete Haltung. Sie umgeben sich mit bildschönen und oft intelligenten Frauen, die sie aber auch extrem bedrohlich finden. Die Frauen flüchten aus diesem Dilemma oft in Drogen und werden gehorsam und umgänglich.

Die Neuigkeit, daß ich nun meiner selbst zu sicher war, um weiterhin das Opfer zu mimen, behagte Bob nicht allzusehr. »Auf Drogen gefielst du mir besser, Baby.« So ging's die ganze Zeit.

Die Zerknirschte gab ich nun nicht. Ich glaube, man erwartet immer von mir, daß ich sage, wie unrecht ich gehandelt habe. Aber ich finde nicht, daß ich unrecht gehandelt habe, ich habe mich nicht schuldig gemacht. Die Leute meinen, ich müßte mich in alle Ewigkeit in Sack und Asche hüllen, und gelegentlich habe ich ja auch Bedauern und Reue empfunden. Aber wie kommen sie auf die Idee? Vielleicht wegen meiner Songs. Dir muß es sehr schlecht gehen, heißt es. Nein, eigentlich nicht. Ich fühle mich schuldig, weil ich nicht für Nicholas gesorgt habe, aber abgesehen davon, empfinde ich sehr wenig Scham.

Als ich Keith anrief und ihm die guten Nachrichten mitteilte, daß ich aufgehört hätte zu trinken und auch keine Drogen mehr nähme, freute er sich mit mir, war aber auch mißtrauisch. Er schwieg und sagte dann: »Ach, Marianne, und was ist mit dem Heiligen Gral?«

Lose Enden

IM ERSTEN JAHR meiner Erholung hatte ich wunderbar allegorische Träume. Ich steckte voller Energie und hatte das Gefühl, daß viel passierte und durchbrach. Die Träume waren natürlich nicht alle positiv. Beileibe nicht.

Einmal träumte ich, ich wanderte durch riesige Barocksäle, Zimmer in Palästen, endlose Treppenflure hinunter, durch hohe Kolonnaden mit spiralförmigen Säulen. Energiegeladene Räume, die einen an alles mögliche erinnern, wie die bedrohlich monumentalen Räume in den Kupferstichen von Piranesi. Beim Hindurchgehen merkte ich, daß ich rückwärts durch mein Leben spazierte, auf den Balkonen und Loggien spielten sich Szenen ab mit Leuten aus meiner Vergangenheit.

Es war der Palast der Erinnerungen, von dem ich in Frances Yates' Büchern gelesen hatte. Diese höhlenartigen Räume hatten etwas mit Verzweiflung und dem verlorenen Paradies zu tun. Mit Menschen, die einmal meine Freunde gewesen waren und sich nun abgewandt hatten. Das waren all die bitteren Szenen aus meinem eigenen *Inferno.* Zum Schluß des Traums öffnete sich der Palast zu einem römischen Amphitheater, wo ich – ich schwöre es – an acht weiße Pferde gebunden und durch die Arena zu Tode geschleift wurde. Aber wir wissen ja nun, daß der Tod in Träumen keinen Frieden bringt.

Kurz danach hatte ich einen verstörenden Traum von Mick, ein richtiger Hammer, mitten am heißesten Tag des Sommers. Ich war auf dem tiefsten Land, legte mich auf die Erde, schlummerte ein – das ganze Ding war direkt aus *Picknick am Valentinstag* – und träumte diesen phantastischen Traum.

Ich war eine sehr noble alte Dame... von allen geliebt, geachtet und geehrt. Ich las in meinem wunderschönen Himmelbett, umgeben von meinen Dalmatinern, da stürzte plötzlich ein Bote mit Kapuze in mein Zimmer und überbrachte mir die Nachricht, daß Mick Jagger tot sei. Während er sprach, begannen die Wände meines Hauses zu zerbröckeln und zu zerfallen, aber an ihrer Stelle erschien etwas anderes. Wo eine Wand gewesen war, erschien plötzlich ein breiter Treppenaufgang; wo eine Tür gewesen war, erschien der große Bogen eines urgeschichtlichen Steingrabmals. Die Zimmerdecke wurde zum Himmel, die Wände zu Bäumen, der Boden zu Rasen – und alles war transparent. Es war, als habe sich das Haus von innen nach außen gekehrt.

Als ich erwachte, summten Fliegen um meinen Kopf, und ich wußte nicht, wo, ja nicht einmal, wer ich war, obwohl ich nicht länger als zehn Minuten geschlafen haben konnte. Ich legte die Hand über die Augen und grübelte über die Worte des Boten nach. Ich wurde nervös. Am nächsten Tag schleppte ich mich nach Boston und ging zu Dr. Bergman, der sich immer freute, wenn ich mit einem neuen Traum ankam.

»Heißt das, ich will, daß Mick Jagger stirbt?« fragte ich, nur um zu hören, daß er nein sagte. Genau das sagte er auch, mindestens viermal.

»Oh nein. Nein, nein, nein, Marianne.« (Wie tröstlich!) »Es bedeutet, daß wir wirklich vorwärtskommen, es bedeutet, daß das Fundament, auf dem Ihr Haus erbaut war, Mängel hatte. Der Boden hat sich bewegt, und für Sie ergeben sich neue Perspektiven.«

Prima! dachte ich. Zeit für eine neue Platte.

Auf meinen vorherigen Platten hatte ich die meisten Lieder selbst geschrieben, aber ich wußte, im Augenblick ging es mir zu schlecht zum Schreiben. In dem Sommer durchlitt ich Höllenqualen. Überall sah ich Blut. Im Herbst kam ich langsam darüber hinweg, das passiert mir immer. Es muß etwas mit dem Wiederbeginn der Schule zu tun haben. Wenn der September kommt, denke ich: »Gut, die Schule fängt an, der normale Alltag (was immer das ist).«

Ich wollte die klassischen Jazz- und Blueslieder von Liebe und Sehnsucht durch die verheerenden Gefühle nach Howies Tod filtern, eine Art Exorzismus betreiben. Ich redete mit allen, die es hören wollten. Mit Hal Willner und Tom Waits. Mit Tom hatte ich eine Telefonfreundschaft angefangen, er war auch bei Island Records.

Tom hatte aber ein ganz anderes Konzept. Er hatte ein Album mit dem Thema »der Hure Rache« vor. Er wollte es in New Orleans machen, und es sollte *Storeyville* heißen nach dem alten Bordellviertel. Tom stellte sich vor, daß ich mit Strapsen und Netzstrümpfen anrüchige Lieder röhrte – komisch, wie die Leute mich immer viel mehr als sexuelles Wesen sehen als ich mich selbst. Doch so sehr mir auch das Sexbombenimage gefällt, als die unbußfertige Hure, die den Blues aus dem Puff rausschmettert, sehe ich mich nun doch nicht.

Bei einem Projekt, wie ich es plante, muß man wochenlang herumsitzen und alte Platten und Kassetten hören, und zum Schluß arbeitet man meistens mit demjenigen zusammen, der die Zeit dazu hat. Tom hatte Lust dazu, aber er war zu sehr mit seinem eigenen Leben beschäftigt: heiraten, Kinder kriegen, Platten machen. Aus unseren Gesprächen kam der Titelsong heraus, »Strange Weather«, den Tom mit seiner Frau Kathleen geschrieben hatte.

Hal Willner hatte die Zeit und die Geduld, nach Boston zu kommen, sich mit mir zusammenzusetzen und Stapel von Platten anzuhören, so kam's, daß ich *Strange Weather* mit ihm gemacht habe. Er besitzt eine absolut umwerfende Kollektion alter Platten. Das Schöne bei ihm war, daß er im Gegensatz zu allen, mit denen ich bis dahin zusammengearbeitet hatte, mit den Worten »Warum versuchen wir nicht herauszufinden, was Marianne will?« an die Sache heranging.

Ich hatte ein Stück auf Hals Kurt-Weill-Album *Lost in the Stars* gesungen, bevor ich nach Hazelden ging, und schon damals hatte ich sofort gewußt, daß er einer der großartigsten Freunde meines Lebens werden würde. Eine der Freundschaften, für die keine Regeln gelten.

Mike Thorne – der arme Produzent der Platte, die ich begonnen hatte bevor ich die Überdosis nahm – wollte diese auch beenden, aber über die Gefühlswelt aus der Zeit war ich schon lange, lange hinaus. Ich war etwas ratlos, was ich tun sollte, da kam aus heiterem Himmel ein Anruf von Chris Blackwell. Er war ziemlich nervös, weil er befürchtete, ich wolle die Platte fertigmachen und werde mich der Vorstellung widersetzen, sie aufzugeben.

Zögernd hub er an: »Schau, Marianne, wegen der Platte, an der du mit Mike Thorne gearbeitet hast, bevor du nach Hazelden gegangen bist…«

»Jaaa?«

»Hm, Liebes, ich glaube, es ist keine so gute Idee mehr.«

»Glaubst du.«

»Ja, ich glaube, du solltest nun doch nur an der neuen Platte mit Hal Willner arbeiten.«

Ich raffte all meinen Mut zusammen und sagte: »Gut, okay. Können wir das machen, was uns gefällt?«

Und Chris, nun seinerseits erleichtert, sagte: »Klar, fangt an. Meinen Segen habt ihr.«

Dann passierte alles sehr rasch. Howie sprang im April. Hal und ich stellten *Strange Weather* im September zusammen und nahmen es im Oktober auf. *Strange Weather* ist Howie gewidmet, es ist ein Zyklus von Liedern, die viel mit den Botschaften, die mir Howie in Hazelden geschickt hatte, gemeinsam haben. »Strange Weather«, das Tom für die Platte schrieb, enthält alle möglichen Andeutungen auf Howie. »I believe that brandy's mine«, ist der Kognak, den ich im Flugzeug zu ihm nach Boston getrunken habe. Die Zeile entstammt den Telefonmarathons mit Tom, während derer ich ihm die traurige Geschichte von Howie und mir in epischer Breite erzählt hatte.

Hal war nur zu glücklich, eine Platte mit Coversongs zu machen – ich hatte sowieso das Gefühl, daß er die Lieder, die ich geschrieben habe, nicht so richtig mochte. Und als ich das fremde Material sang, stieß ich auf die Tatsache, daß ich gar keine schlechte Interpretin der Lieder anderer Leute bin. Ohne *Strange Weather* hätte ich das nie herausgefunden.

Wir ließen uns von dem Gedanken leiten, Songs zu finden, die ich geschrieben hätte, wenn ich hätte schreiben können. Wir machten einen Doc-Pomus/Mac-Rebennack-Song. Ich wollte Dylans »I'll Keep It With Mine« und »Penthouse Serenade« singen, Hal hatte Billie-Holiday- und Dinah-Washington-Sachen im Kopf. Zum Schluß nahmen wir viel mehr auf, als wir brauchten. Wie die Verrückten. Wir probierten auch eine Menge Stücke, die überhaupt nicht funktionierten, wie zum Beispiel ein Robert Johnson und eine Bessie Smith. Aber all die Sachen, von denen man als Sängerin immer träumt, die habe ich gesungen – in den Schatzkammern bei Island Records ist noch ein ganz anderes *Strange Weather.* Chris wollte ein wunderschönes tragisches Album mit melancholischen Balladen, und das bekam er.

Immer wenn ich mit einem Freund oder einer Freundin rede, die in Verzweiflung und Herzeleid versinkt, sage ich: »Wenn du meinst, es geht dir schlecht, hör dir *Strange Weather* an.« Als es herauskam, schrieb ein Kritiker: »Von Marianne Faithfull, Musik zum Pulsadernaufschneiden.« Für mich war das ein Kompliment.

Wenn ich arbeite, rufe ich mir immer Szenen aus meinem Leben vor Augen, auf *Strange Weather* sind alle Songs über Leute und Orte, die ich kenne. »Penthouse Serenade« habe ich zum erstenmal gehört, als wir im Himalaja Tee getrunken haben. Oliver spielte es, als ich ankam. Ich hatte den leicht meschuggenen Gedanken, wenn ich den Song auf meine Platte brächte, würde ich vielleicht auch noch einmal mit einem netten Mann in einem Penthouse landen. Ach ja.

Eva starb im Mai 1990. Sie wurde achtzig. In den letzten fünf Jahren ihres Lebens war meine Mutter der liebenswürdigste, strahlendste Mensch (eine für sie sehr rare Inkarnation). Ich war auf Tournee in Australien, als John mich anrief und mir Bescheid sagte. Im Flugzeug zurück nach England las ich noch einmal *Die Weiße Göttin,* zu Ehren meiner Mutter, die für mich eine Verkörperung der Göttin gewesen war: des unendlichen, gestaltverändernden Geistes, der für die keltischen Barden das Leben durchdringt.

Ich hatte vielerlei Gestalt
Eh ich meine harmonische Form erlangt
Ich war ein Tropfen in der Luft
Ich war ein leuchtender Stern

Ich war in der Arche
Mit Noah und Alpha

Ich bin eine Welle des Meeres
Ich bin eine Träne der Sonne
Ich bin schön unter den Blumen
Ich bin ein Lachs in einem Teich
Ich bin ein Hügel von Poesie
Ich bin ein Gott, der aus Feuer ein Haupt bildet

Als ich in England ankam, ging ich zu meiner Mutter – sie sah wunderschön im Sarg aus, gar nicht mehr wie ein menschliches Wesen, sondern eher wie eine Moorfrau, eine Frau, die man aus dem Moor gezogen hat. Ihr Gesicht war wie gemeißelt.

Zu Hause sagte ich zu meiner Schwägerin Jane: »Wir schmücken sie.« Am nächsten Tag gingen wir in ihren Garten und pflückten Rosmarin und Weißdorn – Arme voll – und brachten sie zur Leichenhalle. Über und über bedeckten wir Eva mit Blumen. Ein Weißdorn- und Rosmarinkranz um ihr Gesicht, Weißdorn auf ihr Herz, Rosmarin verkreuzt darüber gelegt, und ein Blumenstrauß in der Hand. Eine wahrhaft heidnische Zeremonie zum Abschied.

Die Religion meiner Mutter war Kunst. Die Leute fragten mich immer: »Was meint denn deine Mutter zu ›Why D'Ya Do It?‹« Meine Mutter fand es natürlich absolut großartig, sie sagte immer: »Darling, endlich kriegst du was von den Sachen raus, die in dir sind!« Sie wußte, daß Kunst Kunst ist und mit anderen Maßstäben gemessen wird. Als Kontinentaleuropäerin und Aristokratin war sie nicht so prüde wie die Engländer. Sie wußte, der wahre Adel sind die Künstler. Alle Kunst ist ein Tribut an die Göttin.

Als ich nach Evas Tod meinen Vater in Brazier's Park besuchte, ging ich durch einen Eibenhain, und alles erinnerte mich an meine Mutter, der Mond, der Wind, der die Blätter der Eiben rascheln ließ, die Eiben selbst (einer der fünf magischen Bäume Irlands). Aber ganz besonders der Mond, der Spiegel der Göttin.

Meine Mutter war für mich gewiß eine Göttinnengestalt. Gott-»vater«, hat mir nie gereicht, die Jungfrau Maria auch nicht, mit den patriarchalischen Religionen habe ich mich nie zufrieden gegeben. Meine Gebete beginne ich immer mit »Unsere Mutter …« Ich mußte einen wirklichen Gott finden oder eine Göttin, die meinem Verständnis entsprang, eine, an die ich glauben konnte, mein eigenes Pantheon. Die große Göttin und der große Gott Pan. Ich weihe jeden Drink, den ich trinke, dem großen Gott Pan. Ich bitte um Schutz. Und für mich war meine Mutter die erste Manifestation der großen Göttin.

Kurz nach Evas Tod spielte ich die Seeräuber-Jenny in der *Dreigroschenoper,* und da lernte ich Frank McGuinness kennen. Frank hatte das Brechtstück neu übersetzt, Patrick Mason, der nun der künstlerische

Leiter des Abbey Theatre ist, führte Regie, und Michael Colgin vom Gate Theatre produzierte es.

Während der Proben weinte ich ununterbrochen. Wenn ich nach Hause kam, sah ich das Gesicht meiner Mutter überall, in den Sternen, den Bäumen, im Wasser, im Mond. Kurz vor der Premiere aber kam in Gestalt von Alex »Hurricane« Higgins eine Abwechslung. Der legendäre irische Snookerspieler ist klein und schmächtig, aber sehr charismatisch, und in einer verrückten Art sehr, sehr cool.

Ich hatte ihn ein paar Jahre vorher kennengelernt, als ich immer noch eine Menge trank, und offenbar hatten wir eine wilde Nacht zusammen verbracht. Aber ich konnte mich kaum daran erinnern. Alex sehr wohl, denn er rief mich an und fragte, ob er mich auf einen Drink einladen könne. An einem Samstag traf ich ihn in einem Pub nach den Proben, und offenbar war er auf eine weitere Nacht mit mir scharf. Er hat einen wohlverdienten Ruf als Verrückter, deshalb fragte ich ein paar Freunde um Rat, was ich tun solle. Frank McGuinness war rundweg dagegen, als er aber sah, daß ich entschlossen war, riet er mir: »Wenn du so darauf versessen bist, mit Alex Higgins zu schlafen, dann tu's nicht bei dir zu Hause – geh in ein Hotel.«

Also stellte ich Alex eine lange Reihe von Bedingungen: Hol mich um halb zwölf am Theater ab. Wir gehen ins Hotel, und dann gehe ich nach Hause. Du hast zwei Stunden, und damit hat sich's. Ich in meiner gouvernantenhaftesten Form.

Auf dem Weg zum Hotel beschlich mich dann doch der Gedanke, daß ich wahnsinnig sein mußte. Er ist ein stadtbekannter Irrer, ich wurde ein bißchen paranoid. Ich sah die Zeitungen vom nächsten Tag förmlich vor mir: MARIANNE FAITHFULL IN LIEBESNEST ERWISCHT. Das hätte mir gerade noch gefehlt, nun, da ich versuchte, »ernst« genommen zu werden. So hielt ich denn Alex im Taxi einen langen Vortrag: »Hör zu, Alex, ich will, daß du alle deine fünf Sinne beieinander behältst. Ich weiß, es wird dir schwerfallen, aber beherrsch dich, wenn wir ins Hotel kommen. Egal, was tu tust, erwähn um Himmels willen nicht meinen Namen. Verstanden?«

Hinein marschierte er in die Hotelbar. Alle wußten, wer er war, er ist ein wandelndes Nationaldenkmal in Irland. Er bat um einen Ballygowan für mich, weil ich nicht trank, und bestellte sich einen Wodka/Tonic. Auf dem Weg zur Rezeption drehte er sich zu mir um und grölte mit seinem dicksten Belfaster Akzent: »Keine Bange, Faithfull, wenn ich mich eintrage, nenne ich dich Vicki, nicht Marianne.« Ich werd's wohl nie lernen.

Zur Premiere schickten Jerry Hall und Mick mir ein bildschönes Bouquet mit weißen Lilien, Blumen, die ich immer geliebt habe, und wünschten mir »Hals- und Beinbruch!«.

Die Kritiken waren phantastisch, und ich wurde über Nacht respektabel. Die Journalisten, für die ich in all den Jahren ein Zerrbild nach dem anderen gewesen war, kamen urplötzlich zu dem Schluß, daß an dieser Person doch was dran sein mußte, daß ich mehr war als eine Marsriegel-Story. Lustig, muß ich zugeben.

Aber wenn man sich auch mit seiner Vergangenheit abfinden kann, los wird man sie nie, und eine solche wie meine meldet sich ab und an.

Vor Hazelden hatte ich wider besseres Wissen zu einem grauenhaften Buch über die Stones beigetragen. Der Autor A. E. Hotchner hatte ein allgemein anerkanntes Buch über Hemingway geschrieben, und ich dachte, er werde den Stones mehr oder weniger dieselbe Behandlung angedeihen lassen. Aufgrund Hotchners literarischer Meriten machten Anita und ich mit, aber er hatte absolut kein Feeling für die Zeit und noch weniger Sympathie für die Leute, die dabei waren.

Er nahm Anita und mich zu einem Zeitpunkt in unserem Leben auf, in dem wir sehr verletzlich waren. Wir waren beide noch auf Drogen, verwirrt und zornig wegen unserer Vergangenheit. Ich dröhnte mich voll und quatschte einfach los, und heraus kam die Geschichte, wie Mick mich in Genua verprügelt hat. Mick war außer sich.

Sein Mißvergnügen kam mir zu Ohren, als ich auf Tournee war. Kurzentschlossen schickte ich ihm ein Fax: »Lieber Mick, das Interview habe ich vor Jahren für hundert Dollar gemacht. War total daneben. Der Journalistenschleimer hat mich high gemacht. Bitte verzeih mir. Liebe Grüße, Marianne.«

Mick ärgerte sich auch deshalb so sehr, weil die Geschichte im *Daily Mail* abgedruckt wurde und seine Eltern sie mitkriegten. Eine Woche nach Erscheinen des Buches sollte ich mit Chris Blackwell ein Stoneskonzert im Wembley-Stadion besuchen. Chris, der nichts falsch machen wollte, rief Mick an und fragte, ob es in Ordnung gehe, wenn er die in Ungnade gefallene Marianne mitbringe.

»Ja, na gut, aber für meine Eltern ist es weniger erfreulich«, lautete die Antwort. Auf der Backstageparty (Chris tat so, als kenne er mich nicht) war Mick entsprechend frostig und gleichzeitig der perfekte Gastgeber – so was schafft nur Mick. Aber wie üblich provozierte er mich damit nur, und ich war um so entschlossener, kein bißchen Reue zu zeigen.

Eva und Joe Jagger, seine Eltern, waren dort. Seine Mutter ist sehr liebenswürdig, aber ein Alptraum für Mick. Sie beklagte sich, wie autoritär Mick sei. »Ein Verbrechen, wie er mich die ganze Zeit herumkommandiert, wirklich. Er sagt mir, wann ich ein Glas Wasser trinken soll, und er sagt mir, wann ich Pipi machen soll, und er sagt mir, wann – ach, schrecklich.«

Joe versuchte sie zum Schweigen zu bringen, aber Eva war durch nichts zu bremsen, glauben Sie mir. Ich hörte mir alles an, ganz entzückt und verzaubert.

Und sagte zu Eva: »Ach ja, so ist er eben. Und seien wir ehrlich, wir werden ihn nie ändern. Er hatte es immer in sich, will immer alles unter Kontrolle haben.«

Woraufhin Mick sagte: »Ach, sei still, Mum, das reicht!« Er versuchte, sie am Weiterreden zu hindern, und bestätigte damit nur, was wir gesagt hatten.

»Siehst du, wovon ich rede, Marianne?«

Da wandte sich Mick in der Hoffnung auf ein wenig moralische Unterstützung an mich und sagte: »Aber Nicholas kommandiert dich doch bestimmt auch herum, Marianne, oder?«

Es war ein kleiner Ölzweig von Mick, und ich hätte freundlicher sein und ihn nehmen sollen. Ich wünschte auch, ich hätte ein bißchen Mitleid gehabt, aber ich konnte mich nicht beherrschen. »Was, Nicholas und mich herumkommandieren? Wo denkst du hin?« (Er tut es auch nicht.) »Ihm würde im Traum nicht einfallen, mir zu sagen, was ich tun und lassen soll, und mir würde auch im Traum nicht einfallen, es ihm zu sagen. So ist unsere Beziehung einfach nicht.«

Und dann kam Jerry Hall dazu mit einem bißchen Jetsetklatsch über Tina Chow. Jerry bin ich in Texanisch. Alles ist natürlich aufwendiger, mehr Haar, größer, dickere Klunkern, eine extravagantere Persönlichkeit. Und dankbar (während ich alles, nur nicht dankbar bin).

Eine der angenehmen Seiten einer dekadenten Vergangenheit ist, daß man andere berühmte verlebte Leute kennenlernt. Meine beiden dekadenten Lieblingsmonster sind Madonna und Robert Mitchum.

Als ich einmal in Los Angeles war, rief mich ein Freund, der Fotograf Stephen Meisel, an und wollte sich mit mir treffen. »Um sieben im Four Seasons.« Es war halb sieben, ich machte mich so gut zurecht, wie ich konnte, ohne allzu schick auszusehen, und ging hin. Er war mit einem wunderschönen Knaben dort. Dann schaute er mich an und sagte: »Gut, wir besuchen Madonna.« Ich kippte beinahe aus den Latschen und kriegte Angst. Aber er beruhigte mich. »Tse, tse, Marianne, dir passiert doch nichts, sie wird dich hinreißend finden!«

Und los ging's zu Madonnas Haus, das riesig und natürlich wunderschön war. Sie hatte Fitneßgeräte im Badezimmer und eine sehr eindrucksvolle Gemäldesammlung. Alles, was sie tat, war seltsam, sie trug Unterwäsche, und ich dachte, ach, du lieber Gott! Aber das Witzigste war in der Küche, dort stand ein Zeitungsständer wie beim Zahnarzt, und auf allen Illustrierten prangte ihr Bild! Das fand ich irre.

Im Theater schauten wir uns Rupert Everett in einem sturzlangweiligen Stück an, Noel Cowards *The Vortex*. Danach gingen wir in einen Club, wo Madonna tanzen konnte. Es war ein Schwulenclub, wo niemand nach Luft schnappte, wenn sie hineinkam, es würde alles sehr cool sein. War es auch, keiner verzog eine Miene.

Ich fühlte mich ein wenig wie ein »elder statesman«, denn ich sah, daß Madonna mich mit einem gewissen Grad an distanziertem Respekt betrachtete. Irgendwann forderte sie mich zum Tanzen auf, und ich verging fast. Sie tanzt unglaublich, sie macht die richtigen Schritte, als wäre sie auf der Bühne. Ich fühlte mich reichlich komisch, wie in einem Molière. Aber Stephen Meisel liebte es natürlich, und ich dachte, na gut, wenn's ihn freut, dann mal zu.

Unglücklicherweise war ich mittlerweile dem Hungertod nahe. Ich hatte damit gerechnet, daß wir irgendwann was essen würden, nun war ich hungrig und ein wenig grantig. Es wurde mir auch langsam alles ein bißchen viel – es war zum Beispiel weit später als meine normale Schlafenszeit! Aber ich konnte nichts machen, wir befürchteten, unhöflich zu sein, vor Madonna zu gehen. Mit ihr zusammen zu sein ist nämlich ein wenig so, als wäre man mit den Royals zusammen. (Nein, die Cocktails mit Prinzessin Margaret waren ein wenig lockerer!) Aber es hatte Spaß gemacht, besonders in der Rückschau. Und einerlei, die Kinder meiner Freunde waren alle schrecklich beeindruckt.

1993 bat Bruce Webber mich, in einem Dokumentarfilm mit Robert Mitchum dabei zu sein. Er hatte einen wunderbaren Film über Chet Baker gedreht, *Let's Get Lost,* und wollte in der Richtung auch etwas über Robert Mitchum machen. Aber zwischen den beiden liegen Welten; Chet Baker war gefühlvoll, nachdenklich – ein klassischer Bebopjazzmusiker, während Mitchum sich nicht so leicht in die Karten gucken läßt.

Ich singe mit Mitchum zwei Lieder in dem Film, aber ich habe nicht die geringste Ahnung, was ich ansonsten darin zu suchen habe. Offiziell wurde mir in dem kaltschnäuzigen Jargon, den Bruce sich aus den *filme noir*-Streifen borgte, in denen Mitchum in den Vierzigern und Fünfzigern der Star gewesen war, folgender Grund mitgeteilt: »Es gibt nur noch drei Dinge, die Bob begeistern: ein Wodka/Martini, eine Lucky Strike und eine schöne Frau.«

Aber der eigentliche Grund meiner Anwesenheit war meines Erachtens, daß ich Bruce helfen sollte, Mitchum den persönlichen Kram aus der Nase zu ziehen, was ich aber nie geschafft hätte, selbst wenn ich gewollt hätte. Da fallen Ostern und Pfingsten auf einen Tag, bevor Bob Mitchum seine Seele entblößt, er kommt aus der alten Schule. Das hat er sich bis heute bewahrt. In der klassischen Ära Hollywoods kotzten sich Männer nicht in Fanmagazinen aus, und auch bei sonst niemandem. Der Augenblick, als Bruce Mitchum fragt, wie er sich fühlte, als er wegen Haschischrauchens verhaftet wurde, spricht Bände. Bob tut es ab. »Wen schert es denn einen Scheißdreck, wie ich mich fühlte?«

Ich erinnere mich, daß ich mich für ein Dinner im Château Marmont feinmachte. Ich schaute mich im Spiegel an und sagte: »Na gut, du siehst aus wie eine Kreuzung aus Chauffeur und Nutte. Dann muß es das richtige Outfit sein.« Kurzer schwarzer Rock, hohe Absätze, tief dekolletierte Bluse.

Mitchum trank ein paar Wodka/Martinis. Er war überaus charmant, groß, schlank und elegant, und erzählte mir ein paar wunderbare Geschichten über das alte Hollywood. Hinterher sagte Bruce etwas total Bizarres.

»Fandest du nicht, es war ein wenig so, als arbeitete man mit Marilyn Monroe zusammen?«

»Wie meinst du das denn?«

»Ich meine, er ist eins der letzten großen Sexsymbole.«

Und er war sehr, sehr sexy – aber cool. Und dann vergaß er sich für einen Moment und nahm mich mitten auf dem Hollywood Boulevard in die Arme, bog mich in einem echten Vierziger-Jahre-Griff zurück und gab mir einen klassischen Leinwandkuß. Ich war so überrascht, daß ich beinahe nicht zurückgeküßt hätte. Im Auto wollte der liebe Bob es ein bißchen weitertreiben, aber ich mußte ihm einen Klaps geben. Immer wenn ich mich in diesen potientiell romantischen Situationen befinde, weiß ich nicht, was ich tun soll. Wenn ich es mir im Fernsehen angeschaut hätte, hätte ich es toll gefunden, aber ich genoß es auch so ein wenig, hauptsächlich, weil ich es nicht so schlimm fand, nein zu sagen.

Vielleicht ist das einer der Gründe, warum ich nun im hohen Alter so cool und irgendwie reserviert werde; ich weiß wirklich nicht, was man alles anstellen müßte, um mich nun ins Bett zu kriegen. Und es ist beileibe nicht der Katholizismus – es ist zuviel Aufwand! Die Gefahren sind zu groß, es gibt zu viele Fallen. Ich fahre auch nicht auf das Mick-und-Jerry-Ding ab: Wohnung suchen, seßhaft werden und Kinder kriegen, anständig werden, ein normales Leben führen. Für Frauen ist das aber viel schwerer als für Männer. Wenn ich ein Mann wäre, fände ich vermutlich eine Frau, die es mit mir aushalten würde! Wenn ich natürlich schwul wäre …

Im letzten Jahrzehnt habe ich die zweifelhafte Ehre gehabt, von der Vatikanpresse offiziell als Hexe denunziert zu werden. Der Artikel führte Mick Jagger, Anita Pallenberg und mich an. Mick als Hexenmeister und Anita und mich als seinen Hexenzirkel. Als ich es Anita zeigte, zuckte sie mit den Schultern und tat es als die komplette Absurdität ab, die es ist, aber Anita hat sich immer viel weniger um die Meinung anderer Leute gekümmert als ich. Trotzdem haben wir uns gefragt, wieso das nach all den Jahren? Auch einerlei, mir ist es scheißegal, wie sie mich nennen, ich lasse mich nicht mehr nach Lust und Laune manipulieren. Diese Leute sehen ja nur die unbezähmbare, widerspenstige weibliche Kraft, die sich nicht beherrschen läßt. Seit den Anfängen der Menschheit wird die unregierbare Frau als sehr gefährliches Wesen betrachtet, zumindest, seit die patriarchalischen Religionen uns an die Kandare genommen haben.

Ich hatte übrigens auch das zweifelhafte Vergnügen, meine eigene Lebensgeschichte zu lesen und mich zu fragen, über wen zum Teufel sie da redeten. Ich bin überzeugt, als Mark Hodkinson meine Biographie zu schreiben begann, wartete er darauf, daß ich jeden Moment den Löffel abgab. In der englischen Presse wird er mit dem Spruch zitiert, daß er nun jeden Tag damit rechnet, zu hören, daß ich mir in einer öffentlichen Toilette eine Überdosis verpaßt habe. Träum weiter, Junge!

Ich war schon zweimal verheiratet gewesen und hätte es besser wissen sollen, als mich urplötzlich noch einmal in eine Ehe zu stürzen, aber wie ich schon sagte, ich lerne nie. Ich traf Giorgio della Terza bei einem NA-Meeting. Er sah gut aus, war intelligent und souverän und brachte mich zum Lachen. Er war Schriftsteller und zitierte Dante, so etwas fand ich schon immer unwiderstehlich. Außerdem hatte er eine wunderbare Familie, sein Vater ist Professor in Harvard und der führende Dante-Gelehrte der Welt. Das zog meinem Vater die Schuhe aus.

Um es kurz zu sagen, ich heiratete jemanden, der mich in den Wahnsinn trieb. Ich muß es in einem Anfall blinden Idealismus getan haben, denn wenn ich bei Vernunft (was man lächerlicherweise so nennt) gewesen wäre, hätte ich mich nie so in die Bredouille gebracht. Aber ich muß mich selbst immer wieder daran erinnern, was das Blaue Buch so weise sagt: Man kriegt nie mehr, als man bewältigen kann.

Giorgio hatte ein sehr schiefes Bild von mir, bis kurz, bevor er mich verlor, dachte er an mich immer nur in Kategorien von blondem Haar und großen Titten. Die meiste Zeit, die ich mit ihm zusammen war, verbrachte ich auf Tourneen. Das haßte er. Das Leben in Shell Cottage war für ihn wie Hausarrest. Er war ein Junkfood-Süchtiger, ein Großstadtmensch, und hier steckte er mitten im Nichts fest hinter einer drei Meter fünfzig hohen Hungermauer, Herr im Himmel! Dann fing er eine Affäre an, und eines Tages fand ich einen Brief von seiner Freundin, und der war unglaublich schmalzig und primitiv. Da hatte es sich! Mit seiner Freundin gab es noch eine letzte Szene wie aus einer Schwarzen Komödie: Da ich ja keine Ahnung hatte, daß sie Giorgios Freundin war, hatte ich sie gebeten, mich modisch und stilistisch zu beraten. Sie brachte mich zu einem Friseur, der mir prompt das Haar abschnitt und es grau tönte!

In den letzten Jahren habe ich auch wieder gefilmt. Ich filme gern, denn solange man arbeitet, kann man die wunderbare Illusion nähren, daß man zu einer Familie gehört. Es ist eine willkommene Abwechslung von Plattenaufnahmen und Konzerten, wo man immer nur mit verschiedenen Aspekten von sich selbst zu tun hat. Es gibt nichts Schöneres, als sich selbst in einer Rolle zu verlieren.

In Sara Driver's *When Pigs Fly* spiele ich ein Gespenst, und in *Moondance* eine Mutter, eine Anthropologin, die weggeht und ihre Kinder verläßt, um ihr eigenes Leben zu leben. Dann kommt sie gerade noch rechtzeitig zurück und verwandelt sich in eine Seherinnengestalt, die die Antwort kennt und sehr weise ist. Eine Stufe über einem Gespenst – ähnlich, aber gehaltvoller. *Moondance* wurde auf Garech Brownes Anwesen Luggala gefilmt, einem der schönsten Orte auf dem Angesicht dieser Erde. Das Haus ist eine Schloßattrappe aus dem achtzehnten Jahrhundert, die in den Dreißigern umgebaut wurde, es steht inmitten nebelverhangener Hügel. Moosbedeckte Felsbrocken und große uralte Bäume sind verstreut in einer urtümlichen Landschaft, die sich zu einem wunderschönen See hinunter erstreckt.

Der Soundtrack für *Moondance* ist von Van Morrison, ich singe »Madame George« mit ihm. Das haben wir im Handumdrehen produziert. Ich flog nach Dublin, hielt ein Zweistundennickerchen, fuhr nach Ring's End und nahm meinen Gesang auf. Van und Phil Coutter waren dort. Phil mit der Augenklappe hat die Bay City Rollers entdeckt und »Puppet On A String« geschrieben. Er spielte Klavier bei der Aufnahme. Mit zwei Takes hatten wir den Gesang im Kasten. Bei Van gibt es kein großes Rumgefummel oder endloses Kopfzerbrechen. Er ist aus derselben Schule wie ich.

»Wie lang ist das Album?«

»Fünfzig Minuten.«

»Gut, du hast eine Stunde Studiozeit.«

Van ist ein richtiger Mentor für mich geworden. Ich erzähle ihm meine persönlichen Probleme, und er gibt mir gute Ratschläge. Es ist wie ein heißer Draht zu Gott, aber Van ist besser, er ist hier. Immer wenn ich jemanden umarme, kommen mir meine Titten in die Quere. Und wenn es Van mal wieder ein bißchen viel wird, flüstert er mir ins Ohr (er hat einen sehr ulkigen Belfaster Akzent): »Könnten wir uns nicht ein bißchen näher kennenlernen?« Dann kriegt er meinen Killerblick.

Van the Man ist einer meiner besten Freunde und sehr lustig.

»Weißt du, Van«, sagte ich, als ich das letztemal aus Jamaika zurückkam. »Ich finde, Jamaika ist in gewisser Weise wie Irland.«

»Mit einem großen Unterschied.«

»Und der wäre?«

»Wir vögeln nicht.«

Alkohol, Religion, Musik, Wildheit – man kann alles haben, was man will, nur keinen Sex. Ich bin nicht die einzige, die von zu Hause weg muß, wenn sie sich mal amüsieren will.

Aber ich liebe Irland. Ich bin vor fünf Jahren hierhergezogen, als meine Mutter krank wurde und mich näher bei sich haben wollte. Nach Großbritannien wollte ich nicht zurück, für mich hieß es entweder Paris oder Irland, und in Irland haben mir meine Freunde durch eine sehr heikle Periode meines Lebens geholfen. Irland ist meine Zuflucht, in Irland habe ich nicht das Gefühl, daß ich dauernd aufpassen muß. Manchmal trete ich ins Fettnäpfchen und rede dummes Zeug, aber ich habe nicht mehr so viele Probleme damit, ich selbst zu sein. Die Iren sind nicht im geringsten nachtragend.

Jahrelang hatte ich von schönen Gebäuden geträumt, oft davon, mich in achteckigen, sechseckigen, merkwürdig geformten Räumen zu bewegen. Als ich Shell Cottage das erstemal betrat – heute lebe ich dort –, haute es mich beinahe um. Ich sah ein Wohnzimmer mit fünf Wänden, das so gebaut war, daß Königin Victoria auf ihrer Reise nach Irland hier eine Pause einlegen und eine Tasse Tee trinken konnte. Daran wird draußen mit bunten Kieselsteinen und Herzen erinnert. Sie kam für genau vierundzwanzig Stunden mitten in der Hungersnot. Das Grundstück, auf dem Shell Cottage steht, ist auch von einer hohen Hungermauer umgeben.

Shell Cottage kann mit einer weiteren Extravaganz aus dem achtzehnten Jahrhundert aufwarten, einem bildschönen Raum, ganz ausdekoriert mit Muscheln und Moos und mit einer Miniaturpagode und einem chinesischen Dorf an einer Wand. Im Park gibt es noch zwei wunderbare Follies, eine Turmruine und einen ägyptischen Obelisken. Aus den Fenstern meines fünfeckigen Zimmers schaue ich auf ein Wehr und einen künstlichen See, entworfen von Capability Brown. Himmlisch.

Ich wollte immer ein Album machen, das den Film rekreiert, der ständig in meinem Kopf abläuft. Szenen aus meinem Leben in Filmsequenzen, der Soundtrack soll sich über den Hörer ergießen und ihn in einen traumähnlichen Zustand versetzen – innere Dialoge von halluzinatorischer Intimität.

Bewußtseinsströme. Selbst etwas offenbar so Politisches wie »Broken English« – über die Baader-Meinhof-Gruppe – ist eigentlich für mich selbst gesungen. Der Teil meiner selbst, der die Fragen stellt, singt für den Advocatus diaboli in mir.

Ich schwadronierte schon seit Jahren herum, daß ich den Soundtrack zu meinem inneren Film machen wollte, als mein Freund Kevin Patrick den Komponisten Angelo Badalamenti vorschlug, der mit David Lynch bei *Blue Velvet* und *Twin Peaks* zusammengearbeitet hat. Ich beschloß, der habe es zu sein, und jagte ihn erbarmungslos, als verfolgte ich die Spuren eines flüchtigen Tieres durch die Wildnis von New Jersey.

Aber kaum hatte ich mit Angelo zu arbeiten begonnen, stieß ich auf ein ernsthaftes Dilemma. Mit David Lynch hatte er einen Arbeitsstil entwickelt, der darauf basierte, wie Lynch zu Werke ging: mit Fragmenten. Angelo sagte immer: »Fragmente, Fragmente, Fragmente! Wir brauchen mehr Fragmente!« Für wen hielt er mich eigentlich? Für Heraklit?

Eine der echten Freuden beim Schreiben ist für mich immer, das Material zu formen und zu verfeinern. Man schreibt erst einmal ins Grobe, und dann nimmt man hier ein Wort heraus, fügt dort eine Wendung hinzu, schiebt und zieht, bis es Gestalt annimmt.

Nachdem ich wochenlang mit meinen Kritzeleien herumgespielt und ihnen den letzten Schliff verpaßt hatte, schickte ich Angelo die meiner Meinung nach wunderbar gearbeiteten Texte, und zurück kamen, unten auf die Seite gekritzelt, mysteriöse Botschaften: »Nein, nein! Nicht fragmentiert genug!« Was hieß das? Also wirklich, meine Ruinen mit Fragmenten abstützen! Das Leben ist fragmentiert, nicht die Kunst.

Letztes Jahr bin ich Großmutter geworden. Nicholas verliebte sich in Carole Jahme, eine Schauspielerin, und sie bekamen einen wunderschönen kleinen Jungen, Oscar (nach unserem Lieblingsschriftsteller Oscar Wilde). Oscar sieht genauso aus wie ich und ist deshalb der Allerbeste. Nachdem Nicholas in Harvard Astrophysik studiert hat, ist er nun in die Filmerei gegangen. The beat goes on!

Neuerdings begegne ich Keith dauernd auf Flughäfen. Er ist nicht mehr der Byronsche Jüngling, den ich einst gekannt habe. Mehr eine Shakespearesche Gestalt, eine Mischung aus Prince Hal und Falstaff. Keith zu treffen ist immer sehr beruhigend. Wenn ich mit ihm zusammen bin, habe ich das Gefühl, wir sind die letzten überlebenden Bewohner eines lang untergegangenen Königreiches, die die alten Sitten noch nicht vollkommen aufgegeben haben (wenn wir auch das Glaubensbekenntnis der Alchimisten verschieden interpretieren). Ich mag die aufgemöbelte, wiederhergestellte, rehabilitierte Marianne sein, aber wie eh und je bringen mich die Dinge aus der Fassung, und Keith ist immer bereit, mir einen kleinen Schnellkurs zu geben, wie man sie bewältigt. Das kann er hervorragend.

Auf die Nachricht von einem weiteren Opfer in unseren Reihen sagt er: »Mir ist immer rätselhaft, warum jemand Selbstmord begeht. Bei dir war es natürlich etwas anderes, damals in Australien hattest du allen Grund.« Danke, Kumpel.

Unter dem Siegel der Verschwiegenheit vertraue ich ihm an, daß ich nicht mehr ganz so machtgeil bin wie früher. Keith ist entsetzt: »Gott, Marianne, laß das bloß nie jemanden wissen. Du mußt sie immer in dem Gedanken bestärken, daß du die ganze Welt beherrschen willst!«

Unweigerlich kommen wir auf das Thema Drogen. »Wir brauchen die nächste große chemische Wahrheit«, sagt Keith begeistert. »Scheiße, ich warte immer noch darauf, daß die chemische Industrie mit dem Molekül aller Zeiten den Durchbruch schafft. Bisher basteln sie ja fast nur Zeug zusammen, das einem den Kopf kaputt macht.«

Die große Tradition der Alchimisten, die Suche nach dem ultimativen Zaubertrank! Aber ich bin darüber hinweg, Drogen für den Heiligen Gral zu halten.

Drogen sind wie eine Maske. Als ich endlich clean wurde, war ich entsetzt, daß ich so eine wirkungsvolle Fassade aufgebaut hatte, daß ich sie nicht herunterbekam. Als sei diese Maske festgeklebt und ginge nie wieder ab. Ich mußte sie Schicht für Schicht abpellen. Ich hatte Angst, daß ich zeit meines Lebens darin gefangen bleiben würde.

Als die Stones ihr neues Album in Irland aufnahmen, überredete ich Keith, meinen Track auf der Benefizplatte für die Irische Aidshilfe zu produzieren. Ich singe Patti Smiths und Lenny Kayes »Ghost Dance«

und zwei Lieder mit Sinéad O'Connor und Björk Thomas. Keith ist ein toller Produzent, er zaubert Kaninchen aus einem Zylinder.

Man sollte nie die Gelegenheit versäumen, die sieben Todsünden zu erwähnen, und wie der Zufall so spielt, sie sind so etwas wie meine zweite Karriere geworden. In den letzten paar Jahren habe ich Kurt Weills *Die sieben Todsünden* gemacht. Für mich perfekt, nicht nur, weil ich sie alle begangen habe, sondern auch, weil die Musik so sehr meiner eigenen Befindlichkeit entspricht. Sie beschwört meine Mutter herauf und die Welt, zu der sie gehörte.

Vor drei Jahren hat Allen Ginsberg mich zur Professorin gekürt. Na bitte! Die Bestallungsurkunde besagt: MARIANNE FAITHFULL, PROFESSOR DER POETIK, JACK KEROUAC SCHOOL OF DISEMBODIED POETICS. Es gab eine richtige Zeremonie, in der er mich feierlich ernannte und sagte: »Erhebe dich. Nun bist du gebildet. Denn ich sage es.«

Nächsten Monat singe ich »Ruby Tuesday« für eine Platte für Chris Kimsey. Wahrscheinlich so in dem Stil, »interessante Leute singen die Rolling Stones«. Das Karussell dreht sich weiter … Irgendwo hinter uns steht der große Meister selbst, Mr. Richards, der wie eh und je die Fäden in der Hand hält.

Habe ich etwas vergessen? Ich fand immer, man soll seine Lebensgeschichte mit einem praktischen Rat abschließen. Etwas, das die lange, harterkämpfte Erfahrung auf den Punkt bringt. Wie man einen Koffer packt, wie man einen Cracker mit Butter bestreicht, ohne daß er zerbricht, etwas in der Art. Ich fand Marlene Dietrichs Autobiographie so schön, da steht eigentlich nichts drin, als wie man Lavendelbeutelchen näht, eine Schublade mit Papier auslegt und einen Hund bürstet.

Mal sehen … Wie wär's mit meinem Hähnchen mit Zitrone und Knoblauch?

Okay, los geht's: Hähnchen, Butter, Knoblauch, frischer Estragon – frisch muß er sein –, mit der Schere zerschnitten. Das Hähnchen innen und außen großzügig salzen und pfeffern. Eine halbe Zitrone mit einem Stück Butter und dem frischen Estragon in das Hähnchen stecken. Außen mit dem Knoblauch, dem Zitronensaft und der Butter bestreichen. Ständig begießen. Und bei Kartoffelpüree ist das wichtigste, die Prise Muskat nicht zu vergessen.

Aus ihrem Schatten

NACHWORT

ICH LERNTE MARIANNE FAITHFULL bei der Arbeit zu Brecht/Weills *Dreigroschenoper* kennen. Da quälte ich mich schon seit Monaten damit herum, aus dem wunderbar kunstreichen Gewebe von Brechts deutschem Text einen singbaren englischen zu machen, bis ich nach einer Ewigkeit entdeckte, daß die beste und einfachste Lösung des Problems darin bestand, immer und immer wieder Weills Musik zu hören. Darüber mußte ich die Sprache knacken. Hätte ich Marianne früher kennengelernt, hätte sie mir das sofort gesagt, denn wenn ich sie in einem Satz beschreiben müßte, würde ich sagen, sie ist eine Frau, die alles über Musik weiß. Die Musik umgibt ihr Leben, sie ist dessen Mittelpunkt, und sie hat es ihr gerettet.

Ich wußte nicht, was mich erwartete, als ich sie traf. Ihre Stimme hatte mir sofort beim ersten Hören gefallen. In den Siebzigern, als der Rest der Welt nicht interessiert war, machten sich die Iren ihr wunderschönes Lied »Dreaming My Dreams« mit aller Leidenschaft zu eigen. Das Lied kam in den dunkelsten Stunden unseres immer noch dunklen, immer noch andauernden Bürgerkriegs heraus. Leid und Trauer, der Glaube ans Überleben und das Beharren auf Liebe, all das verwandelte den Song in eine subversive Nationalhymne. Vielleicht ist das ein Grund, warum sie sich dafür entschieden hat, hier zu leben. Dieses Land schuldet ihr was.

Ich besuchte sie in ihrem Haus, Shell Cottage. Von ihrer Musik und ihrer Geschichte her erwartete ich eine schwierige, seltsame und interessante Frau. Schwierig, seltsam und interessant war sie auch – ist sie. Nur hatte ich nicht damit gerechnet, daß sie eine so verdammt witzige Frau ist. *Die Dreigroschenoper* ist eine Komödie, Brecht zeigt sich darin von seiner boshaftesten, maliziösesten, anarchischsten Seite. Marianne war die erste, die meinen Text las. Als sie lachte, fiel mir ein Stein vom Herzen, doch als ich für ihre Stimme arbeitete, hatte ich mir den »Salomon-Song«, einen wunderschönen Gesang über vergangene und vergehende Zeiten, zur Feuerprobe erkoren. Er muß praktisch ohne Begleitung gesungen werden. Und da hinein hatte ich das Geheimnis gepackt, das alle Stückeschreiber ihren Schauspielern in dem Text verstecken. Es lag in der einen Zeile, »Dann lief sein Herz mit ihm davon«. Marianne las sie und sagte: »Das kann ich.« So war's dann auch.

Seit unserer ersten Begegnung ist sie mir eine Freundin geworden, eine gute. Sie wohnt immer noch in Shell Cottage. Auf den ersten Blick sieht das Haus wie ein Zufluchtsort aus, ein Sanktuarium. Aber Zufluchtsorte zu bewahren, kostet seinen Preis. Der hier ist ruhig, abgeschlossen, einsam. Das gälische Wort für einsam, *usigneach,* ist beinahe ein Synonym für rastlos, umgetrieben. Ich hoffe, daß Marianne in Shell Cottage mit dem Frieden schließt, was gewesen ist. Ich hoffe, dieses Buch trägt zu diesem Frieden bei. Ja, ich bin überzeugt davon, denn ich habe noch nie jemanden kennengelernt, der wilder entschlossen ist, sich der Zukunft zu stellen. Ich weiß genausowenig wie Marianne, wie diese Zukunft aussehen wird, aber ich freue mich schon, aus ihrem eigenen Mund davon zu hören.

Auf bald, Marianne, viel Glück!
Frank McGuinness

Fotonachweis

Autorin und Verlag bedanken sich bei folgenden Einzelpersonen und Organisationen für die Erlaubnis zum Abdruck der Fotos in diesem Buch.

Teil I:
Seite 1: im Besitz der Autorin. Seite 2 *oben:* im Besitz der Autorin; *unten:* London Features International. Seite 3: Tom Smith (mit frdl. Genehmigung von Camera Press Ltd). Seite 4 *oben:* David Bailey (mit frdl. Genehmigung von Camera Eye Ltd). *unten:* Syndication International. Seite 5: Terry O'Neill (mit frdl. Genehmigung von Camera Press Ltd). Seite 6 *oben:* Terry O'Neill (mit frdl. Genehmigung von Camera Press Ltd); *unten:* Rex Features Ltd. Seite 7: Michael Cooper (mit frdl. Genehmigung der Special Photographers' Company). Seite 8: Terry O'Neill (mit frdl. Genehmigung von Camera Press Ltd)

Teil II:
Seite 1: Rex Features Ltd. Seite 2: Robert Fraser Gallery. Seite 3 *oben:* Rex Features Ltd; *unten:* Michael Cooper (mit frdl. Genehmigung der Special Photographers' Company). Seite 4 *oben:* Keystone, Paris. *unten:* Michael Cooper (mit frdl. Genehmigung der Special Photographers' Company); Seite 5 *unten:* Coppock (mit frdl. Genehmigung von Times

Newspapers Ltd); *oben:* Cecil Beaton (mit frdl. Genehmigung von Camera Press Ltd). Seite 6 *oben:* Ronald Grant-Archiv; *unten:* Syndication International. Seite 7 *oben:* Ronald Grant-Archiv; *unten:* Keystone, Paris. Seite 8 *oben:* Peter Dunne (mit frdl. Genehmigung von Times Newspapers Ltd); *unten:* Brian Moody (mit frdl. Genehmigung von Scope Features).

Teil III:
Seite 1: Retna Pictures Ltd. Seite 2 *oben:* Terence Spencer (mit frdl. Genehmigung von Camera Press Ltd); *unten:* Terence Spencer (mit frdl. Genehmigung von Times Newspapers Ltd). Seite 3 *oben links:* Syndication International; Seite 3 *unten:* Syndication International. Seite 3 *oben rechts:* Retna Pictures Ltd; Seite 4 *oben:* Terence Spencer; *unten:* im Besitz der Autorin. Seite 5: im Besitz der Autorin; Seite 6 *oben:* Lynn Goldsmith (mit frdl. Genehmigung von Rex Features Ltd.); *unten:* Julian Lloyd. Seite 7: Julian Lloyd. Seite 8: im Besitz der Autorin.

Hinweis:
Die Farbe des Überzugs- und Vorsatzpapiers in diesem Buch ist die Farbe des Kleides, das meine Mutter auf dem Foto mit ihrer Tanzpartnerin Hede trägt.

Personenregister

Dank

Zaubert ihr Euch bitte alle einen winzigen, funkelnden Heiligenschein um Eure Namen? So sehe ich Euch nämlich vor mir, Darlings. Ohne Euch hätte ich es nicht geschafft.
Demelza Val Baker, John Bauldie, John und Isabella Boorman, Delia Boyle, Ben Brierly, Garech Browne, Tony Calder, Art Collins, Denny Cordell, Coco Dalton, Susan Dewsnap, John Dunbar, Glynn Faithfull, Cynthia Fitzgerald, Lynn Franceck Urian, Christopher Gibbs, Allen Ginsberg, Desmond und Penny Guinness, Louise Haines, Kate Hyman, Iris Keitel, Allen Klein, Steve Mass, Mike Mattil, Pamela Mayall, Frank McGuinness, Miles, Andee Nathanson, Roderick O'Connor, Chris O'Dell, Andrew Oldham, Anita Pallenberg, D. A. Pennebaker, Michael Pietsch, Barry Reynolds, Richard Sassin, Tony Secunda, Ellen Smith, Antonia Stampfel, Deborah Theodore, Wendy Truscott und Hal Willner.

MANFRED HAUSMANN

Martin

Geschichten
aus einer glücklichen Welt

C. BERTELSMANN

Zeichnungen von Eva Kausche-Kongsbak

Einband S. Kortemeier

Gesamtherstellung Mohndruck Graphische Betriebe GmbH, Gütersloh

ISBN 3-570-00032-X

Er hat ein zartes Gemüt

Die Mutter und Viola singen die Melodie im Sopran, Christoph mit seinem verdeckten Knabenalt versucht, die zweite Stimme durchzuführen, und Görge fällt dann und wann mit leisem Pfeifen ein. Es klingt nicht eben vollkommen, geht aber doch an. So singen und pfeifen sie „Wie schön blüht uns der Maien“ über den morgendlichen Garten hin. Der Vater, der auf der Terrassentreppe sitzt, hat Martin auf den Knien und hört zu. Und allen ist so recht gelöst und glücklich ums Herz. Um so verwunderlicher, daß Martin mit einem Male die Unterlippe vorschiebt und zu schluchzen beginnt.

„Was ist denn los, Martin?“

„Komm einmal her“, sagt die Mutter und zieht ihn an ihr Herz. „Hat das Lied dich so traurig gemacht? Du? Martin?“

Christoph sagt: „Ho!“

Aber die Mutter verweist es ihm. Er brauche gar nicht „Ho“ zu sagen, sie wisse schon, wie es in Martin aussehe, er habe so ein zartes Gemüt, so ein kleines, zartes Kindergemüt, und wenn sie sängen, dann werde er eben traurig von der Musik. „Nicht, Martin?“

Martin schluckt und antwortet unter Tränen: „Ich hab' so'n Honger.“

Da muß die Mutter sich's schon gefallen lassen, daß sie von allen auf das fröhlichste ausgelacht wird.

„Lacht ihr nur“, sagt sie, „ihr versteht es eben nicht besser. Er ist d o c h traurig von dem Lied. Die Traurigkeit ist die Hauptsache. Natürlich weiß er nicht, woher sie kommt. Dazu ist er ja noch viel zu unerfahren. Und nun sucht er nach einer Erklärung. Und da fällt ihm nichts anderes ein als sein Hunger. Und da sagt er eben, er habe ‚Honger‘. Ich kenne doch meinen Jungen. Hunger hat er übrigens auch.“

Diese Mutter!

Er erzählt eine Geschichte

Wenn Martin während des Mittagessens anfängt, auf dem Stuhl hin und her zu rutschen und gedankenvoll mit dem Kopf zu wackeln, wissen alle, daß er gern eine Geschichte vorbringen möchte.

„Nun, Martin, was hast du denn auf dem Herzen?“ fragt die Mutter dann wohl.

„Till is aber auch einer!“

Geschichten, die so beginnen, sind sehr beliebt, obwohl sie keinen Höhepunkt, ja nicht einmal einen rechten Schluß aufzuweisen pflegen. Aber sie enthalten immer seltsame und lebensnahe Begebnisse, denn Till, der rothaarige, sommersprossige Nachbarssohn, lockt den zaghafteren Martin von einem Kinderabenteuer ins andere.

„Till is aber auch einer! Da sin wir einfach zu Frau Mann Holte gegangen.“

„Martin“, belehrt die siebenjährige Viola ihn, „die Frau heißt Frau am Holte.“

„Laß ihn doch, Viola!“ sagt die Mutter. „Zu Frau am Holte. Und da?“

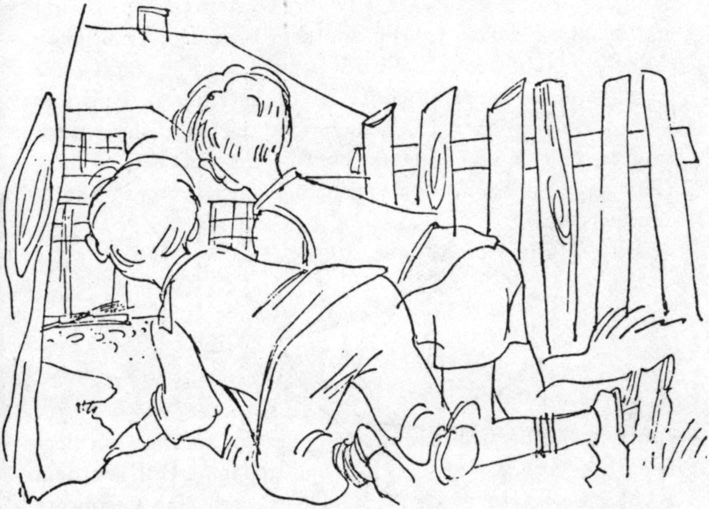

„Da sin wir einfach zu Frau Mann Holte gegangen, un da stand da ein Besen anner Tür, un da hat Till ihm einfach umgeschmissen."

„Und da?"

„Un da is Frau Mann Holte einfach gaanich gekommen."

Er hängt ein Bild auf

Martin sieht zu, wie der Vater in seinem Zimmer ein Bild aufhängt. Nach einer Weile fragt er: „Warum tust du das einlich?"

„Findest du nicht auch, daß es schöner wirkt, wenn da ein Bild hängt? Sonst ist die Wand doch so leer. Und nun hängt da ein Bild, das ich gern leiden mag. Und das sehe

ich mir nun jeden Tag an. Und dann habe ich jeden Tag eine Freude."

„Hm."

„Und nun geh mal schön in die Küche und iß dein Frühstück auf. Mutti hat es dir da hingestellt, vorhin, ehe sie ins Dorf gefahren ist."

„Was is'n auf das Frühstück auf?"

„Ich glaube Leberwurst."

„Mag ich geeern!"

„Ja, nun geh mal los."

Beim Mittagessen erzählt Martin allen, er habe in seinem Zimmer auch „schöne Bilder anner Wand aufgehängt".

„Was für Bilder denn?"

„Aus mein Bilderbuch."

„Ach du liebe Zeit", sagt der Vater, „er wird doch keine Nägel in die Wand geschlagen haben?"

„Nehe!"

„Wie hast du die Bilder denn an die Wand gehängt? Wie hast du sie da denn festgemacht?"

„Mit bißchen Leberwurst."

Er befaßt sich mit einer Spinne

„Leise! Bitte, leise!" sagt die Mutter, wie der Vater die Haustür aufschließt. „Daß die Kinder nicht aufwachen!"

Es geht schon auf drei Uhr morgens. Sie kommen von einem kleinen Künstlerfest und freuen sich aufs Bett.

„Wenn du ganz schrecklich nett sein willst, ziehst du die Schuhe gleich in der Diele aus."

Der Vater setzt sich friedfertig auf die unterste Treppenstufe und beginnt, sein Schnürband aufzuknoten.

Da wird oben vorsichtig eine Tür geöffnet. Schritte tappen über den Gang. Viola erscheint in ihrem langen Nachthemd auf der Treppe. Das offene Haar hängt über ihre Schulter und über ihre Brust, die Augen blinzeln ins Licht, sie sieht aus wie ein Engel, der sich auf die Erde verirrt hat.

„Na, Viola, schläfst du denn noch nicht?"

„Ich habe euch gehört und da bin ich ... Es ist nämlich etwas passiert."

„Was denn? Mit Martin etwas?"

„Ja ... nein. Ihr braucht keinen Schrecken zu kriegen. Also das Glas in der Badezimmertür ist kaputt."

„Und Martin?"

„Martin ist mit seinem Ellbogen hineingefallen. Aber er hat sich nichts getan. Wirklich nicht. Nur eben die Scheibe ist leider kaputt. Also es ging so zu ..."

„Komm, mein Mädchen", sagt die Mutter, „hier erkältest du dich nur. Wir gehen in dein Zimmer, und du legst dich ins Bett, und dann kannst du uns alles in Ruhe erzählen."

Wie Viola die Decke über sich gezogen hat, berichtet sie flüsternd, nach dem Abendessen habe sie mit Martin noch ein bißchen „Königssohn" gespielt. „Das spielen wir manchmal, wenn Martin schon nackicht ist. Dann setzt er sich eine Papierkrone auf, zieht meine Hausschuhe an und hängt sich das Badetuch um, das über der Brust zusammengeknotet wird. Ich muß dann hinter ihm hergehen und die Schleppe von seinem Königsmantel tragen. So wandern wir im Hause herum und singen. Und das haben wir vorhin auch gemacht. Mit einem Male saß hier in meinem Zimmer, gerade über dem Bett, als wir da vorbeikamen, eine ganz furchtbare Spinne, so eine große, mit schwarzen Haaren. Oh, sie hat uns so böse angesehen. Da sind wir schnell nach unten gegangen und haben Christoph und Görge geholt. Und Christoph hat die Spinne in einem Schuhkarton ge-

fangen. Und dann sollte ich sie auf den Balkon bringen und ausschütten. Und das wollte ich auch. Aber als ich an Görge vorbeiging, hat er an den Kasten gestoßen, mit Absicht, daß der Deckel herunterfiel. Und da kam die Spinne ganz schnell heraus und wollte mich beißen. Und da habe ich geschrien und den Kasten auf den Fußboden geschmissen und bin weggerannt. Alle haben geschrien und sind weggerannt. Christoph und Görge auch, und Martin natürlich am allermeisten. Und da ist er über seine Königssohnschleppe gestolpert und mit den Ellbogen in die Badezimmertür gefallen. Aber es hat nicht einmal geblutet. Und die Spinne sah soo furchtbar aus! O Mutti, du kannst dir nicht vorstellen, wie furchtbar sie aussah! Sie war so groß wie eine Zwetsche."

„Du bist selbst eine kleine Zwetsche", sagt der Vater lächelnd. „Ich will dir morgen einmal zeigen, was für interessante Tiere die Spinnen sind. Morgen ist ja Sonntag. Hast du schon einmal ..."

Aber die Mutter unterbricht ihn: „Schluß, Schluß, Schluß! Viola muß schleunigst schlafen. Also gute Nacht, Viola! Und die Scheibe wird ja auch noch zu ersetzen sein." —

Am nächsten Morgen versammelt der Vater nach dem Frühstück die Kinder um sich und versucht, ihnen zu erklären, daß manches Ding und manches Tier, das auf den ersten Blick häßlich aussehe, beim genaueren Betrachten die seltsamsten und erstaunlichsten Schönheiten aufweisen könne. „Die Spinnen", sagt er, „gehören auch dazu. Gewiß, wenn einem so eine große Spinne über die Hand oder gar übers Gesicht kriecht, dann schaudert man unwillkürlich zusammen. Aber ..."

„Gräßlich ist das!" ruft Viola und schüttelt sich.

Und Martin bekräftigt es: „Gaaanz furchtbar gräßlich!"

„Ja, nun gebt aber einmal acht! Ich habe neulich einen Film gesehen, in dem gezeigt wurde, in vergrößerten Aufnahmen, wie die Spinnen zum Beispiel ihre Nester bauen, wie sie ihre Netze weben, wie sie den Faden aus ihren Drüsen spinnen, wie sie ihn von einem Ast zum andern ziehen, wie sie ... Habt ihr euch eigentlich schon einmal überlegt, auf welche Weise die Spinnen es zustande bringen, den Faden, an dem das Netz hängt, über eine Entfernung von vier und fünf Metern zu spannen? Im Walde sieht man so etwas ja oft. Unten auf dem Boden wächst Gebüsch. Sie können also nicht mit dem Faden über den Waldboden bis zum nächsten Baum gewandert sein. Und fliegen können sie ja auch nicht. Wie haben sie es nun gemacht? Wie haben sie den Faden von einem Baum zum andern gezogen, fünf Meter durch die freie Luft?"

„Das ist ja merkwürdig", sagt Görge.

„Ach, da gibt es noch viel Merkwürdigeres."

„Zähl mal weiter!“ ruft Martin und klettert auf den Schoß des Vaters. „Wie machen sie den Faden durch die Luft?“

Christoph meint, er habe einmal eine ganz kleine Spinne gesehen, die sei auf so einem zarten Faden an seinem Fenster vorbeigeflogen. „Weißt doch, auf so einem Altweibersommerfaden.“

Es wird ein langes Gespräch über die Spinnen. Sie kommen vom Hundertsten ins Tausendste. Der Vater holt Zeitschriften und Bücher herbei und liest ihnen das eine und andere vor, er kann sogar Gedichte über Spinnen aufsagen. Und allmählich verwandelt sich die Abneigung der Kinder in ein Interesse, das Interesse vertieft sich zur Teilnahme, ja zum Wohlwollen. Schließlich gehen sie wahrhaftig auf die Suche nach einer Spinne, um an ihr die Seltsamkeiten, die sie soeben erfahren haben, nachzuprüfen. Sie können es überhaupt nicht mehr verstehen, daß sie sich gestern abend beim Anblick einer Spinne so angestellt haben.

Da steckt die Mutter den Kopf zur Tür herein: „Kinder, wie sieht das oben auf dem Gang aus! Görge, trag die Schuhe in den Schrank! Christoph kann die Glassplitter zusammenfegen und den Läufer absaugen. Violas Pantoffeln liegen da auch noch herum. Und wem gehört der Schuhkarton?“

„Der is meiner“, sagt Martin.

„Dann bring ihn in dein Zimmer.“

Mit Gesinge und Geschubse rumpeln die Kinder nach oben. Gleich darauf ertönt ein schrecklicher, schrill ansteigender, langer Schrei, in den sich andere Schreie mischen. Viola rast die Treppe hinunter, stürzt schreiend ins Wohnzimmer und schlägt die Tür hinter sich zu. Martin reißt sie wieder auf, dreht sich blitzschnell hinein, drückt sie zu und wischt, schreiend und mit den Füßen strampelnd, wie ein

Besessener über seine Brust und seinen Bauch. Man hört, daß Christoph und Görge oben die Tür zu ihrem Schlafzimmer ebenfalls zuschlagen und sich einschließen.

„Kinder noch mal!“ ruft die Mutter. „Was ist denn los? Nun seid doch erst einmal ruhig!“

Der Vater hebt Martin auf und hält seine Hände fest: „Warum hast du denn so geschrien?“

„Uguttegutt“, sagt Martin, „als ich den Kasten aufheben wollte, da saß die gräßliche Spinne von gestern abend mit einem Male noch unten dran und is auf meiner Hand gelaufen.“

Er verspeist einen Schokoladenhasen

Als letztes von den kleinen österlichen Geschenken besitzt Martin noch einen Hasen aus Schokolade, um dessen Hals eine winzige Glocke an einem blauen Bändchen hängt. Ursprünglich hatte er vor, sich den Hasen bis zu seinem Geburtstag im Juli aufzuheben. Aber dann konnte er's doch nicht lassen, ein bißchen am Schwanz herumzuknabbern. Und dann gab es kein Halten mehr.

Wie er dabei ist, die Vorderfüße zu verspeisen, hält er plötzlich inne und besinnt sich eine Weile. Dann entfernt er das Bändchen mit der Glocke und beißt dem Hasen mit einem entschlossenen Happs den Kopf ab.

„Daß du das tun magst“, sagt Viola, „dem armen Hasen den Kopf abzubeißen!“

„Ne, Viola, denn tut es ihn doch nicht mehr so weh, ohne Kopf, wenn ich denn die Beine un den Bauch un alles fresse!“

Er wirft einen Ball übers Haus

Irgend jemand hat Martin einen alten Tennisball geschenkt. Eine Stunde lang erfindet er immer neue Spiele, darunter das überaus wunderbare, den Ball oben am Hals in seinen Spielanzug zu tun und dann so lange herumzuhüpfen, bis er unten wieder herauskommt und davontrudelt. Aber nun fällt ihm nichts mehr ein. So wendet er

sich dann an den Vater, der in schriftstellerischen Gedanken auf dem Rasen hin und her wandert.

„Was kann man denn mal noch mit dem Ball machen?"

„Hm."

„Duhu?"

„Ja?"

„Was man denn mal noch mit dem Ball machen kann?"

„Mit was für einem Ball?"

„Mit diesem. Was kann man denn da mal noch mit machen?"

„Du kannst ja mal versuchen, eine Libelle damit zu treffen."

„Eine legebendige?"

„Ja. Versuch's doch mal!"

„Die arme Libelle! — Was kann ich denn da mal noch mit machen?"

„Paß auf, wir wollen den Ball mal übers Haus werfen. Ich werfe ihn übers Haus, oben am Schornstein vorbei, und du stehst auf der andern Seite und fängst ihn auf."

„Au ja, das wollen wir mal spielen!"

„Wenn ich ‚jetzt' rufe, dann kommt der Ball."

„Au ja!"

Martin läuft schon auf seinen Platz. Und wahrhaftig, gleich nachdem der Vater auf der anderen Seite des Hauses „jetzt" gerufen hat, steigt der Ball empor, fliegt über den Schornstein, wendet sich, kommt herab und saust neben Martin auf den Rasen, ohne daß er ihn mit seinen ausgestreckten Händen erreichen könnte, und rollt, nach zweimaligem Aufspringen, unter den Jasminstrauch. Ein herrliches Spiel! Der Vater muß es sogleich wiederholen. Und dann noch einmal und noch einmal. Immer wieder wartet Martin erregt und gespannt auf das Erscheinen des Balles. Zuletzt will er ihn selbst einmal übers Haus werfen.

„Wenn du das nur kannst!"

„Fürleich kann ich es." Seine Augen sind voller Glauben und Ahnungslosigkeit.

Gut, der Vater stellt sich auf den Rasen und horcht und lächelt und blickt, wie Martin mit krähender Stimme sein „Jetzt" ruft, unwillkürlich zum Dach hinauf, obwohl er doch weiß, daß der Ball dort drüben kaum bis zur Höhe der Regenrinne gelangen wird. Aber da schießt er ja hinter dem First hervor! Nein, es ist nur eine Schwalbe, die erste übrigens dieses Jahres. Sie segelt dahin und gleitet in die Bläue des Himmels. Der Vater hat sich ordentlich ein bißchen erschrocken vor der unvermuteten Erscheinung. Es ist ihm, als habe sie sich geradeswegs aus Martins sehnsüchtiger Seele aufgeschwungen, ein Wunderzeichen und Sinnbild des kindlichen Glaubens an das Unmögliche.

Da kommt Martin mit seinen nackten Füßen ums Haus getappt und macht ein verlegenes Gesicht.

„Na, Martin?"

„Jaaa, er is leider in der Regenrenne gegangen."

Er will eine Lilienblüte hervorlocken

„Gute Nacht, lieber Martin", sagt der Vater und streicht dem Jungen, der ihn mit großen und aufmerksamen Augen aus seinem Bett heraus ansieht, übers Haar. „Schlaf gut und träum schön!"

„Du aaauch!" singt Martin. Dann schluckt er und fängt noch einmal an: „Ach, wenn doch die Taglilie auf mein Beet, wenn da doch eine Blüte an käme."

„Ja, Martin, da mußt du dich nun in Geduld fassen. Weißt du, ein Gärtner kann nur pflanzen und gießen. Und dann muß er ruhig warten, was daraus wird."

„Un Unkraut ausreißen kann er auch. Un Mist anner Wurzel tun."

„Das auch. Aber daß die Blumen nun wachsen und blühen, das muß er ihnen selber überlassen. Vielleicht bringt deine Taglilie in diesem Jahr schon eine Blüte hervor, vielleicht auch nicht. Da mußt du eben Geduld haben und warten. Und nun gute Naaacht!"

„Gute Naaacht! Un Christoph und Görge sollen mich auch noch gute Nacht sagen."

„Ich schicke sie gleich her." —

Wie der Vater am nächsten Morgen durch den Garten geht, sieht er Martin ganz versunken neben seinem Beet knien. Er schleicht vorsichtig hinter den Johannisbeerbüschen näher. Da hört er, daß Martin etwas vor sich hin spricht: „Nein, sagte der Magarienkäfer zu das Eichhörnchen, daaas kann ich nich. Du bist aber domm, sagte das Eichhörnchen,

denn kannst du wohl auch nich aufn Regenbogen gehen? Ne, daaas kann ich auch nich ..."

„Martin", ruft der Vater leise, „wem erzählst du das denn eigentlich?"

„Jaa, Christoph un Görge haben mich gestern abend gesagt, denn kämte die Blüte von der Taglilie raus, wenn ich sie eine Geschichte erzählte. Fürleich is da ja eine in, ich meine in die Blätter da, un denn will sie die Geschichte hören, un denn kommt sie raus, un denn blüht sie ja."

„So?"

„Glaubst du, daß da eine in is?"

„Laß mich mal sehen! Du, mir ist beinahe, als käme eine, hier, eine Knospe."

„Laß mich auch mal sehen!"

Jedenfalls nimmt der Vater sich vor, die Taglilie heute abend, wenn Martin im Bett liegt, mit lauem Regenwasser, in dem etwas verrotteter Kuhmist aufgelöst ist, liebevoll zu begießen. Heute abend und alle übrigen Abende. Und dann müßte es doch sonderbar zugehen, wenn die Lilie sich durch diese Güsse und durch Martins Geschichten nicht bewegen ließe, ein übriges zu tun.

Er sieht wie ein Ferkel aus

„Ach, du mein himmlischer Vater!" ruft die Mutter, wie Martin, nur mit einem kurzen Höschen bekleidet, die Terrassentreppe herauftappt. In seinen Haaren kleben ganze Fladen von Schlamm, durch sein Gesicht laufen, über die Nase, über die Backen, übers Kinn, schwarze Schmutzstreifen, die Hände sind unbeschreiblich verdreckt, auf den Armen, auf der Brust und an den Beinen sitzt eine dicke Kruste, von den Füßen ganz zu schweigen.

„Aber Martin, Junge, was hast du denn nur gemacht?"
Martin hebt seine Augen auf, in denen der ganze Zauber eines reinen Gewissens leuchtet, und sagt lächelnd: „Ich habe mir gebadet."

Er will etwas begreifen

„Du mußt mal gaaanz schnell kommen", sagt Martin aufgeregt zum Vater, der gerade dabei ist, die Himbeerruten festzubinden. „Wie ich da an mein Beet gearbeitet habe, da rauschte es so inner Luft, und mit einem Male saß ein Rabe neben mir aufer Erde und guckte mir an, ein richtiger, legebendiger Rabe, ganz dicht bei mir. Ich konnte ihm sogar Petersilie zu essen geben. Leider hat er mir ein bißchen in'n Finger gebissen. Willst du ihn mal ansehen?"

Natürlich will der Vater sich diesen „Raben" ansehen. Sie laufen nach Martins Beet. Der „Rabe" hat sich inzwischen auf den Wasserleitungskran geschwungen und legt, wie die beiden herankommen, den Kopf ein wenig schief, um sie besser ins Auge fassen zu können. Offensichtlich hat er nicht die geringste Furcht. In seinem Blick glitzert sogar eine gewisse spöttische Frechheit.

„Du, Martin", sagt der Vater, „das ist aber kein Rabe, das ist eine Dohle. Ein Rabe ist etwas größer und plumper. Und dann diese hellblauen Augenringe, beim Raben sind sie braun."

„Jaha?" sagt Martin.

„Sie scheint sogar ziemlich zahm zu sein. Merkwürdig, hier im Dorf hält sich doch niemand eine zahme Dohle, soweit ich weiß."

„Soll ich ihr mal anfassen?"

„Aber wenn sie dich nun in den Finger hackt?"

„Du kannst ihr ja sagen, daß ich ihr nur mal anfassen will."

„Hoffentlich versteht sie's auch! — Hören Sie mal, dieser kleine Junge tut Ihnen nichts. Er will nur mal ganz leise über Ihren Rücken streichen. Ob er das wohl darf?"

Da macht die Dohle ihren Schnabel auf und sagt: „Jakok! Roinkonge!"

Dann sieht sie den Vater wieder an, als wäre nichts geschehen.

Martin weicht unwillkürlich zwei Schritte zurück. Was ist denn das? Ein Vogel, der richtige Menschenworte aussprechen kann! Das geht doch nicht mit rechten Dingen zu. „Sie hat was gesagt! Du, sie hat ja was gesagt!"

„Ja, manche Dohlen können sprechen."

„Was hat sie denn gesagt?"

„Hast du das nicht verstanden? Sie hat gesagt: ‚Jakob, reinkommen!' "

„Jaha? Sie soll mal noch mehr sagen."

„Wollen's mal probieren: Ach, würden Sie wohl so freundlich sein und uns noch ein bißchen was erzählen?"

Aber die Dohle richtet nur, wie Martin sich wieder etwas näher an sie heranwagt, ihre Augen mit einem kleinen Ruck auf ihn. Im übrigen bleibt sie stumm.

„Soll ich ihr nun anfassen oder nicht?" fragt Martin.

„Warum willst du sie eigentlich unbedingt anfassen? Ich fürchte, sie fliegt dann weg."

„Das ist so schön. Ich weiß auch nicht. Wenn ich ihr anfasse, denn kenne ich ihr erst richtig."

Da wird dem Vater plötzlich etwas klar. Martins Worte haben ihn gleichsam um Jahrtausende zurückversetzt und ihn die Kindheit der Sprache erleben lassen. Nur das, was der Mensch der Urzeit anfassen konnte, war ihm „faßlich".

Nur was er betasten, begreifen konnte, „begriff“ er. Was für eine sinnenhafte Kraft und Anschaulichkeit das Wort „begreifen“ durch Martins Verlangen mit einem Male für den Vater gewonnen hat! Darum also wollen Kinder immer alles anfassen, eben weil sie es „fassen“ wollen. Und darum will Martin jetzt die Dohle „begreifen“. Kinder haben offenbar noch denselben Trieb und Instinkt wie die Urmenschen. Sie eignen sich die Umwelt nicht mit ihrem Verstand, sondern mit ihren Sinnen, mit ihrem Fleisch und Blut an. „Wenn ich ihr anfasse, dann kenne ich ihr erst richtig.“ Ja, das ist es! Man müßte viel mehr, als man es gemeinhin tut, auf die Sinnfälligkeit und Weisheit der Sprache achten.

Martin hat sich inzwischen mit halb erhobener Hand Schrittchen für Schrittchen an die Dohle herangeschoben. Sie rührt sich noch immer nicht.

Aber nun kommt etwas Grämliches in ihren Blick. Und wie Martin sich niederhockt und seinen Zeigefinger ausstreckt, um ihn von der Seite auf ihr Gefieder zu legen, schüttelt sie plötzlich mit einer schlenkernden Bewegung den Kopf.

„Auaah!“ ruft Martin und fährt zurück. Sein Finger blutet.

Die Dohle sagt aufgeregt „Jakok! Jakok!“ und schwingt sich, die Flügel ausbreitend, mit einem wippenden Abstoß in die Luft. Erst taumelt sie etwas, dann fliegt sie davon, schneller und schneller, weit davon, bis sie im Dunst, der über dem Moor liegt, verschwindet.

Martin schleudert das Blut von seinem Finger auf die Erde: „Die is aber eklig.“

„Nämlich, Martin“, sagt der Vater, „wenn man etwas begreifen will auf dieser Welt, dann muß man meistens dafür leiden. Zeig deinen Finger mal her! Na, sie hat dich aber ganz schön gehackt.“

„Warum will sie denn nich, daß ich ihr anfasse?"
„Weil sie denkt, du wolltest ihr etwas tun."
„Aber ich will ihr doch nur streicheln."
„Ja, du. Aber andere tun ihr etwas."
„Versteht sie denn nich, was du sagst?"
„Wahrscheinlich nicht."
„Aber sie kann doch sprechen."
„Ach, Martin, sprechen ... Die Menschen können auch sprechen, und verstehen sich doch nicht. Sieh, und jetzt bist du es, der das nicht versteht."
„Ne", sagt Martin.

Er hat sich gestoßen

Leise vor sich hinweinend und in sich hineinschimpfend, kommt Martin durch den Gemüsegarten aufs Haus zu. Wie er zufällig einmal aufblickt, sieht er, daß die Mutter ihn vom Küchenfenster aus beobachtet. Sofort wird aus dem Weinen ein jämmerliches Gebrüll.
„Aber Martin, was ist denn los?"
„Uhuhuuu uhuhuhuuu ... !"
„Na, na, was hast du denn?"
„Ich habe mir so gestoßen! Uhuuu ..."
„Hör erst einmal auf zu weinen. Du! Martin!"
„Wenn es aber doch so schreeeecklich weh tut!"
„Wo tut es dir denn weh?"
„Das weiß ich doch nich mehr! Huhuhuhuuu!"

Er setzt der Mutter einen Helm aus Zeitungspapier auf

Wenn es regnet, darf Martin nachmittags zur Teezeit ein Stündchen in der Bibliothek spielen. Die Mutter hat dann ihren Nähkorb neben sich stehen, der Vater erzählt ihr von diesem und jenem oder liest ihr leise etwas vor, der Tee dampft, ein Löffel klirrt, es duftet nach geröstetem Weißbrot und zergehender Butter, und was Martin anlangt, so liegt er auf dem Teppich und besieht sich Bilderbücher oder alte Zeitschriften. Heute allerdings bemüht er sich, eine Zeitung so zusammenzufalten, daß ein Helm daraus wird. Es will und will ihm aber nicht gelingen. Da muß der Vater sich denn seiner erbarmen und das Papier auf die richtige Weise knicken und fügen. Den fertigen Helm setzt er zum Spaß erst einmal auf seinen eigenen Kopf und läßt, während er ausweicht und sich wieder vorbeugt, Martin danach greifen.

„Wem gehört der Hut?" sagt Martin und wedelt ungeduldig mit seinen Händen.

„Dir natürlich. Hier hast du ihn."

Martin geht mit dem Helm um das Tischchen herum und stellt sich der Mutter vor, er läuft auf die Diele, um sich im Spiegel zu betrachten, er kommt zurück und grüßt den Vater, er nimmt den Helm ab und setzt ihn verquer auf, er nimmt ihn abermals ab, faltet ihn auseinander und versucht, ihn wieder zusammenzulegen, macht's aber falsch und stöhnt und schwatzt vor sich hin.

Der Vater fragt die Mutter, warum sie so nachdenklich dasitze.

„Ob du das wohl auch kennst?" antwortet sie. „Eben, wie du den Helm aufhattest, warst du einen Augenblick ein anderer, nein, nicht ein anderer, ein neuer. Du warst

noch du und warst mir doch so seltsam unbekannt. Es ging mir so süß und innig durchs Blut, wie ich dich so sah."

„Mit dir erlebe ich das doch jeden Tag. Du brauchst nicht einmal einen Helm aufzusetzen oder dergleichen. Vorhin zum Beispiel, wie du mit dem Arm voll Wäsche die Treppe herunterkamst und über etwas nachdachtest und nicht wußtest, daß ich unten in der Diele stand und dich beobachtete. Oder gestern, wie du so ernsthaft mit dem Bauer aus Westerwede sprachst, der den Torf brachte. Oder wenn du morgens aufwachst und so wirr und fremd um dich blickst. Oder wenn du in der Schaukel sitzest und vor dich hin singst. Oder neulich, wie du dem Oyten diese überraschende Antwort gabst und so ein bißchen siegesbewußt wartetest, was er dir entgegnen würde. Ach, immer wieder erscheint etwas Neues und Unbekanntes an dir, das mich beglückt. Ich frage mich dann wohl, ob dies wunderliche Menschenkind allen Ernstes meine Frau ist, dieselbe, mit der ich nun schon fast vierzehn Jahre verheiratet bin."

„Wirklich, du? Bin ich auch so? Sehe ich auch so verschieden aus? Warum sagst du mir's nicht hin und wieder einmal, wenn es gerade so ist, ich meine, wenn du dich gerade an mir freust? Eine Frau hört das nämlich ganz gerne."

„Ob es dann nicht zerstört wird, wenn man darüber spricht? Es ist ja das unbefangene Leben, das sich bei all den Verwandlungen in dir regt. Und wer es fassen und begreifen will, und sei es auch nur mit Worten, läuft Gefahr, es zu verscheuchen. Vielleicht verscheucht er es sogar für immer. Ich glaube, man darf um keinen Preis daran rühren."

„Aber weißt du, zu erfahren, daß ich so sein kann, ich auch, so immer wieder anders und schön für dich und so . . . so jung, das ist doch auch das Leben. Man darf nicht darüber sprechen, und man müßte es doch wissen, es täte manchmal so gut, es zu wissen."

„Ob dieser unlösbare Widerspruch nicht auch, wie so viele andere, durch die Liebe überwunden wird? Siehst du, ich weiß es von dir, dies Verzauberte und Beglückende, und du weißt es von mir, und wenn wir uns lieben, in den tiefsten Augenblicken unserer Zuneigung, weiß es ein jeder vielleicht auch geheimnisvoll von sich selbst, der eine im andern."

Inzwischen hat Martin den Helm einigermaßen wiederhergestellt. Er ist ihm zwar etwas schief geraten, aber man erkennt doch, daß es ein Helm sein soll. Nun geht er damit zur Mutter und hebt sich auf die Zehen, um ihn ihr aufs Haar zu drücken. Sie neigt sich ihm entgegen und sagt: „Danke schön, Martin!" Und wie sie sich wieder aufrecht hinsetzt, mit dem Helm auf dem Kopf, und den Vater ansieht, merkt sie, daß in seinen Augen ein eigentümlicher Schimmer entsteht.

„Was ist?"

Aber er schüttelt den Kopf und lächelt sie an. Sie wird rot, nimmt den Helm ab und lächelt verwirrt zurück. Sie lächeln sich beide an, nur mit den Augen. Und dann holen sie tief Atem, ihre Lippen öffnen sich ein wenig, die Augen werden ernst, werden dunkel, versinken ineinander. Sie vergessen alles um sich her.

Da faßt Martin, wie er es immer tut, wenn er etwas vorbringen will, nach dem Arm der Mutter: „Soll ich dir mal sagen, wie du jetzt aussiehst?"

„Wie sehe ich denn aus?" fragt die Mutter leise, ohne den Blick von den Augen des Vaters zu lösen.

„Du siehst aus, wie abends, wenn du mit mir betest."

„Wie sehe ich da denn aus?"

„Ich weiß auch nicht, so anders."

„Wie denn?"

„So ganz, gaaanz anders."

Er kommt zu spät zum Essen

„Ja, mein Junge", sagt die Mutter, wie Martin erst gegen den Schluß des Mittagessens eintrifft, „wer nicht kommt zur rechten Zeit, der muß essen, was übrigbleibt. Die Pfannkuchen sind inzwischen ziemlich kalt geworden. Wo hast du denn so lange gesteckt?"

Und der Vater, der die Pünktlichkeit über alles schätzt, kann es nicht lassen, hinzuzufügen, er wisse zwar, daß es für einen kleinen Jungen viel schwerer als für einen Erwachsenen sei, sich zur rechten Zeit einzustellen, aber da helfe nun nichts. „Bitte, gib dir ein bißchen Mühe! Hast du deine Hände gewaschen?"

Martin zeigt wortlos erst die Innenflächen und dann die Rückseiten seiner Hände.

„Und wo hast du so lange gesteckt?" fragt Viola.

„Ja, ihr könnt euch überhaupt freuen, daß ich überhaupt noch nach Hause gekommen bin. — Darf ich die Bickbeeren alle aufessen? Viiiielen Dank! — Unsere Feinde ausm Huddel haben uns gefangengenommen, ich meine, sie wollten uns gefangennehmen. Wilfried un Till un mich. Un da mußten wir ganz unten rum, weißt doch, durch Geffkens Garten. Un denn hatte Wilfried auch noch seine Tomahaxt verloren. Un wenn ich mal gaanich nach Hause komme, denn braucht ihr nur nacher Lindenallee zu gehen, denn haben sie mir da an einem Baum gebunden un zu Tode gemaartert."

Er gibt ein Fest

„Sollen wir da etwa auch mitmachen?" fragt Görge beim Frühstück. „Vio, reich mir mal den Honig herüber. Bitte!"

Die Mutter antwortet, sie habe es eigentlich gedacht. Aber natürlich wolle sie niemanden zu seinem Glück zwingen. „Es wird nämlich ein ganz reizendes Fest. Ihr wißt nämlich noch gar nicht, was für tolle Lustbarkeiten wir vorbereitet haben, Martin und ich."

Martin zieht die Schultern hoch und reibt seine Hände mit leisem Freudengewinsel vor seiner Nase.

„Ich mache jedenfalls mit“, sagt Viola.

„Ja, duuu! Du bist ja auch ein Mädchen. Aber wir! Sollen wir etwa mit Martin seinen Freunden, die noch Windeln unter den Hosen tragen, sollen wir mit denen etwa ‚Häschen in der Grube‘ spielen? Ne!“

Christoph schüttelt, während er mit dem Löffel die kleinen Hautstückchen von der Milch abfischt, gleichfalls den Kopf und lacht verächtlich durch die Nase: „Ne!“

„Gaanich ‚Häschen in der Grube‘!“ ruft Martin. „Un Till sein Bruder will auch kommen. Un der is schon über zwölf. Un fürleich kommt sogar Gurke. Un Wilfrieds Vater, der uns den Vogel zum Kaputtschießen gebaut hat, der hat mir gefragt, ob ich ihm un seiner Frau auch mit einer Einladung belehren wollte.“

„Was wollte? Belehren wollte?“

„Oder was er nun gesagt hat.“

„Beehren heißt das, du Torfkopp!“

„Pst, pst!“ macht die Mutter.

„Die kommen alle auf mein Fest.“

Der Vater sagt, er wisse noch eine ganze Reihe von Leuten, die ebenfalls Martins Fest besuchen wollten.

„Wer will denn noch?“

„Ich zum Beispiel.“

„Hach, hach, hach!“ Görge schlägt sich verzweifelt vor die Stirn. „Dann kommt es für mich also auf überhaupt keinen Fall in Frage. Ein kleiner Bruder ist schon etwas Schlimmes. Und eine Schwester ist noch etwas Schlimmeres. Aber wenn ein Vater da mit herumspielt, das ist das Aller-Allerschlimmste.“

„Weiß ich“, sagt der Vater, „weiß ich aus eigener Erfahrung. Aber ich kann dir auch versichern, daß man sich mit der Zeit daran gewöhnt. Jedenfalls werde ich mich bemühen, euch keine Schande zu machen.“

Christoph erkundigt sich, ob der Vater womöglich im Sinne habe, sich am Sackhüpfen zu beteiligen.

„Wenn ich darf, warum nicht?"

„Und Mutti schießt womöglich mit dem Luftgewehr?"

„Und ... hahaha ..." Görge kann vor Lachen nicht weitersprechen. „Und ... haha, streckt die Zungenspitze schief zum Munde heraus und ballert zwei Meter vorbei."

„Ob ich mich getraue, mit dem Gewehr umzugehen, weiß ich noch nicht. Ich kann doch immer nur eins erkennen, entweder das Ziel oder dies Dings, wo man drüberhin gucken muß. Aber wenn die Mädchen Eierlaufen machen, dann bin ich dabei. Nicht wahr, Viola?"

„O ja, bütte, Mutti! Wir beide machen Eierwettlauf. Bütte!"

„Mädchen?" fragt Christoph. „Was für Mädchen denn?"

„Na, mit denen Martin sonst auch spielt: Gündje, Luischen, Angela und Bettine."

„Un Meta", fügt Martin hinzu.

„Ach, du liebste, beste Zeit! Hast du gehört, Görge? Huddel-Meta kommt auch!"

Görge hebt die Arme halb hoch, zittert mit den hängenden Händen und läßt den Kopf mit kleinen Rucken vornübersinken, als wandle ihn eine Ohnmacht an. Dabei flüstert er mit erlöschender Stimme: „Huddel ... Huddel ... Huddel-Meta!" dann rafft er sich wieder auf und erklärt: „Ich will ja gern helfen, die Sachen aufzubauen und was es sonst so gibt. Aber mit Mädchen spielen, mit Huddel-Meta, nein, das ist ja furchtbar. Also etwas Furchtbareres kann es nun nicht mehr geben."

„Ihr seid ja!" ruft Viola. „Ich mache mit Mutti Eierwettlauf. Kann ich das blaue Kleid anziehen, Mutti? Weißt doch, das Hessenkleidchen?"

„Du Pfau!" zischt Görge. „Vio mit ihren Pfauenfedern!"

„Und außerdem", höhnt Christoph, „mußt du dir noch eine Sicherheitsnadel durch die Nase pieken und zwei Reißzwecken in die Backen."

„Ach, ihr seid ja! Christoph und Görge sind immer frech. Und soll ich euch mal was sagen?"

„Sag uns mal was."

„Ihr habt ja bloß Angst, daß ihr beim Sackhüpfen besiegt werdet. So."

„Hoho!" Christoph muß beinahe seine Milch wieder heraushusten vor Überlegenheit.

„Schön", sagt der Vater, „ihr könnt es ja halten, wie ihr wollt. Aber die besseren Leute treffen sich heute nachmittag auf Martins Fest. Was, Martin?"

Martin duckt sich wieder zusammen und winselt mit ganz hoher, überglücklicher Stimme: „Juiii."

Wie Martins Fest ungefähr eine Stunde im Gange ist, gibt es unter groß und klein nur eine Meinung: es sei das schönste von allen Festen, die je im Dorf stattgefunden hätten. Er selbst, Martin, stellt übrigens eine Sehenswürdigkeit für sich dar. Die hellblauen, langen Hosen, das hellblaue, vorn offene Jäckchen mit dem weißen, gefältelten Hemd darunter, der schief aufgesetzte Strohhut, unter dem die blonden Haare über die Stirn fallen, das Leuchten der dunkelblauen, etwas verlegenen Augen, die weißen Handschuhe, der Stab mit dem Rosensträußchen oben drauf, das alles steht ihm, wenngleich er sich offensichtlich nicht eben glücklich damit fühlt, gar anmutig zu Gesicht. Jetzt sind alle Gäste da. Er braucht niemanden mehr zu begrüßen. Und so legt er denn, erleichtert aufatmend, Stab und Hut beiseite und mischt sich hüpfend in das selige Getümmel.

Am Ende des Rasenplatzes, gegen das Birkenwäldchen hin, befindet sich der Schießstand. Da stecken allerlei Kunst-

blumen mit goldenen Staubfäden in tönernen Röhrchen. Und wer ein Röhrchen mit dem Luftgewehr zerschießt, erhält die Blume. Zuoberst steht ein bunter Hahn, der, sobald er getroffen wird, rasselnd mit den Flügeln schlägt. Vor allen Dingen spreizt aber ein Adler aus dünnem Holz auf einer Stange seine Flügel und Füße. Er soll nachher Stück für Stück erlegt werden. Der Glückliche, der zuletzt den Rumpf herunterholt, wird zum Schützenkönig ausgerufen.

Zwischen den Busch-Eichen hat der Kasper mit Bratpfanne, Dolch und Holzhammer sein Wesen. An dem langen

Tisch neben dem Teich kann jeder sich ohne weiteres niederlassen und in Butterkuchen und Himbeerwasser schwelgen. Und dann schwebt da an einem Bindfaden ein hölzerner Vogel, der einen spitzen, eisernen Schnabel hat, am Ast eines Apfelbaums. Es kommt darauf an, den Vogel so gegen die Ringscheibe schweben zu lassen, die am Stamm des Baumes angebracht ist, daß er mit dem Schnabel eine Zehn, eine Elf oder gar eine Zwölf anspießt.

Und Gewinne gibt es! Einer stellt, wenn man den Goldfaden abstreift und das Seidenpapier entfernt, immer eine noch größere Überraschung dar als der andere. Von Zeit zu Zeit hängt sich Tills Bruder die Ziehharmonika vor die Brust und spielt, während er im Garten umhergeht, alle Lieder, die er weiß, durch das bebende Laub der Bäume zum blauen Himmel empor.

„Hier, Mutti, hier!" ruft Viola und spannt das rosa Papierschirmchen, das sie beim Vogelstechen gewonnen hat, über ihrem Kopf auf und spaziert vor der Mutter, die mit einem Krug Himbeersaft über den Rasen geht, hin und her. „Christoph und Görge sind aber schön dumm, daß sie nicht mitspielen. Hier, sieh mal, man kann es auch wieder zusammenmachen. La lala lala ... Oh, zeiiig mal, Meta! Was iiist das?"

Da stößt jemand die Mutter leise von hinten an. Wie sie sich umdreht, steht Martin da und bedeutet ihr, verstohlen mit seinem eingekrümmten Zeigefinger winkend, sie solle ihm folgen.

„Was ist denn, Martin?"

Aber er schließt nur, halb ernst, halb lächelnd, die Augen, öffnet sie wieder, nickt ein wenig und winkt abermals mit dem Zeigefinger.

„Warte, ich muß nur eben den Krug auf den Tisch setzen."

Dann läßt sie sich von Martin führen, der sich mit auffälliger Unauffälligkeit von den anderen entfernt und schließlich hinter einem Ginsterbusch stehenbleibt. Er flüstert, ohne sich der Mutter zuzuwenden, sie solle doch einmal nach der Hecke hinübersehen. „Aber nur so wie zufällig, daß sie nichts merken."

Die Mutter summt etwas vor sich hin, streicht über ihr Haar und wirft einen Blick auf die Hecke. Dort, wo die Lücke ist, durch die Martin immer zu schlüpfen pflegt, wenn er Till besucht, taucht gerade Görges Kopf auf, reckt sich und bewegt sich spähend hin und her. Und dann hebt sich neben ihm auch Christophs Kopf empor. Sie ducken sich weg, wenn sie glauben, jemand könne sie bemerken, und spähen gleich darauf von neuem nach den spielenden Kindern hinüber.

„Soll ich mal hin un sie herholen?“ fragt Martin. „Ich mag das gaanich, wenn Christoph und Görge nich mitspielen.“

„O diese dummen Bengel! Sie möchten doch so gern. Aber weißt du, Martin, wenn du jetzt zu ihnen gehst, dann kommen sie bestimmt nicht.“

„Das glaube ich einlich auch.“

Die Mutter schlägt vor, den Vater um Rat zu fragen.

Der Vater versucht gerade, am Schießstand eine von den Wunderblumen zu gewinnen. „Einen Augenblick“, sagt er.

Poff.

„So, die hätten wir.“ Während er sich die Blume ansteckt, berichtet die Mutter von Martins Entdeckung. Und Martin steht dabei und sieht den Vater mit seinen großen Augen an.

Aber der Vater lacht nur und sagt, es solle ihn wundernehmen, wenn Christoph und Görge sich nicht innerhalb der nächsten Viertelstunde ganz von selbst in das Festgetriebe einschmuggeln würden. „Laßt sie nur in Ruhe. Die kommen schon. Und jetzt wollen wir drei einmal ein Wettschießen machen.“

Die Mutter kann jedoch nicht umhin, sich immer wieder zurückzuwenden und die Heckenlücke zu beobachten. Und da sieht sie, wie Christoph und Görge vorsichtig hindurchkriechen, bis zu den Busch-Eichen vorrücken, zwischen denen das verlassene Kaspertheater steht, dort eine Weile liegenbleiben und sich dann mit den Händen in den Taschen wie von ungefähr in den Kinderhaufen mischen, der gerade am Gebüsch vorbeiläuft, um sich am Ende der Wiese zum Sackhüpfen aufzustellen. Und wie sich die ersten fünf gleich wilden Moorfröschen durchs Gras schwingen, sich überkugeln, sich aufraffen, die Säcke hochziehen und weiterhüpfen, da sind Christoph und Görge wahrhaftig schon dabei.

„Sie haben schon hergefunden", flüstert die Mutter dem Vater zu, der gerade anlegt.

Poff.

„Na, was ist es geworden, Martin?"

„Eine Zehn."

„Das reicht nicht. — Wer hat hergefunden?"

„Die beiden Großen. — Sie sind schon beim Sackhüpfen. Was haben wir doch für Jungen! Ich bin so glücklich, daß sie doch noch gekommen sind. Sogar mit sauberen Hemden. Meinst du nicht auch, daß wir eigentlich lauter nette Kinder haben?"

„Hoffentlich haben die Kinder auch manchmal eine so freundliche Meinung von ihren Eltern!"

„Ich finde uns beide auch ganz nett. — Wo ist Martin denn geblieben?"

„Er war doch eben noch hier. Ach, da hinten!"

Martin läuft mit fliegendem Jäckchen auf Christoph und Görge zu, die gerade aus ihren Säcken heraussteigen und sich lachend mit Gurke streiten.

„Jetzt ist er vollkommen glücklich", sagt die Mutter.

In diesem Augenblick stimmt Tills Bruder auf seiner Ziehharmonika das Lied von der schönen Jugend bei frohen Zeiten an. Die Sonne scheint so warm. Zuweilen schwanken die Wipfel der Birken ein wenig im Winde. Es riecht nach Faulbaum und sommerlichem Laub.

„Los!" ruft Görge. „Wer ist an der Reihe? Komm her, Martin!"

Er fällt die Treppe hinunter

In der Abenddämmerung gibt es ein ungeheures Gepolter im Hause, dann herrscht ein paar Sekunden Stille, und dann erschallt Martins Wehgeschrei. Die Mutter stürzt aus der Küche heraus, Viola aus ihrem Schlafzimmer, Gesine taucht aus dem Keller auf, und selbst der Vater läßt seine Dichtkunst im Stich, eilt herbei und dreht das Licht an. Es stellt sich heraus, daß Martin kopfüber die Treppe hinuntergefallen ist, die ganze Treppe von oben bis unten, sogar um die Biegung herum. Zum Glück scheint er außer einer Beule am Kopf und einer Hautabschürfung am Schienbein keinen Schaden davongetragen zu haben. Und nachdem die Mutter, auf der untersten Treppenstufe sitzend, ihn eine

Zeitlang auf ihrem Schoß gewiegt und seine Tränen mit ihrer Wange weggewischt hat, kann er schon wieder Rede und Antwort stehen.

„Wie hast du das denn gemacht", fragt Viola, „daß du da runtergebollert bist?"

„Ja, Viola, ich wollte doch oben anner Treppe das Licht anknipsen, un da dachte ich, die Treppe kämte noch nich, un da bin ich ein Stück inner Luft gegangen, un da fiel ich mit einem Male runter."

Er schlichtet einen Streit

„Hör mal, Martin", ruft Frau am Holte, „was machst du denn da oben auf meinem Kirschbaum?"

„Och, Ihr Mann hat aber gesagt, ich könnte mich ruhig mal eine Handvoll abpflücken."

Glücklicherweise kommt Herr am Holte gerade des Wegs und bestätigt, daß es sich so verhalte.

„Mein lieber Johannes", sagt Frau am Holte, „seit wann verfügst du denn über meinen Wirtschaftsgarten?"

„Über deinen Wirtschaftsgarten? Wieso ist das denn d e i n Wirtschaftsgarten?"

„Lieber Johannes . . ."

Es entspinnt sich, halb im Scherz und halb im Ernst, ein Streit über die schwierige Frage, wer hier und überhaupt „das Sagen" habe. Martin nützt währenddessen die Gelegenheit und läßt sich die Kirschen schmecken, so schnell es geht.

Da Herr am Holte den Frieden über alles schätzt, schlägt er, um das Ganze endgültig ins Scherzhafte zu ziehen, augenzwinkernd vor, sie wollten einmal Martins Ansicht hören. „Sei still, geborene Schultz! Kindermund tut Wahrheit kund. Martin, was glaubst du wohl, wem dies Haus und der Garten und der Kirschbaum und alles gehört? Meiner Frau oder mir?"

„Och", meint Martin, „das weiß ich nun auch nicht so genau."

„Paß auf, mein Junge", sagt Herr am Holte und wiegt sich schon in der Gewißheit seines Sieges. „Was steht denn auf dem Schild draußen an der Gartentür?"

Martin spuckt einen Kern aus. „Och, da steht auf: ‚Vorsicht vor dem bissigen Hund'."

Er ist krank

Martin hat einige Tage mit trüben Augen und fiebrigen Lippen im Bett gelegen. Der Vater vermutete geradezu, es würden die Masern werden, weil die Krankheit im Dorf umging, und besah sich jeden Morgen und jeden Abend die Innenseite der Backen und die Rückseite der Ohren. Aber die Mutter sagte, sie wolle es erst einmal mit Kamillentee und Zwiebäcken versuchen. Und richtig, die Augen wurden wieder klar, das Fieber verlor sich, Martin durfte wieder aufstehen.

Nun schlendert er im Garten umher. Der Vater kann sich jedoch nicht helfen, er findet, der Junge mache noch immer einen recht hinfälligen Eindruck.

„Wie fühlst du dich denn, Martin?"

„Ich fühle mich manichmal aufer einen Seite so heiß un aufer annern friere ich."

„Da haben wir's ja! Komm mal her! Wann bist du heiß?"

„Soll ich dir mal sagen, wann ich aufer einen Seite heiß bin? Wenn manichmal die Sonne scheint un denn scheint sie ja nur von der einen Seite an mir ran, un denn bin ich da heiß, un an der annern Seite weht der Wind, un da friere ich."

Er malt ein Schiff

Der Vater hat Besuch von einigen Kunstmalern und Schriftstellern. Sie sprechen, wie üblich, über das Wesen der Kunst. Die Zigaretten und Pfeifen qualmen, die Augen werden dunkel, die Hände recken sich gegeneinander. Einer schiebt seinen Sessel zurück, springt auf, stellt sich hinter die Lehne und hält eine kleine Rede. Ein anderer verbiegt die Briefklammer, die er aus seiner Rocktasche geholt hat,

zu den absonderlichsten Formen. Ein dritter kommt und kommt nicht dazu, seine Zigarette zu Ende zu drehen, weil ihn immer wieder irgendeine Behauptung so erregt, daß er das halbfertige Gebild unter Hervorstoßung eines dreimaligen Nein in das Tabakkästchen werfen und den Deckel empört zuklappen muß. Ein vierter geht im Zimmer auf und ab und streut von ferne, ohne daß jemand auf ihn achtet, seine Anmerkungen ins Gespräch. Nur die Mutter sitzt still da, neigt ihr Gesicht von Zeit zu Zeit über den Pulloverärmel, an dem sie strickt, zählt die Maschen, hört zu und denkt sich ihr Teil.

Plötzlich fragt der Umhergehende, indem er nach einem bunten Blatt greift, das auf dem Cembalo zwischen den Notenheften liegt: „Was ist denn das hier?“ Er tritt unter die Kampfhähne und wirft das Blatt auf das Tischchen mit den Aschenbechern. „Ich erlaube mir die Frage, was das hier ist.“

„Das?“ sagt der Vater. „Das hat Martin mit seinen Buntstiften gemalt.“

Alle starren auf das Blatt, auf dem ein ungefüges Segelschiff dargestellt ist. Es schwimmt groß und schwermütig auf einem Ozean von verschiedenen Blaus, die ineinander übergehen und die ganze Fläche ausfüllen. Die Farbe des Rumpfes schwankt zwischen Lila und trübem Weinrot, das Segel ist flaschengrün, das Tauwerk wieder lila, aber um eine Schattierung dunkler als der Rumpf, fast violett schon. Wenn die Farben sich auch ungewöhnlich ausnehmen, so stimmen sie doch auf eine gedämpfte und düstere Weise zusammen. Zweifellos hat das Pastell einen fremdartigen Reiz.

„Was wollt ihr denn“, ruft der Maler, der das Pastell gefunden hat, „kann man hier etwa noch von Gegenständlichkeit sprechen? Hat diese Schöpfung einer kindlichen, einer unbefangenen, einer träumenden Seele noch etwas mit einem Schiff zu tun?"

„Natürlich", wirft jemand ein, „du gebrauchst ja selbst den Ausdruck ‚Schiff'."

„Ach was! Ist hier etwa ein Schiff gemeint? Keineswegs. Hier hat ein farbiges Erlebnis, das im Unterbewußtsein vor sich ging, seinen unmittelbaren Ausdruck gefunden. Gewiß, der äußere Anlaß war ein Schiff. Aber das ist gleichgültig. Der Gegenstand ist vollkommen gleichgültig. Die innere Vision, die innere Gestimmtheit, die innere ... das innere ... der Traum ... die abstrakte, durchaus unreale, überreale, transreale Vorstellung, die reine Qualität der Farben, der geheimnisvollen Farben als Ausdruck einer verborgenen Traurigkeit oder wessen immer, das hat sich hier ereignet. Ein Schiff? Aber es ist lächerlich, angesichts dieses kleinen Wunders von seelischer Unmittelbarkeit an ein Schiff zu denken."

Da steht der Vater, der gehört hat, daß sich draußen auf der Diele etwas regt, leise auf und öffnet die Tür. „Hast du mal einen Augenblick Zeit für uns, Martin?"

„Hja. Aber ich muß eben noch den Hammer zu Till bringen."

„Kannst du gleich. Komm doch mal einen Augenblick herein."

Martin tritt ins Zimmer, macht eine kurze, hastige Verbeugung mit dem Kopf gegen den Tisch und sagt mit singender, etwas erhobener Stimme: „Guten Taag!"

„Martin, warum hast du eigentlich das Schiff so merkwürdig angemalt, die Segel so grün und den Rumpf so lila oder was das nun für Farben sein sollen?"

Alle sehen Martin an, wie er da mit seinem verwehten Haarschopf und den abgewetzten langen Hosen, deren Träger von den Schultern auf die Oberarme gerutscht sind, in der Tür steht. Er wird ein bißchen rot.

„Ne“, sagt er, „einlich wollte ich das ganz anders machen. So richtig, wie es richtig is. Ich wollte die Segel so gelblich machen. Erst hatte ich das blaue Wasser gemacht über das ganze Papier. Das wollte ich so blau machen. Aber da brach der Buntstift ab, und da habe ich das andere Blau genommen. Aber das war nich so schön. Un da habe ich den Buntstift von deinem Schreibtisch geholt. Un wie ich nun das gelbe Segel auf das Blau draufmachen wollte, da wurde es grün. Un bei dem Rumpf auch. Der sollte braun werden. So braunes Holz. Un da wurde es so komisch. Und die Bünfäden an das Schiff, da habe ich Rot genommen, weil ich nichts anderes mehr hatte. Ich hatte nur noch Grün und Rot. Un grüne Bünfäden gibt es doch nich. Denn schon lieber rot. Aber da wurde es lilablau oder so.“

Der Vater sagt: „Soso.“

Der Maler gibt sich jedoch noch nicht geschlagen: „Es liegt daran, daß der Junge ja nicht weiß, was er redet. Vielmehr, daß er nicht weiß, was sich in Wirklichkeit in ihm abgespielt hat, als er das Bild malte. Er kann es, er darf es ja auch gar nicht wissen.“

Da hebt die Mutter, ehe die andern etwas entgegnen können, den Kopf von ihrer Strickarbeit, schüttelt das Wuschelhaar zurecht und lacht ein wenig. „Ich muß so oft denken, auch wenn ich zum Beispiel Kunstbücher lese, man könnte dies und das viel einfacher erklären. Natürlich getrau ich mich nicht, es auszusprechen, weil ich ein töricht, furchtsam Weib bin. Aber in diesem Fall darf ich mir ein Urteil erlauben. – Martin, du kannst loslaufen, wir brauchen dich nicht mehr. – Das Bild wird schon genauso entstanden sein, wie Martin es geschildert hat, ohne Unterbewußtsein und all so etwas. Er ist ja weder außen noch innen ein Künstler. Überhaupt nicht. Das hat er nämlich von mir.“

„Gott sei Dank!“ sagt der Vater.

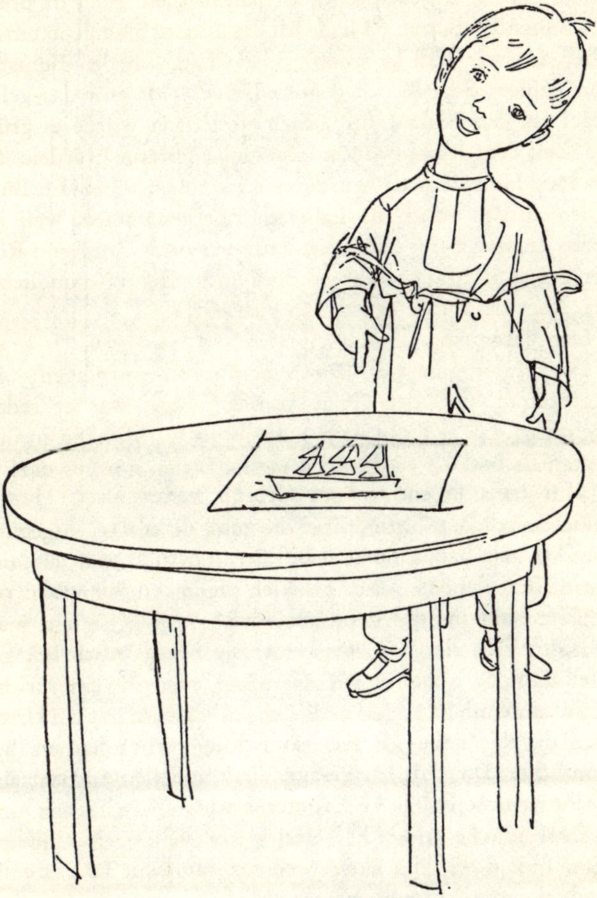

Er ärgert die Leute

„Ihr habt ja ein schönes Gebrüll veranstaltet, Martin, draußen vor der Gartentür. Was gab's denn da?"

„Och, wir haben nur ein bißchen ‚Leute ärgern' gespielt. Da waren so Leute ausm Huddel, die haben wir geärgert."

„Wie habt ihr das denn gemacht?"

„Och, Till, der hat was hinter sie her gerufen un Wilfried auch."

„Was denn?"

„Och, das habe ich nich so richtig verstanden, so was Komisches. Du, Till hat gesagt, die Huddelleute hätten den Draht in unserer Hecke kaputtgemacht."

„Das glaube ich nicht. Und wenn sie es getan haben, dann flicken wir ihn eben wieder zusammen. Hast du die Huddelleute denn auch geärgert?"

„Jaha! Ganz tüchtig!“

„Wie denn? Womit denn?“

„Och, ich bin anner Gartentür gegangen und habe ‚Rotz Schnotz‘ gesagt. Aber da waren sie schon ein Stück weg. Un denn wollte ich noch ‚Drahtkaputtmacher‘ sagen.“

Er lacht

Nachdem die Mutter die köstliche Reissuppe aufgeteilt hat, sind alle schweigend damit beschäftigt, ihr Ehre anzutun. Mit einem Male zieht Martin den Hals ein bißchen ein, legt den Kopf schief und lacht vor sich hin.

Fünf Augenpaare blicken auf.

„Warum lachst du denn, du kleine Meerkatze?“ fragt der Vater.

„Weil ich das so gern mag.“

„Was magst du so gern?“

„Das Lachen.“

Die Mutter beugt sich zum Fenster hinaus und ruft Martin, der im Garten spielt, zum Abendessen. Nach einer guten Weile kommt er, eine kleine Harke hinter sich her schleifend, ins Zimmer. Alle sitzen bereits um den gedeckten Tisch herum.

„Hast du dir die Hände gewaschen?"

„Ne."

Er geht in die Küche. Die Mutter ruft hinter ihm her, er solle die Harke in den Windfang stellen.

„Du", sagt Viola, „ich glaube, er weint."

„Seid mal still!"

Richtig, aus der Küche ertönt ein klägliches Geschluchze. Die Mutter geht hinaus und läßt die Eßzimmertür und die Küchentür offen. So können die anderen das Gespräch mit anhören.

„Was hast du denn, Martin?"

„Ich habe mir eine ganz schöne Stadt gebaut auf mein Sandhaufen. Un gerade wie ich anfangen wollte, damit zu spielen, da muß ich reinkommen."

„Aber, Junge, das ist doch nicht so schlimm. Du kannst doch morgen den ganzen Tag mit deiner Stadt spielen."

„Aber jetzt nich."

„Sieh mal, ich möchte auch manchmal gern noch etwas tun, ein Buch lesen, Cembalo spielen oder so, und dann höre ich doch selbstverständlich auf, wenn's Zeit ist, daß ich das Essen koche. Das muß doch jeder. Christoph und Görge auch. Und Viola auch. Wäre es wohl schön, wenn wir dann alle anfangen wollten zu heulen?"

„Nehe."

„Findest du denn dein Geheule schön?"

Martin schluckt die Tränen herunter und sagt: „Ne."

„Ich auch nicht. Ich finde es sogar ziemlich schlimm, wenn ein Junge wegen so einer Kleinigkeit gleich losheult. Schämst du dich denn wenigstens ein bißchen?"

„Ne."

Da brechen alle in ein herzhaftes Gelächter aus, und die Mutter muß gleichfalls mitlachen.

„Laß ihn nur", ruft der Vater der Mutter zu. „Daß er geheult hat, war sicher ziemlich schlimm. Aber daß er eben ‚ne' gesagt hat, finde ich nun wieder ziemlich gut. Es wäre wunderbar, wenn er noch recht lange den Mut aufbrächte, in einem solchen Fall bei seinem ‚Ne' zu bleiben. Sagt er erst, unehrlicherweise, ‚ja', nur um des lieben Friedens willen, ach, dann . . ."

„Was dann?" fragt Görge.

„Dann fängt er an, erwachsen zu sein. Und das ist eine furchtbar traurige Angelegenheit."

Er hat sich gefreut

„Nun, Martin", sagt Frau am Holte, „wie war denn dein Geburtstag? Du hast doch gestern Geburtstag gehabt, nicht wahr?"

„Hja."

„Wie war's denn?"

„Schön."

„Hast du dir auch was Hübsches schenken lassen?"

„Hjaha!"

„Und konntest du denn auch alles gut gebrauchen?"

„Och, manches war ja'n bißchen schundig. Aber ich habe mir auch wieder gefreut."

„So? Worüber denn?"

„Ich habe mir gefreut, daß es nich noch schundiger war."

Er möchte gern wissen, was Kunst ist

„Muttihi?“ fragt Martin.

„Ja?“

„Mutti, was is einlich Kunst?“

Einen Augenblick fühlt die Mutter sich versucht, die unbehagliche Frage mit der Redensart, das verstünde er noch nicht, abzutun. Aber dann schämt sie sich ihrer Bequemlichkeit und beginnt, dem Jungen das Wesen der Kunst darzulegen, so gut sie's eben vermag. Zuerst weist sie ihn auf die Cembalo- und Blockflötenmusik hin, die sie abends mit Christoph und Görge aufzuführen pflegt. Dann erklärt sie ihm, was es mit der Bemühung eines Malers auf sich hat, zum Beispiel vermittels eines Blumenstraußes, den er darstellt, seine Freude oder seine Schwermut auszudrücken, merkt aber, daß da verschiedene Fragen auftauchen, über die sie sich selbst noch nicht recht klar ist, und geht lieber zur Dichtkunst über. Es stellt sich jedoch heraus, daß die Bewandtnisse hier noch schwieriger sind als dort.

So sagt sie schließlich: „Weißt du, Martin, ich denke mir, daß jeder Künstler ein bißchen was vom lieben Gott hat. Ob er nun mit Tönen oder Farben oder mit Worten arbeitet, immer erschafft er etwas, was vorher so noch nicht da war und was schön und richtig ist und eine Ordnung und ein Leben und eine Seele in sich hat. Und das nennt man Kunst. Ob du wohl verstehst, wie ich's meine?“

„Hja“, sagte Martin. „Un was is nun Kunstdünger?“

Er sagt, daß es ihm leid tut

In der Dämmerstunde tritt der Vater mit hochgeschlagenem Mantelkragen aus der Gartentür und wendet sich nach rechts, um, wie jeden Tag um diese Zeit, über den Hügel ins Dorf zu schlendern und seine Briefe bei der Post aufzugeben. Es ist ein diesiger Februarabend mit langsam treibenden Nebelwolken. Der Schnee, der tagsüber ins Schmelzen gekommen war, beginnt wieder fest zu werden. Mit einem Male erblickt der Vater in einiger Entfernung ein Schauspiel, das ihm den Atem stocken läßt.

Ein kleiner Junge läuft, gefolgt von einer Frau, mit schnellen, zappeligen Sprüngen durch den Schnee. Der Vater erkennt sogleich, daß der Junge niemand anders als Martin ist. Aber er erkennt auch zu seiner Bestürzung, daß es sich nicht um irgendein Spiel, sondern um eine ernste Angelegenheit handeln muß. Die zustoßende Art der Frau hat etwas von der Unbarmherzigkeit eines Raubvogels, der

hinter einem Sperling her ist, und Martin läuft, als gelte es sein Leben. Gerade wie die Frau ihn greifen will, schlägt er einen Haken, rutscht aus, fällt hin, wirft sich zur Seite und hastet auf allen vieren weiter. Da ist die Frau auch schon über ihm, reißt ihn hoch und schleudert ihn mit aller Kraft wieder in den Schnee.

„He!“ ruft der Vater. „Was gibt das denn?“

Nun tut die Frau, die sich nicht um das Rufen kümmert, etwas Schreckliches. Sie schlägt blindlings auf Martins Gesicht ein. Es hilft ihm nichts, daß er die Schläge mit Händen und Füßen abzuwehren versucht. Sie treffen ihn, daß es nur so klatscht.

„Aufhören!“ ruft der Vater mit einer Stimme, die vor Erregung ganz hell wird, und läuft, so schnell er kann, auf die schattenhafte Gruppe zu.

Martin preßt die Arme vor sein Gesicht und wälzt sich auf den Bauch. Aber die Frau dreht ihn herum und schlägt ununterbrochen mit beiden Händen von rechts und links zu. Erst klingt es dumpf, dann klatscht es wieder.

Der Vater fühlt, wie eine Welle von Raserei über ihn kommt. — Nur nicht die Beherrschung verlieren! denkt er während des Laufens. — Wie ist es möglich, daß dieser Satan von einem Weibsbild einen so zarten Jungen ... Nur nicht die Beherrschung verlieren! — „Lassen Sie den Jungen los!“ — Sie hört noch immer nicht auf. Aber ich kann doch eine Frau nicht schlagen! Diese Teufelin! Um alles in der Welt, ich weiß nicht mehr, was ich tu! — „Lassen Sie den Jungen los!“

Da richtet die Frau sich auf und erwartet den Vater mit einem verzerrten Lächeln. Sie trägt grüne Skihosen und funkelnagelneue, hellbraune Stiefel. Martin ist sofort wieder auf den Beinen. Er hebt seine Pudelmütze auf und wischt, ohne recht bei der Sache zu sein, den Schnee von seiner Jacke. Sein Blick hängt mit unsicherem Ausdruck am Vater.

„Schämen Sie sich gar nicht“, keucht der Vater, „sich einem wehrlosen Kinde gegenüber so zu vergessen?“

„Das wehrlose Kind hat mir hinterrücks einen Schneeball in den Nacken geworfen."

Die Frau sieht den Vater mit kalten, höhnischen Augen an.

„Komm einmal her, Martin! O je, wie hat sie dich zugerichtet!" Martins Gesicht ist verschwollen, einige Stellen sind rot, andere weiß von den Schlägen. Das linke Auge hat sich fast geschlossen. Das rechte wirkt dadurch noch größer, als es sowieso schon ist. Man merkt ihm an, daß er sich Mühe geben muß, nicht zu weinen. Aber er weint nicht. Er zieht nur den Schnupfen in seiner Nase hoch und versucht zu lächeln.

„Ich wollte ihr einlich bißchen tiefer treffen."

„Ach Martin, das schadet nichts, das schadet überhaupt nichts."

„Sind Sie der Vater des Lümmels?" fragt die Frau.

Eine neue Welle der Raserei wogt über den Vater hin: „Hätte er Ihnen doch nur ein Dutzend Schneebälle in Ihren lächerlichen Nacken geworfen!"

„Wer sein Kind so miserabel erzieht wie Sie, hätte alle Ursache, denen dankbar zu sein, die seine Fehler zu verbessern trachten."

„Sie wagen es, von Erziehung zu reden, die Sie gerade eben wegen eines Schneeballs in die roheste Barbarei verfallen sind?"

„Haben Sie mir sonst noch eine Neuigkeit zu sagen?"

„Ja, ich möchte Sie beglückwünschen, daß Sie kein Mann sind. Sonst hätte ich Sie jetzt bis aufs Blut gezüchtigt."

Während der Vater diese Worte hervorstößt, flüstert ihm eine innere Stimme zu, alles, was er sagt, sei die reine Unvernunft. Er solle sich lieber um Martin kümmern. Aber er muß es sagen, er muß es, sonst erstickt er. Jedesmal, wenn er Martins geschändetes Gesichtchen ansieht, würgt ihn die Wut von neuem.

„Sehr interessant!" lächelt die Frau, dreht sich um und geht mit entschiedenen Schritten davon.

Der Vater hat das Gefühl, als müsse er niederknien und Martin an sich drücken und ihn küssen. Aber er fürchtet, ihn durch solchen Überschwang, der sonst nicht Brauch ist zwischen ihnen, mehr zu verwirren als zu trösten. So begnügt er sich damit, ihm das Haar zurechtzustreichen, ihm die Mütze aufzusetzen, die kleine Jungenhand zu umfassen, die sich wie ein ängstliches Vögelchen in seiner Hand bewegt, und ihn zu fragen, ob er lieber nach Hause oder mit zur Post möchte.

„Gehst du zur Post? Ne, denn will ich lieber mit zur Post."

„So, Martin, und nun erzähl mir einmal, wie das alles gekommen ist."

„Och", sagt Martin im Gehen, „wir wollten ihr bloß mal auf ihren Dingsbums treffen, Till un ich."

„Till? Wo ist Till denn geblieben?"

„Och, Till, der konnte besser weglaufen als ich. Un wie wir ihren Dingsbums treffen wollten, da habe ich ihr zu hoch getroffen. Und da is sie hinter mir her gerannt."

„War's schlimm, Martin, wie sie dich geschlagen hat?"

„Och, zuerst war's ein bißchen schlimm. Aber jetzt is es schon wieder besser."

„Hör mal zu, Martin, warum hast du sie denn nicht in die Hand gebissen, diese Trulle, warum hast du sie nicht gekratzt, oder noch besser, warum hast du sie nicht einfach ins Gesicht getreten?"

„Och, ich dachte, denn könnte das Gesicht fürleich kaputtgehen."

„Weißt du, in so einem Fall, wenn der andere so viel stärker ist als man selber und so grausam, dann muß man sich eben wehren, wie man nur irgend kann. Du hättest sie ruhig ins Gesicht treten sollen, mit voller Kraft, am besten auf die Nase."

„Meinst du?"

„Ja, das meine ich."

„Mit Schuhen?"

„Ach natürlich, Martin! Ich kann dir gar nicht sagen, wie ich diese Frau hasse!"

Sie reden noch eine Weile über den Fall. Aber der Vater muß wieder im Hintergrund seines Kopfes denken, daß seine Worte sich nicht gerade durch Weisheit und Vernunft auszeichnen. Alles, was er gesagt und getan oder vielmehr nicht getan hat, will ihm nicht gefallen. Vielleicht wäre es doch das Richtige gewesen, er hätte dem Geheiß seines empörten Blutes gehorcht und die Frau geschlagen, wie sie den Jungen geschlagen hat. Oder er hätte sie wenigstens, wenn er sie denn nicht geradezu schlagen mochte, mit dem Kopf in eine Schneewehe stecken sollen. Irgend etwas hätte jedenfalls geschehen müssen. Sie durfte doch nicht, diese anmaßende Person, ohne jegliche Strafe davonkommen. Andererseits, Strafe ... Er ist durchaus davon überzeugt, daß man mit Strafen nur wenig ausrichten kann, bei Kindern wie bei Erwachsenen. Martin war ja auch im großen und ganzen ohne Strafen erzogen worden. Sich erst einmal selbst erziehen, vorleben, überzeugen, beharrlich sein, Geduld haben, darauf kommt es an. Es kommt, wie man es auch drehen und wenden mag, auf die Liebe an. Wenn er nun mit der Frau ruhig gesprochen, sie zur Einsicht gebracht, sie ein wenig verwandelt hätte, wäre das nicht besser gewesen als das sinnlose Geschimpfe? War die Frau nicht im Grunde ein unseliges Geschöpf? Wer sich über einen Schneeball so aufregen, wer so zügellos über ein Kind herfallen konnte, mußte doch innen wund, krank und zerrissen sein. Und doch und doch und doch, er würde das Bild nie vergessen, wie Martin sich da im Schnee wälzte und die Frau ihn sich mit rohem Griff zurechtlegte und mit beiden Händen schneller und schneller auf ihn einschlug. Und dann dieser kalte Blick. Er hatte, der Vater, vor Erregung kaum sprechen können, und sie hatte ihn kalt und höhnisch angesehen. „Entschuldige, Martin, ich habe eben nicht richtig zugehört: Was meinst du?"

„Wovon kommt das einlich? Till hat gesagt, wenn jemand ganz kalt is un denn reibt ihn wer mit Schnee ein, denn wird er ganz warm. Wovon kommt das einlich?"

„Ja, du, das muß ich mir erst einmal überlegen."

Womöglich waren die Augen gar nicht kalt. Sollte man nicht annehmen, daß sie Angst gehabt hatte, wie er da auf sie losstürzte, als wollte er sie umbringen? Kalt und höhnisch? Es war ihm jedenfalls so vorgekommen. Aber verbürgen konnte er sich auch nicht dafür. Womöglich wollte sie nur ihre Angst verstecken und womöglich waren ihr inzwischen schon allerlei Zweifel gekommen, ob sie recht gehandelt hätte. Niemand weiß ja, wie es in einem andern Menschen wirklich aussieht.

„Legst du dir immer noch über?"

„Paß einmal auf, Martin! — Das mit dem Schnee erkläre ich dir nachher, wenn wir auf dem Rückweg sind. — Paß einmal auf, ich sehe gerade, daß die Frau da drüben vor der Post steht. Das ist sie doch, die da unter der Laterne steht und einen Brief liest?"

„Ja, das ist sie."

„Vielleicht schämt sie sich inzwischen ja ein bißchen, weil sie dich so unbeherrscht geschlagen hat. Also paß einmal auf: jetzt gehst du langsam an ihr vorbei, und wenn du gerade vorbeigehst, läßt du dieses Schlüsselbund fallen. Dann wird sie dich sicher bemerken. Und dann wollen wir einmal sehen, ob sie vielleicht irgend etwas zu dir sagt. Willst du das einmal tun?"

„Un wo bist du so lange?“

„Ich stelle mich hinter die Büsche da.“

„Un wenn sie mir wieder hauen will?“

„Ich verspreche dir, daß es ihr nicht gelingen soll, auch nur die Hand hochzuheben.“

Martin geht also an der Frau vorbei und wirft das Schlüsselbund klirrend in den Schnee. Die Frau blickt auf, kneift die Augen zusammen und sieht Martin an. Er sieht sie auch an.

„Da ist der unverschämte Bengel ja wieder.“

„Hja“, sagt Martin.

„Was willst du denn?“

„Och ...“

Der Vater überlegt schon, ob er Martin nicht zurückrufen soll. „Der unverschämte Bengel ...“ Es hat ja keinen Zweck, der Versuch ist gründlich mißlungen. Wer einen solchen Ton anschlägt, kennt keine Zweifel an seinem Wesen und Tun. Diese Frau ist offensichtlich böse. Ach ja, es gibt das Böse in der Welt, das Harte und Unmenschliche.

„Du willst mir wohl sagen“, fährt die Frau fort, „daß es dir leid tut?“

„Ne, sagen wollte ich das einlich nich so gern.“

„Aber es tut dir leid?“

„Och ... ja ...“

„Dann sag's auch gefälligst!“

„Och ...“

„Also los!“

Martin sieht sich verstohlen um. Dann hebt er die unschuldigen Augen zu dem harten Gesicht empor, beginnt mit dem Kopf zu wackeln und sagt, nachdem er einmal und noch einmal geschluckt hat: „Och, es tut mir leid, daß ich Ihnen vorhin nich aufer Nase getreten habe.“

Ein Glück, daß der Vater mittlerweile schon aus seinem Versteck hervorgekommen ist und hinter der Frau steht. So kann er, ehe sie sich von ihrer Verblüffung erholt hat, dazwischentreten und Martin mit sich fortnehmen. Aber auf der Treppe, die zur Post hinführt, muß er erst einmal anhalten und den Kopf schütteln.

„Großer Gott im Himmel, Martin, du bist aber auch einer! Du bist aber auch einer!"

„Hja", sagt Martin.

Er will etwas werden

Ahnungslos öffnet Martin die Tür und schiebt sich singend und tanzend ins Zimmer. Wie er merkt, daß der Vater Besuch hat, ist es schon zu spät, sich zurückzuziehen. Ein paar Sekunden steht er unschlüssig da, dann geht er, die Augen groß aufschlagend, auf den weißhaarigen Herrn mit der Brille zu und begrüßt ihn, wie sich's gehört. Der Herr hält die kleine Jungenhand noch ein bißchen fest und fragt mit tiefer Stimme: „Das ist sicher Martin?"

„Ganz recht", sagt der Vater, „unser Jüngster."

Und Martin nickt mit dem Kopf: „Hja." Man sieht ihm nur allzudeutlich an, daß es ihm unbehaglich ist, so Hand in Hand mit dem fremden Herrn dastehen zu müssen.

„Wie alt bist du denn?"

„Vier", sagt Martin, „ich meine fünf."

„Was, schon fünf! Dann weißt du sicher auch schon, was du einmal werden willst."

„Hja."

„Was willst du denn werden?"

„Och", sagt Martin, „manche meinen ja, ich sollte Vater werden. Aber ich möchte doch lieber was anderes."

„Was denn?"

„Ich möchte lieber Schiffbrüchiger werden."

Da kann der fremde Herr denn doch nicht umhin, gewaltig aus seinem Bauch herauf zu lachen: „Hoho! Nein, so etwas! Hohoho!"

Aber dem Vater verschlägt's den Atem. Schiffbrüchiger ... Ein leiser Schauder rieselt ihm über den Rücken.

Er interessiert sich für seine Krankheit

„Wartet mal", sagt die Mutter, „ich glaube, das war in dem Winter, als Martin Lungenentzündung hatte."

„Au, Mutti, habe ich mal Lungenentzündung gehabt?"

„Du?" sagt Görge. „Du hast doch alles gehabt, was man überhaupt haben kann."

Aber die Mutter streicht Martin übers Haar und meint, es sei leider sehr schlimm gewesen.

Und der Vater fügt hinzu, sie hätten Nacht für Nacht an seinem Bett gesessen, die Mutter und er.

„Au, erzähl mal! Wie doll war ich denn krank? Mußte ich auch Betäubung kriegen?"

„Man kann wohl behaupten", sagt der Vater, „daß es auf Tod und Leben ging."

Die Mutter nickt vor sich hin: „Wißt ihr noch, und dann war es genauso, wie es im Lexikon steht. In der neunten Nacht kam die Krise."

„Was ist das denn, die Krise? Mutti, was ist das?"

„Die Krise ist, wenn ... wenn ..." Die Mutter blickt den Vater mit ihren dunklen Augen an: „Das mußt du ihm erklären."

„Die Krise", sagt der Vater, „die Krise ist der Zeitpunkt, an dem sich's entscheidet, ob der Patient am Leben bleibt oder ob er stirbt."

„Un wie hat sich's bei mir entscheidet?"

Er löscht einen Brand

Es klingt beinahe wie ein kleines Engelkonzert, das gedämpfte Cembalospiel der Mutter, Görges lullende Blockflöte und der Gesang der andern drei, Christophs, Violas und Martins, die um den runden Tisch herum sitzen. Draußen wird es schon dämmerig. Auf dem Tisch liegt der Adventskranz. Zwei von den vier Kerzen brennen mit stiller Flamme.

Sie singen „Kommet, ihr Hirten ..." Da Martins Stimme immer etwas hinter den andern zurückbleibt, stößt Viola ihn an und macht mit der Hand eine Bewegung, die besagen soll, er möge ein bißchen schneller singen. Aber er schneidet nur, ohne sich in seinem Zeitmaß beirren zu lassen, eine

Grimasse zu ihr hinüber. Dann starrt er wieder in die Kerzenflamme und vereint seine hohe, kindliche Stimme, so gut er es versteht, mit dem silbrigen Rauschen des Cembalos, mit den reinen Stimmen der beiden andern und mit dem süßen Gesang der Blockflöte.

Während des nächsten Liedes „Als ich bei meinen Schafen wacht'" bricht er einen kleinen Tannenzweig vom Adventskranz ab und hält ihn über die Kerze. Die Nadeln dampfen, glühen und krümmen sich, ein bläuliches Flämmchen erscheint, mit einem Male erfolgt ein schwacher Knall, die Knospe an der Spitze des Zweiges zerspringt. Funken sprühen umher und fallen auf die Tischdecke. Viola tupft sie schnell aus und gibt Martin einen Klaps auf die Hand.

„Wo bleibt Viola denn?" ruft die Mutter vom Cembalo her.

„Ich habe eben nicht aufgepaßt. Entschuldige bitte! Martin treibt hier nämlich dummes Zeug."

„Gaanich dummes Zeug. Ich mache bloß ein bißchen Weihnachtsgeruch. Viola hat aber auch immer was."

„Also", sagt die Mutter, „noch einmal von vorn! Ich glaube, du mußt die Flöte noch ein ganz klein wenig mehr ausziehen, Görge. Sie kommt mir etwas zu hoch vor."

Diesmal schiebt Martin, nachdem er sich durch einen verstohlenen Seitenblick vergewissert hat, daß Viola gerade nicht hersieht, einen flirrenden Goldfaden vom Adventskranz in die Flamme. Er verbrennt mit grünlichem Gesprühe und löst sich in glühende Tropfen auf. Ein wunderbares Spiel! Vor lauter Eifer vergißt Martin ganz zu singen. Aber da zieht Viola seinen Arm auch schon zurück, nicht eben sanft, und flüstert, er solle das jetzt endlich sein lassen. Martin schüttelt die Hand unwillig ab und fährt fort, sein kleines Feuerwerk zu veranstalten.

„Kinder“, sagt die Mutter, während sie die singende und wiegende Überleitung von der dritten zur vierten Strophe erklingen läßt, „paßt auf: jetzt! Benedicamus domino ...“

Da geschieht es.

Violas krauses Stirnhaar fällt, wie sie sich von neuem gegen den feuerwerkenden Martin wendet, in die Kerzenflamme. Es knistert, ein schnelles Gewaber hüpft über ihren Kopf und lodert im nächsten Augenblick wie eine Fackel empor. Aber Martin läßt seinen Goldfaden fahren, faßt dahin und dorthin, bläst aus Leibeskräften und schlägt blitzschnell mit seinen bloßen Händen in den Brand, schlägt wiederum zu. Da wischt auch Viola, die erst jetzt begreift, was sich ereignet hat, hastig mit beiden Händen über ihr Haar. Aschenteilchen stäuben umher, die Flammen verschwinden, es ist schon vorüber. Und wie sich über dem linken Ohr noch einmal ein Flämmchen zeigt, drückt

Martin, der mit halberhobenen Händen bereitsteht, es sofort aus. Die andern, die aufgesprungen sind — die Mutter mit einem wehen, steigenden Entsetzensschrei —, brauchen nicht mehr einzugreifen.

„Martin hat dich gerettet", sagt die Mutter mit bebenden Lippen. „Du liebe Zeit, wenn Martin nicht gewesen wäre! Das hast du aber gut gemacht! Zeig mal deine Hände her! Was bist du für ein tapferer Junge! Hast du dich verbrannt?"

Viola kniet nieder und küßt Martin auf beide Backen. Dann nimmt die Mutter ihn auf den Arm und schmiegt ihre Wange an seine Hände: „Wie hast du das nur so schnell gekonnt? Oh, was für ein Glück, Kinder, was für ein Glück!"

„Och, das konnte ich ganz leicht", sagt Martin. „Wenn Viola auch eine Freche ist, aber daß sie nun aufbrennen sollte, das mochte ich auch nicht so gern. Un denn auch noch eben vor Weihnachten."

Er gibt sein Urteil ab

Die Mutter verteilt den Schokoladenpudding auf sechs Tellerchen und nimmt es sehr genau. Hier scheint noch etwas zuviel zu sein, während dort und dort noch ein halbes Löffelchen zugegeben werden könnte. Nein, nun ist der erste doch wohl zu schlecht weggekommen. Sie vergleicht und wägt, und alle sehen erwartungsvoll zu. Und langsam läuft ihnen das Wasser im Munde zusammen.

Schließlich fragt die Mutter, mehr sich selbst als die anderen: „So, wer hat nun zuwenig?"

„Alle", sagt Martin.

Da der Winter mit den funkelnden Sternennächten vor der Tür steht, haben Christoph und Görge sich einen Linsensatz für zwei Mark sechzig kommen lassen und sind allen Ernstes dabei, ein Himmelsfernrohr zu erbauen. Es soll sogar parallaktisch aufgehängt werden. Martin geht einige Tage mit den Händen in den Taschen um die Arbeitenden herum und fragt sie hin und wieder etwas. Dann zieht er sich in sein Kämmerchen zurück.

„Christoph und Görge", sagt er eines Abends beim Essen, „glaubt ihr, daß ich hiermit einen Stern erkennen kann?" Er holt, sich auf dem Stuhl zur Seite neigend, eine leere Zwirnrolle aus seiner Tasche, hält sie vors Auge und richtet sie auf die Lampe über dem Tisch.

„Das soll nämlich mein Fernrohr sein."

„Zeig mal her" sagt Christoph lachend.

„Und hier habe ich eine Linse vorgemacht. Glaubst du, daß ich da einen Stern mit erkennen kann?"

Christoph blinzelt hindurch. „Natürlich kann man damit einen Stern erkennen. Alles kann man damit erkennen. Nicht ganz so gut wie mit dem bloßen Auge, aber immerhin."

Der Vater möchte gern wissen, um was für eine Linse es sich handelt. Christoph reicht ihm die Rolle. Die Linse besteht aus einer kleinen dreieckigen Glasscherbe, die Martin mit Blauköpfen vor die Öffnung der Rolle genagelt hat. „Das ist ja ein wunderbares Fernrohr", sagt der Vater, indem er ein Auge zukneift und gleichfalls die Lampe betrachtet. Es rieselt etwas durch ihn hindurch, Rührung, Glück, Dankbarkeit, eine warme und zärtliche Empfindung.

„Glaubst du, daß ich da einen Stern mit erkennen kann?"

„Jeden Stern kannst du damit erkennen. Komm, hier hast du dein Fernrohr wieder."

Aber die Mutter bittet darum, es auch einmal auszuprobieren zu dürfen. Nachdem sie es von allen Seiten bewundert hat, sieht sie hindurch. Dann stellt sie es vorsichtig auf den Tisch, legt die Hände vor ihr Gesicht, zieht sie ein bißchen herab und wirft dem Vater über die Fingerspitzen hinweg einen dunklen, strahlenden Blick zu.

„Kann ich einlich den Mond da auch mit erkennen?" fragt Martin.

Görge wirft ein, heute abend gebe es keinen Mond.

„Aber Sterne?"

„Sterne genug."

„Dann will ich mal zwei Sterne ... drei Sterne will ich mal mit mein Fernrohr erkennen."

Sowie das Abendbrot beendet ist, läuft Martin auf die Terrasse und sucht den Himmel mit seiner Zwirnrolle ab.

Nach einer Viertelstunde schiebt er sich in die Bibliothek und wartet, daß der Vater, der dort die Zeitung liest, einmal aufblickt.

„Na, Martin?"

„Leider kann ich da doch keinen richtigen Stern mit erkennen."

„Warum denn nicht?"

„Ne. Ich kann nur Pünkte erkennen."

„So sehen die Sterne eben aus. Wie Punkte."

„In mein Bilderbuch sehen sie aber gaaanz anders aus. Weißt doch mit so Zacken herum und so."

Der Vater denkt, die Bilderbuchmaler täten auch besser, bei der Wahrheit zu bleiben. Nun kann er zusehen, wie er dem armen Martin über die Enttäuschung hinweghilft, die sie verschuldet haben.

„Die gewöhnlichen Sterne sehen tatsächlich wie Punkte aus. Und wenn du durch Christophs und Görges Fernrohr guckst, dann sehen sie immer noch wie Punkte aus. Da hilft nichts. Etwas anderes ist es wohl mit dem Weihnachtsstern. Der hat wohl diesen herrlichen Glanz und die Strahlen und alles."

„Kann ich den Weihnachtsstern denn mal mit mein Fernrohr erkennen?"

„Ich glaube nicht, Martin. Er scheint in unserer Zeit nicht mehr am Himmel. Ich hab' ihn jedenfalls noch nie gesehen."

„Wie schaaade."

Und dann kommt der Abend, an dem Christoph und Görge ihr Fernrohr zum ersten Male im Freien aufstellen, um die Wunder der Himmelswelt zu erforschen. Es ist inzwischen bitterkalt geworden, bald wird Weihnachten sein, der frischgefallene Schnee glitzert im Sternenlicht. Die übrige Familie nimmt, in Mäntel gehüllt, an dem Ereignis Anteil.

Aber Christoph und Görge haben vor lauter Leidenschaft nicht einmal ihre Jacken an. Sie wollen versuchen, die Monde des Jupiter zu beobachten. So einfach scheint es indessen nicht zu sein, eines bestimmten Sternes habhaft zu werden. Man darf das Fernrohr nur mit den Fingerspitzen berühren, denn die kleinste Bewegung läßt das tanzende Pünktchen wieder aus dem Sehfeld verschwinden.

„Trampel doch nicht so laut hier herum, Vio!"

„Welcher ist denn der Jupiter?" fragt Martin.

Der Vater führt den Blick des Jungen von einem dunklen Föhrenwipfel zum Gürtel des Orion und von dort über den Aldebaran zu den Plejaden und dann zu dem leuchtenden Stern, der schräg darüber steht.

„Das ist er."

Martin zieht den Mantel hoch und kramt in seiner Hosentasche herum. Dann setzt er sein Fernrohr an, beugt den Kopf zurück und sucht den Jupiter. Mit einem Male sagt er leise zu sich selbst: „Oh!" Und noch einmal wie erschrocken: „Oh!" Und dann ganz überwältigt: „Oh!"

„Was ist denn?" fragt der Vater.

„Ich erkenne den Weihnachtsstern!" flüstert Martin, ohne die Zwirnrolle von seinem Auge zu nehmen.

„Wirklich? Wie sieht er denn aus?"

„Mit lauter so darum herum aus Gelb und Grün und Golden."

Da muß der Vater doch auch einmal durch Martins Fernrohr sehen. Und wirklich, es gleißt und schimmert um den Jupiter herum, daß es nur so eine Art hat. Aber der Vater erkennt auch gleich, wie das Feuerwerk zustande kommt. Auf der Glasscherbe sitzt ein fettiger Fingerabdruck über dem andern, und in den zarten Rillen bricht sich der Sternenschein, glänzt auf und versprüht zu farbigen Strahlen.

„Uh, jetzt!“ ruft Christoph. „Jetzt hab ich’s. Zwei kann man sehen! Zwei Monde! Ganz deutlich!“

Viola hüpft von einem Bein aufs andere. „Ich auch mal!“

„Erst ich“, sagt Görge. „Du verstehst ja doch nichts davon.“

Der Vater legt das Fernrohr wieder in Martins ausgestreckte Hand und sagt, daß er noch nie in seinem Leben einen so zauberhaften Stern erblickt habe wie diesen. „Komm, Mutti soll sich auch einmal daran freuen.“

„Haben Christoph und Görge ihn auch erkannt?“

„Nein. Das Fernrohr von Christoph und Görge ist nur für gewöhnliche Sterne bestimmt.“

„Wen sein Fernrohr findest du besser, meins oder Christoph und Görge seins?“

„Ein besseres Fernrohr als das, womit man den Weihnachtsstern erblicken kann, dürfte es wohl nirgends auf der Welt geben.“

„Oh!“ sagt Martin.

Er trägt eine Armbanduhr

Martins schönstes Weihnachtsgeschenk ist eine kleine Armbanduhr, die Viola für ihn gemacht hat. Sie besteht aus einer bezifferten Pappscheibe mit aufgemalten Zeigern und aus einem schwarzen Samtband, das mit zwei Druckknöpfen geschlossen werden kann. Eigentlich war sie nur als Zugabe gedacht, aber Martin liebt sie über alles. Die sonstigen Geschenke bedeuten ihm so gut wie nichts daneben. Jedem, der zu Besuch kommt, hält er voller Stolz sein Handgelenk mit der Uhr entgegen, und jeder bewundert sie nach Gebühr. Aber am dritten Tag betritt Frau Ihlpohl mit ihrem Töchterchen Rita die Weihnachtsstube. Der Vater legt das Buch, in dem er gerade liest, beiseite und macht gute Miene zum bösen Spiel: „Sieh da, Frau Ihlpohl!"

„Hm", sagt Rita durch die Nase, wie Martin ihr seine Pappuhr zeigt. Dann zieht sie die linke Hand aus ihrem Muff, wirft einen Blick auf die kostbare Uhr, die mit einem geflochtenen weißen Lederriemen und einer silbernen Schnalle an ihrem Gelenk befestigt ist, hebt, nachdem sie die Hand wieder in den Muff geschoben hat, die Schultern hoch und wendet ihren Kopf hin und her: „Wieviel Uhr ist es denn bei dir?" Sie kann den Mund kaum öffnen vor Verachtung.

Die Zeiger von Martins Uhr stehen, wie seit drei Tagen, auf fünf Minuten nach drei.

„Hm. Bei Leuten mit einer richtigen Uhr ist es jetzt halb sechs."

Martin sieht sich nach dem Vater um, der mit Frau Ihlpohl am Gabentisch der Kinder steht.

„Stell deine Uhr doch mal richtig!" höhnt Rita. „Los, stell sie doch mal richtig! Du kannst doch nicht mit einer falsch gehenden Uhr herumlaufen."

„Ne, zum Stellen is meine Uhr weiter nich", sagt Martin leise und sieht sich wieder nach dem Vater um.

„Hm, schöne Uhr! Geht ja gar nicht! Hm."

„Das ist eine ganz schöne Uhr. Hat Vio selbst gemacht."

„Schöne Uhr, schöne Uhr! Geht ja gar nicht!"

Endlich wendet sich der Vater Martin zu. „Entschuldigen Sie, Frau Ihlpohl, aber ich muß hier eben mal etwas zu retten versuchen. — Weißt du, Martin . . . Komm mal her, Martin! Weißt du, es gibt zwei Arten von Uhren. Die einen sind die wunderbaren und die anderen die schrecklichen. Deine Uhr gehört glücklicherweise zu den wunderbaren. Auf ihr ist es fünf Minuten nach drei. Wenn ich mir wünschen dürfte, wieviel Uhr es immer sein sollte, wüßte ich keine bessere Zeit als fünf Minuten nach drei.

Dann ist die Schule schon vorüber, man hat schon zu Mittag gegessen, die Schularbeiten — höm — sind auch erledigt, und nun liegt der Nachmittag vor einem mit allen Spielen und Abenteuern und Herrlichkeiten. Man braucht noch nicht an das Zubettgehen zu denken. Das Leben ist so schön wie niemals sonst. Man hat keine Sorgen und nichts. Es ist die Zeit der Freiheit und des Glücks. Fünf Minuten nach drei. Und gerade diese Stunde zeigt deine Uhr an. Was willst du mehr?"

„Ja, aber Rita sagt, sie gingte ja nich."

„Aber Martin, Junge, das ist ja gerade das Allerbeste an ihr. Die Uhren, die gehen, das sind ja die schrecklichsten Uhren, die es gibt. Weißt du, was ein Tyrann ist?"

„Irgend so ein Böser."

„Ein Tyrann ist ein Mann, der allen anderen Menschen seinen Willen aufzwingt. Sie dürfen nicht mehr tun und lassen, die anderen, was ihnen behagt, sondern müssen sich in allem und jedem nach den Wünschen des Tyrannen richten. Siehst du, so ein Tyrann ist eine Uhr, die geht. ‚Was', sagt sie, ‚du möchtest gern noch ein bißchen schlafen? Das gibt es nicht. Aufstehen! Es ist sieben Uhr! — Was, du möchtest gern noch ein bißchen spielen, das gibt es nicht. Tornister packen! Du mußt in die Schule. Es geht auf neun. — Was, du möchtest gern noch ein bißchen mit deinen Freunden im Schiffgraben herumwaten? Das gibt es nicht. Mach, daß du nach Hause kommst! Es ist Mittagessenszeit.' — Und so reiht sich eins ans andere, den ganzen Tag, bis zum Abend. Mit den Erwachsenen springt die Uhr noch erbarmungsloser um. Jede Arbeit und jedes Vergnügen hat sich genauestens, bis auf die Minute, ja manchmal sogar bis auf die Sekunde, nach der Uhr zu richten. Seit die Uhr erfunden worden ist, die richtig gehende Uhr, gibt es keine freien Menschen mehr, sondern nur noch Sklaven. Vielleicht verstehst du meine Worte noch nicht. Aber du wirst ihre schlimme Wahrheit schon bald erfahren. Hör zu, Martin! Die Uhr hat alle unter ihre Gewalt gezwungen, die Armen wie die Reichen, die Arbeiter wie die Könige, alle, alle. Von den höchsten Stellen der Städte, oben von den Kirchtürmen, blicken die Uhren drohend über die Häuser und über die Straßen hin, bei Tag und bei Nacht. Dort, wo die meisten Menschen vorübergehen, an den Straßenkreuzungen und auf den Plätzen, stehen sie auf Wache. Sie haben sich in den Arbeitsräumen und Kontoren, in den Wohnzimmern und Schlafstuben eingenistet, sie sind sogar in die Hosen- und Westentaschen der Männer und in die Handtäschchen der Frauen gekrochen, ja neuerdings ringeln sie sich vollends wie Schlangen um die Handgelenke von jung und alt, damit sie die Menschen noch besser hetzen und quälen können. Martin, Martin, sei froh, daß du keine von den schrecklichen Uhren besitzest! Viola hat schon gewußt, was sie tat, als sie dir keine richtig gehende, sondern diese wunderbare schenkte. Ich wäre froh, wenn ich auch so eine hätte. Alle Menschen wären froher und glücklicher, viel glücklicher, wenn es nur solche Uhren gäbe wie deine. Wer eine Uhr besitzt, auf der es immer fünf Minuten nach drei ist, kann spielen und frei sein. Und nur, wer spielen und frei sein kann, ist ein Mensch. Die anderen sind Sklaven und dumpfe Tiere, nein, in gewisser Beziehung weniger als Tiere. Glaube mir's, Martin! Glaub mir's wirklich!"

„Jaha?" sagt Martin. Er spricht das Wort ein wenig fragend aus, mit einer kleinen, ungläubigen Hebung am Schluß. Dann öffnet er langsam die Druckknöpfe des Armbands und legt die Pappuhr auf den Gabentisch, zwischen das Zentimetermaß und den Kompaß, ganz vorsichtig. Und dann sieht er den Vater mit seinen großen Augen an. Er versucht, zu lächeln, aber die Augen füllen sich unaufhaltsam mit Tränen.

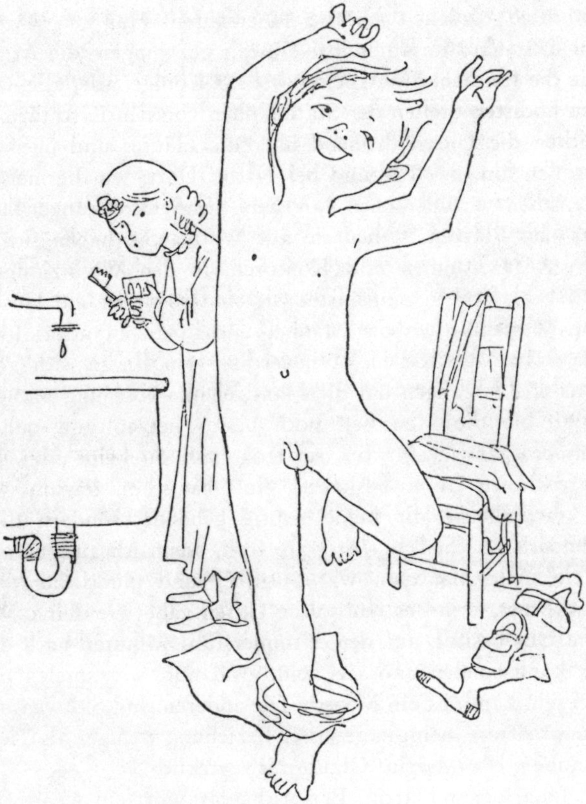

Er hüpft auf einem Bein umher

Wie der Vater eines Abends im Vorbeigehen einen verstohlenen Blick ins Badezimmer wirft, sieht er, daß Martin auf einem Bein darin herumhüpft, einen Strumpf und das Unterhöschen, das noch an seinem Fuß hängt, hinter sich her schleppend. Viola putzt sich die Zähne und macht sich mit ihren Augen über ihn lustig.

„Viola", sagt Martin und hüpft mit kleinen Sätzen weiter. „Viooo!"

Viola spuckt ihr Mundwasser aus: „Ja?"

„Vio, das Leben ist sooo schön!"

Der Vater muß in sich hineinlachen, ob er will oder nicht. Aber gleichzeitig fühlt er, wie sich tief in seiner Brust eine unsagbare Traurigkeit erhebt. Du unschuldiges Engelchen, denkt er, indem er die Tür vorsichtig zudrückt, wie wird das Leben dir noch mitspielen! Und ich kann dich nicht davor bewahren, ich nicht und keiner. All die Qual und Schuld, die dir bereitet ist in der Welt, ich kann dich nicht davor bewahren, so liebend gern ich es auch möchte. Mußt du denn schuldig werden? Gibt es denn gar keine Möglichkeit, dich im Stande der seligen Freude zu erhalten? Nein, es gibt keine. Es ... es darf ja auch keine geben, denn der Sinn des Lebens und also auch deines Lebens ist doch wohl, in die Irre zu gehen, der tödlichen Verlassenheit des Menschen innezuwerden, dich zu verlieren, dich zu finden, dich wieder zu verlieren und wieder und wieder, bis du das Ewige, bis du den Ewigen gefunden hast.

Inhalt